弈品阁

弈品阁

围棋实战训练丛书

围棋吃子400题

罗静 编著

全国百佳图书出版单位
化学工业出版社
·北京·

图书在版编目（CIP）数据

围棋吃子400题 / 罗静编著. —北京：化学工业出版社，2023.6
（围棋实战训练丛书）
ISBN 978-7-122-43095-3

Ⅰ. ①围… Ⅱ. ①罗… Ⅲ. ①围棋-对局（棋类运动）-习题集
Ⅳ. ①G891.3-44

中国国家版本馆CIP数据核字（2023）第044231号

责任编辑：史　懿　　封面设计：刘丽华
责任校对：李　爽　　内文排版：盟诺文化

出版发行：化学工业出版社（北京市东城区青年湖南街 13 号　邮政编码 100011）
印　　装：三河市延风印装有限公司
710mm × 1000mm　1/32　印张 $7^3/_4$　字数 144 千字
2023 年 6 月北京第 1 版第 1 次印刷

购书咨询：010-64518888
售后服务：010-64518899
网　　址：http://www.cip.com.cn
凡购买本书，如有缺损质量问题，本社销售中心负责调换。

定　　价：39.80 元　

前言

本套书主要写给围棋爱好者。

爱好者无论是接受系统的围棋教学，还是自学，做练习题都是学习围棋必不可少的内容。做练习题既可以巩固所学知识，提高计算能力，更可以培养行棋的感觉，对提高棋艺水平大有裨益。

初学者做题时，往往比较茫然，不知道“着手”在哪里，而下一手对方又将回应在哪里。笔者在开始学习围棋时也有过这样的困惑，所以根据多年的教学经验，编写了这套“围棋实战训练丛书”。

本套书包含吃子、死活、对杀三册。吃子、死活和对杀是围棋最基本的技能，吃子是各项技能的前提，死活是围棋对弈的核心，对杀是棋艺提高的台阶。只有掌握了这三项基本技能，才能继续学习布局、打入、定式、官子等更深入的知识。

本套书的特点如下。

①从零基础开始，在难度上无门槛，初学者上手快，可增强信心，随后逐步提升难度。非常适合

初学者自我强化训练。

②分级准确，全部题目按照不同级位、段位赛学生所达到的棋力设置，适合读者评估自己的棋力。

初学者可根据棋力提升的速度安排做题的进度。刚入门时，可做一些简单的吃子练习，当正确率比较高时，可以相应地做一些死活、对杀练习。这样循序渐进，螺旋式上升，既减少了做题过程中的枯燥感，又避免了棋艺上升时可能出现的瓶颈期，更能够接触不同的题型，有利于实战应用，一举多得。

本套书在编写过程中得到了李恩国、罗季雄、王跃华、王文涛、彭宁辉、李铮宙、赵博、韩洋、马玉艳、罗野、罗岩、罗宇轩、高素春、狄春红、王欣等同仁及亲友的支持与帮助，在此一并表示感谢。

罗　静

2023 年 2 月

目录

吃子训练题

吃子是围棋初学者必须掌握的内容，它是学习围棋的第一个阶段，也是打开围棋大门的第一把钥匙。

吃子的方法有双打吃、抱吃、关门吃、征吃（扭羊头）、枷吃、倒扑、接不归等。有时人们也把抱吃和关门吃合起来统称为闷吃。

吃子方法虽然有很多种，但它们遵循的原则有以下四条。掌握了这四条原则，再运用吃子方法就简单多了。吃子原则如下。

①找对目标吃弱子（弱子的特点是只有两到三口气）。

②从二线往一线打吃（征吃到最后也要这样做）。

③向自己有子的方向打吃。

④通常先打吃多的棋子。这一条是针对初学者提出的，随着棋力水平的提高，我们将逐渐学习“要子”（棋筋）与“废子”，这时就要遵循先吃要子（棋筋）的原则了。

本书也包含了一些逃子题，逃子在学习围棋过程中也是一项重要的课题。黑白双方都可以利用对方的弱点进行逃子，取得利益。它与吃子是相辅相成的，都能帮助我们更好地提升棋艺水平。

25级～23级训练题

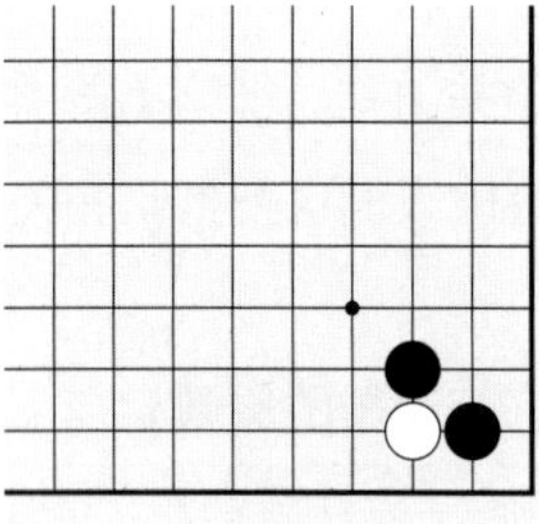

题 1

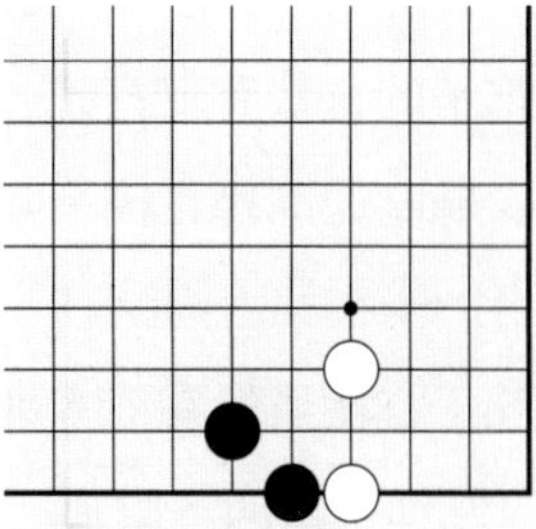

题 2

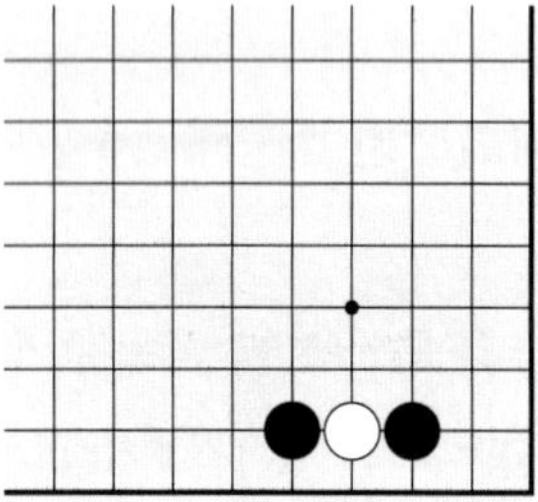

题 3

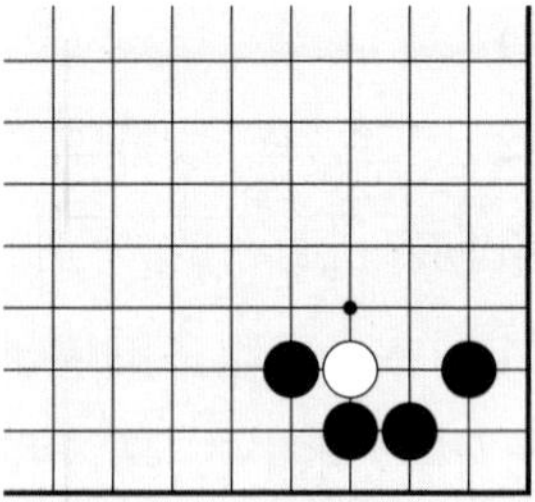

题 4

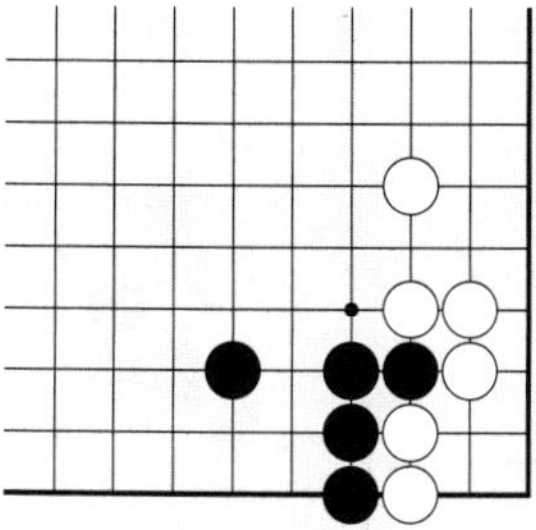

题 5

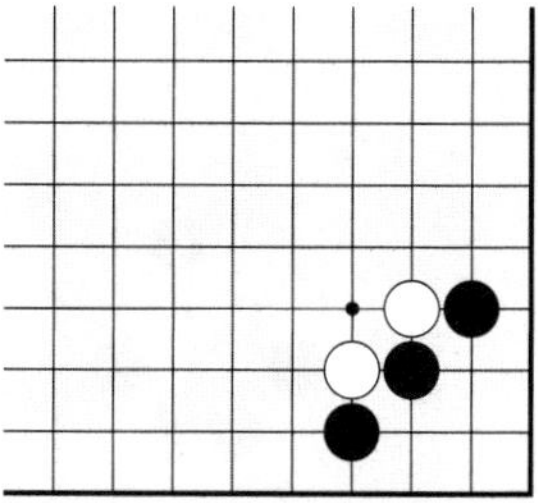

题 6

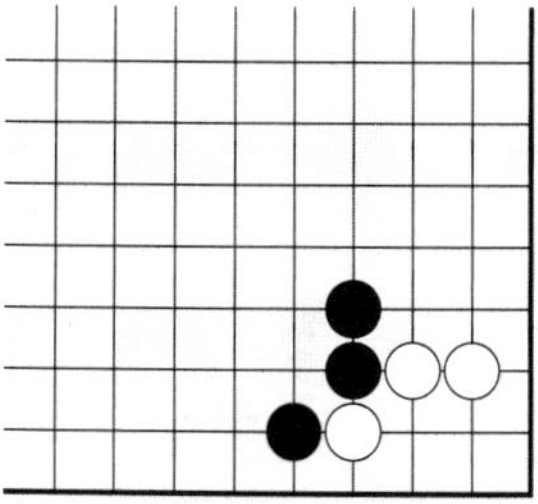

题 7

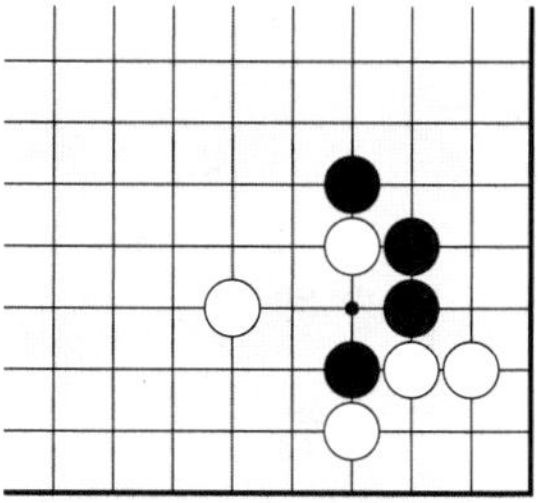

题 8

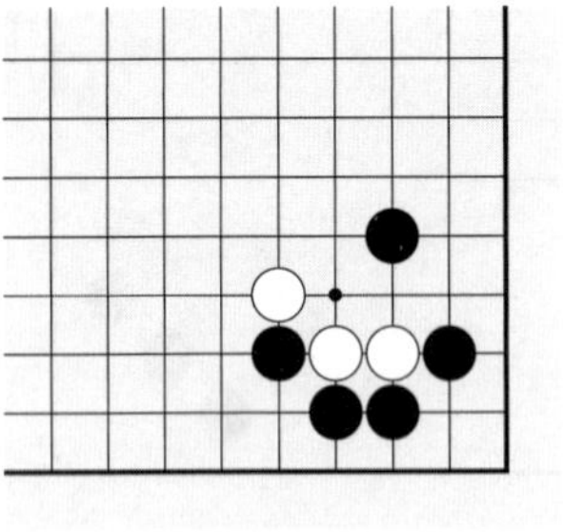

题 9

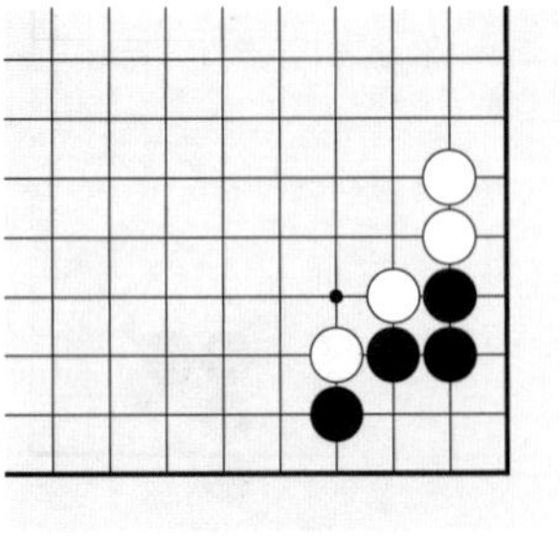

题 10

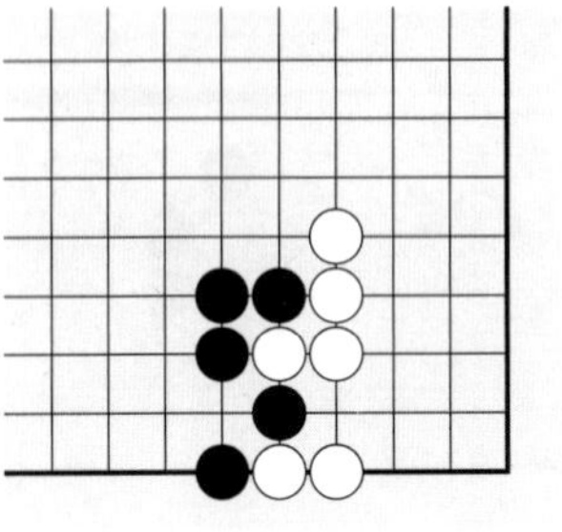

题 11

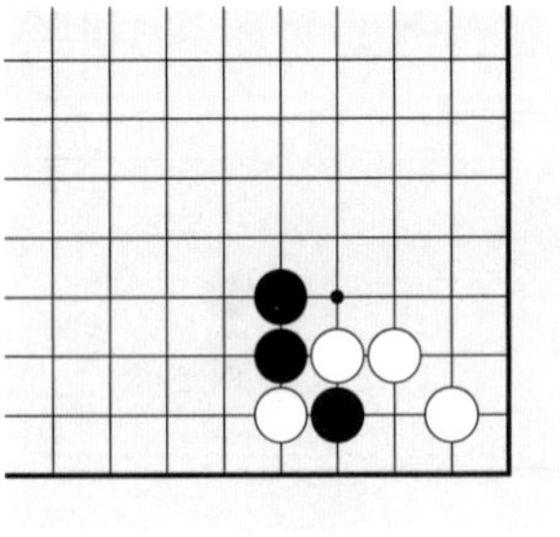

题 12

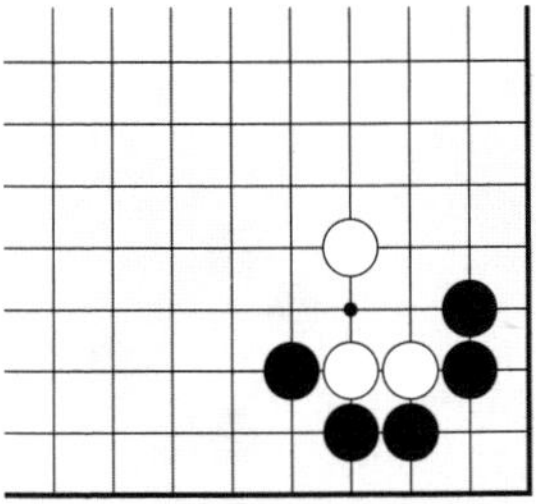

题 13

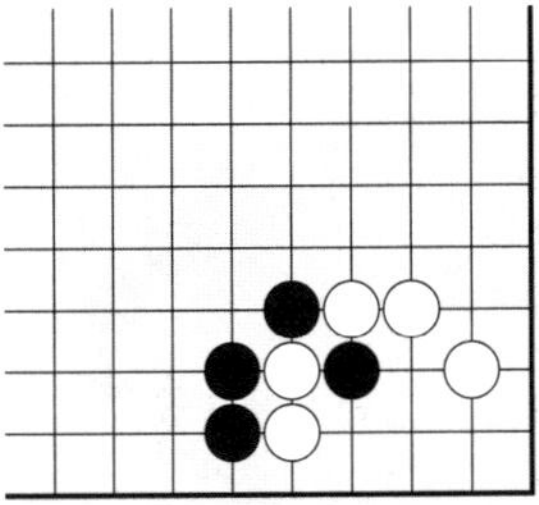

题 14

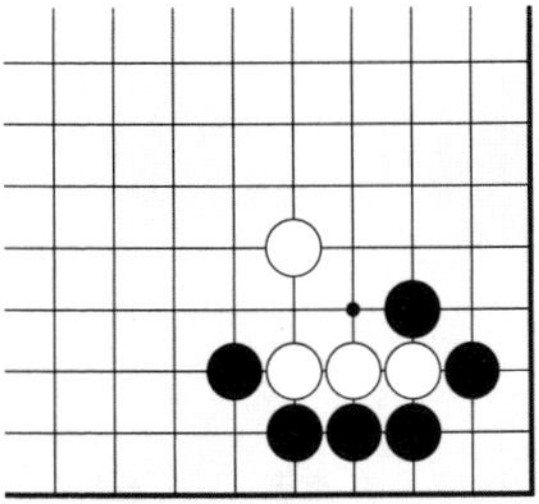

题 15

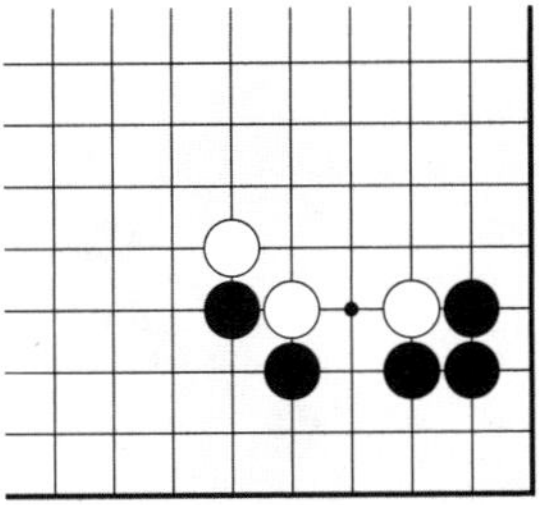

题 16

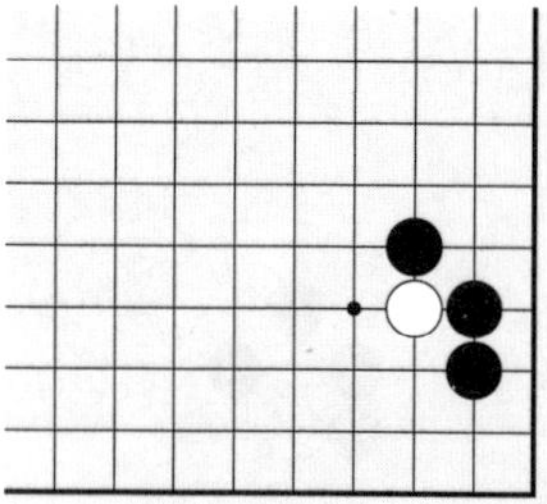

题 17

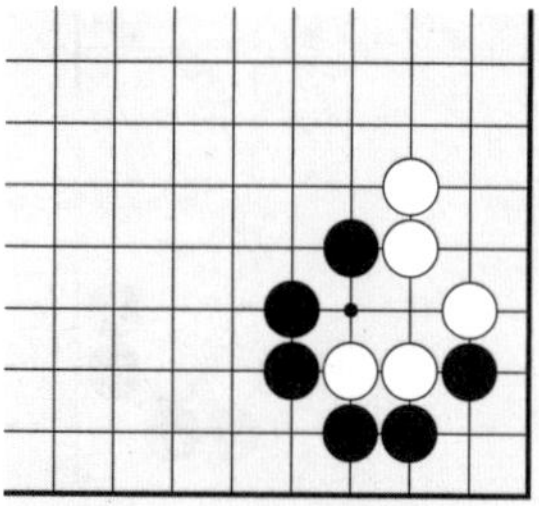

题 18

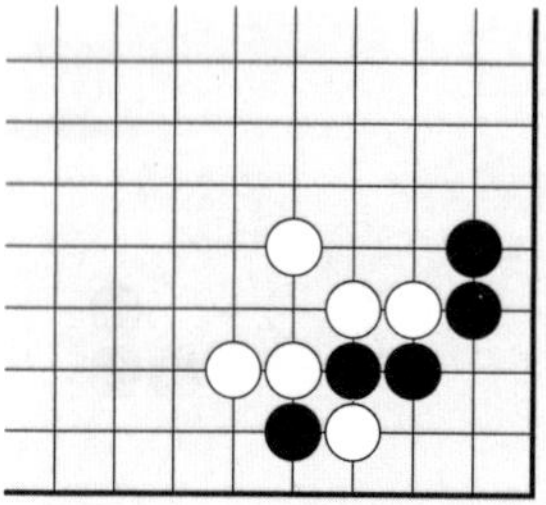

题 19

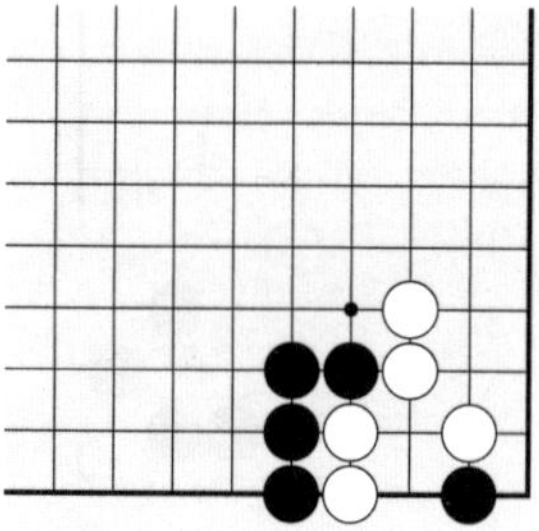

题 20

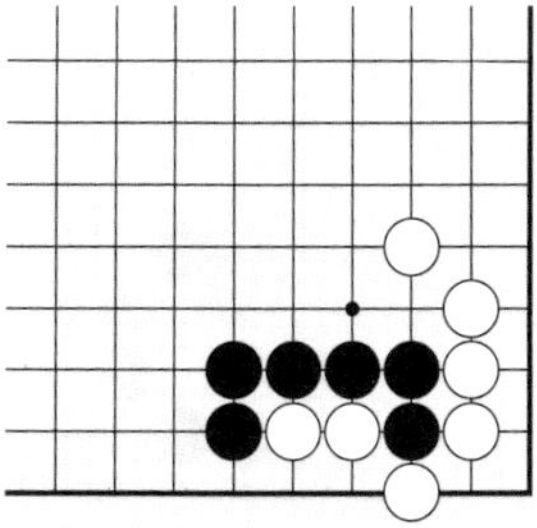

题 21

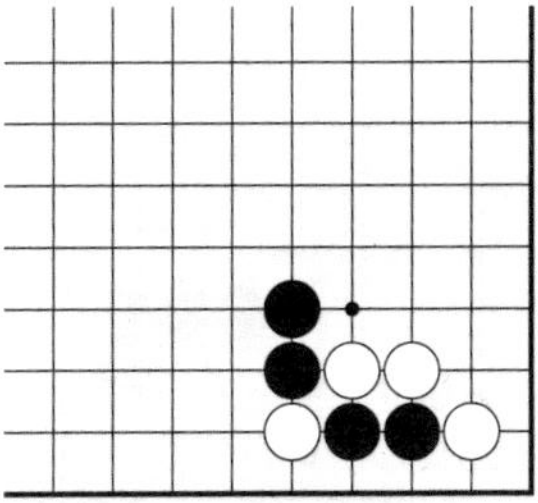

题 22

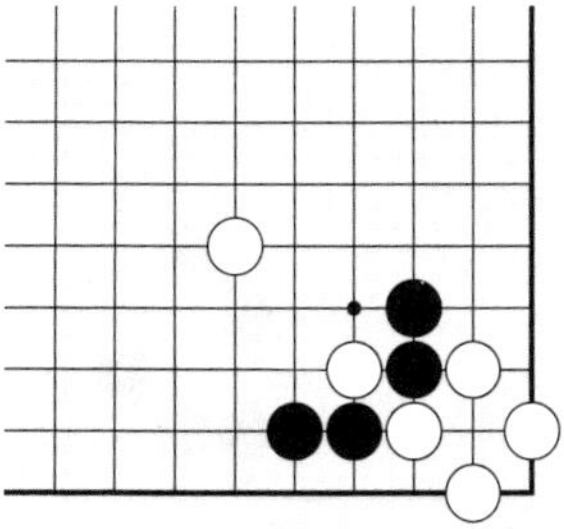

题 23

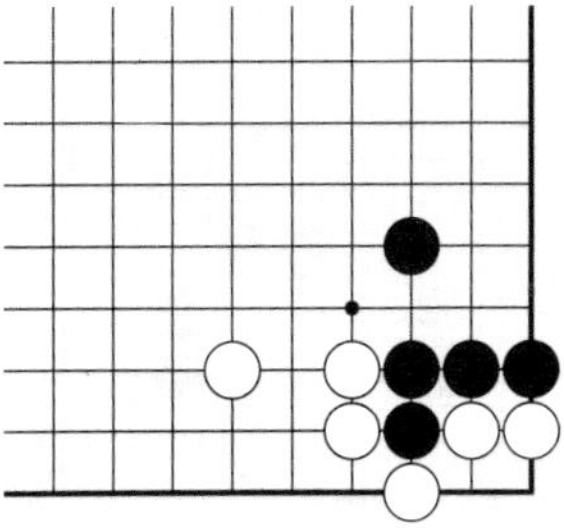

题 24

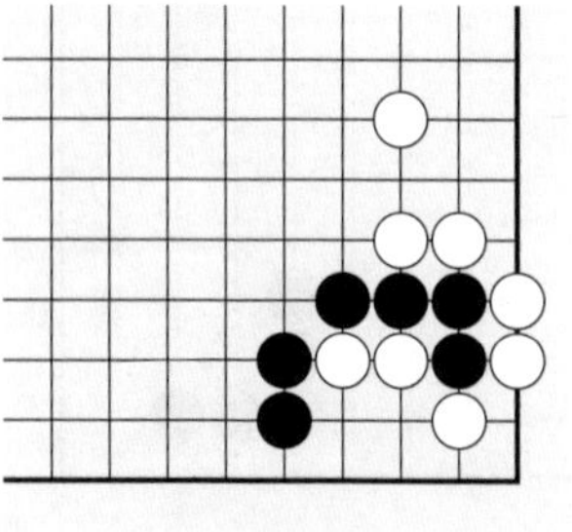

题 25

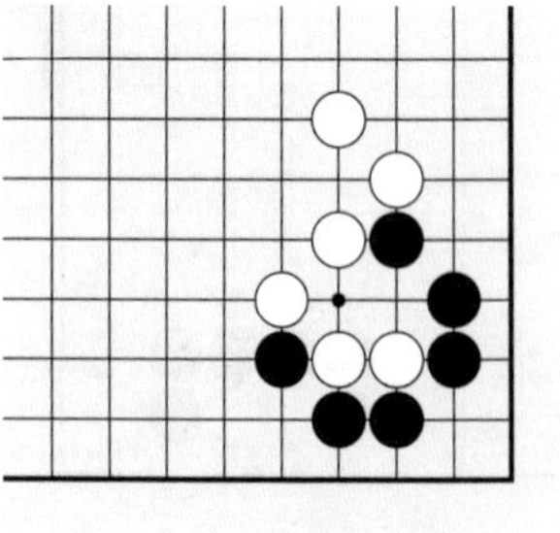

题 26

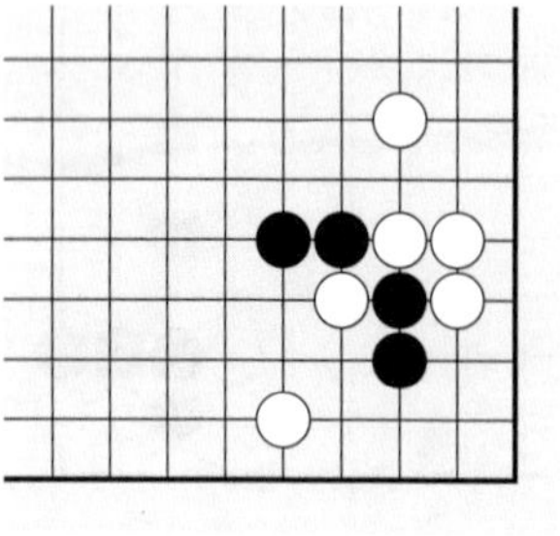

题 27

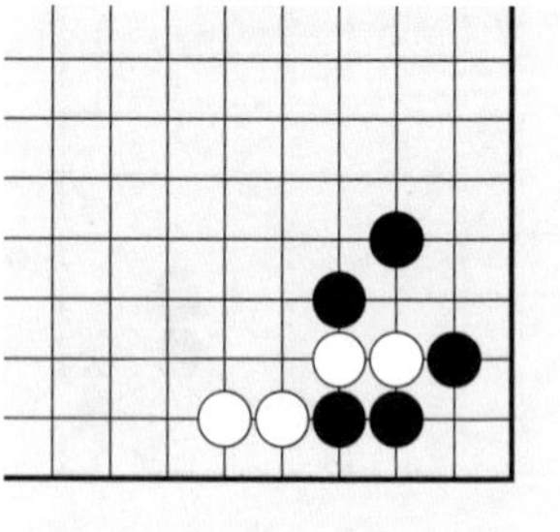

题 28

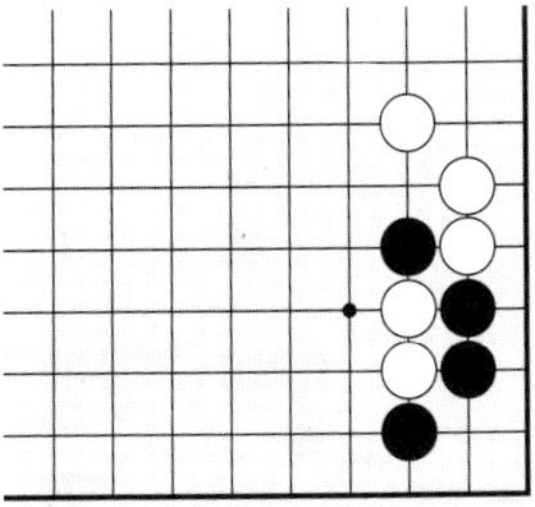

题 29

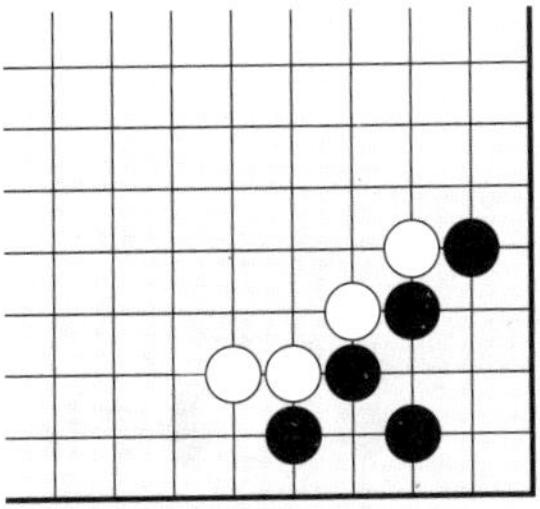

题 30

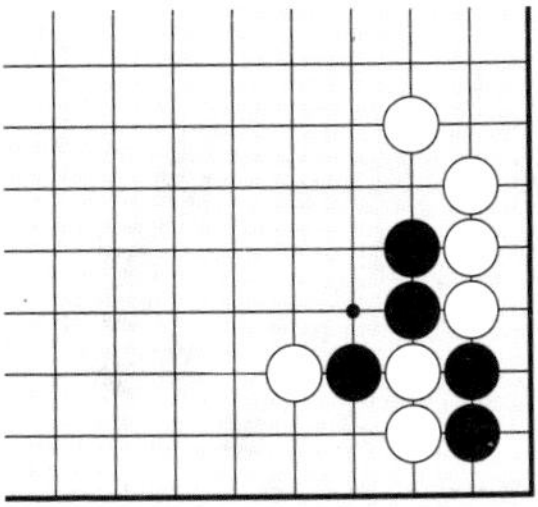

题 31

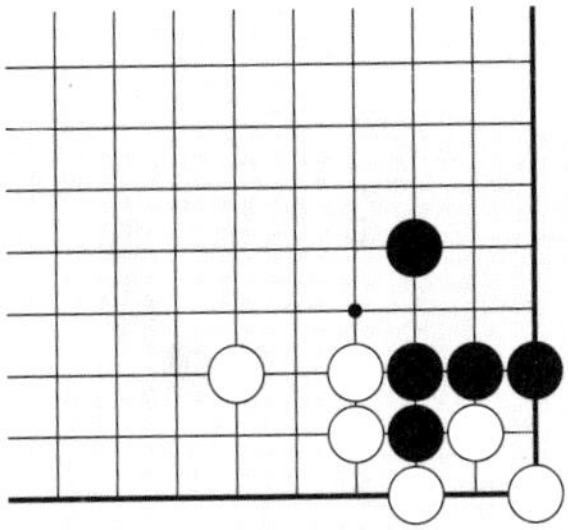

题 32

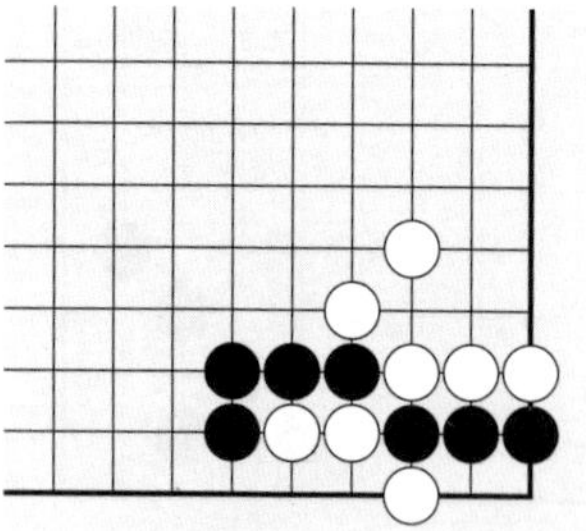

题 33

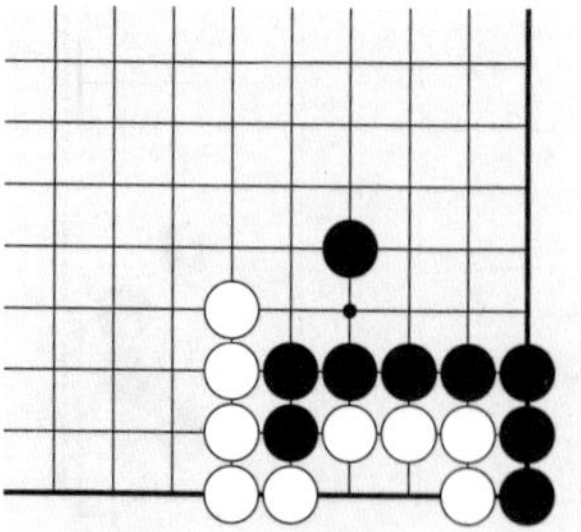

题 34

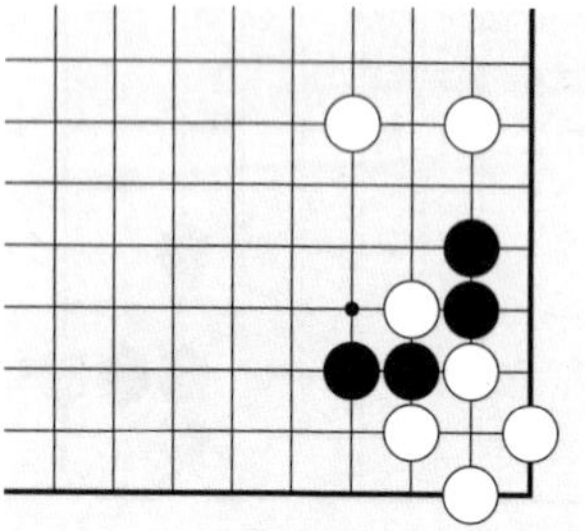

题 35

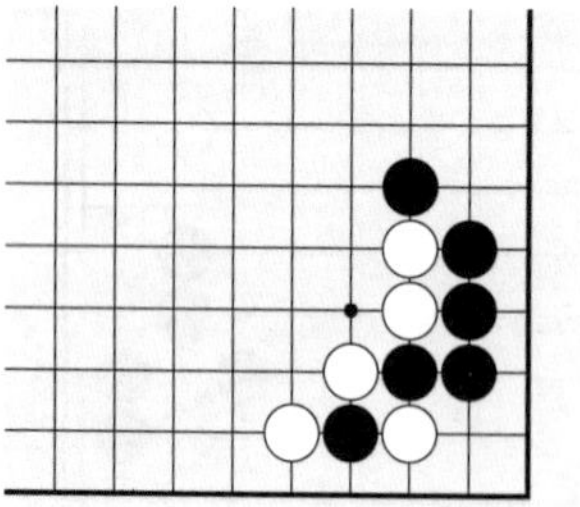

题 36

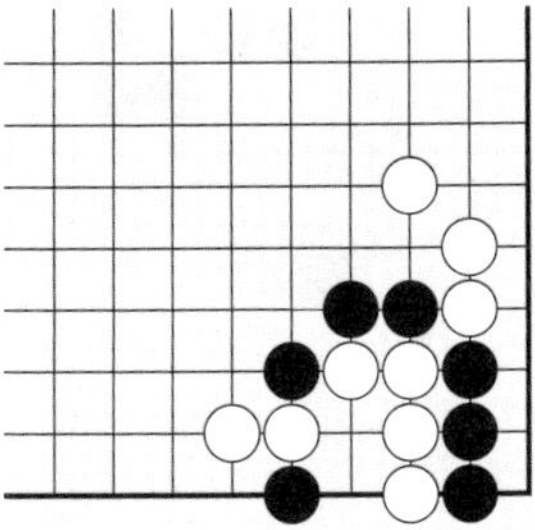

题 37

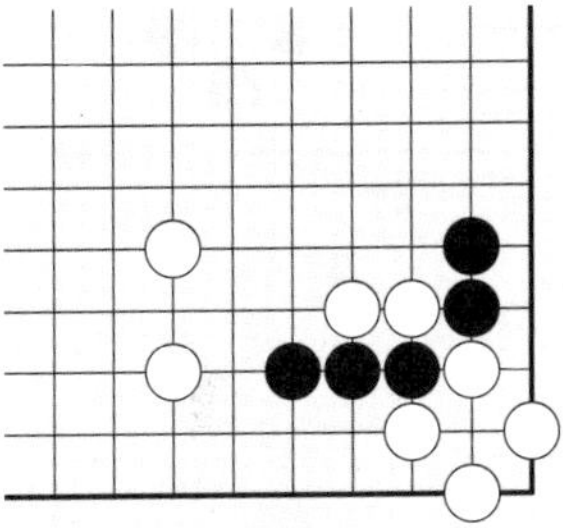

题 38

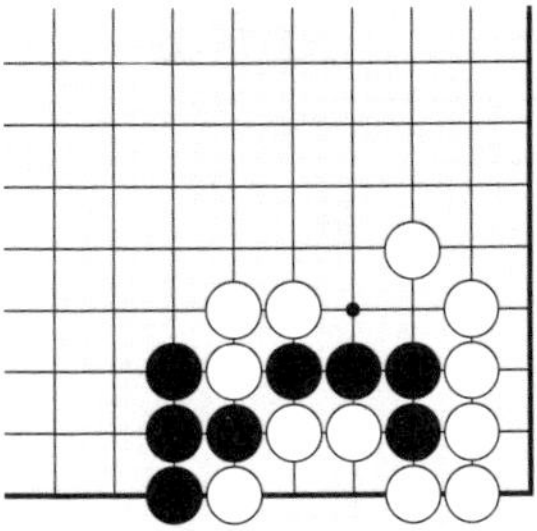

题 39

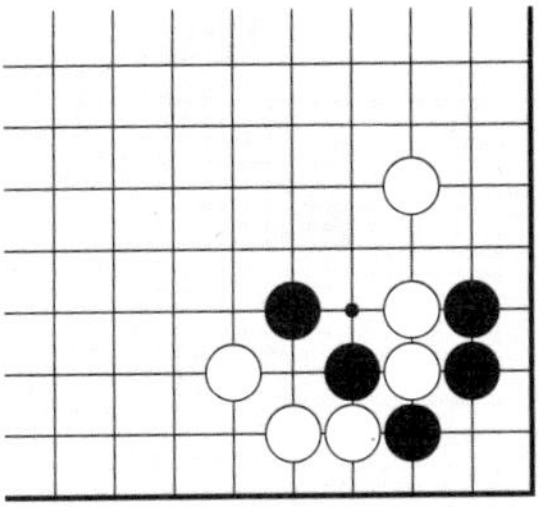

题 40

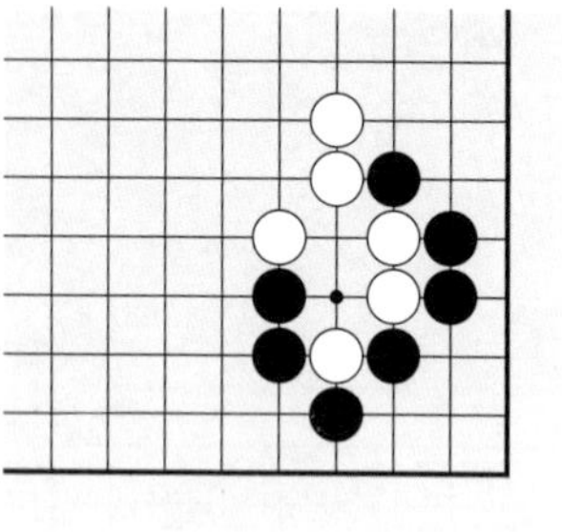

题 41

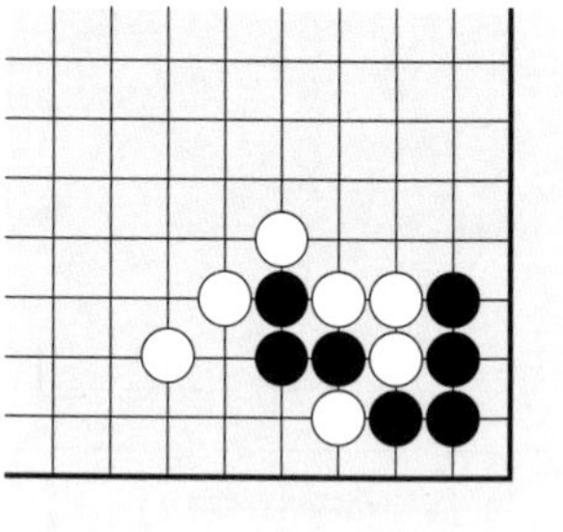

题 42

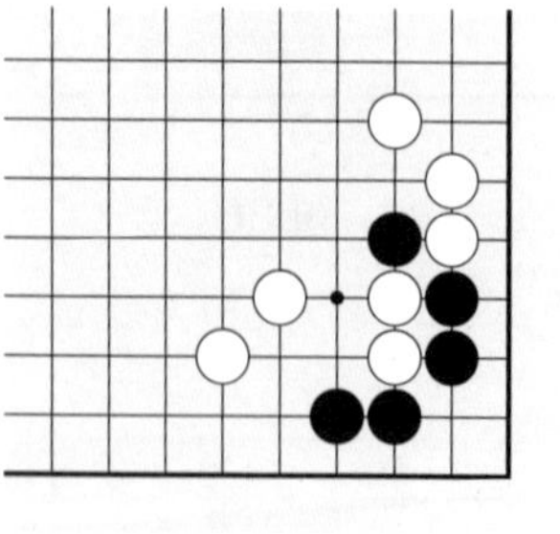

题 43

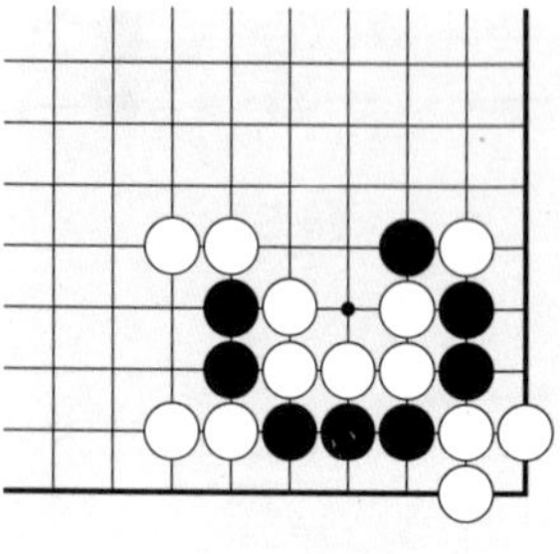

题 44

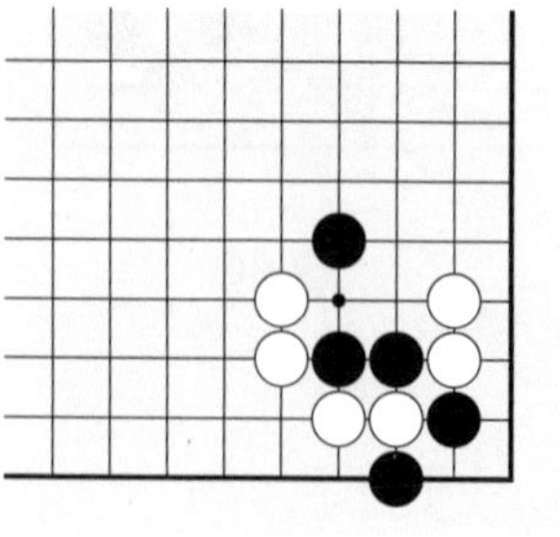

题 45

22 级～ 20 级训练题

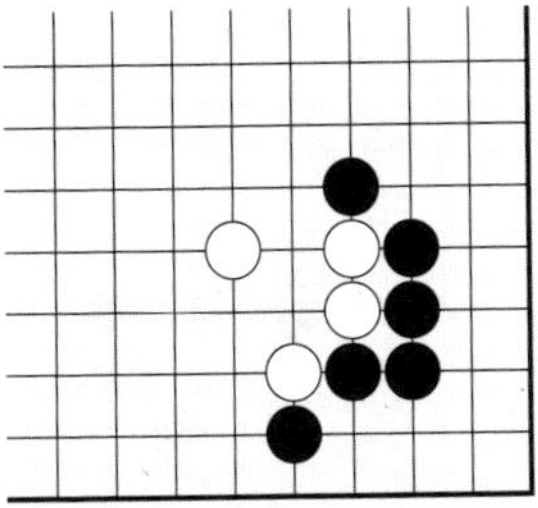

题 46

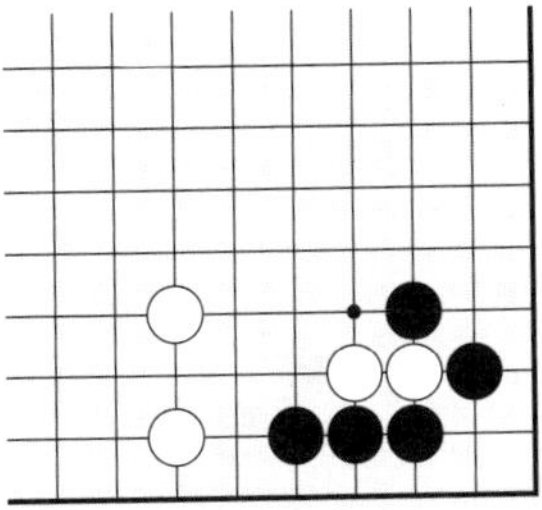

题 47

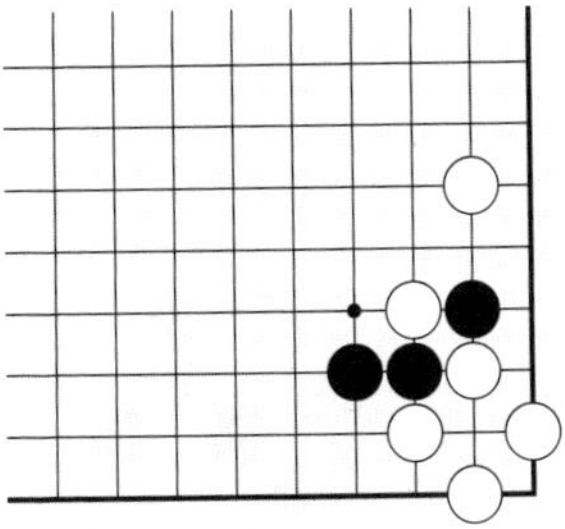

题 48

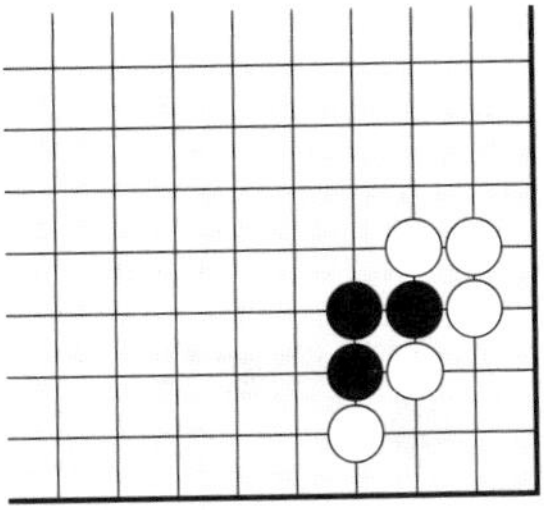

题 49

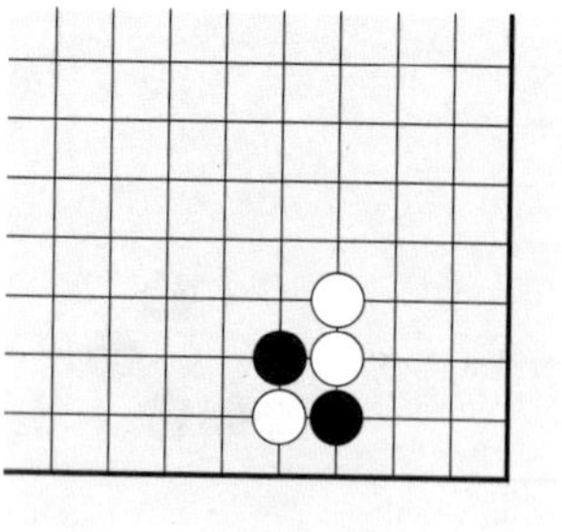

题 50

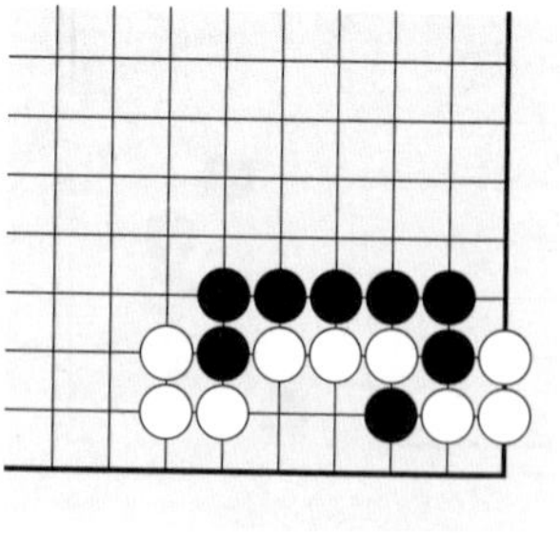

题 51

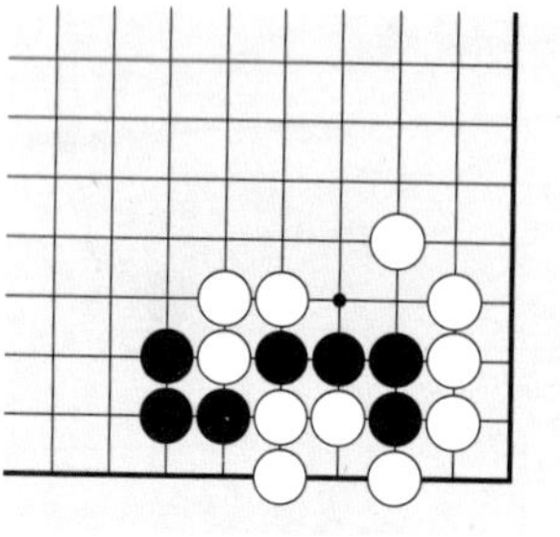

题 52

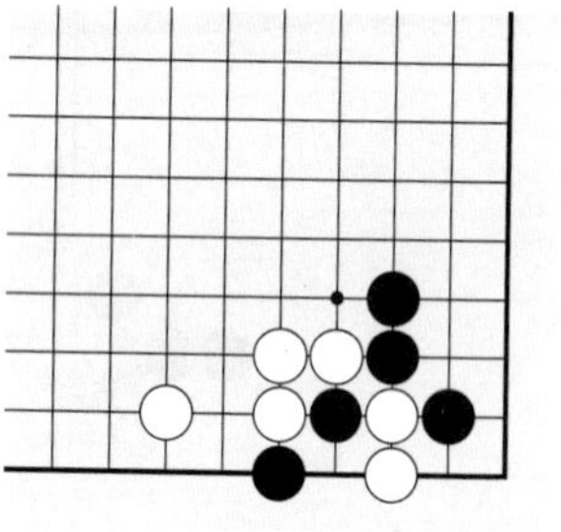

题 53

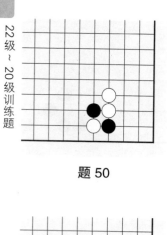

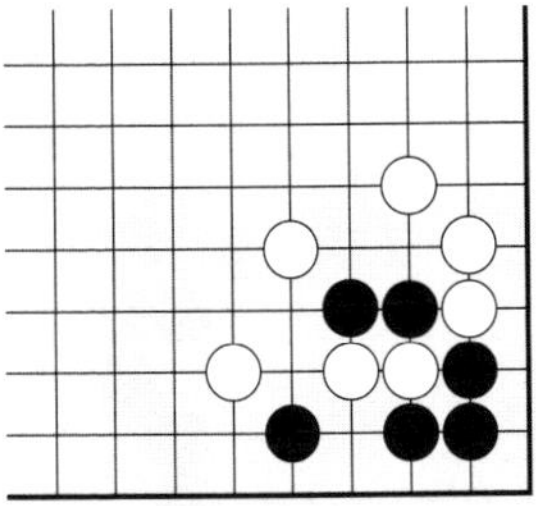

题 54

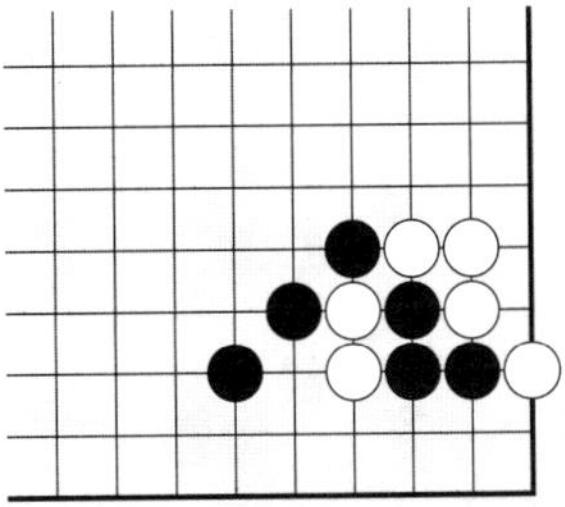

题 55

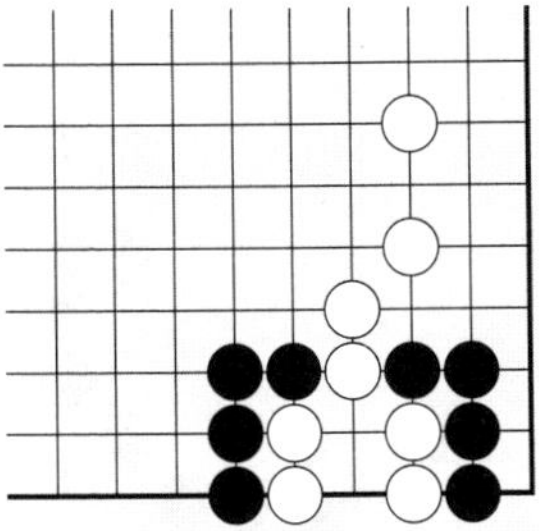

题 56

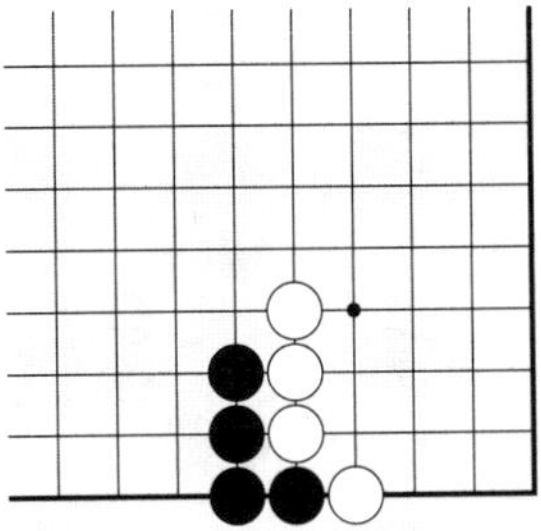

题 57

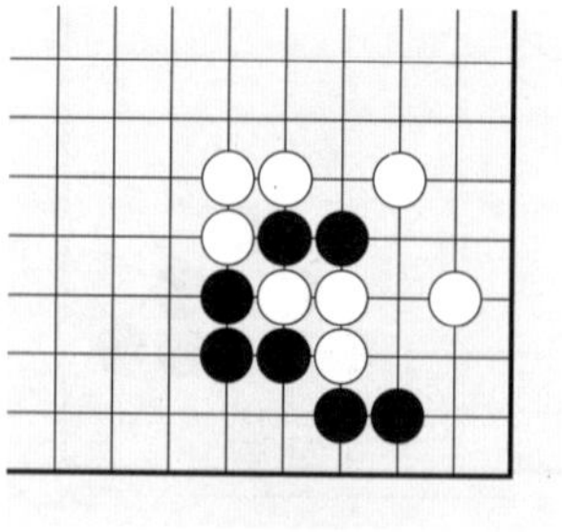

题 58

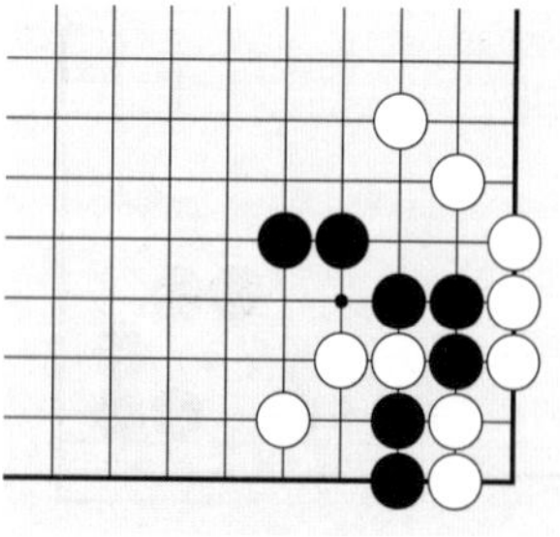

题 59

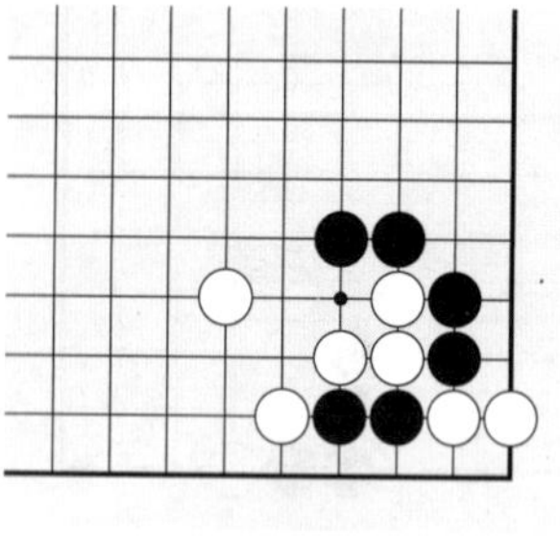

题 60

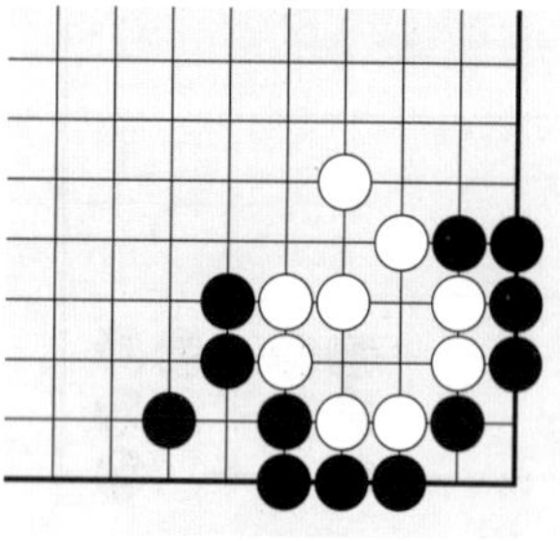

题 61

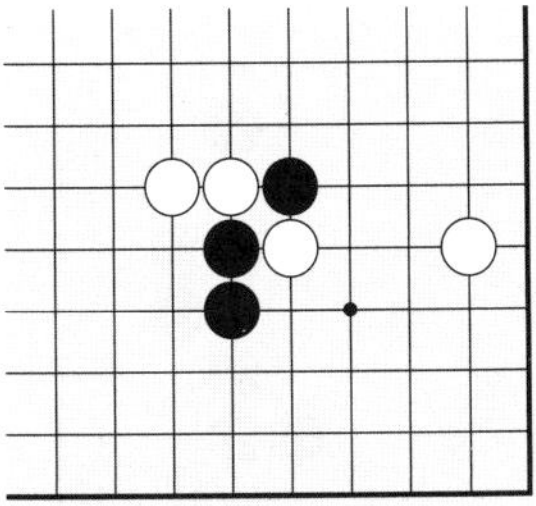

题 62

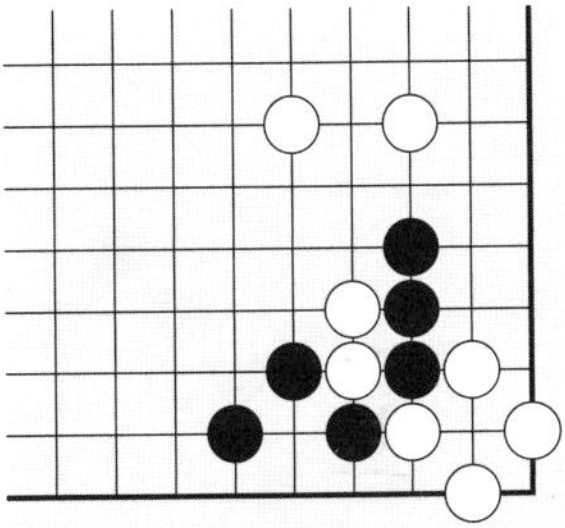

题 63

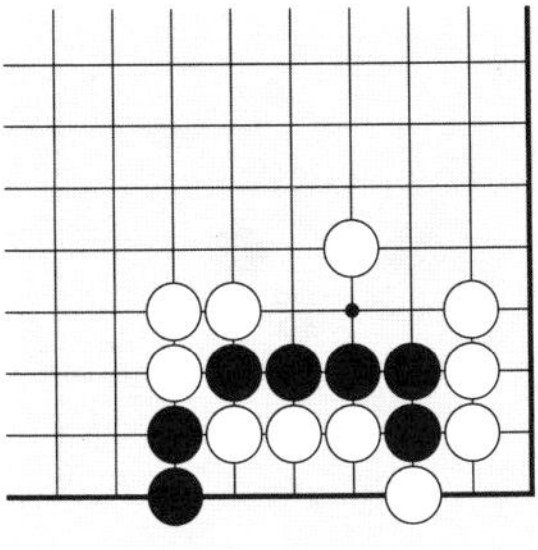

题 64

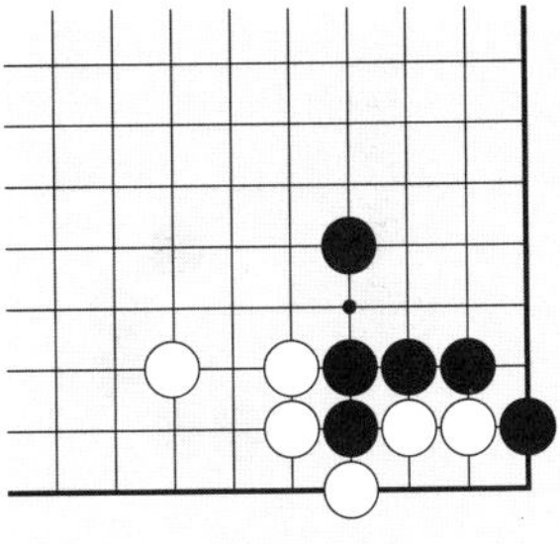

题 65

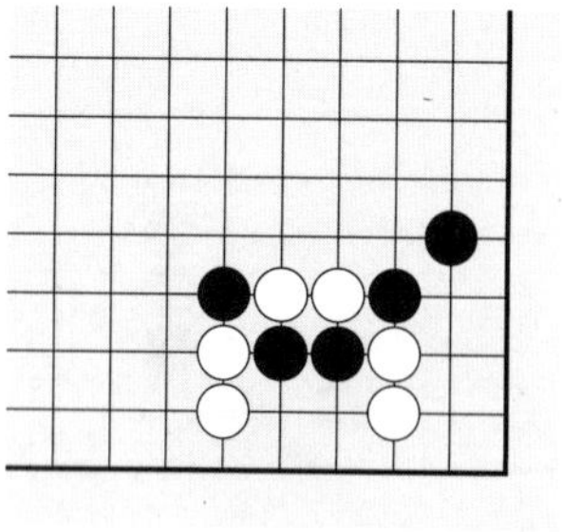

题 66

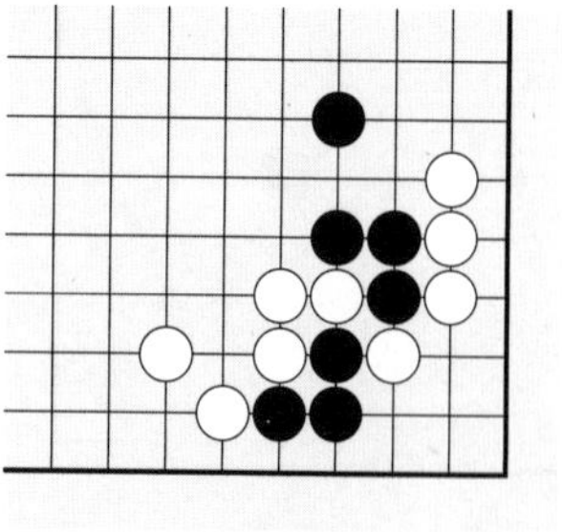

题 67

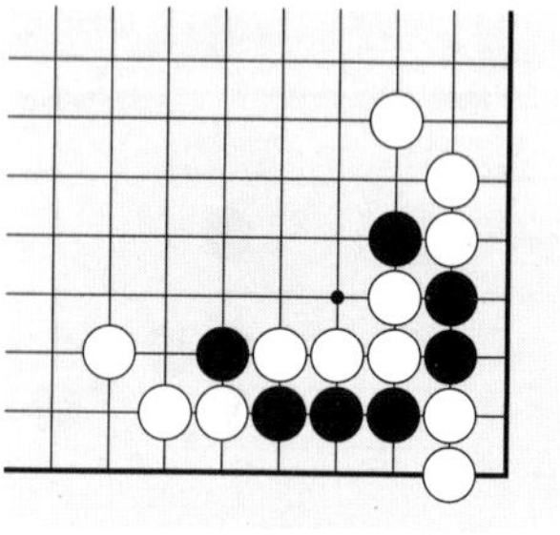

题 68

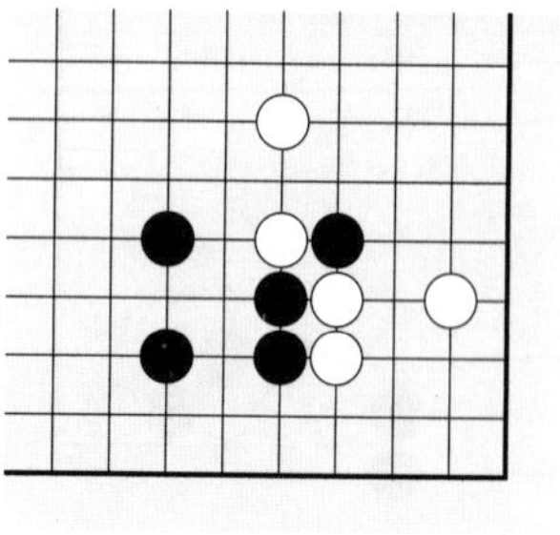

题 69

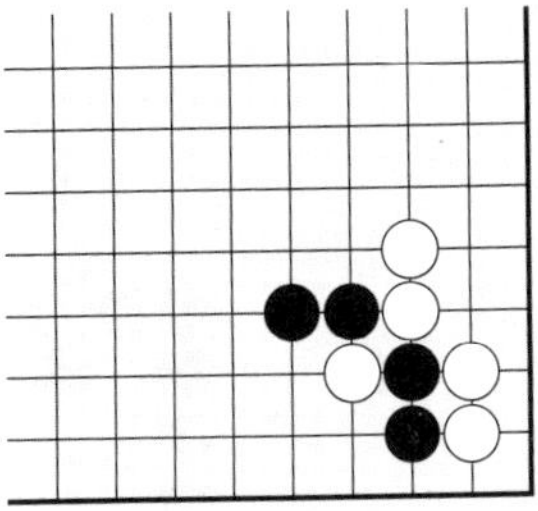

题 78

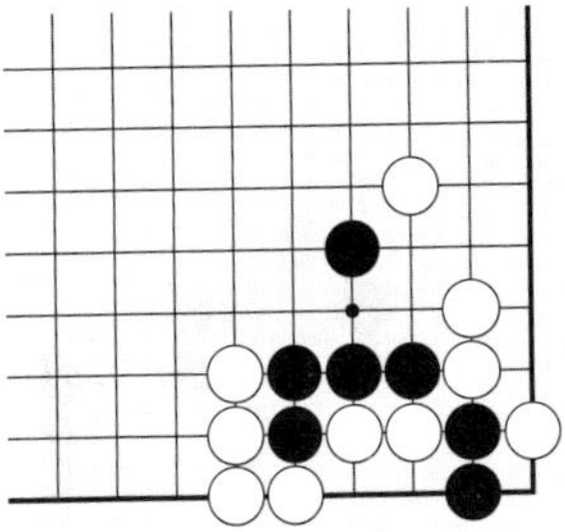

题 79

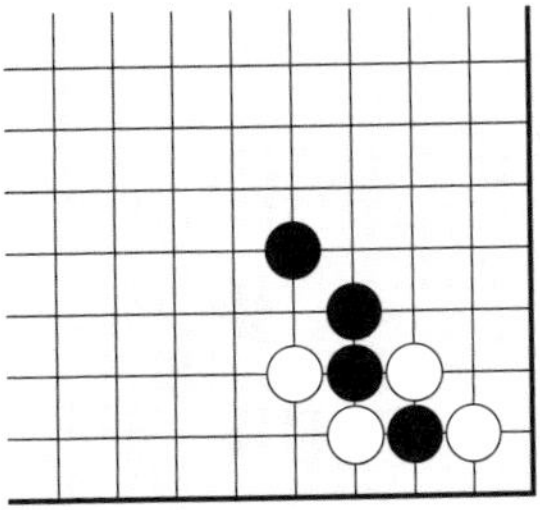

题 80

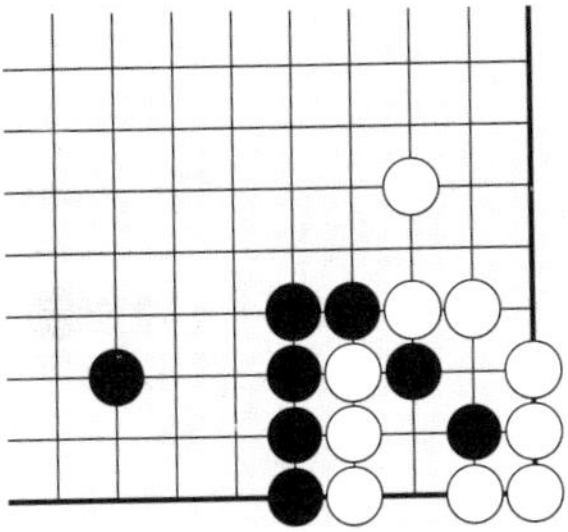

题 81

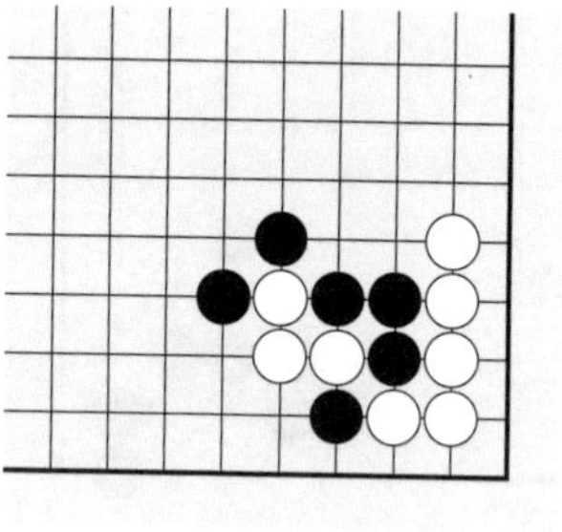

题 82

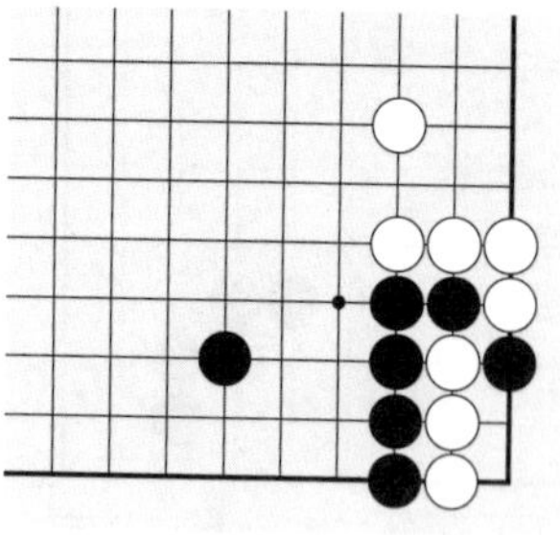

题 83

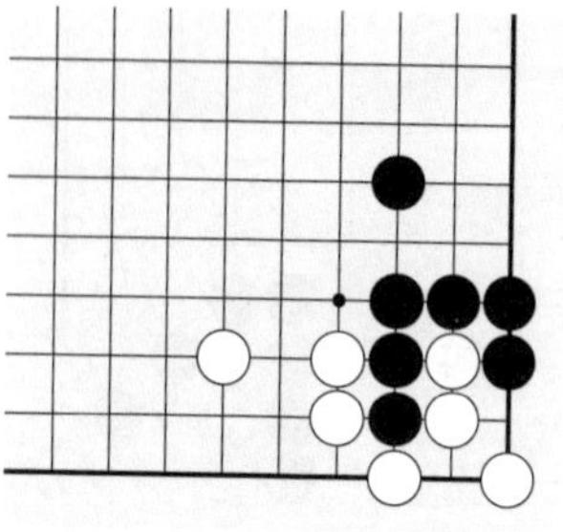

题 84

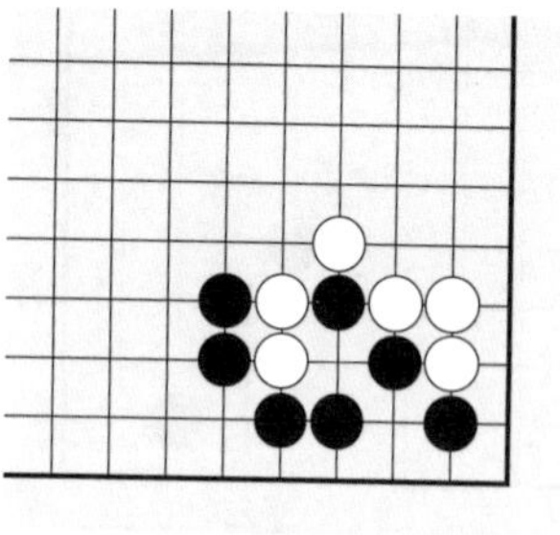

题 85

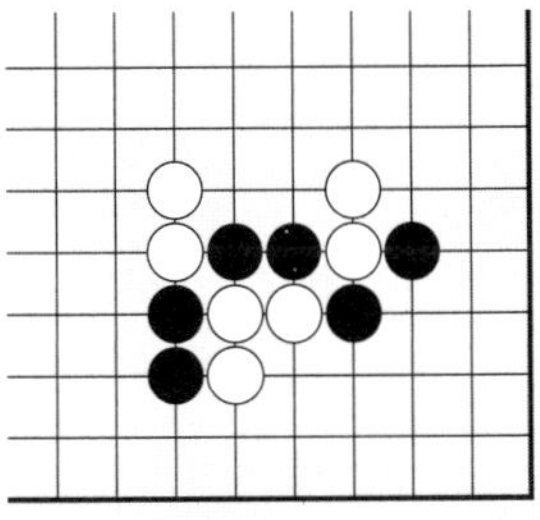

题 86

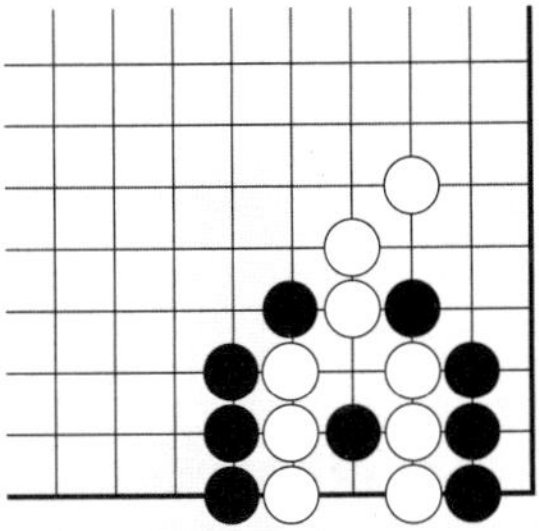

题 87

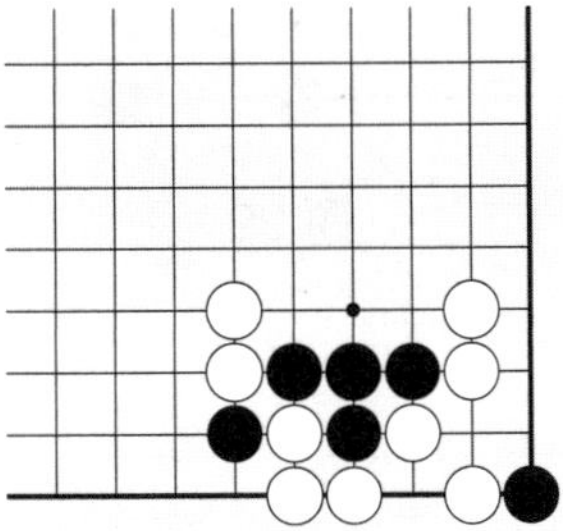

题 88

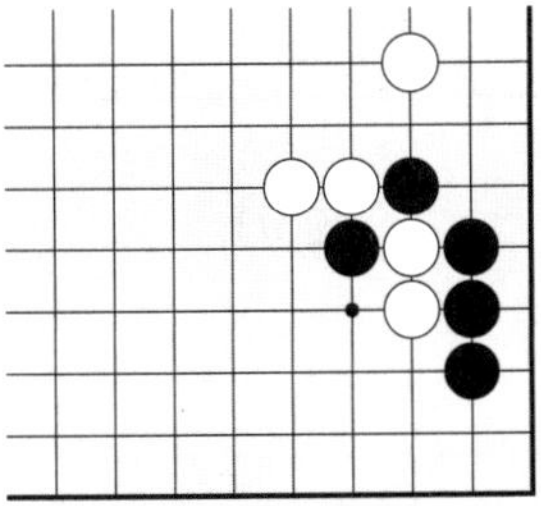

题 89

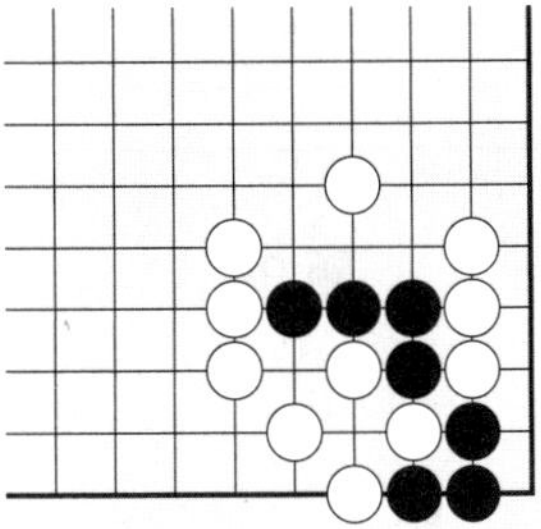

题 90

19级～17级训练题

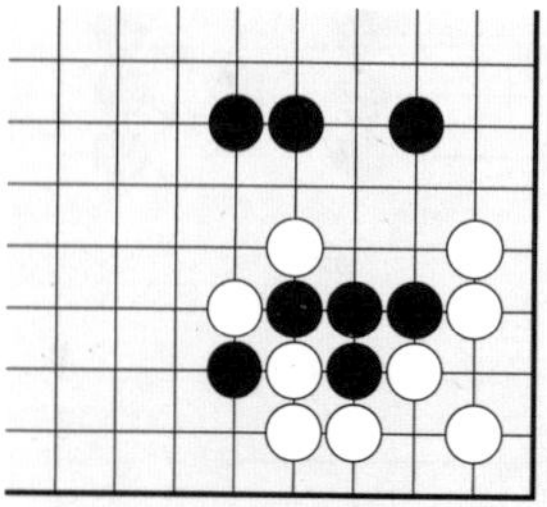

题 91

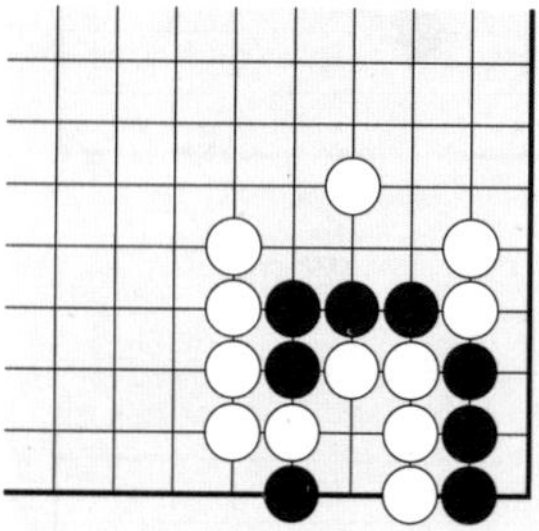

题 92

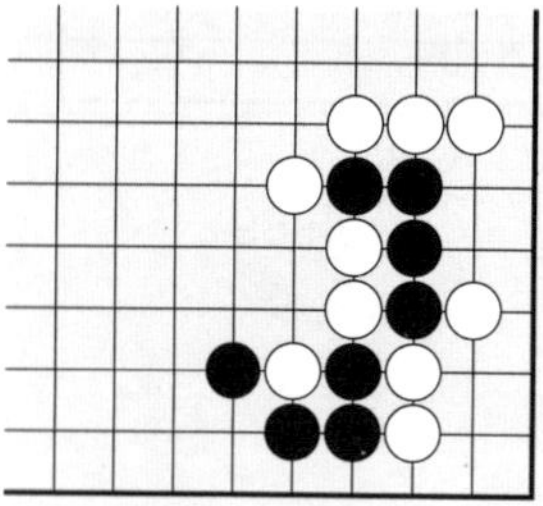

题 93

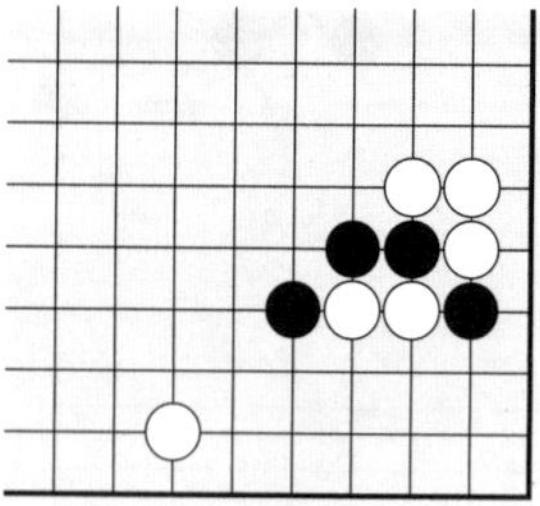

题 94

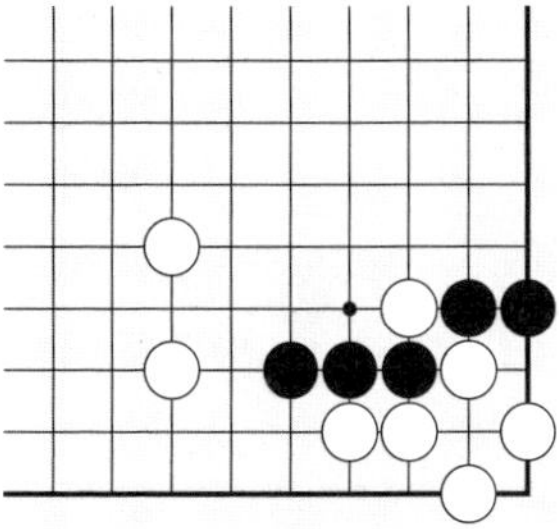

题 95

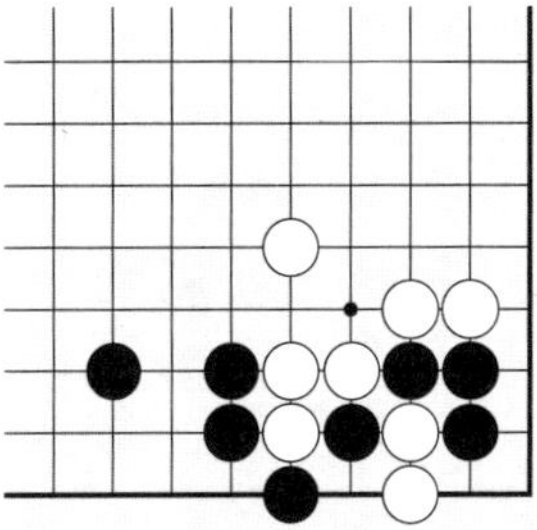

题 96

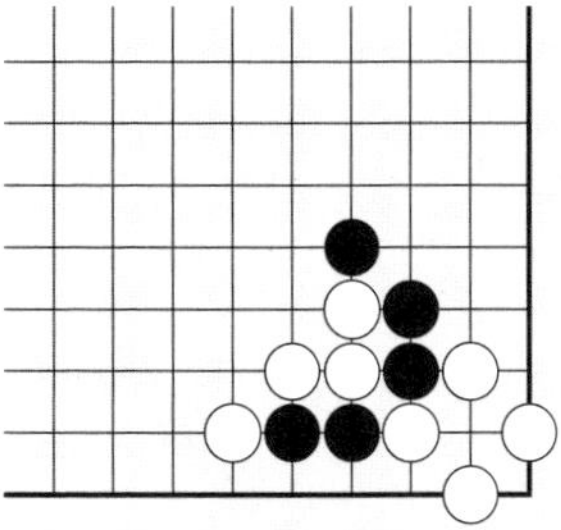

题 97

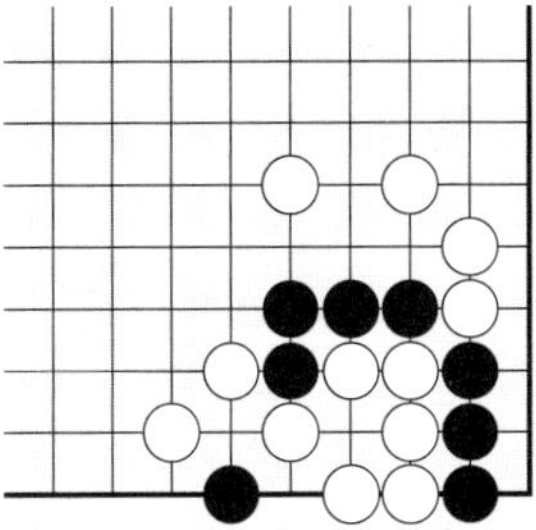

题 98

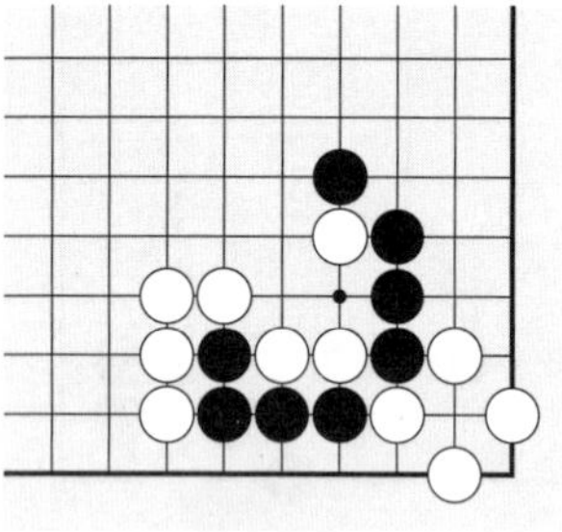

题 99

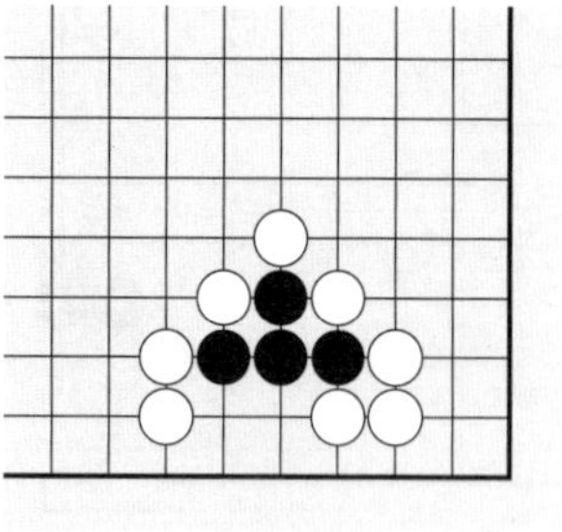

题 100

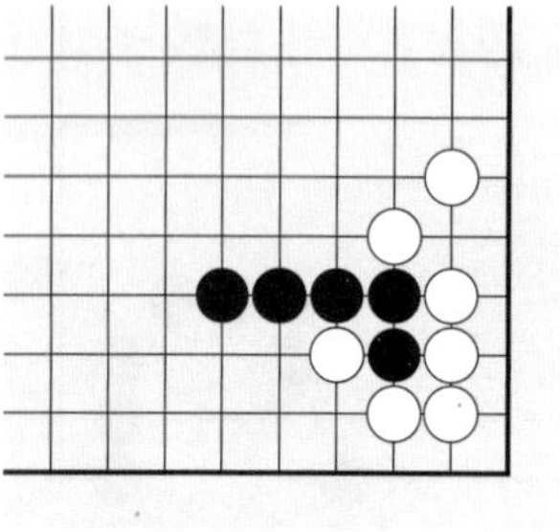

题 101

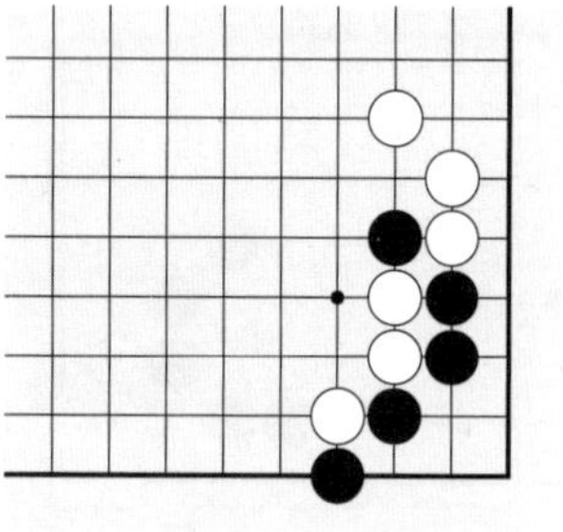

题 102

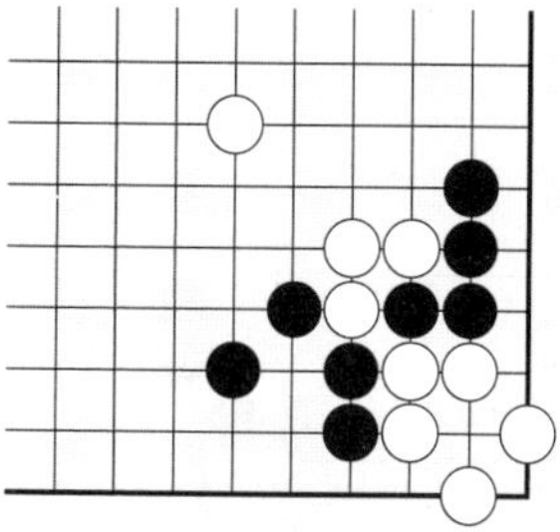

题 103

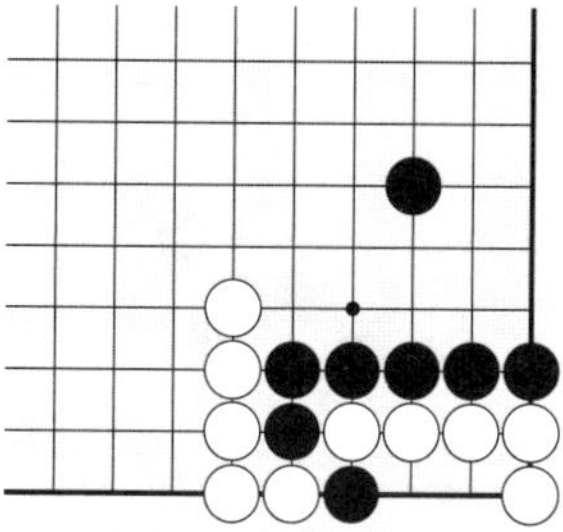

题 104

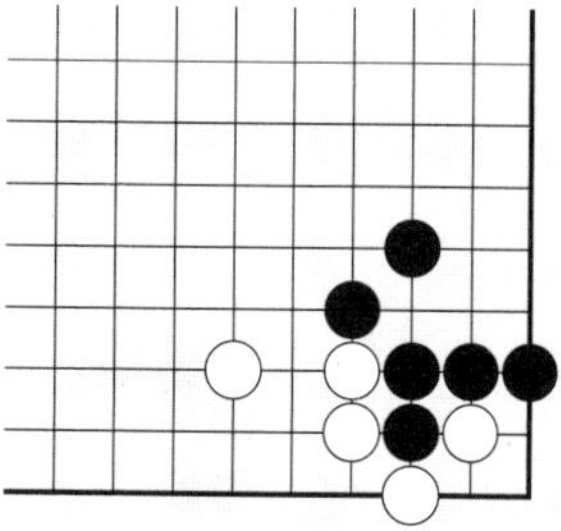

题 105

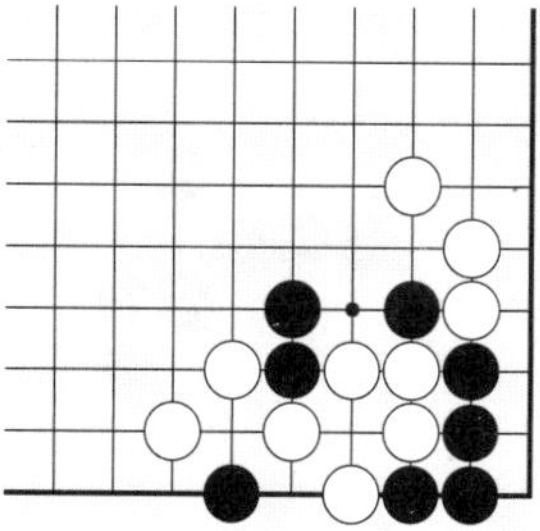

题 106

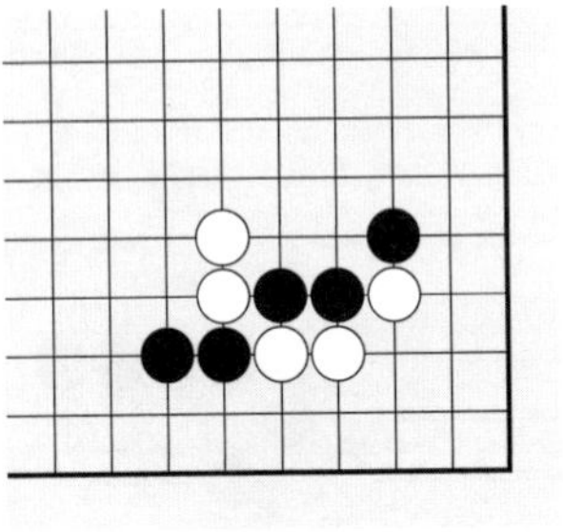

题 107

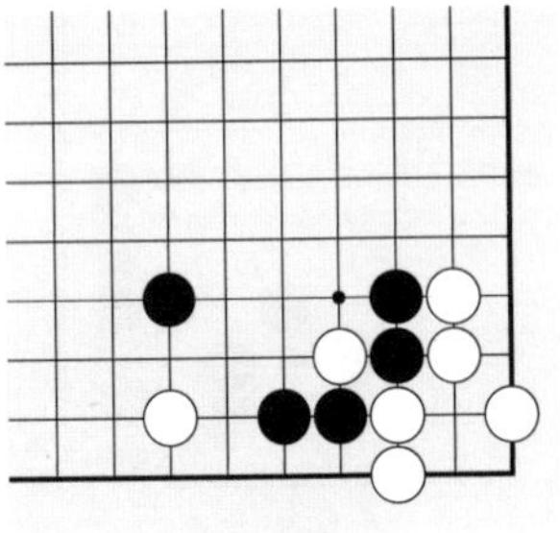

题 108

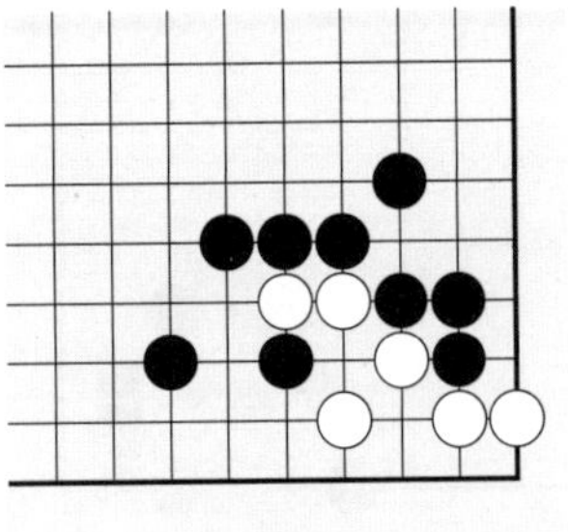

题 109

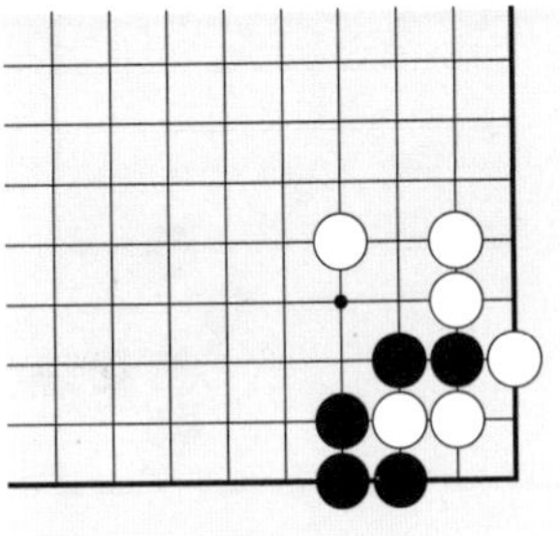

题 110

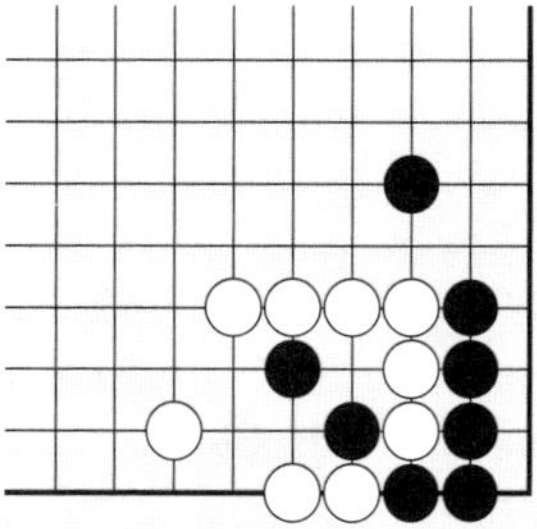

题 111

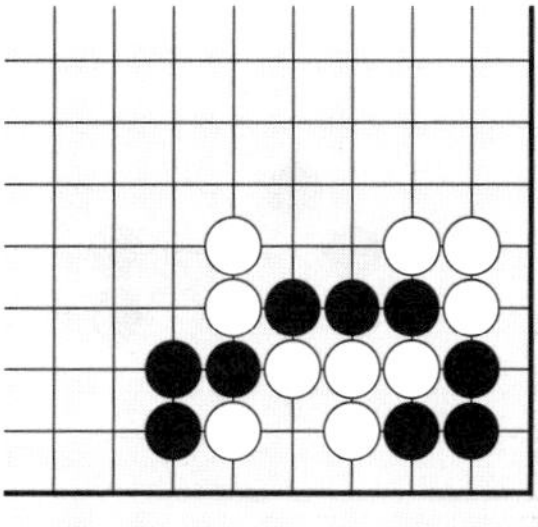

题 112

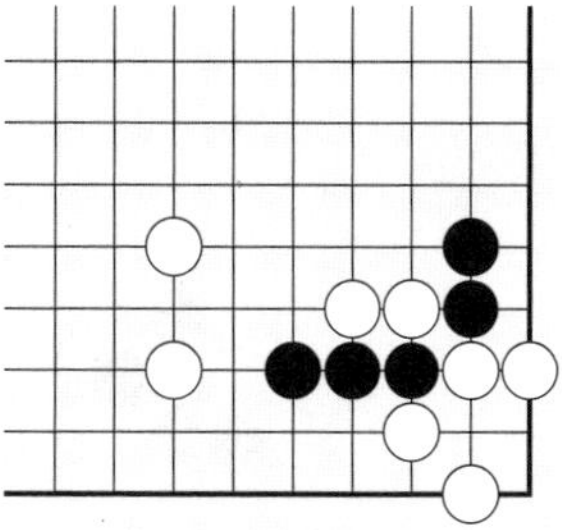

题 113

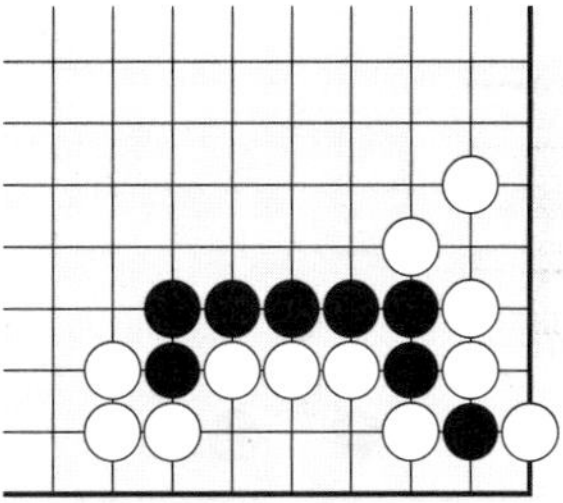

题 114

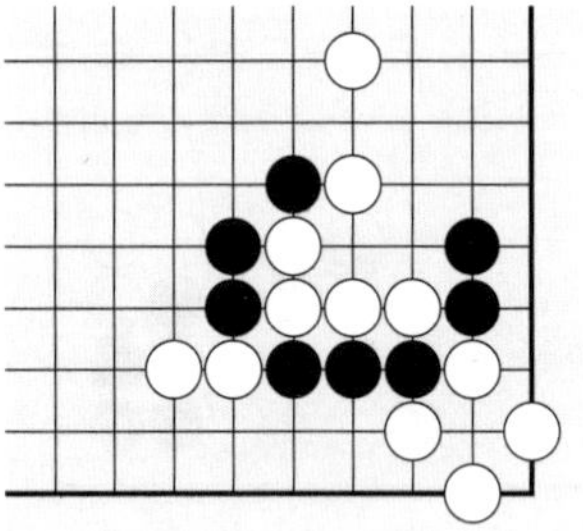

题 115

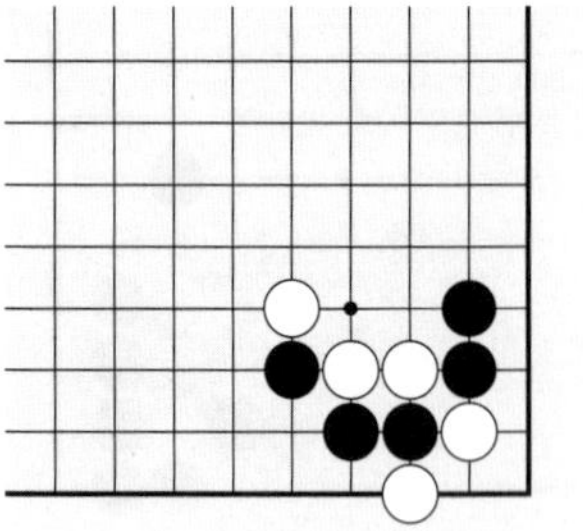

题 116

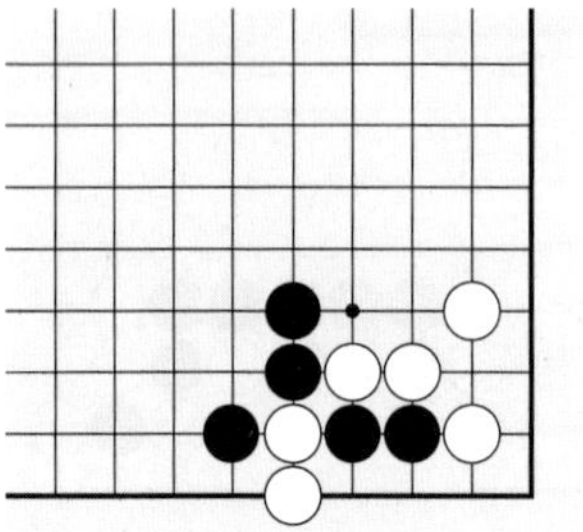

题 117

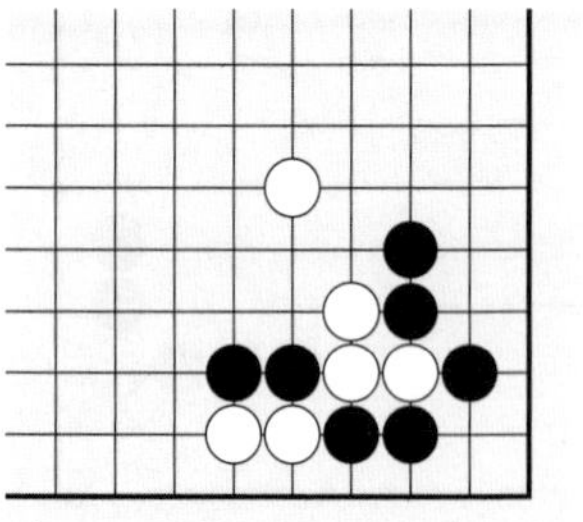

题 118

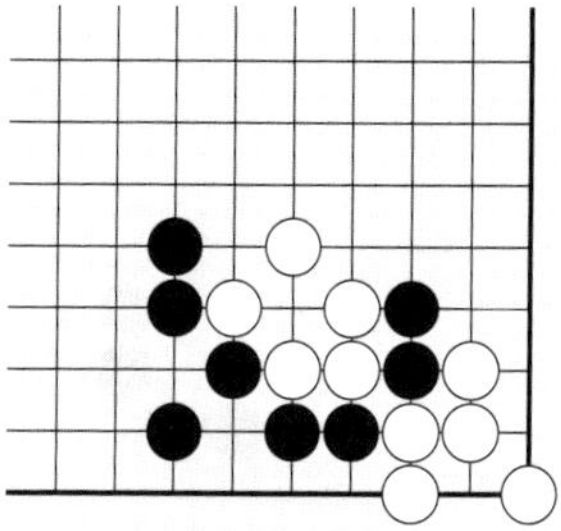

题 119

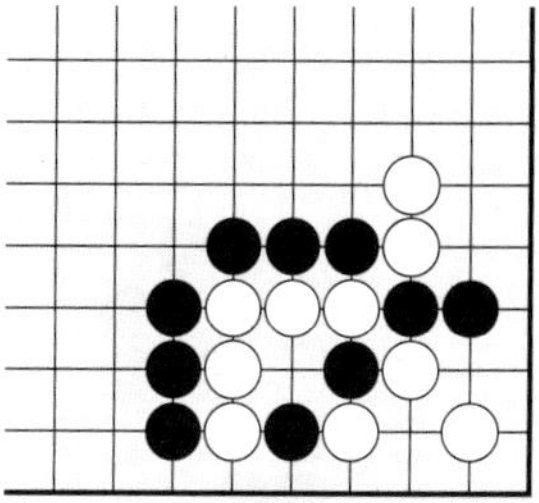

题 120

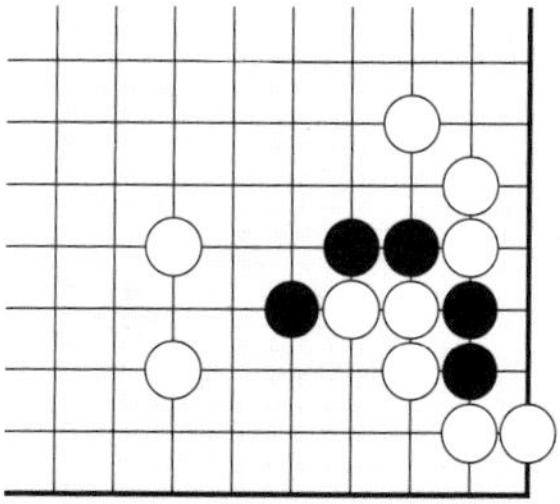

题 121

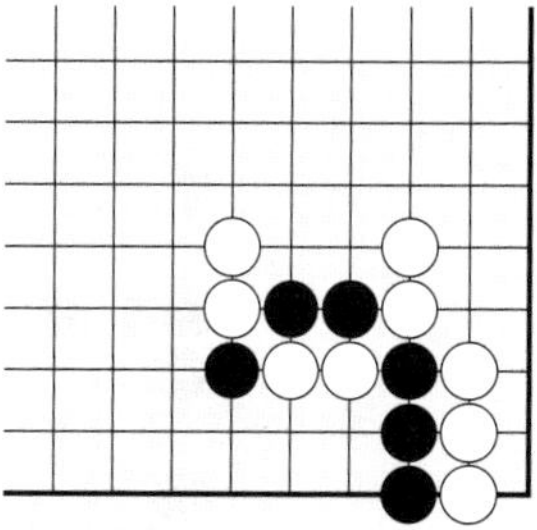

题 122

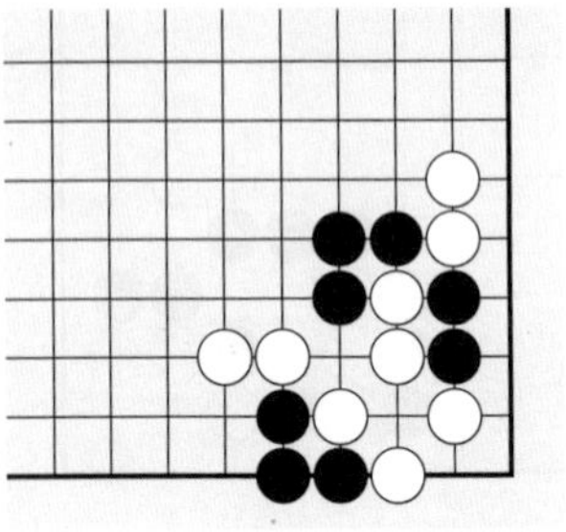

题 123

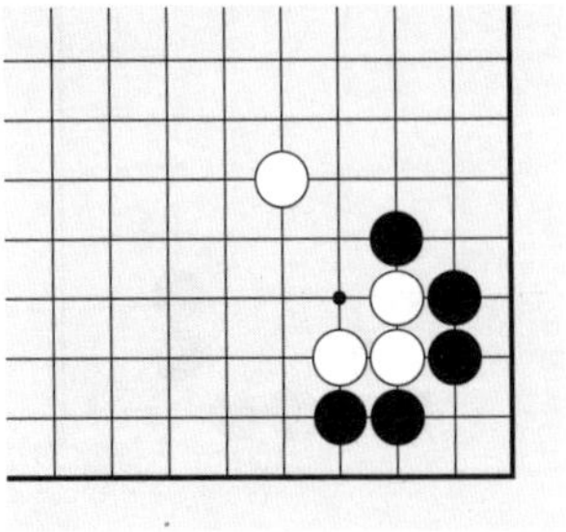

题 124

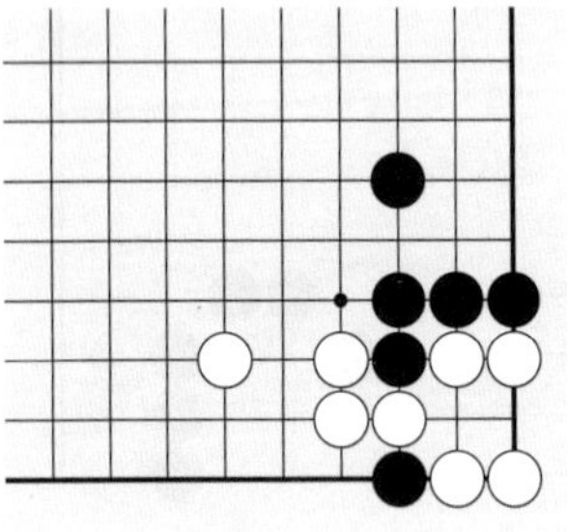

题 125

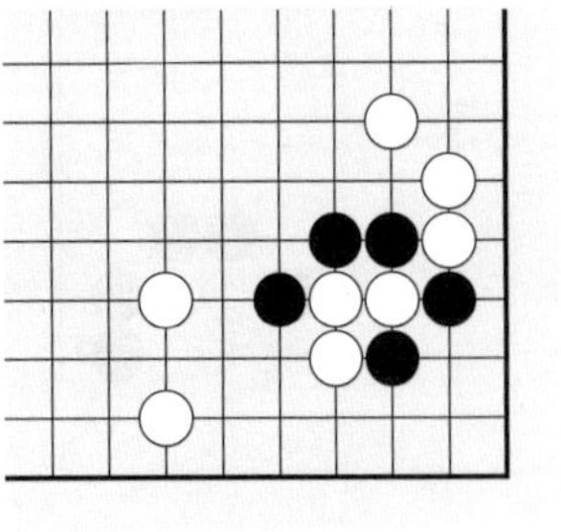

题 126

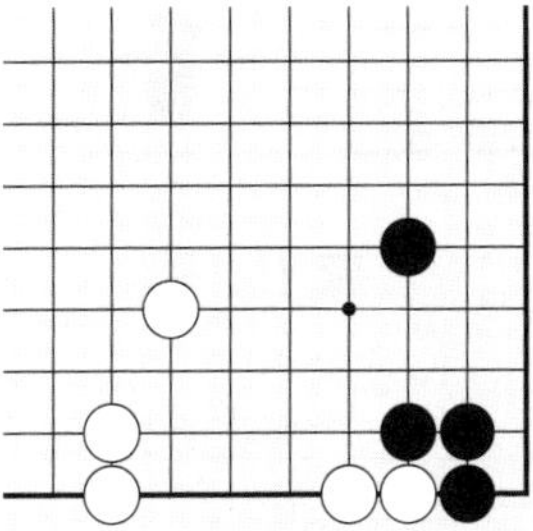

题 127

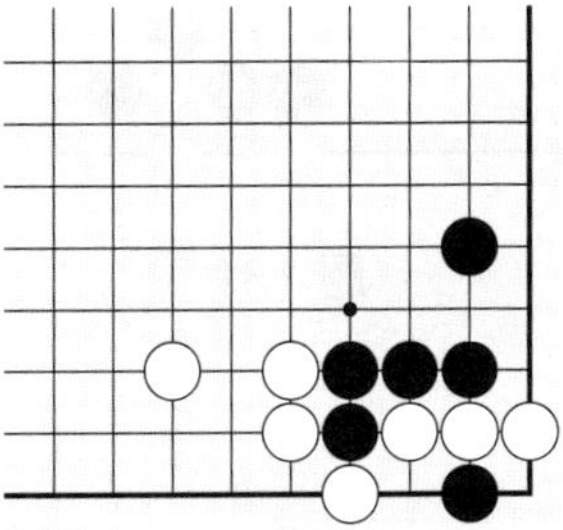

题 128

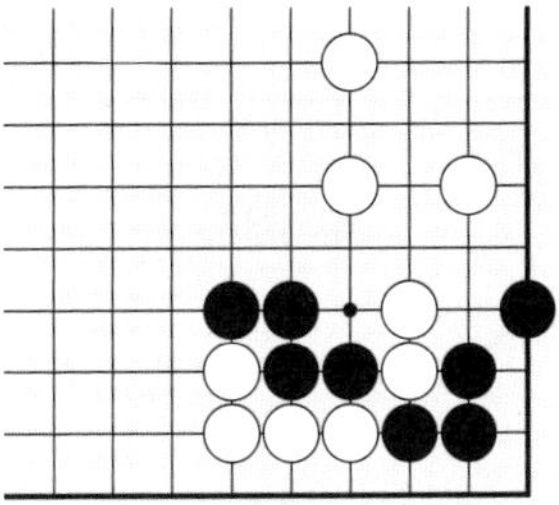

题 129

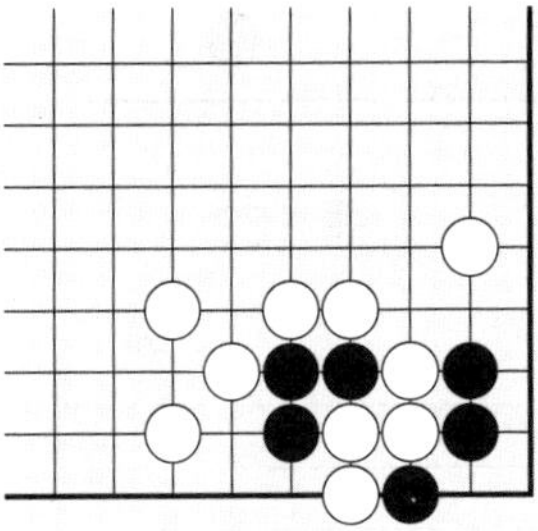

题 130

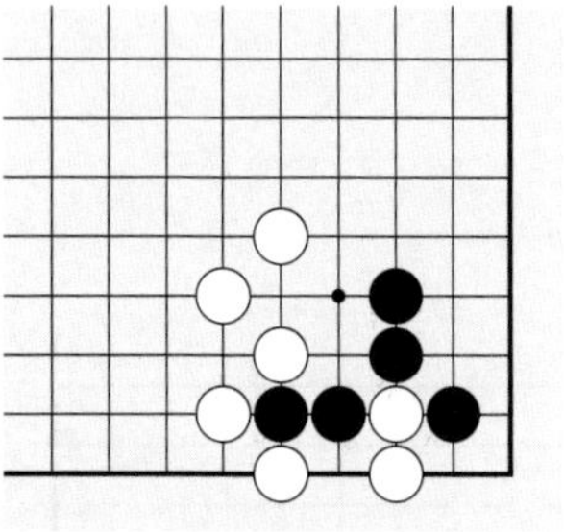

题 131

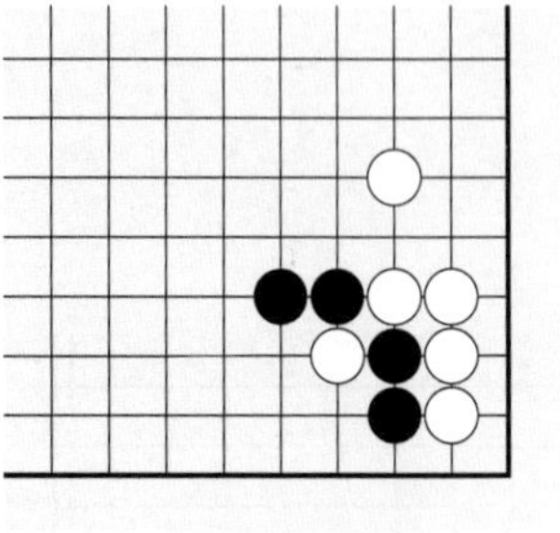

题 132

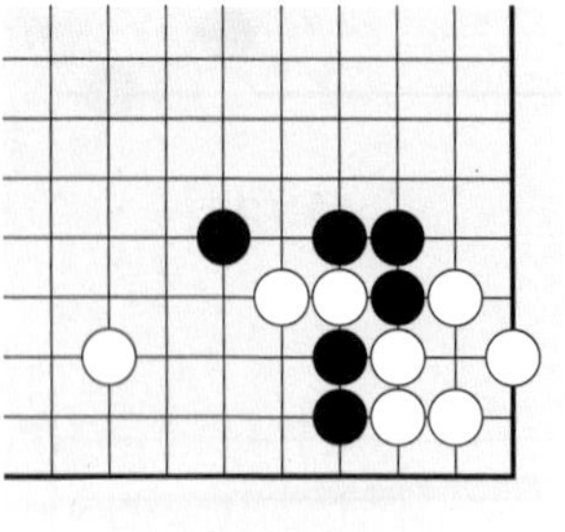

题 133

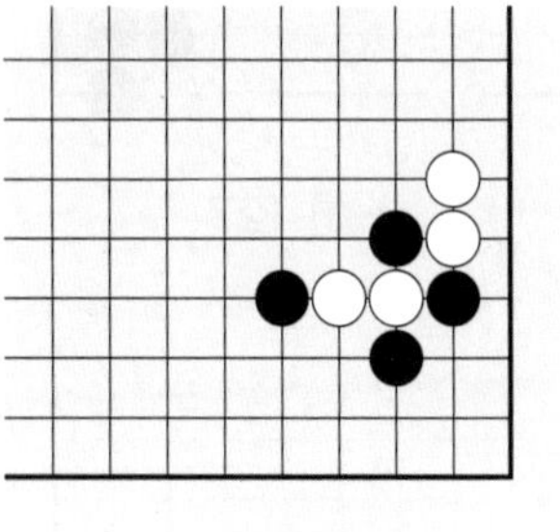

题 134

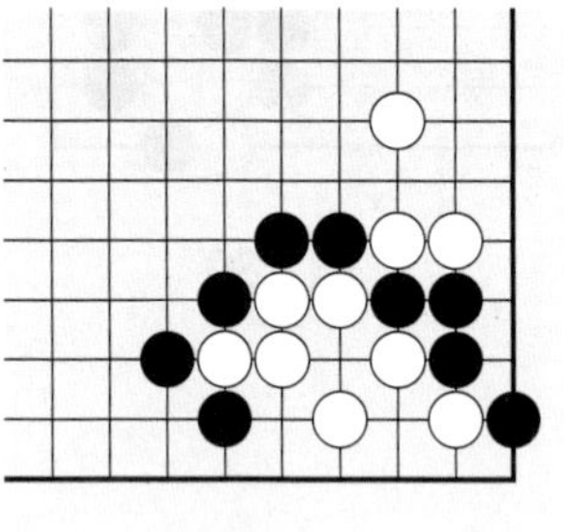

题 135

16级～14级训练题

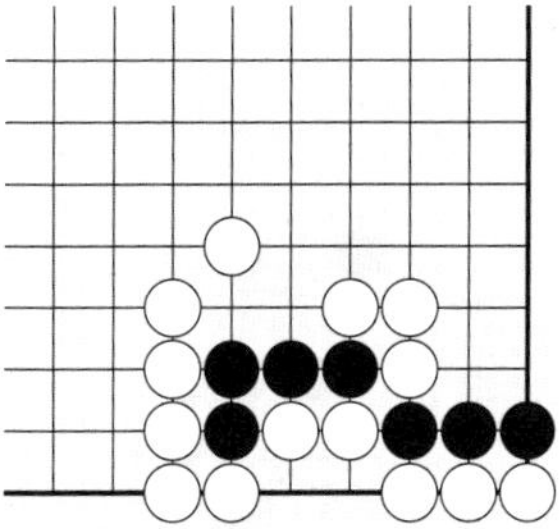

题 136

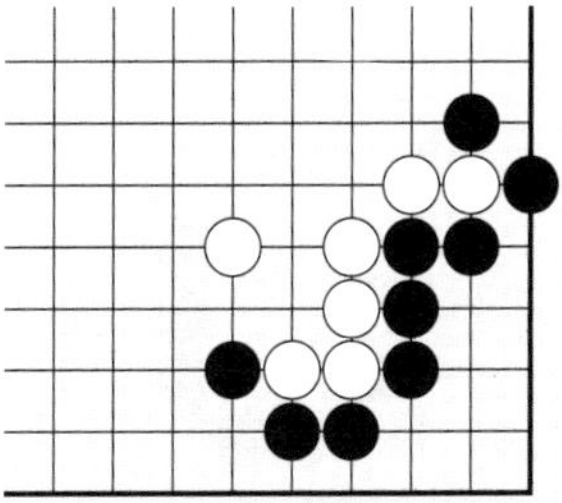

题 137

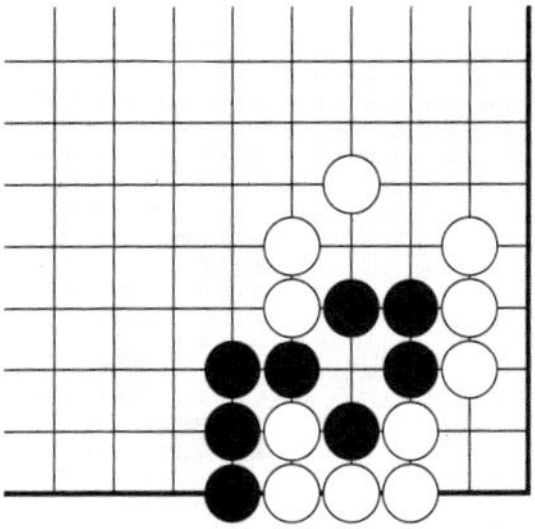

题 138

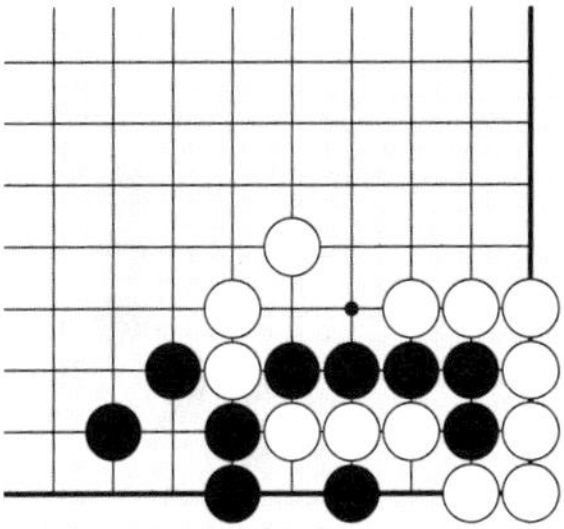

题 139

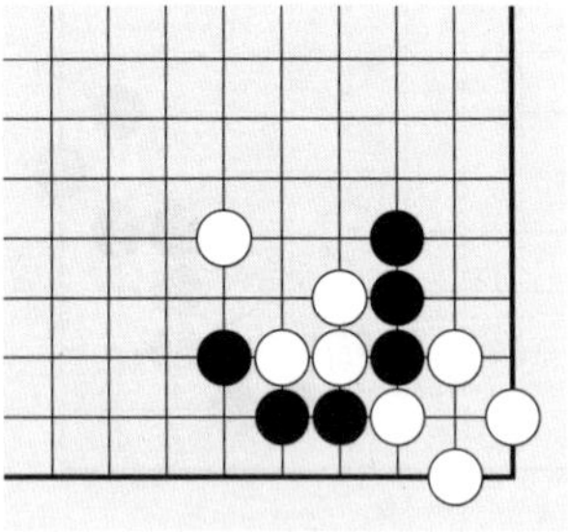

题 140

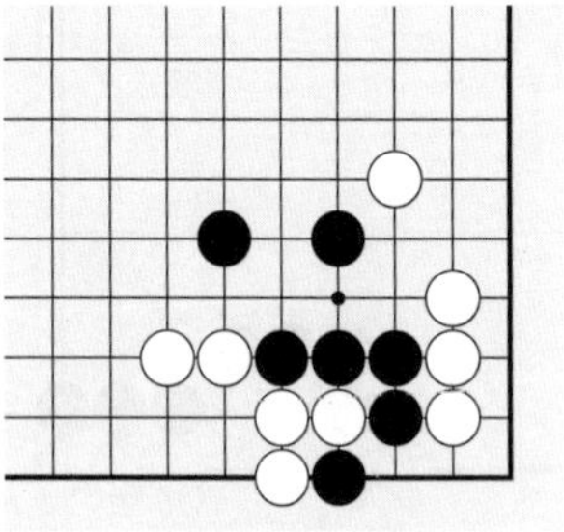

题 141

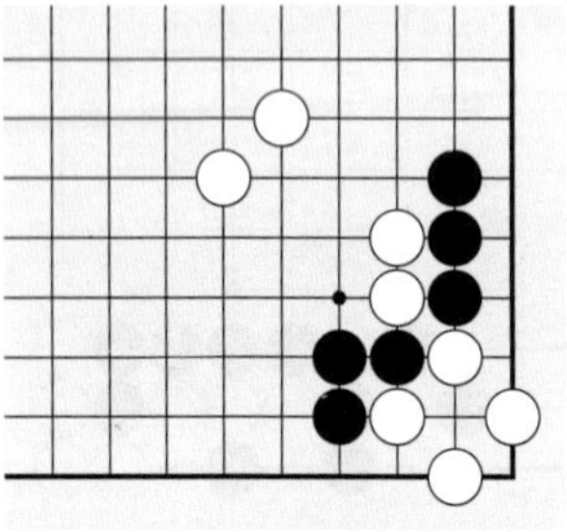

题 142

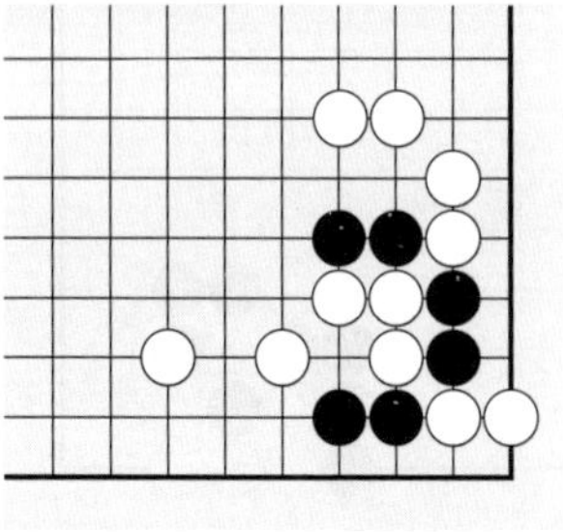

题 143

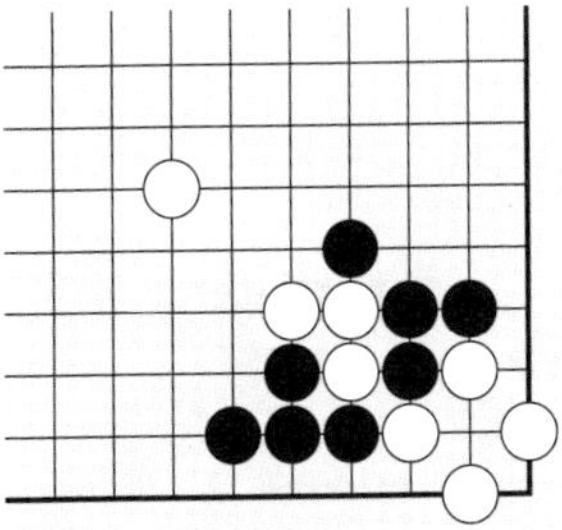

题 144

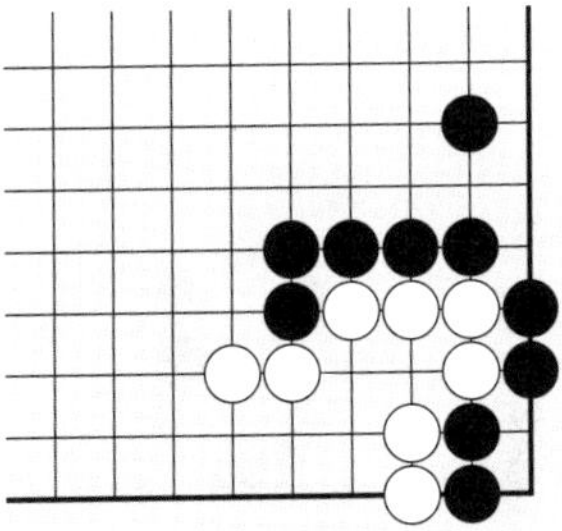

题 145

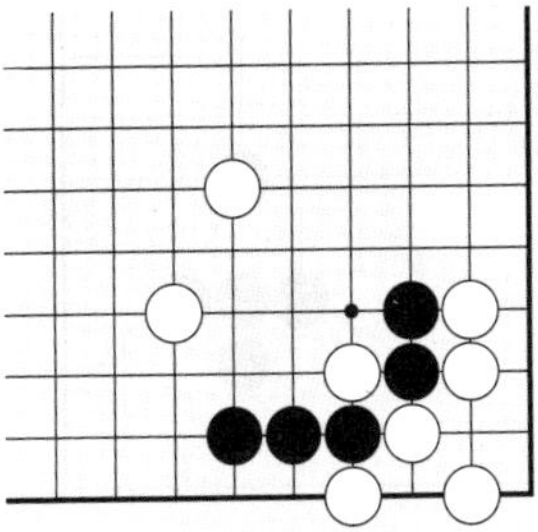

题 146

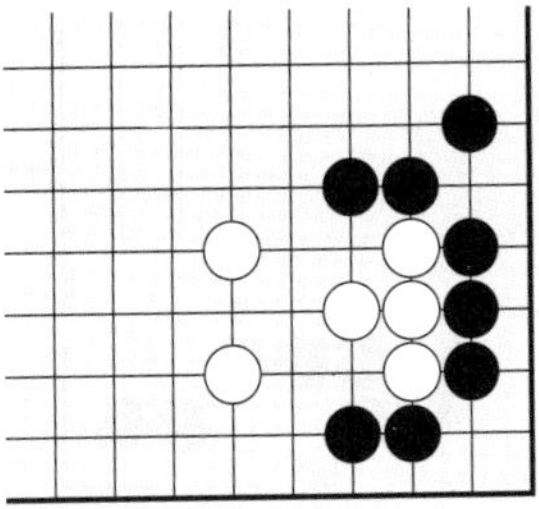

题 147

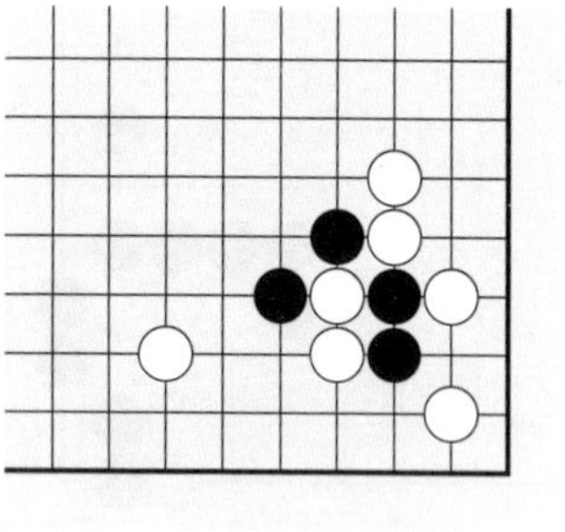

题 148

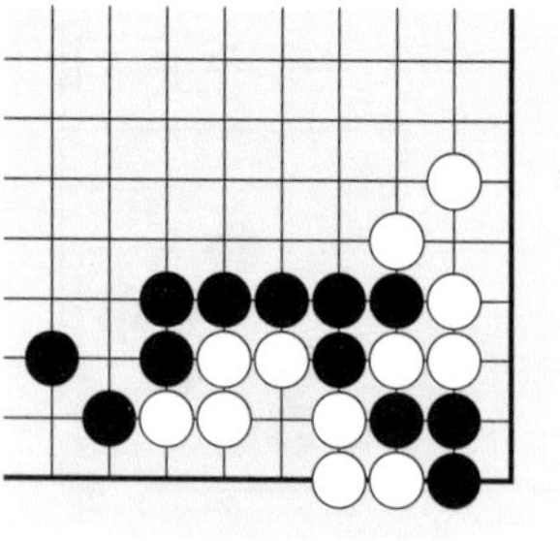

题 149

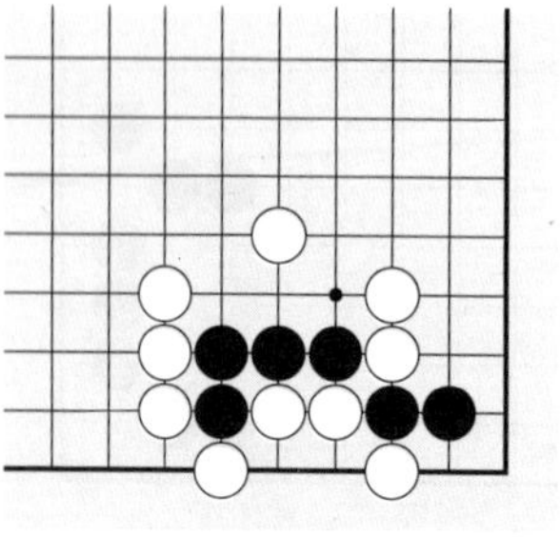

题 150

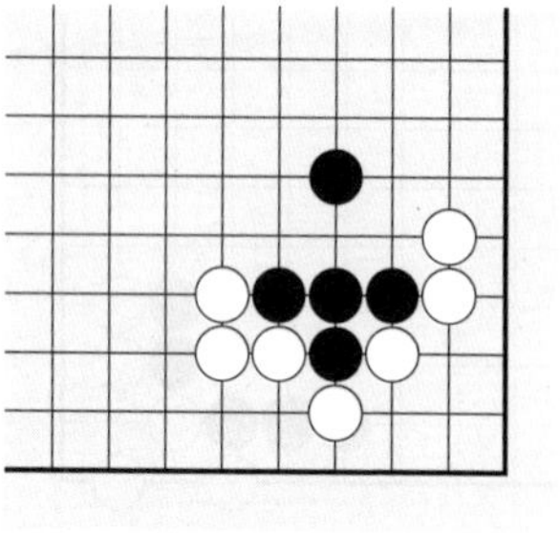

题 151

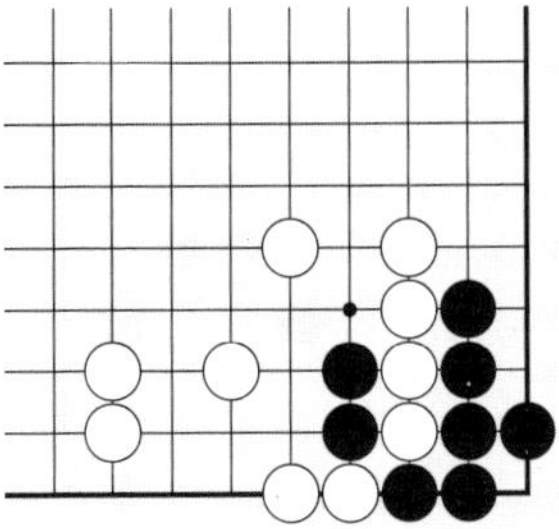

题 168

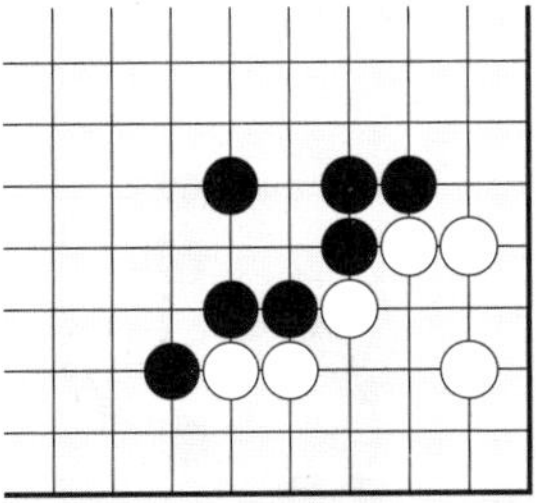

题 169

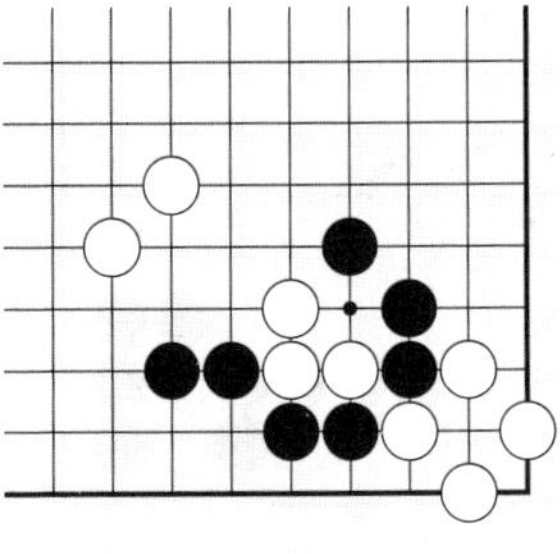

题 170

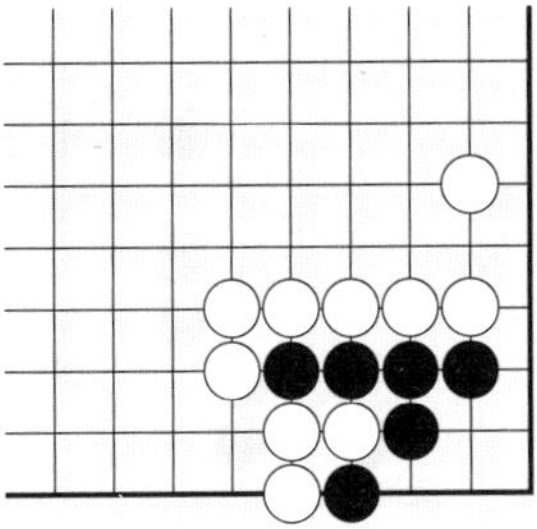

题 171

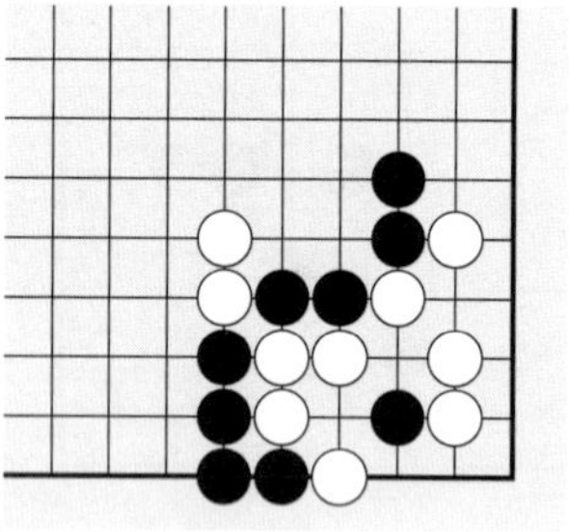

题 172

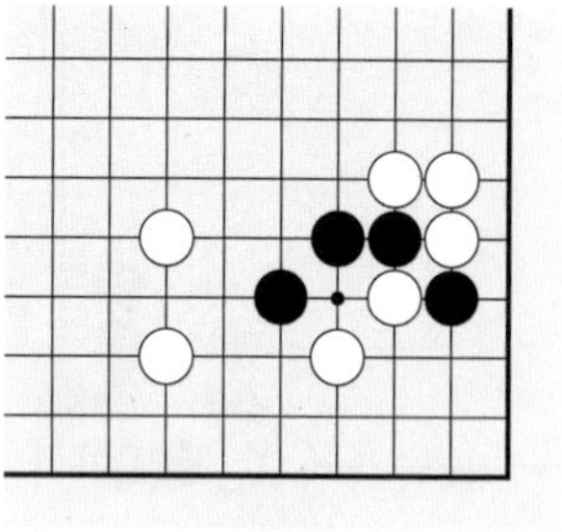

题 173

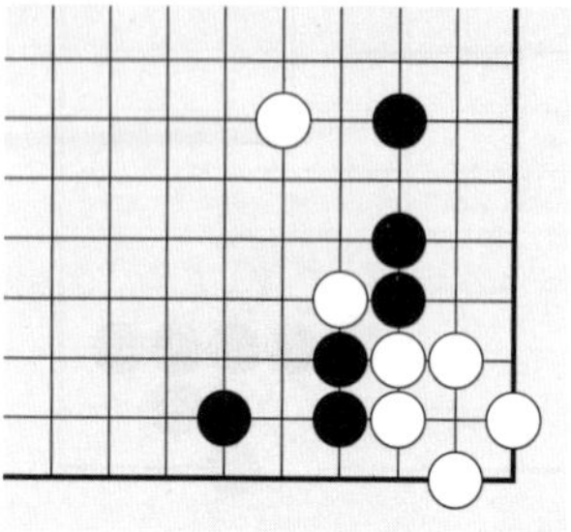

题 174

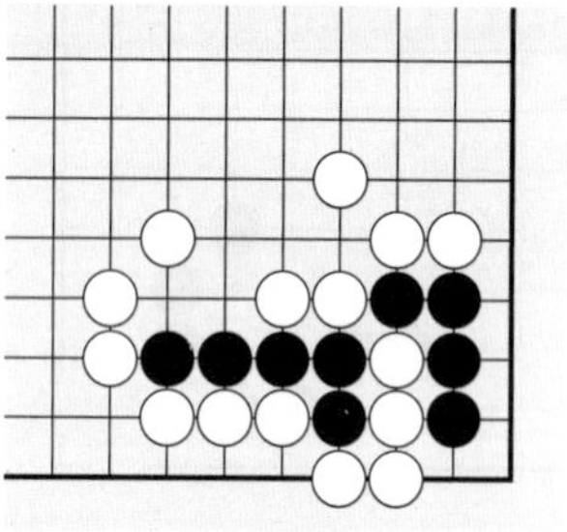

题 175

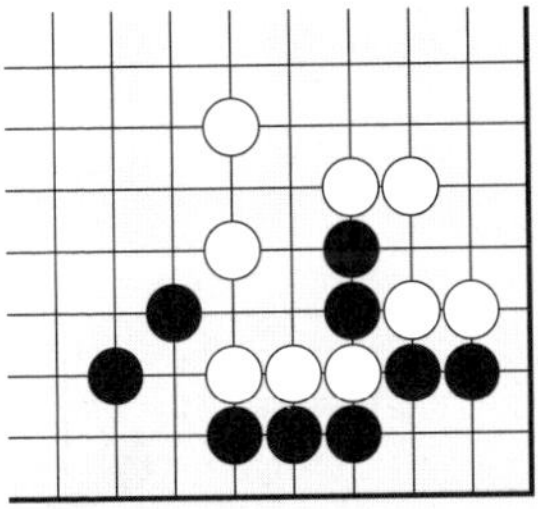

题 176

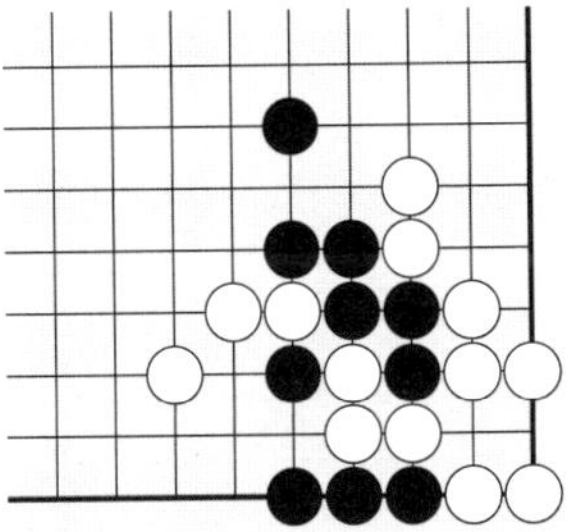

题 177

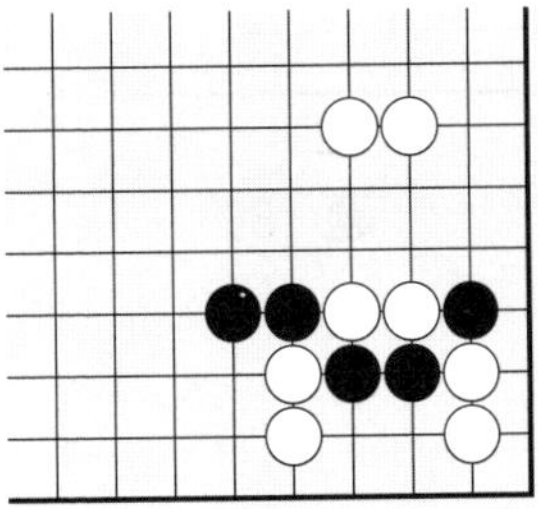

题 178

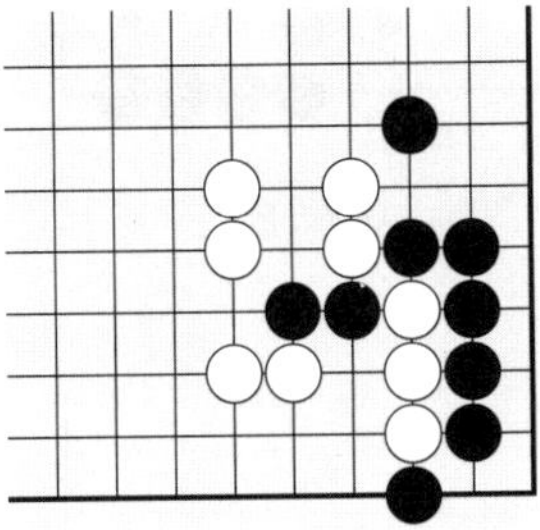

题 179

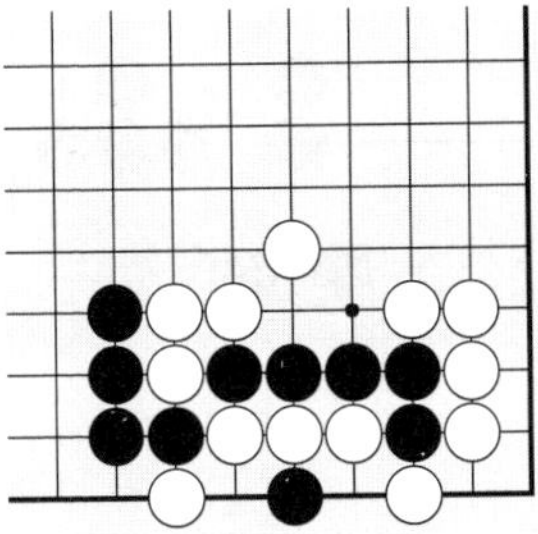

题 180

13级～ 11级训练题

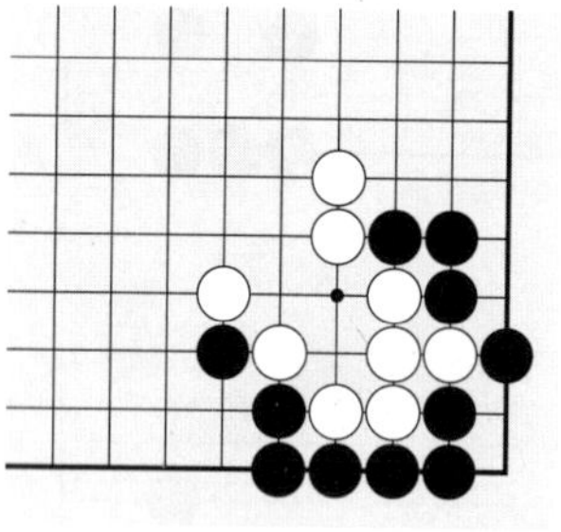

题 181

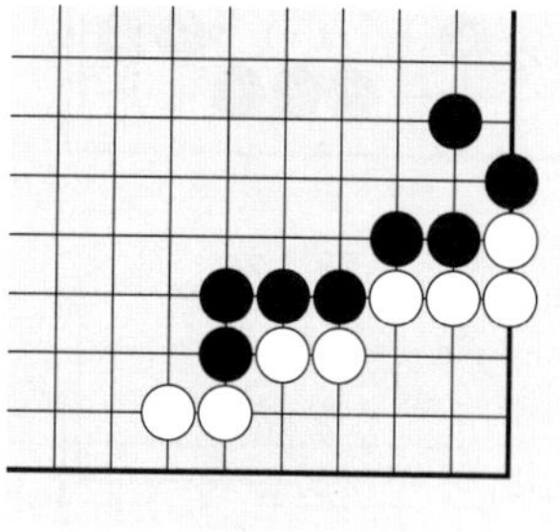

题 182

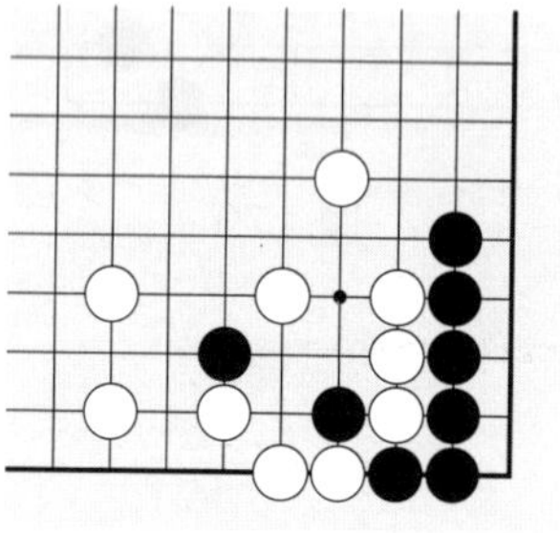

题 183

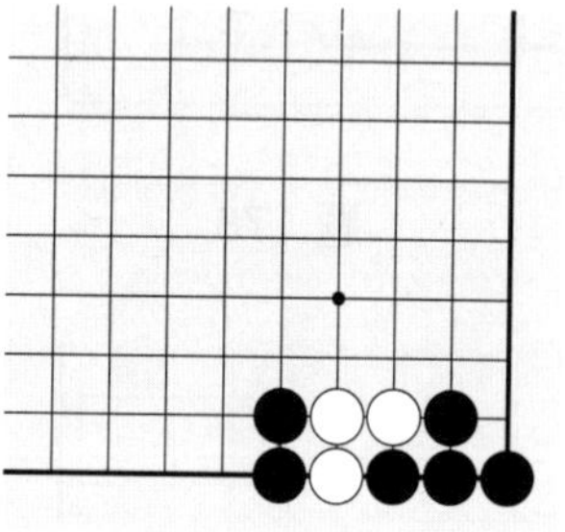

题 184

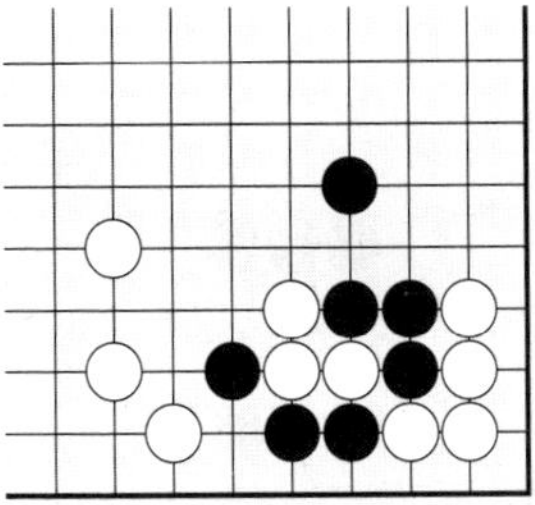

题 185

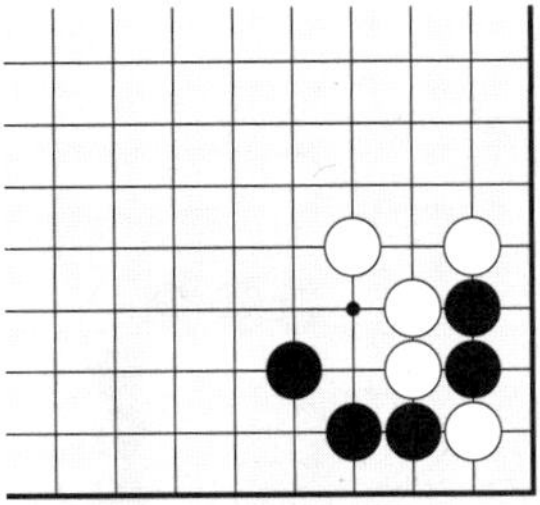

题 186

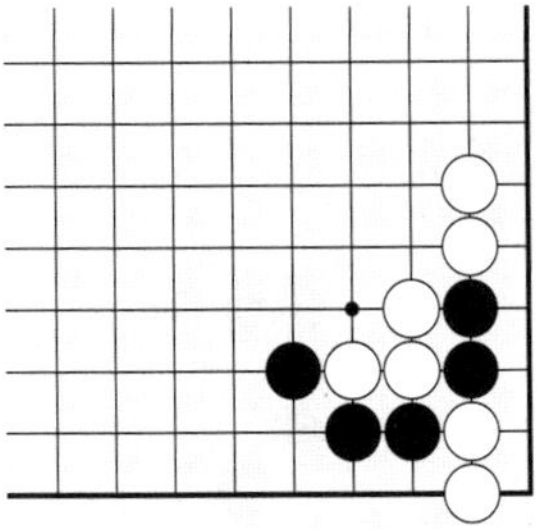

题 187

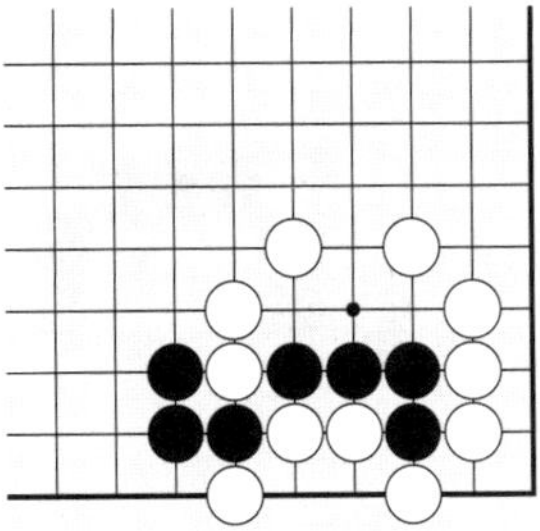

题 188

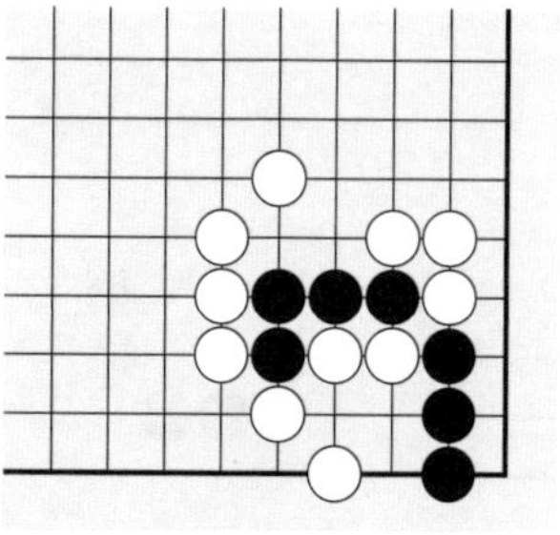

题 189

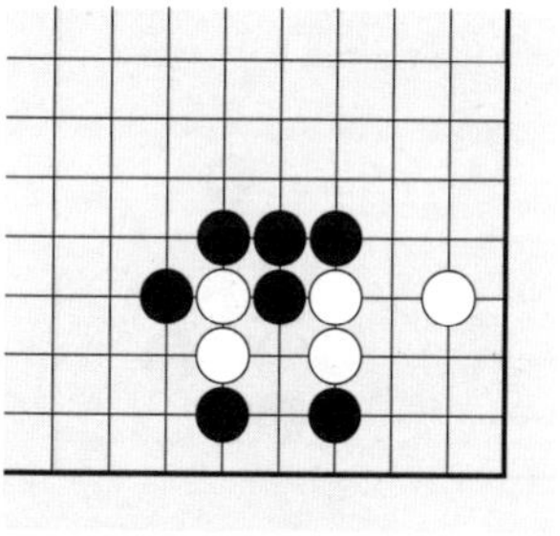

题 190

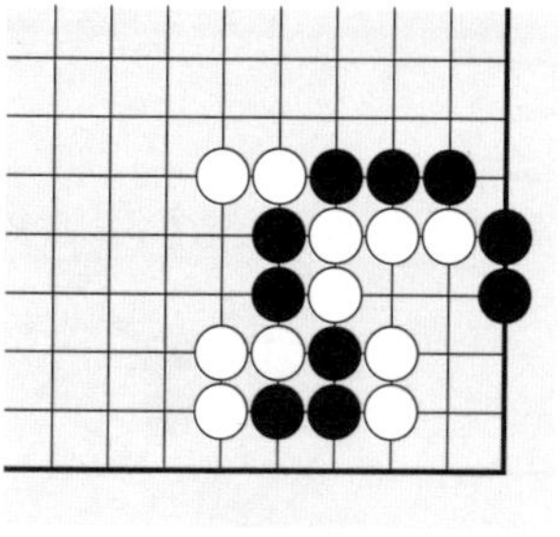

题 191

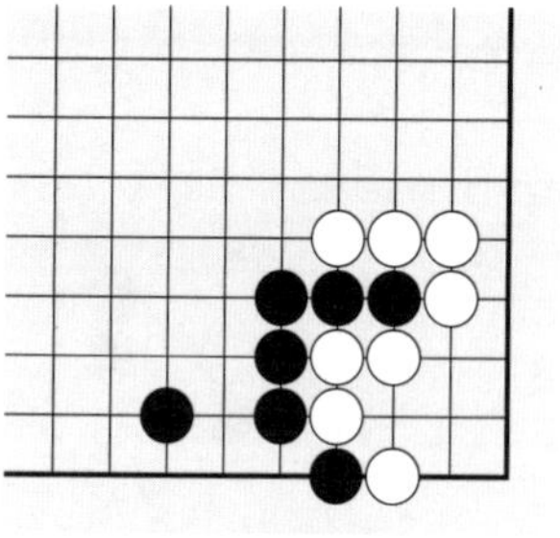

题 192

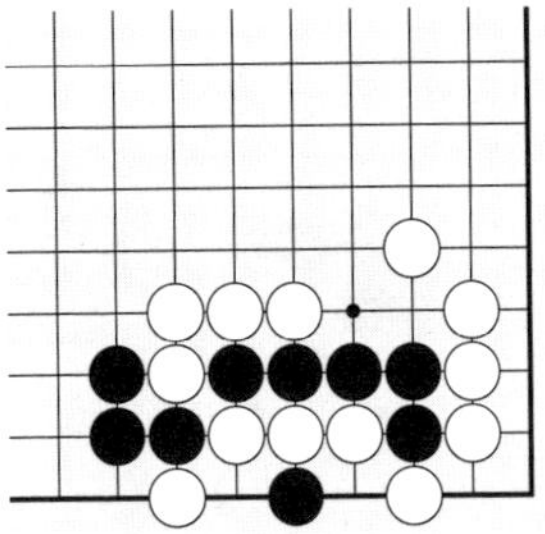

题 193

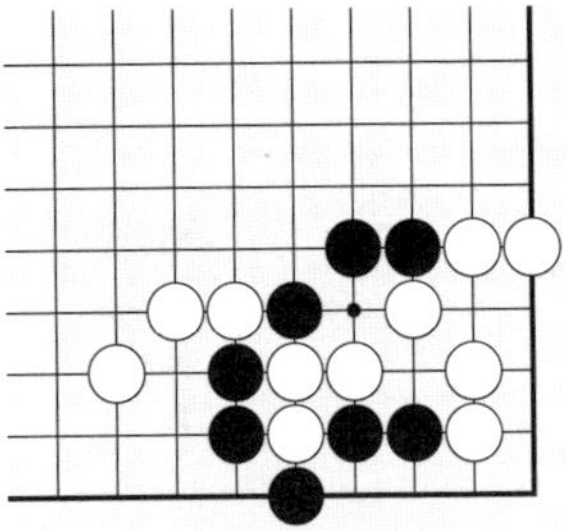

题 194

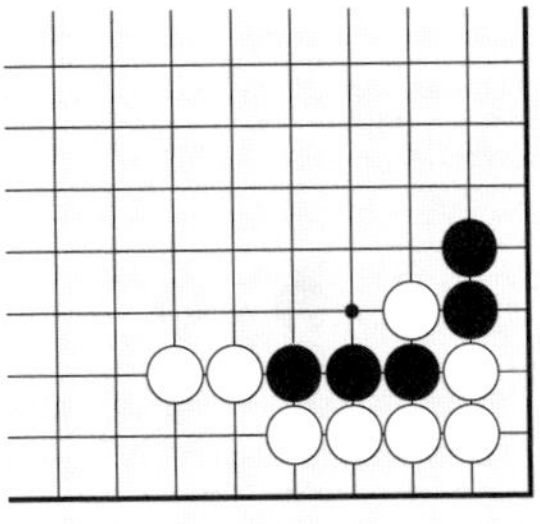

题 195

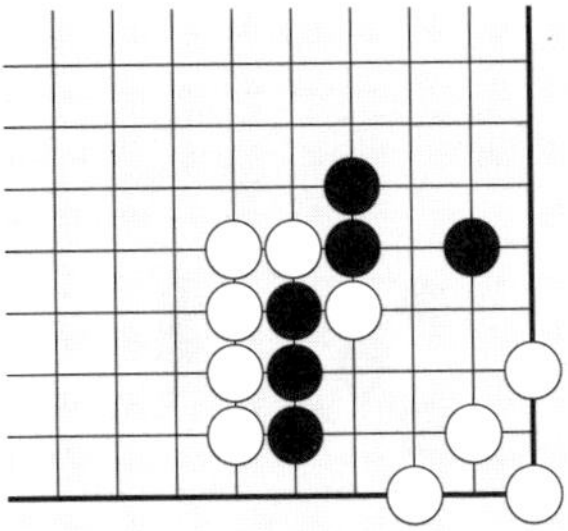

题 196

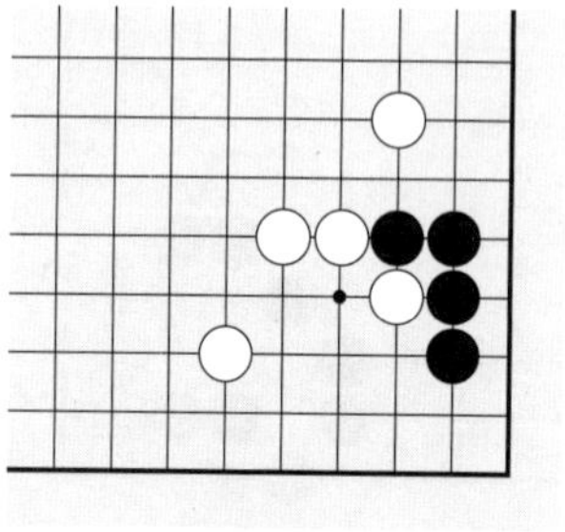

题 197

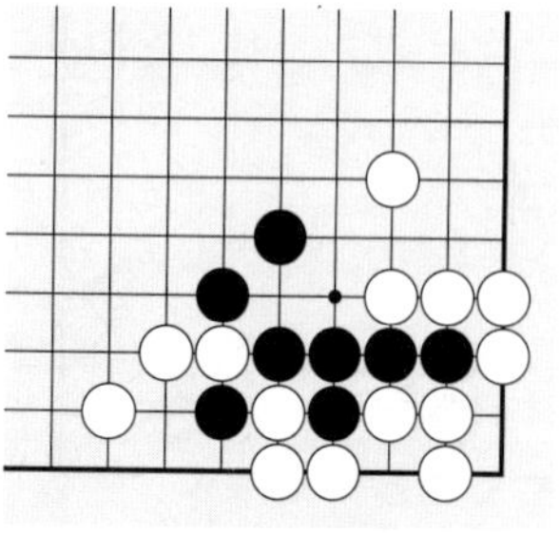

题 198

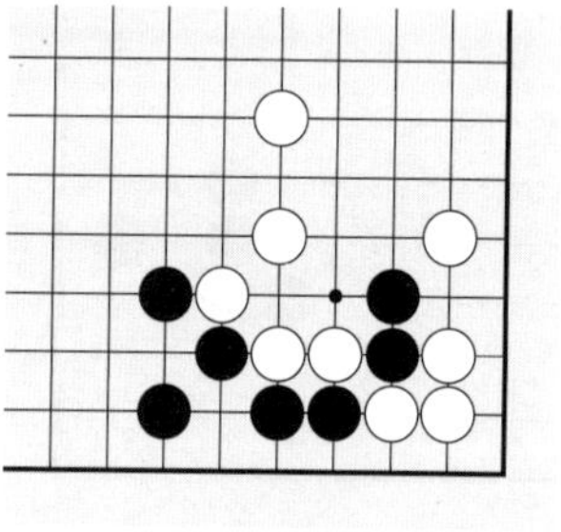

题 199

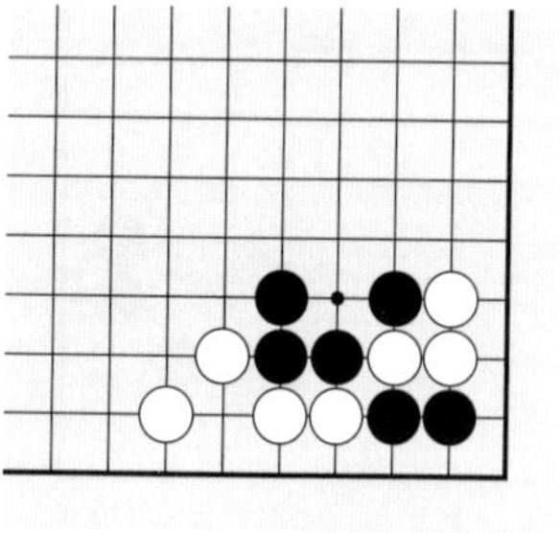

题 200

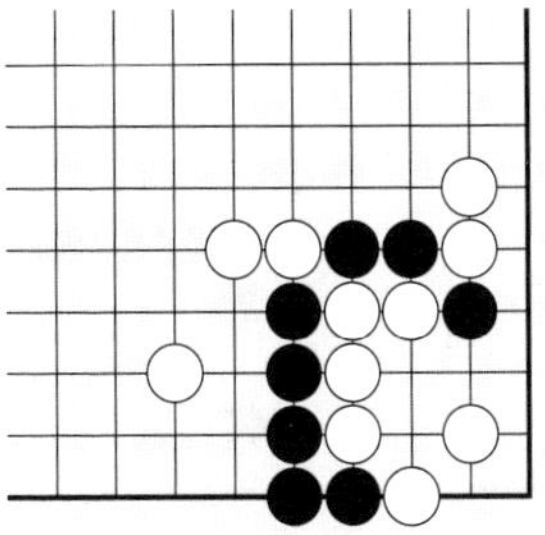

题 201

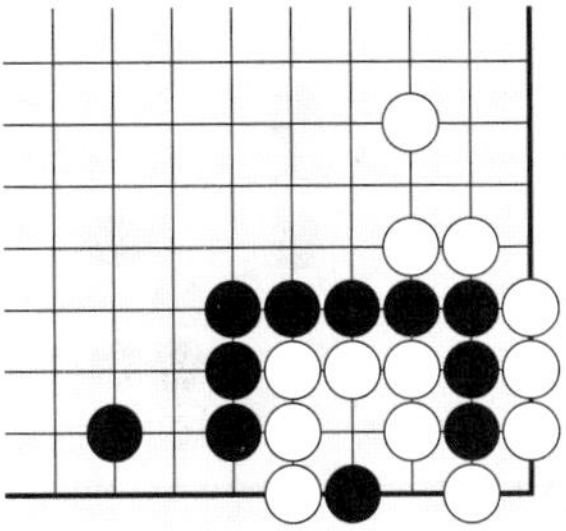

题 202

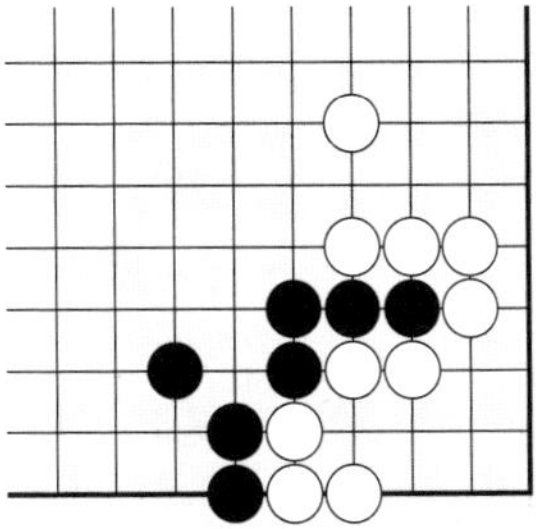

题 203

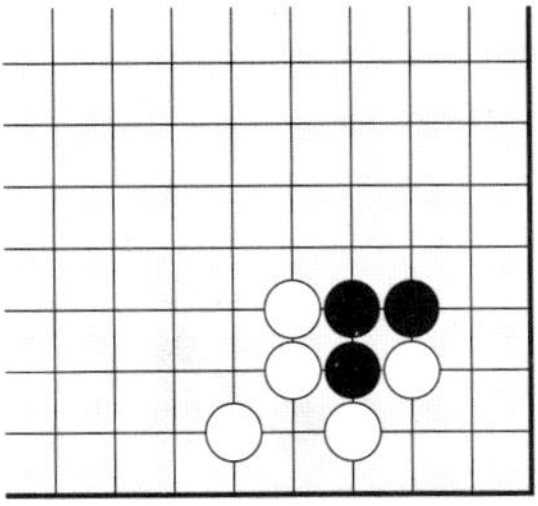

题 204

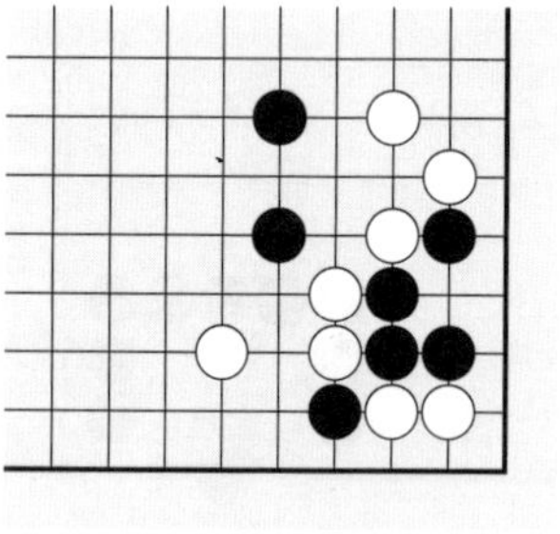

题 205

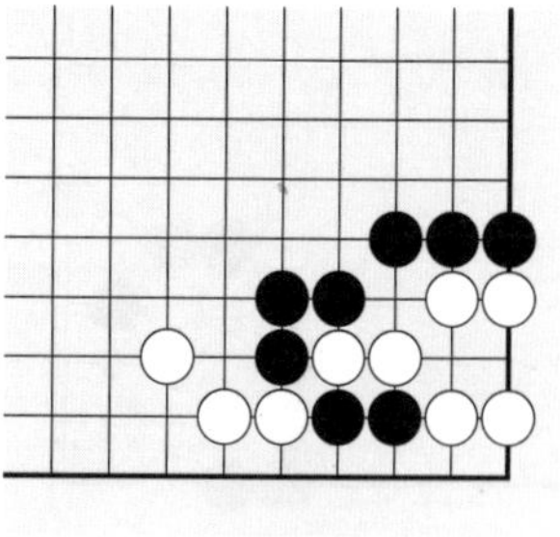

题 206

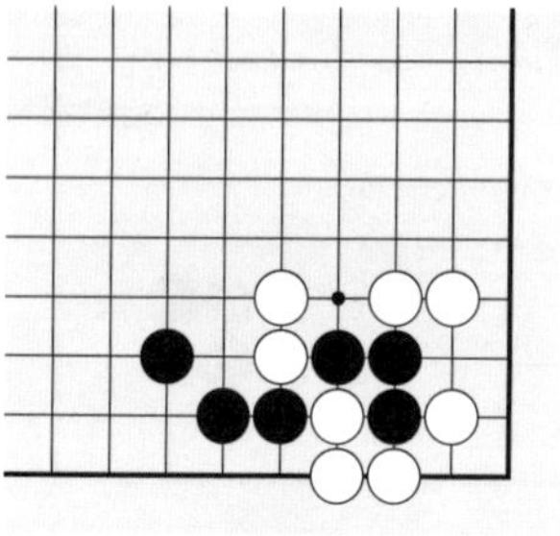

题 207

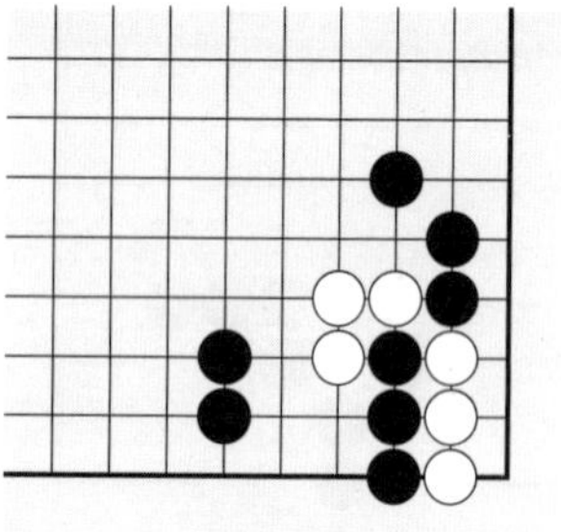

题 208

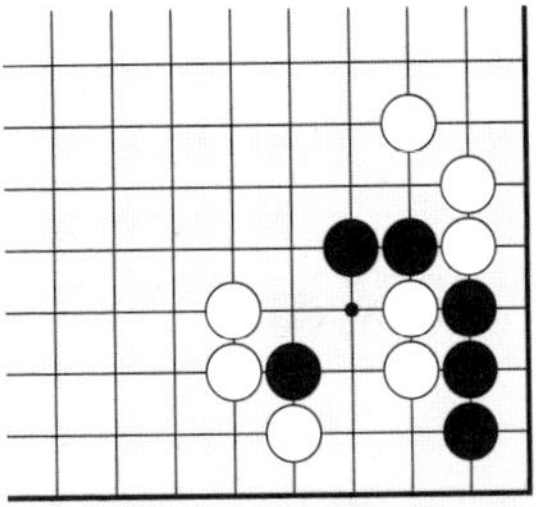

题 209

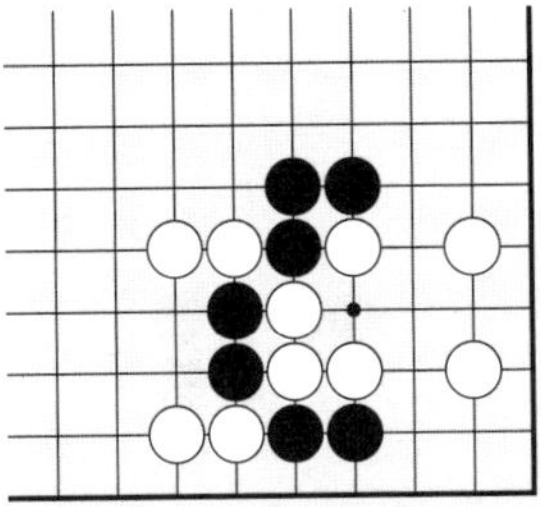

题 210

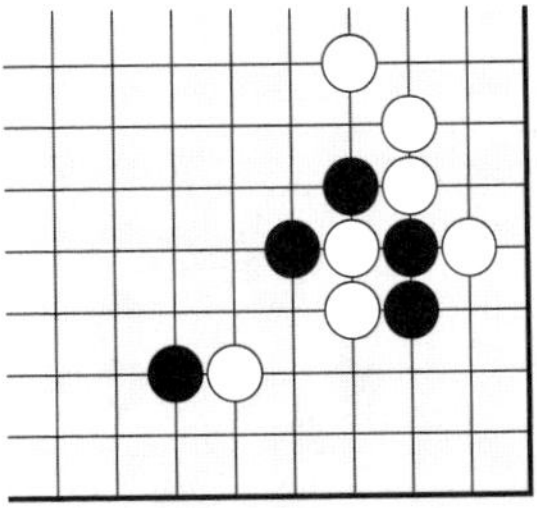

题 211

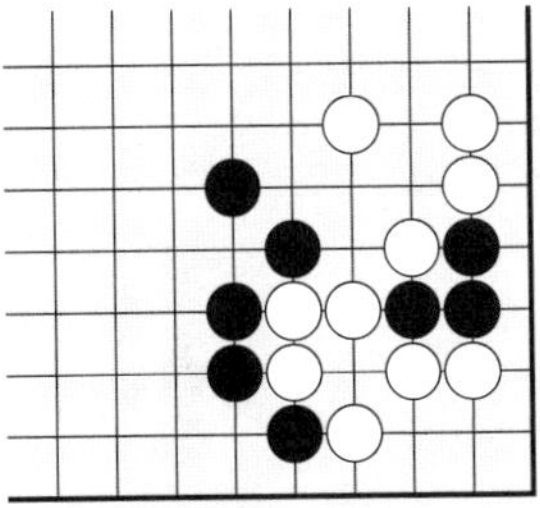

题 212

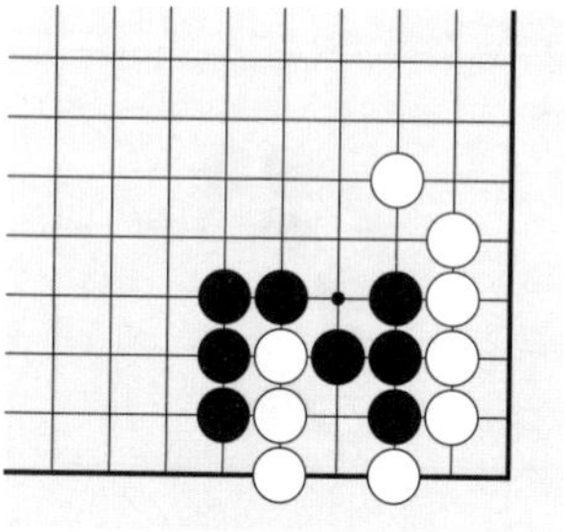

题 213

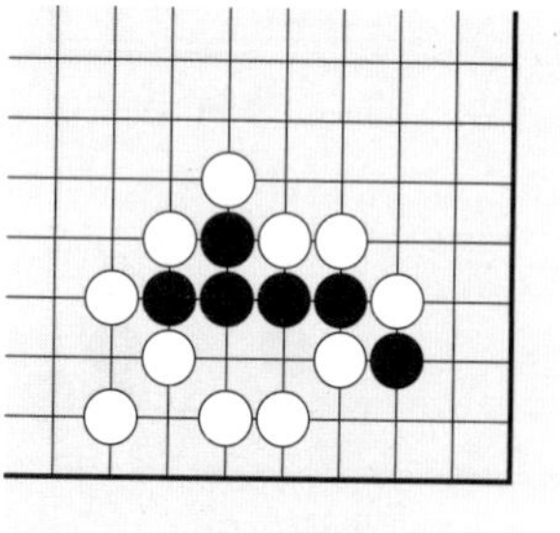

题 214

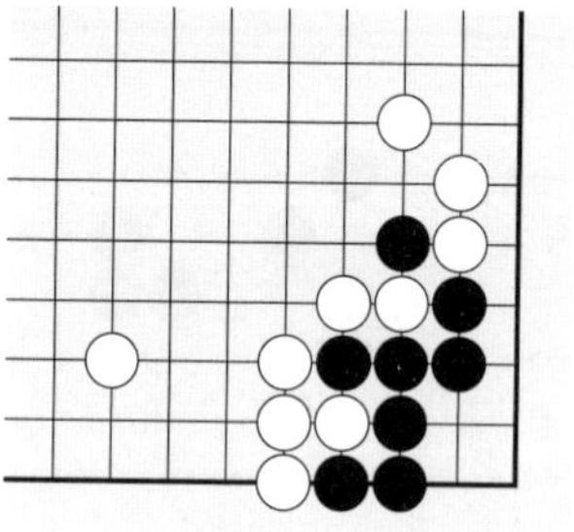

题 215

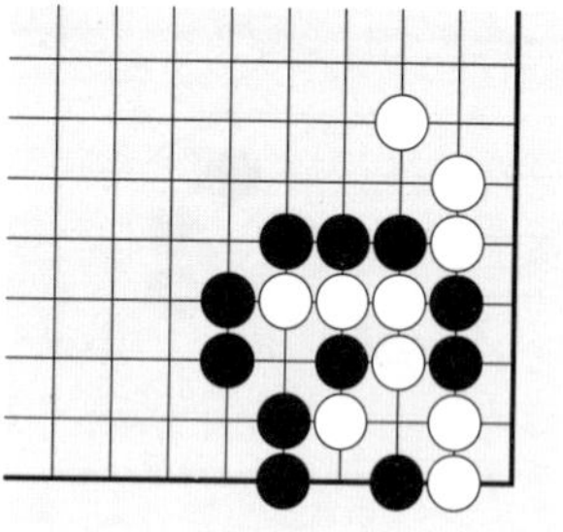

题 216

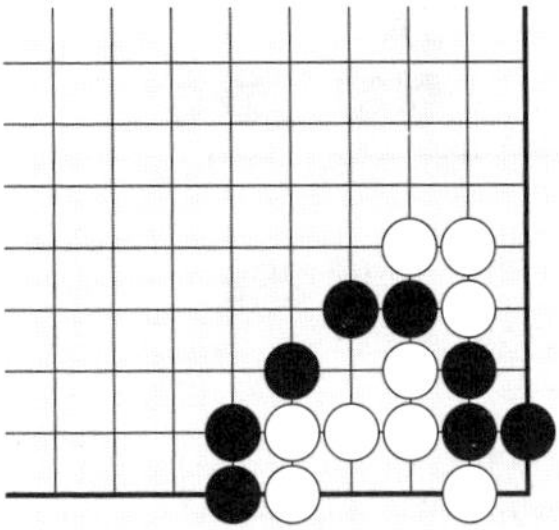

题 217

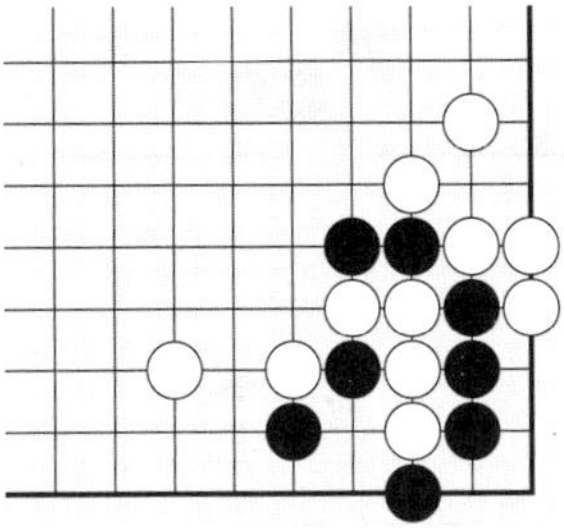

题 218

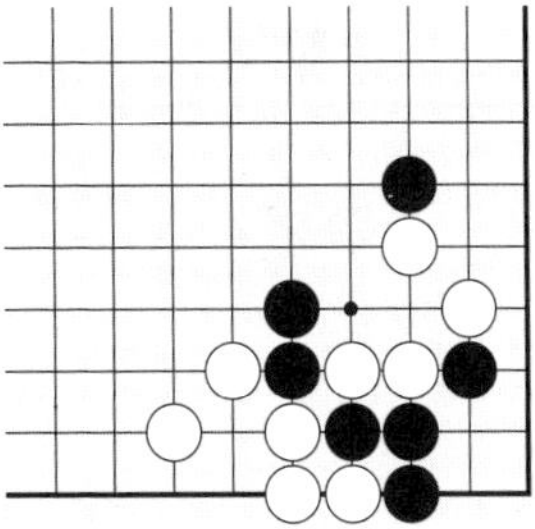

题 219

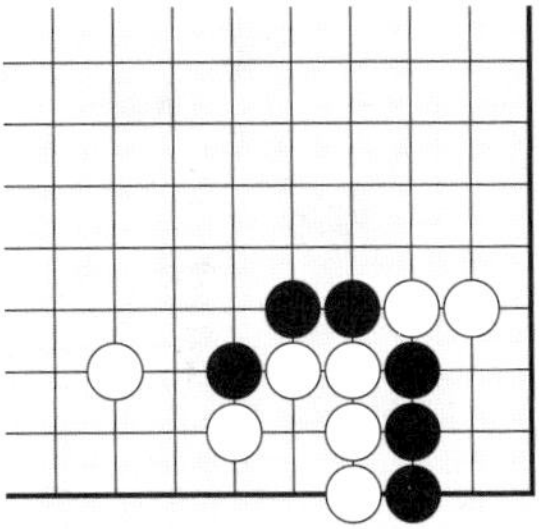

题 220

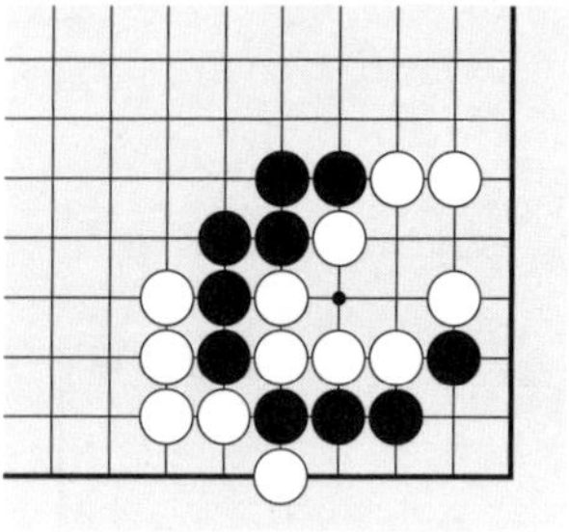

题 221

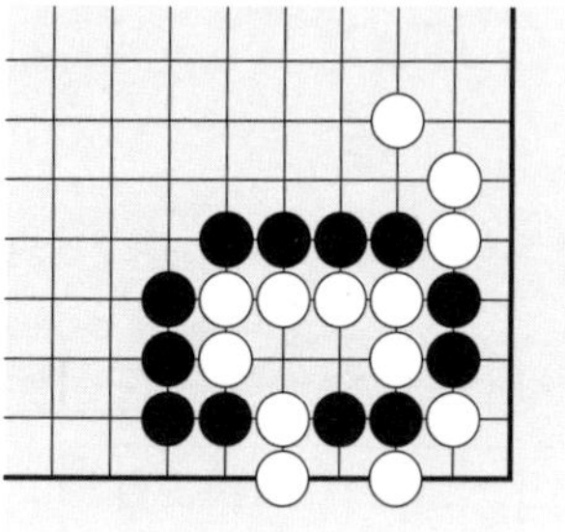

题 222

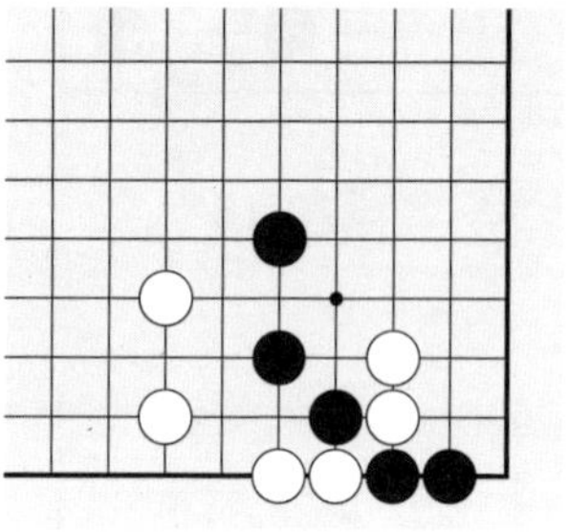

题 223

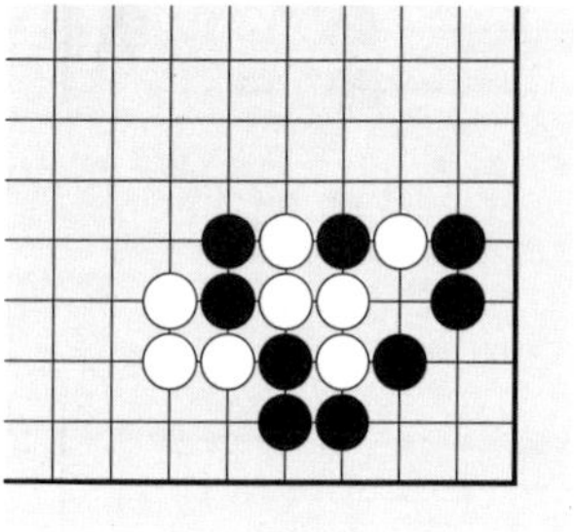

题 224

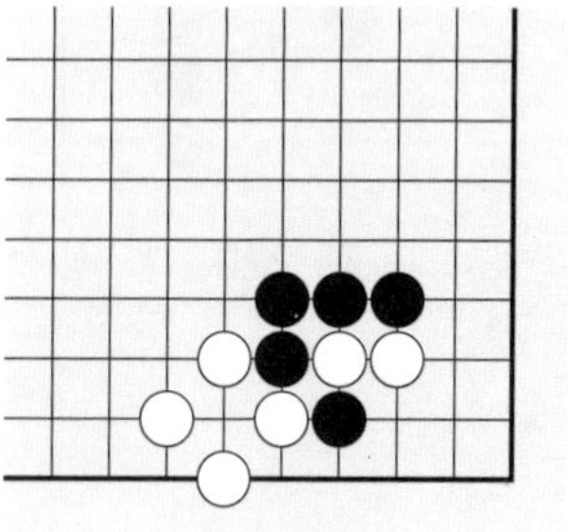

题 225

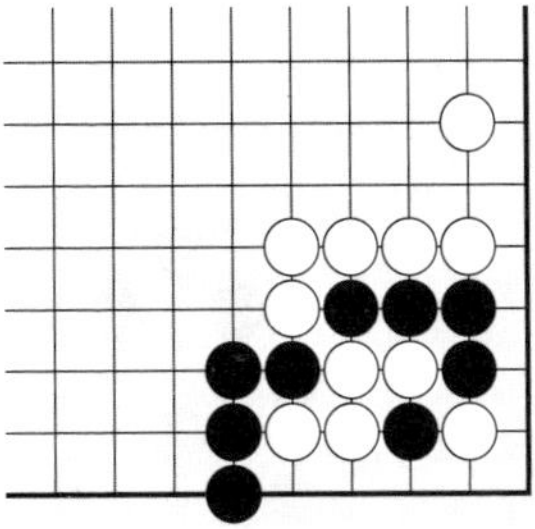

题 226

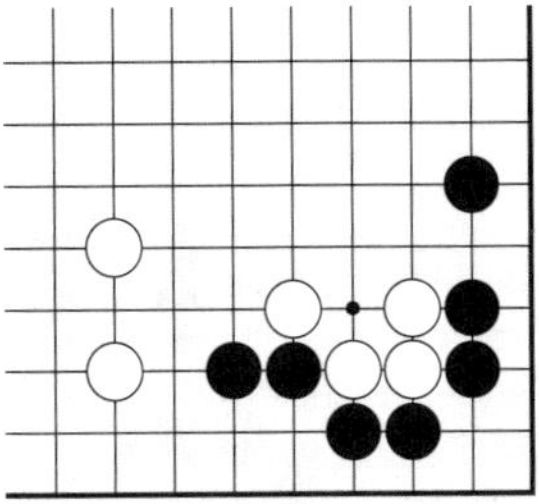

题 227

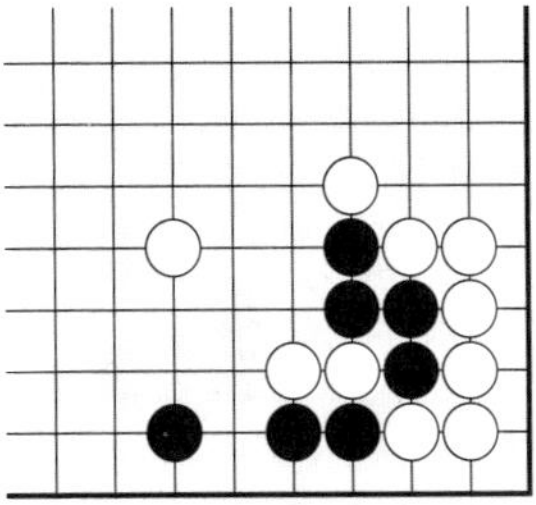

题 228

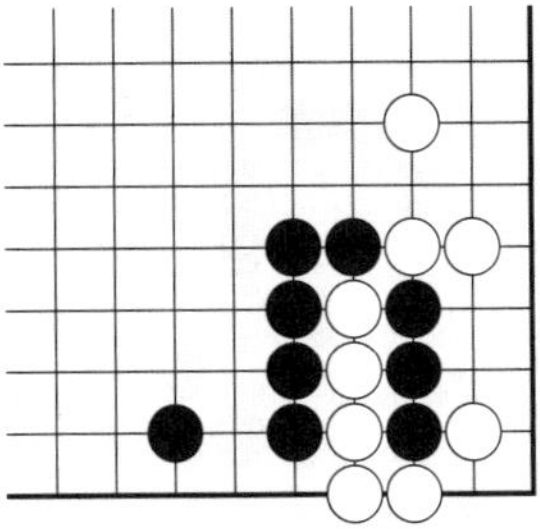

题 229

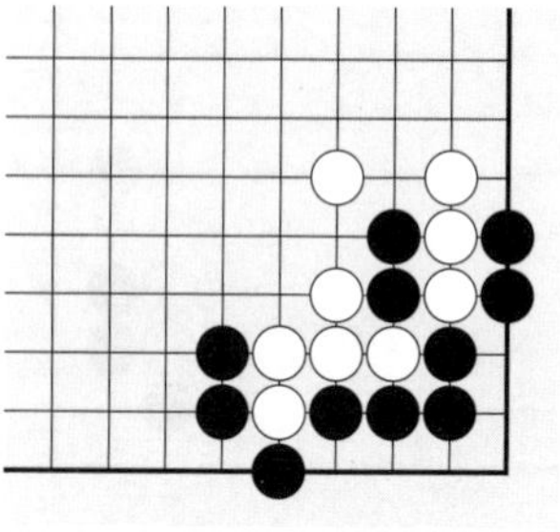

题 230

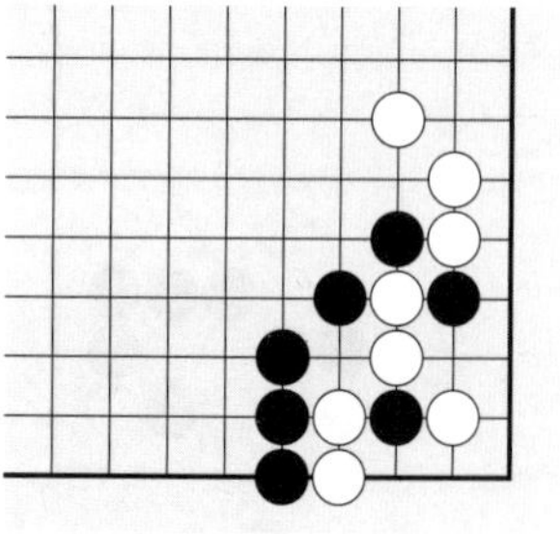

题 231

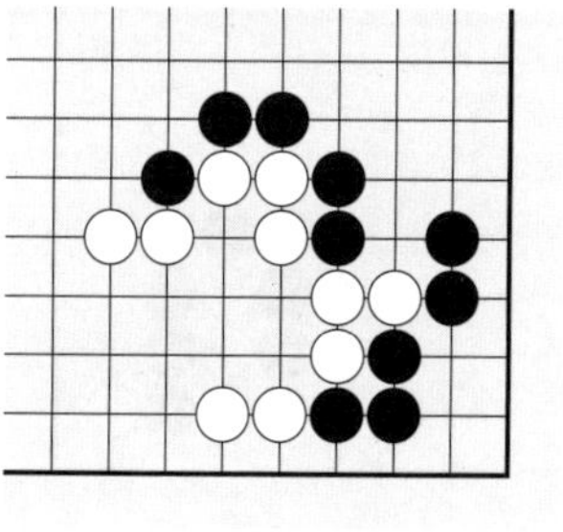

题 232

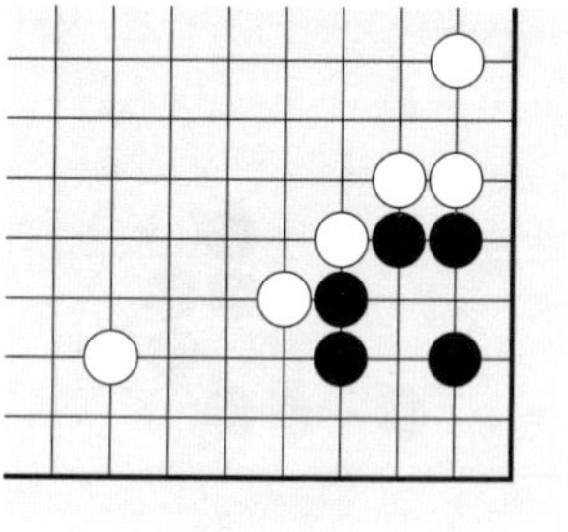

题 233

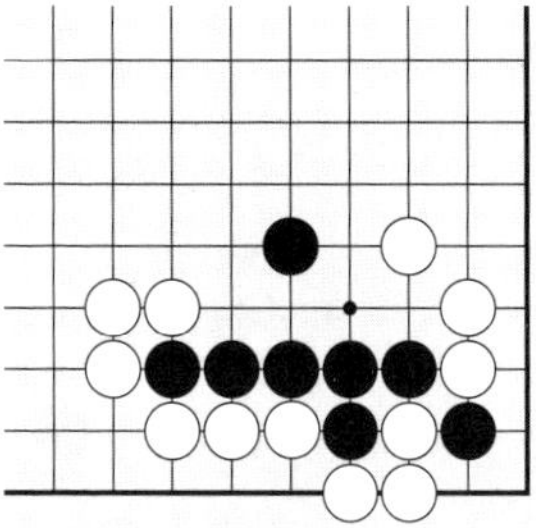

题 234

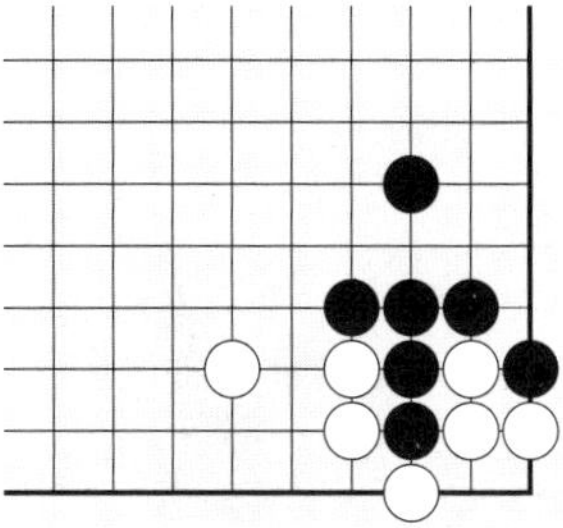

题 235

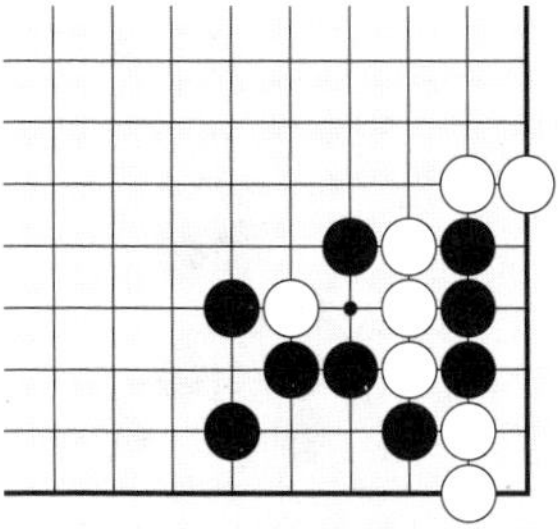

题 236

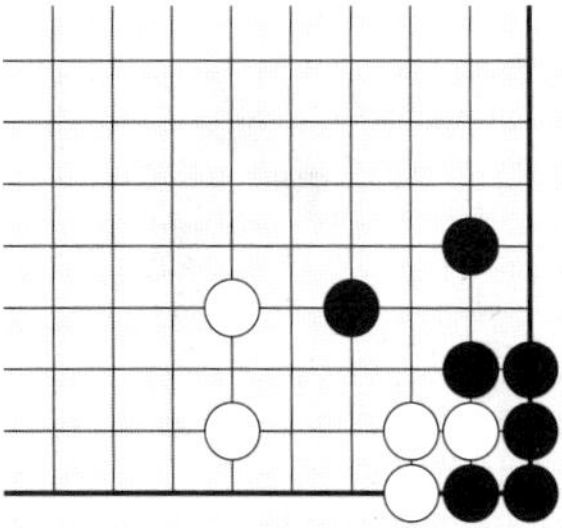

题 237

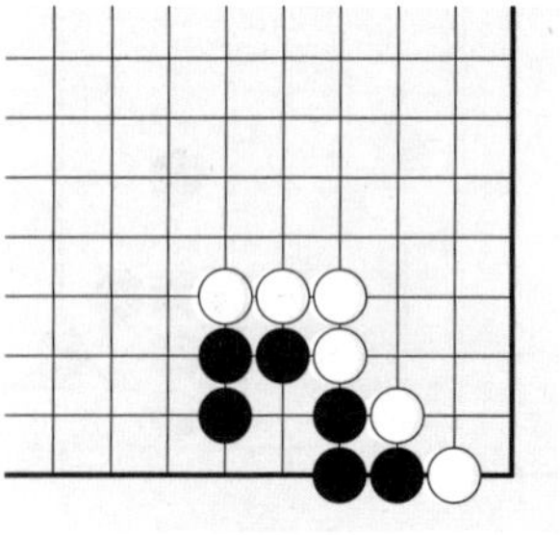

题 238

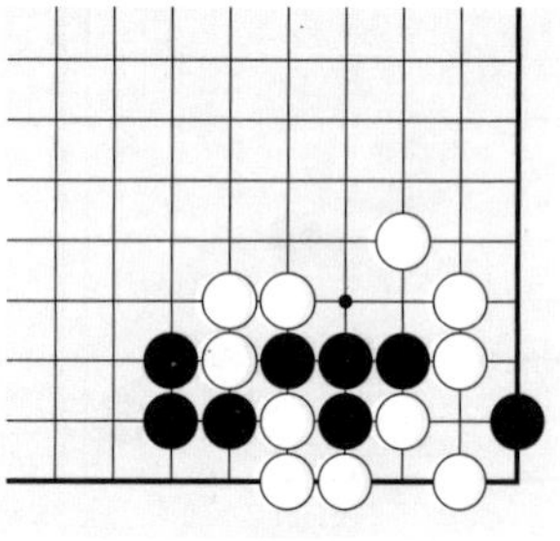

题 239

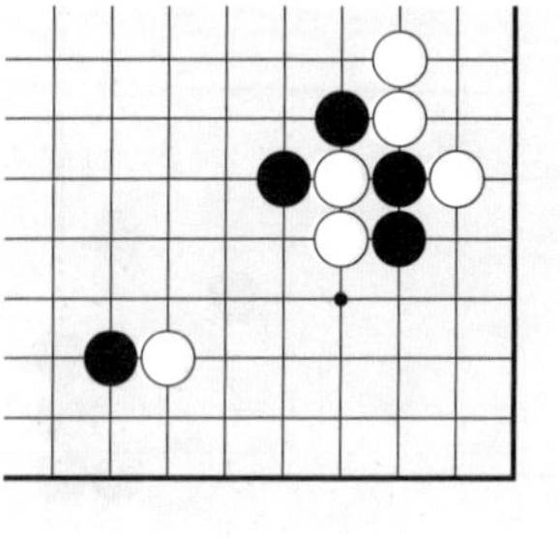

题 240

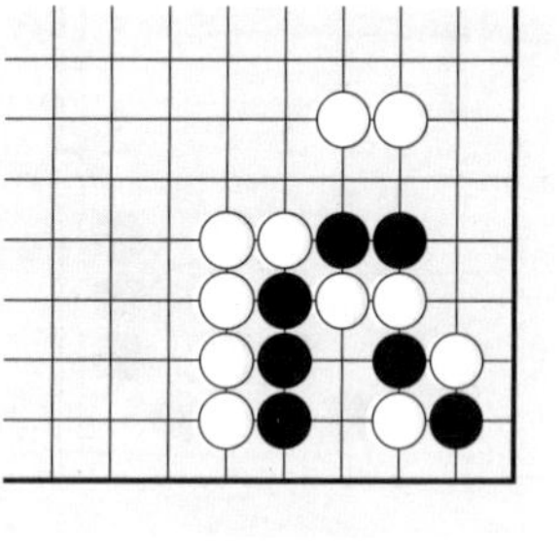

题 241

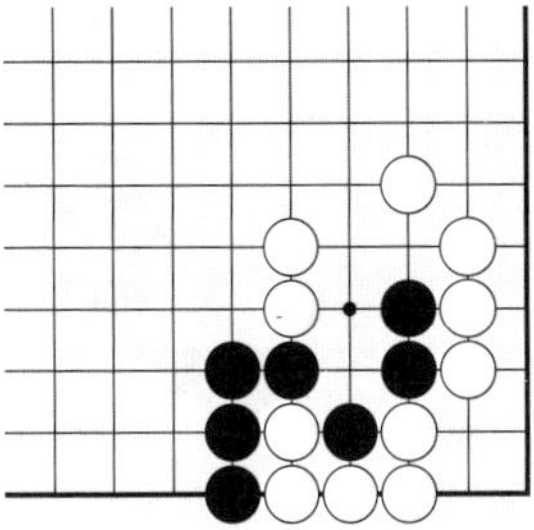

题 242

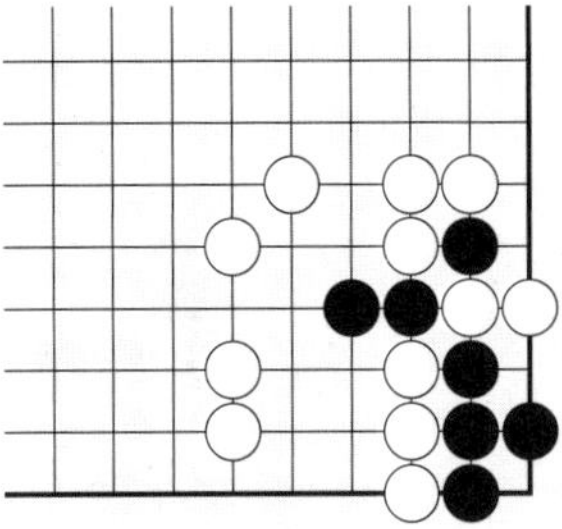

题 243

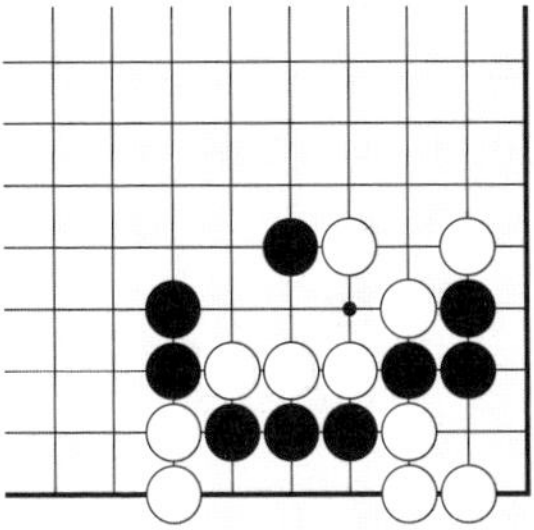

题 244

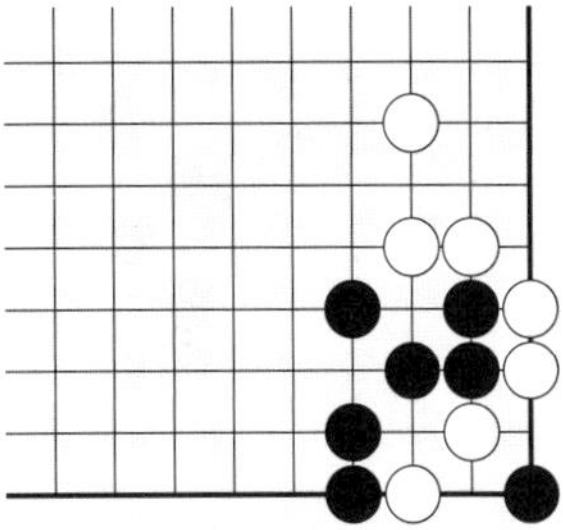

题 245

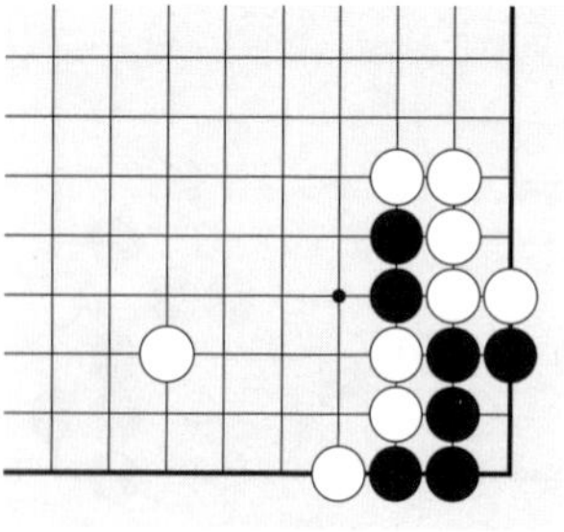

题 246

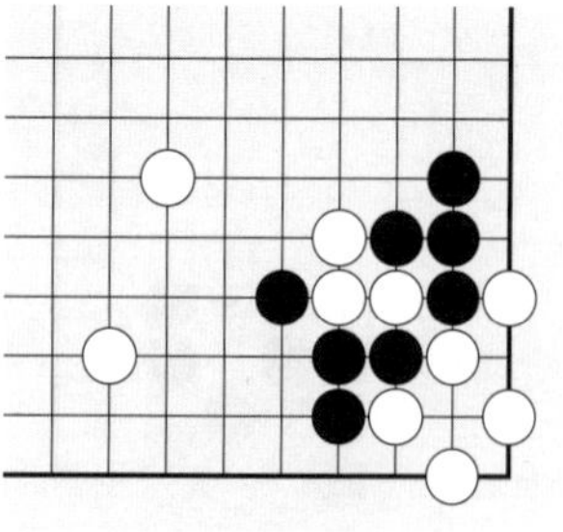

题 247

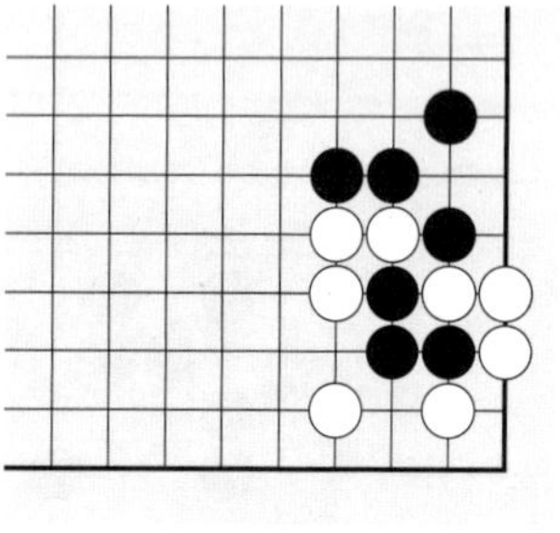

题 248

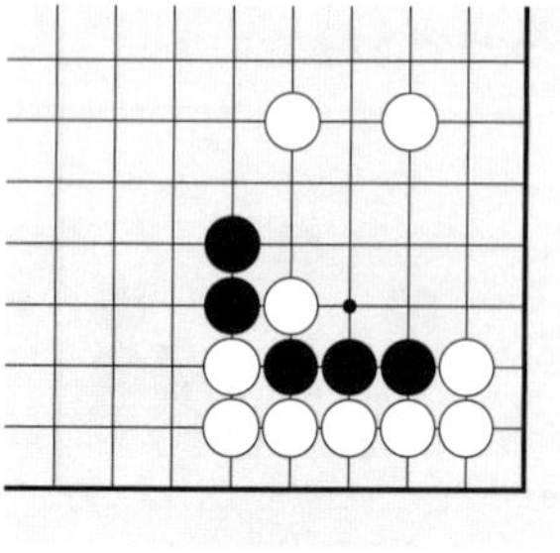

题 249

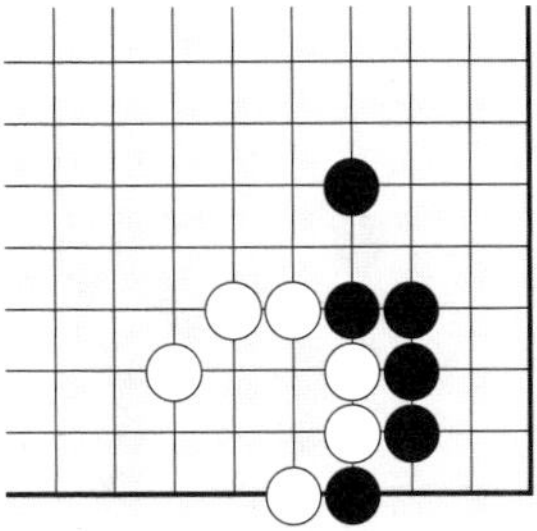

题 250

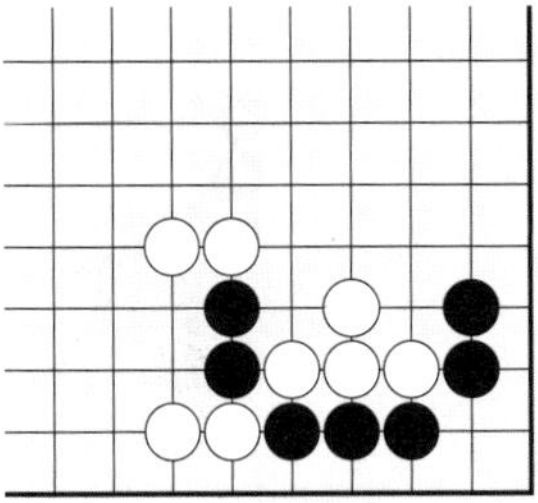

题 251

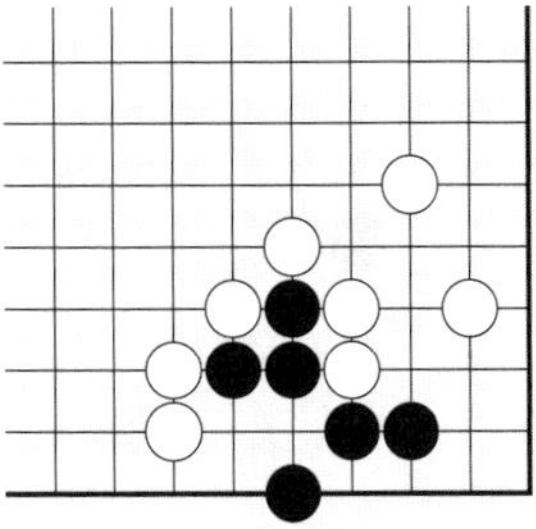

题 252

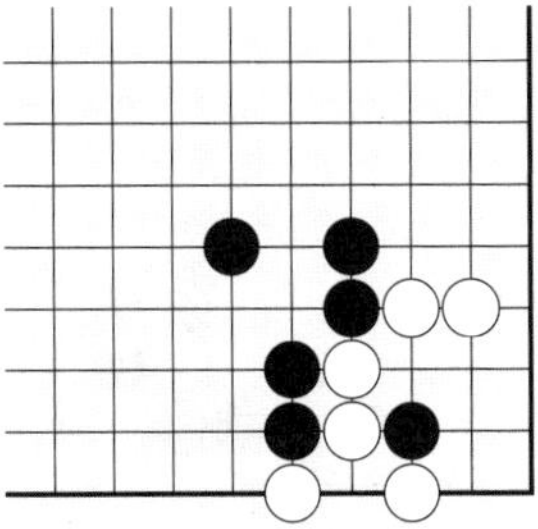

题 253

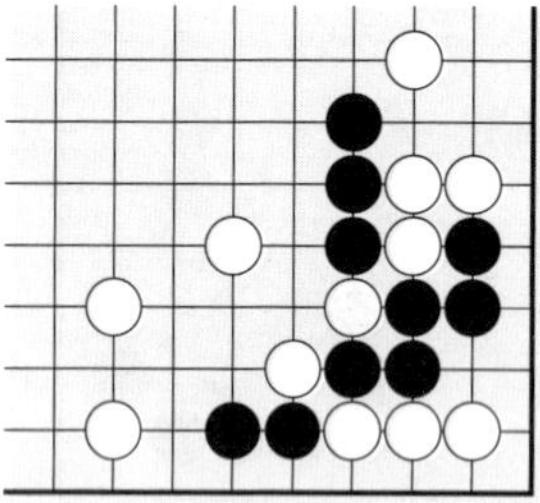

题 254

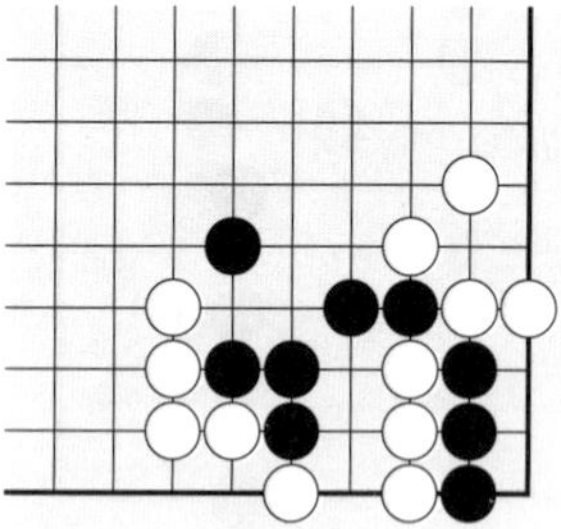

题 255

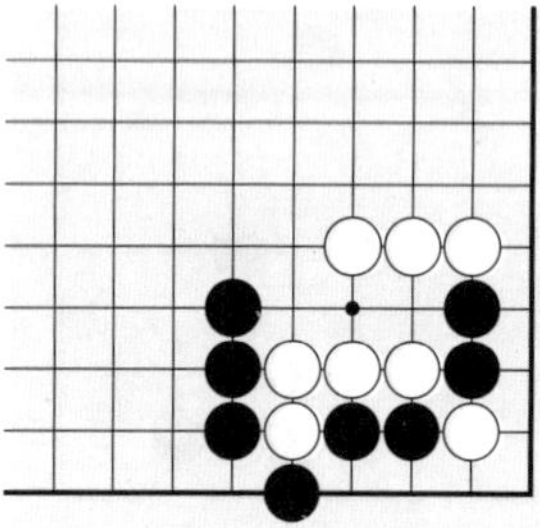

题 256

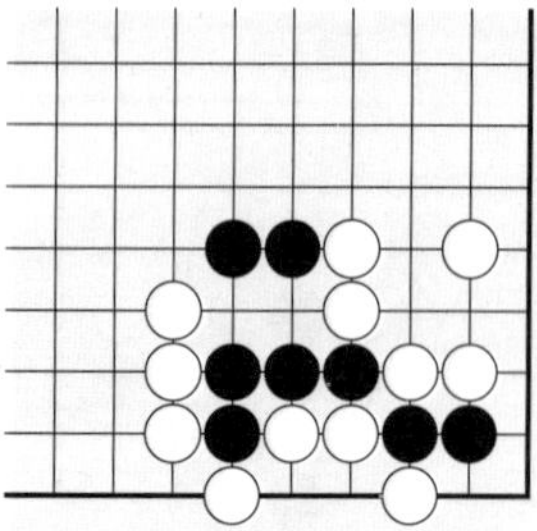

题 257

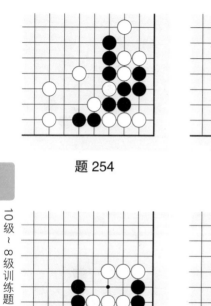

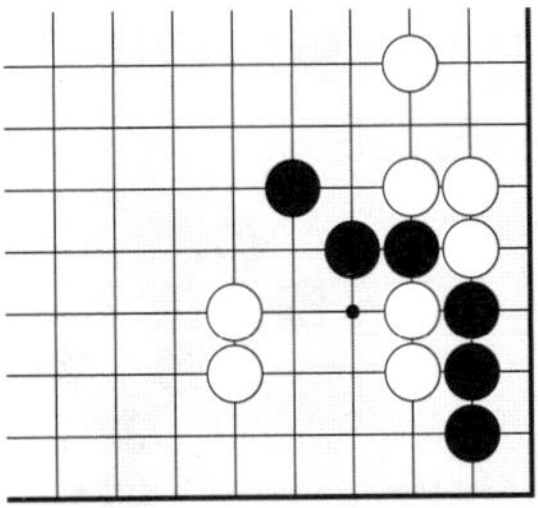

题 258

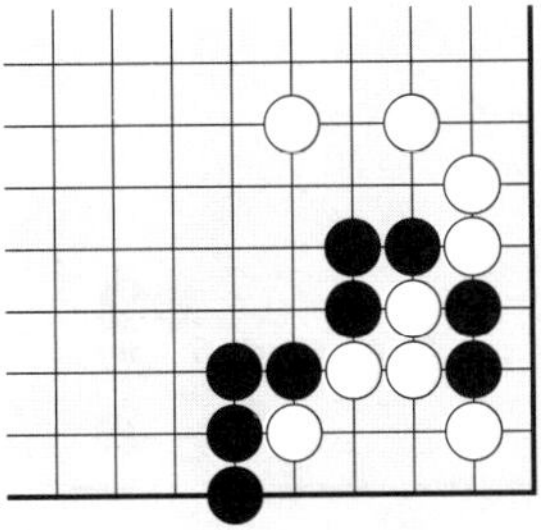

题 259

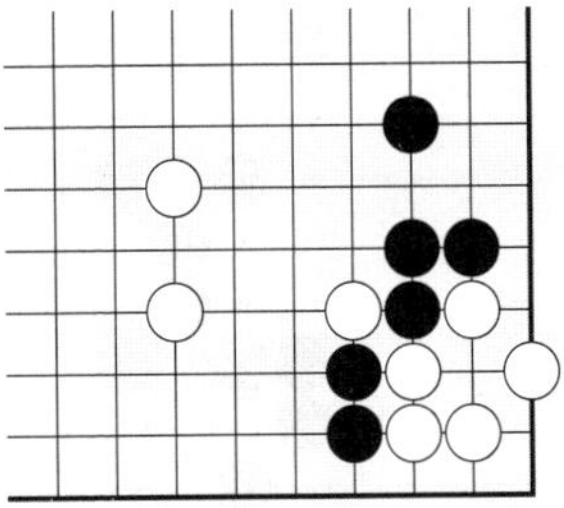

题 260

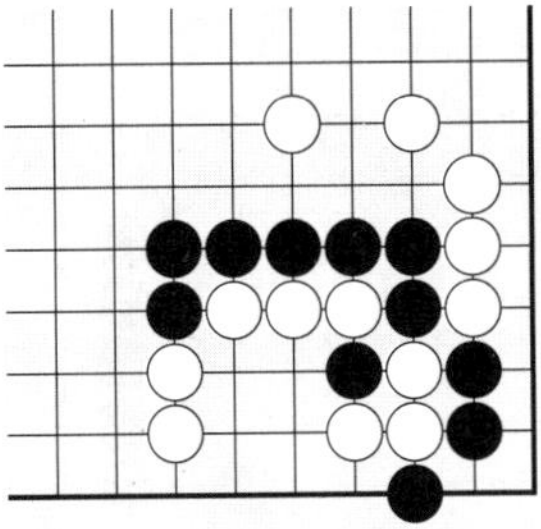

题 261

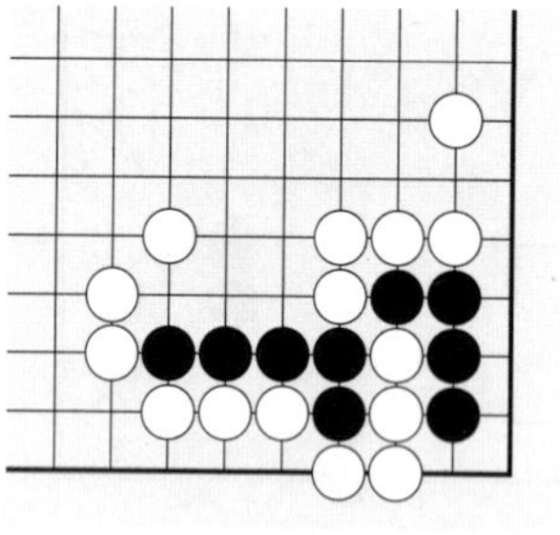

题 262

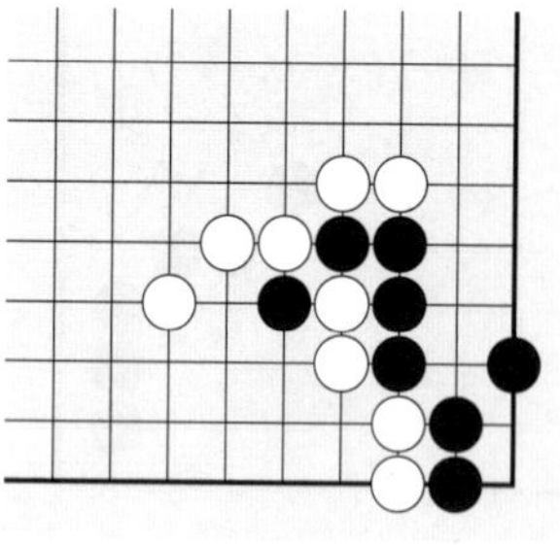

题 263

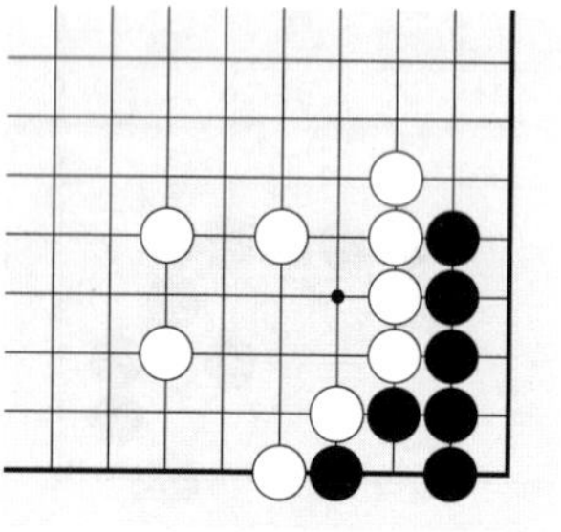

题 264

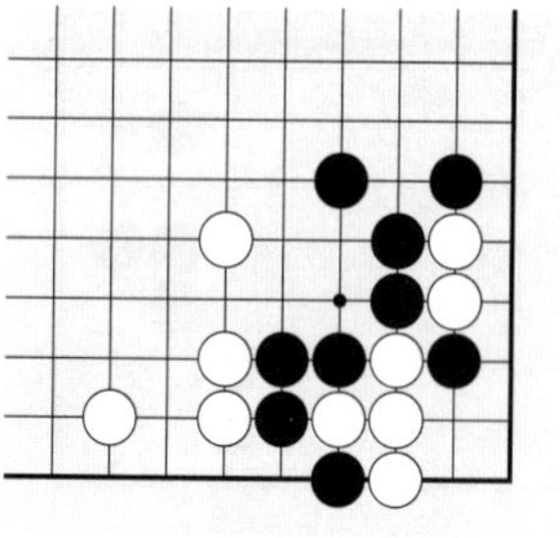

题 265

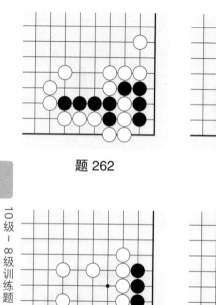

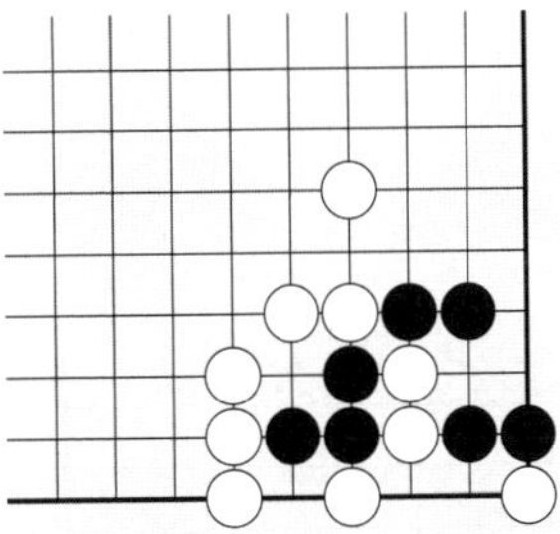

题 266

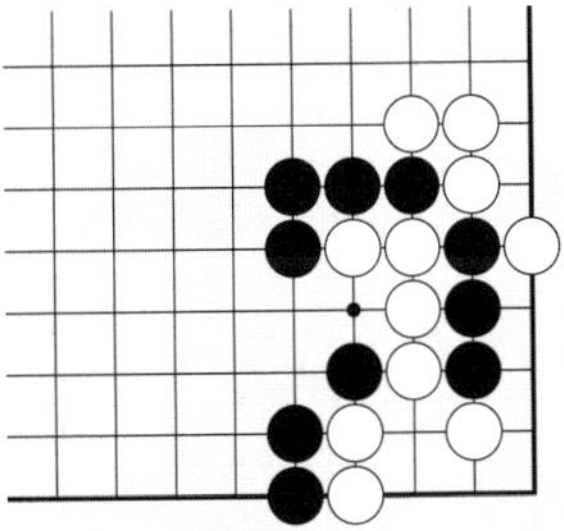

题 267

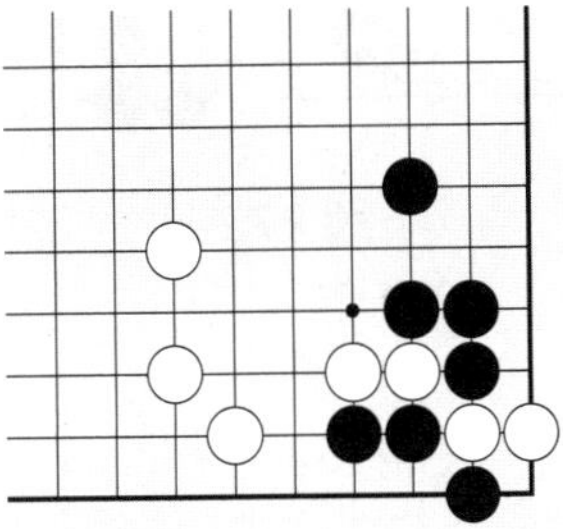

题 268

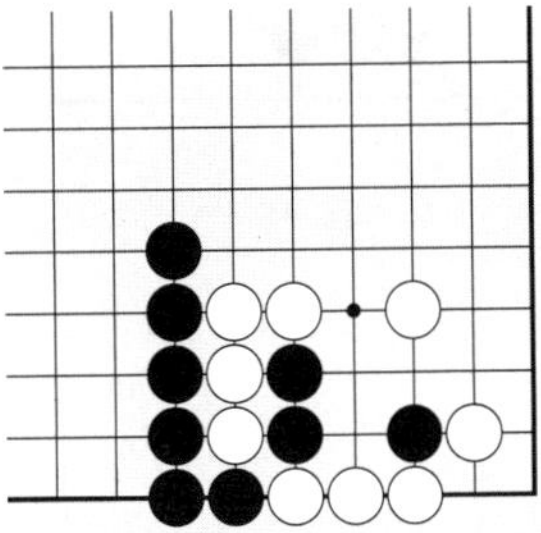

题 269

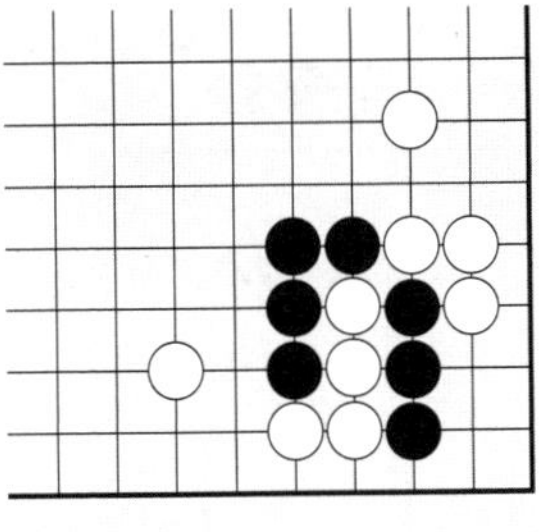

题 270

7级～5级训练题

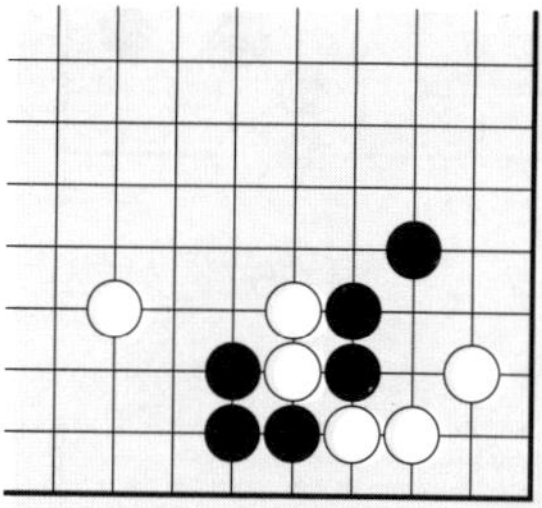

题 271

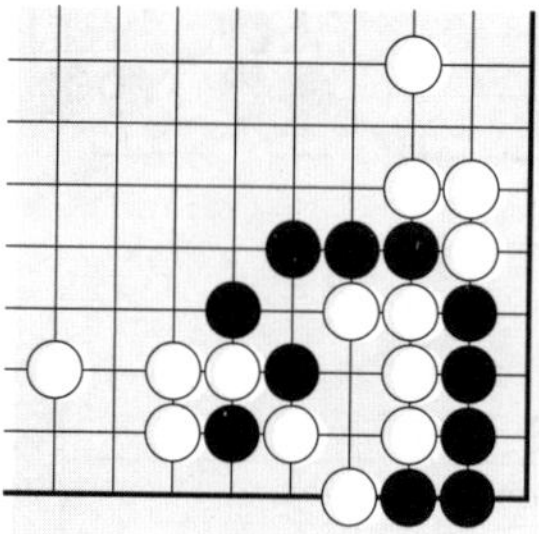

题 272

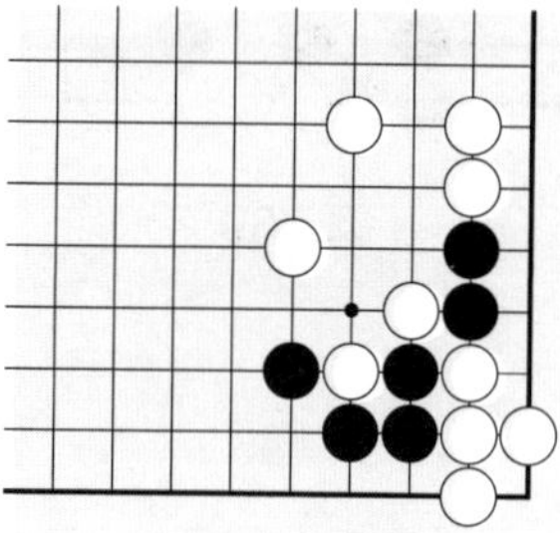

题 273

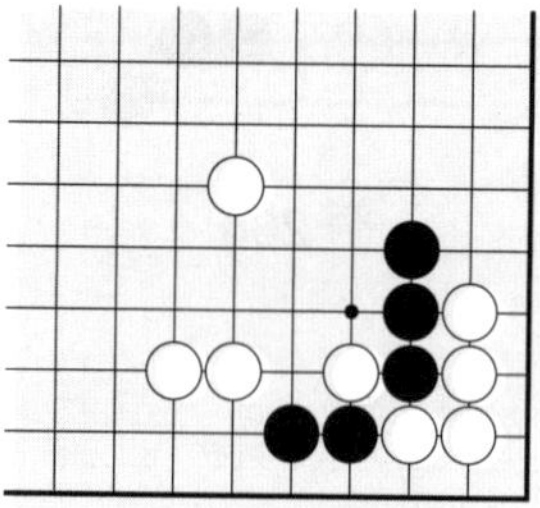

题 274

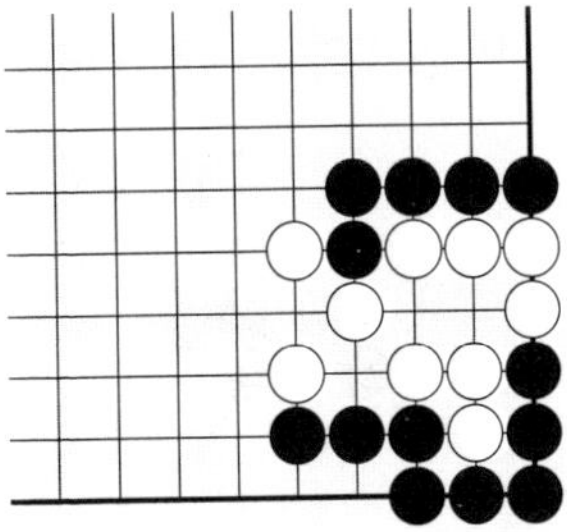

题 275

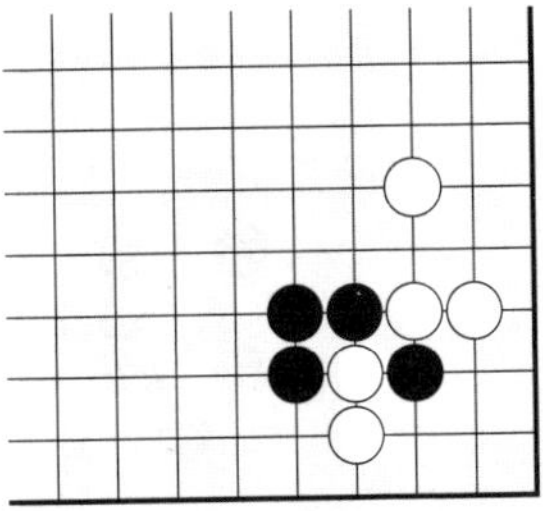

题 276

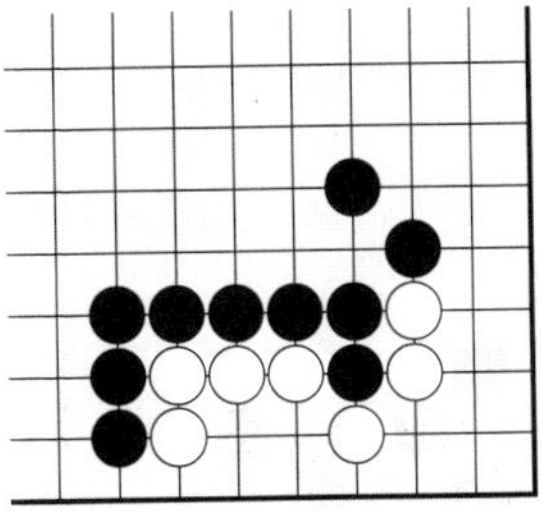

题 277

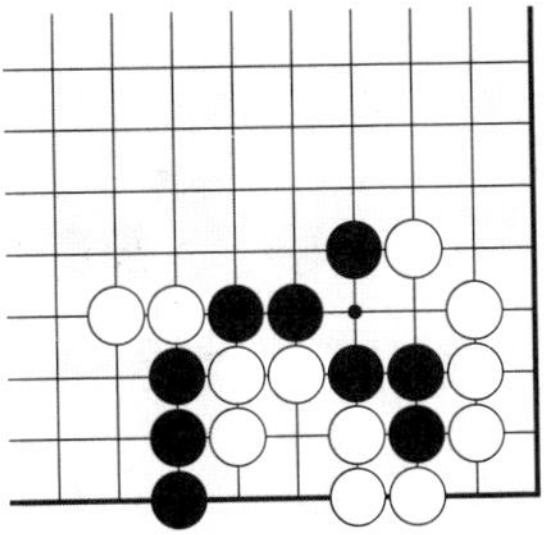

题 278

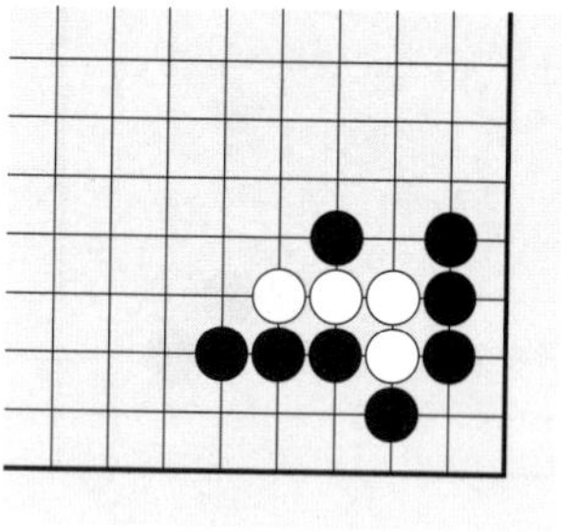

题 279

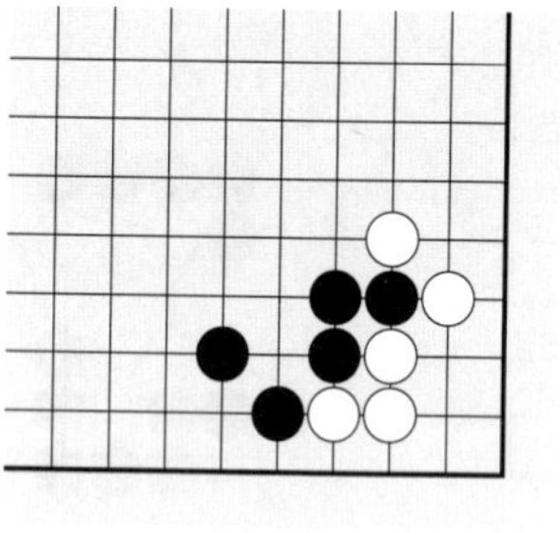

题 280

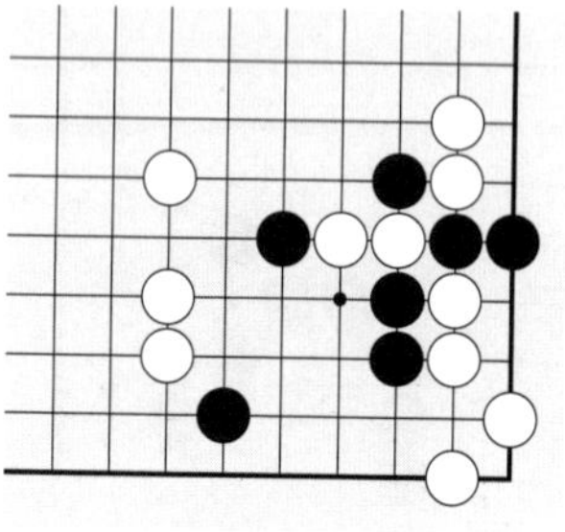

题 281

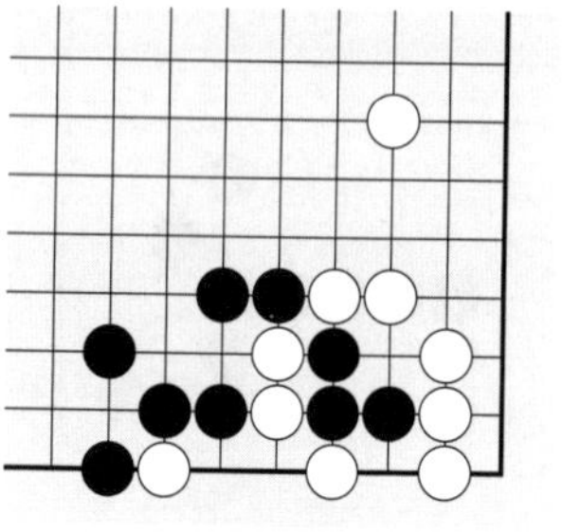

题 282

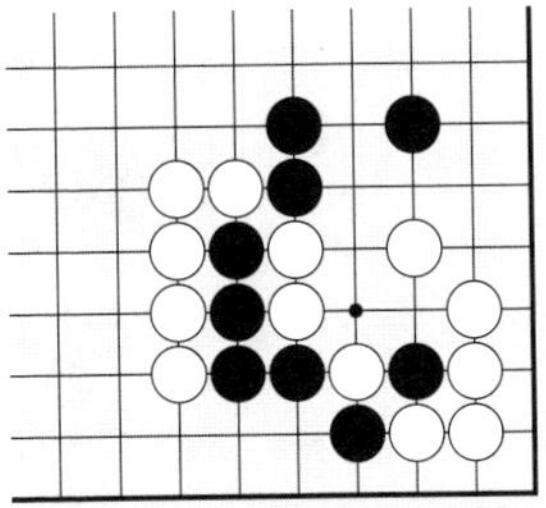

题 283

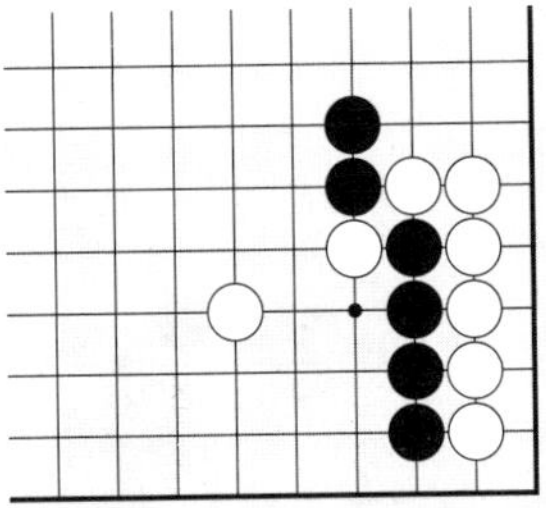

题 284

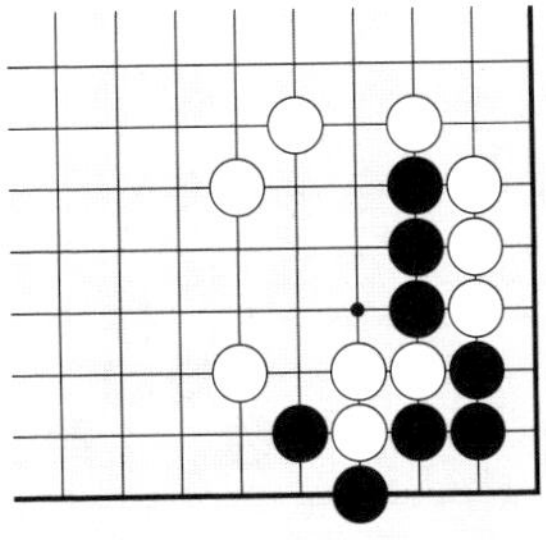

题 285

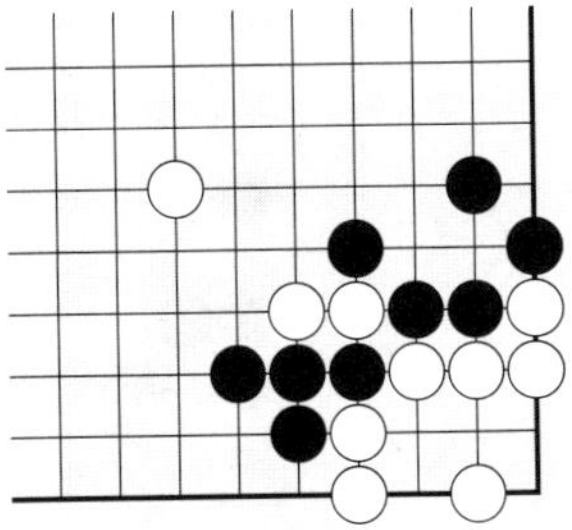

题 286

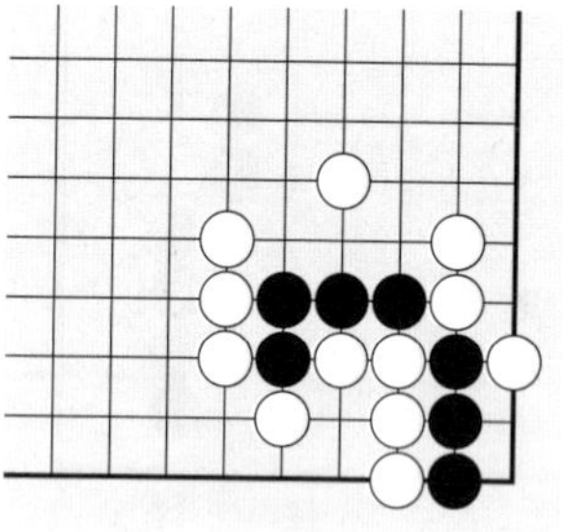

题 287

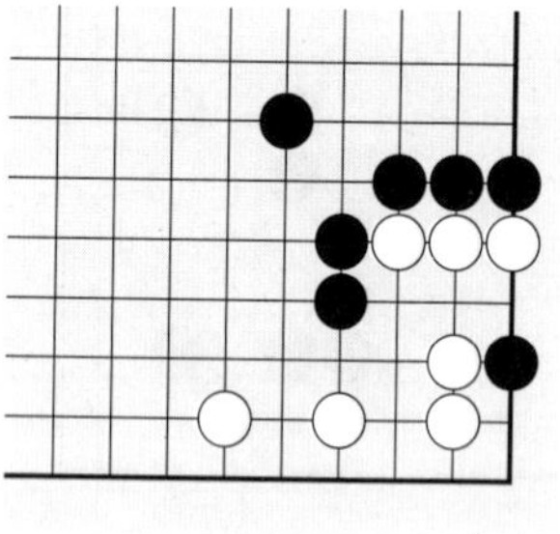

题 288

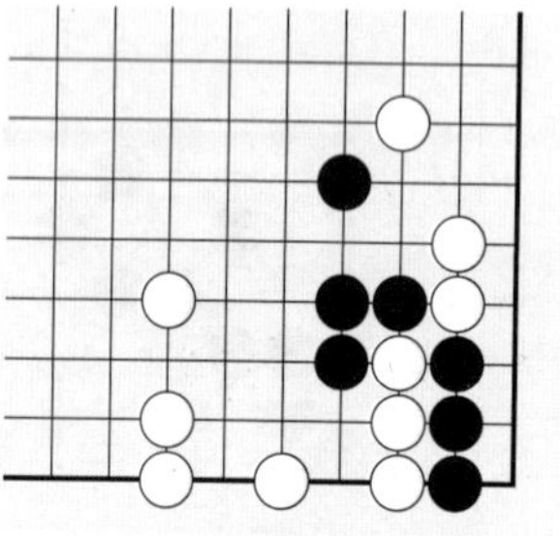

题 289

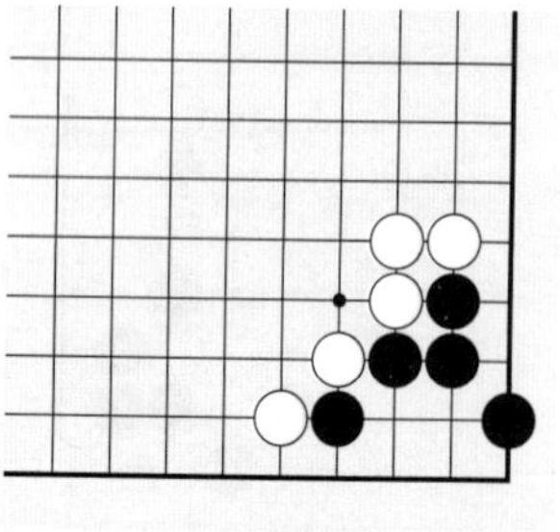

题 290

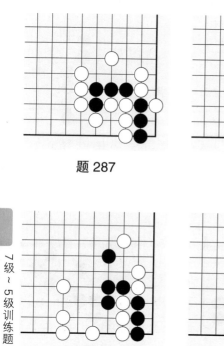

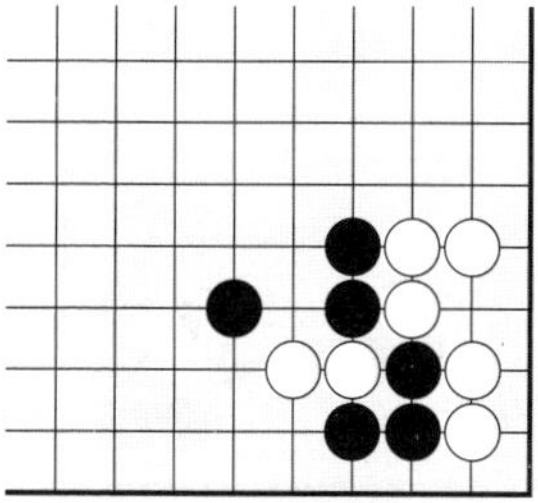

题 291

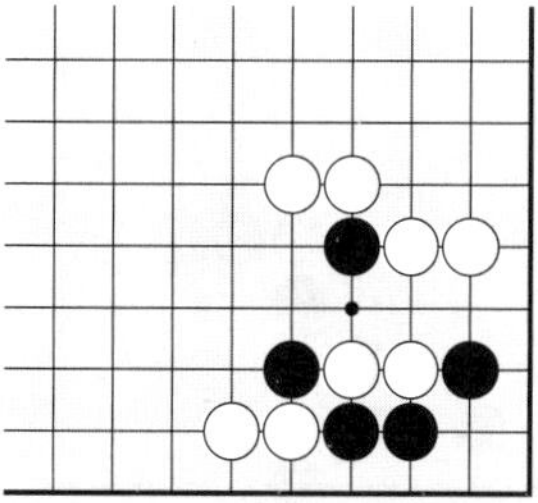

题 292

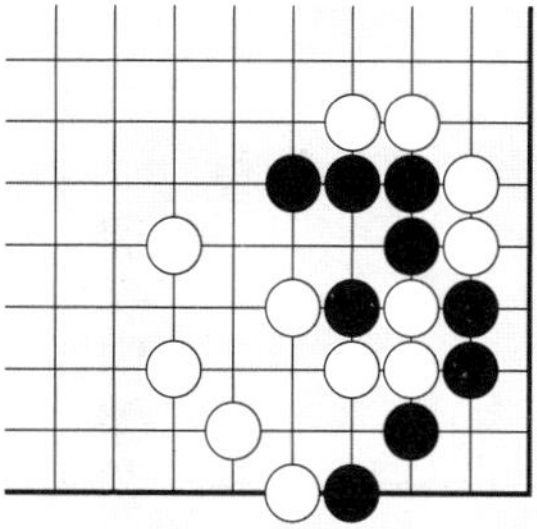

题 293

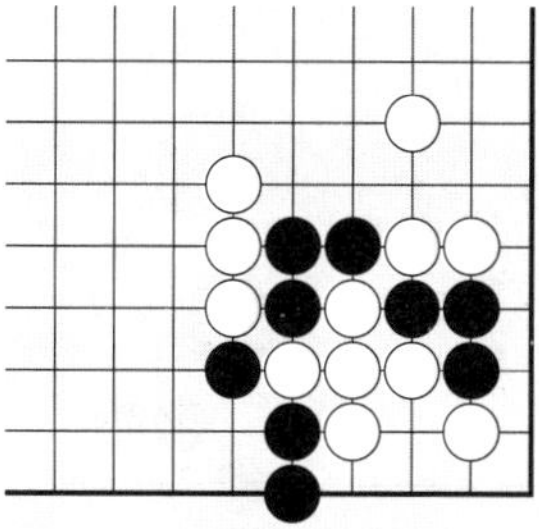

题 294

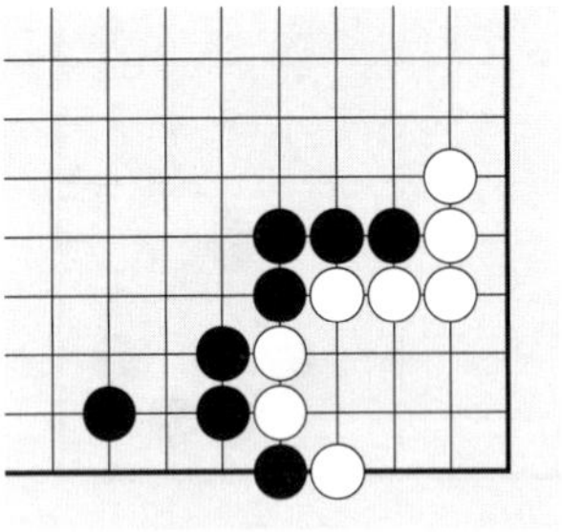

题 295

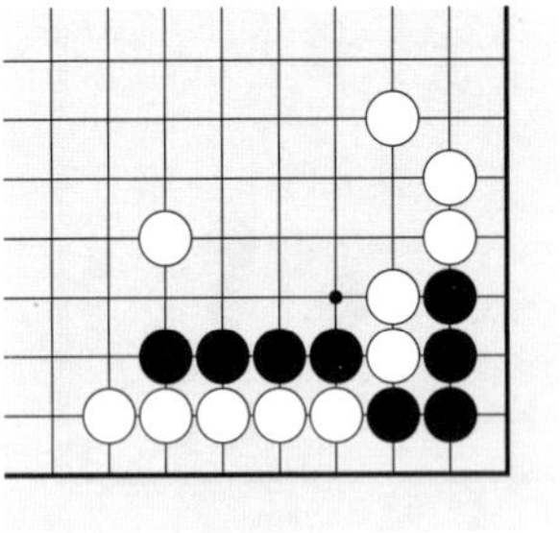

题 296

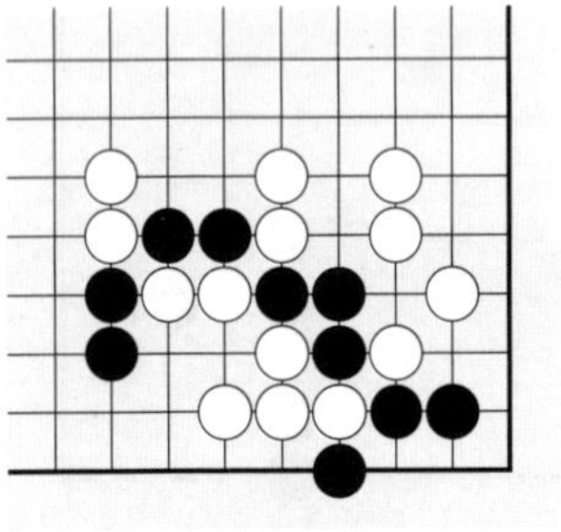

题 297

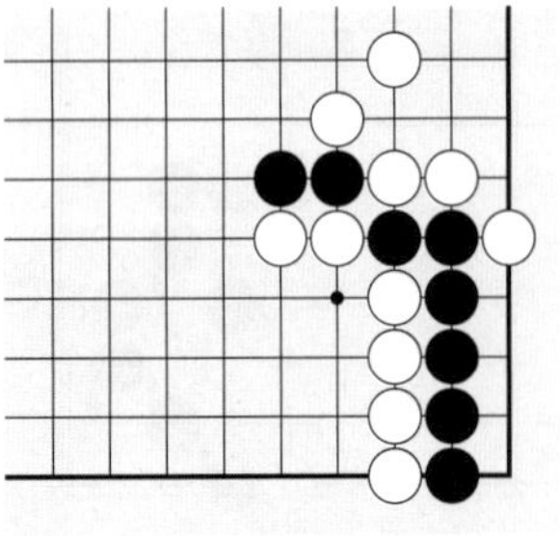

题 298

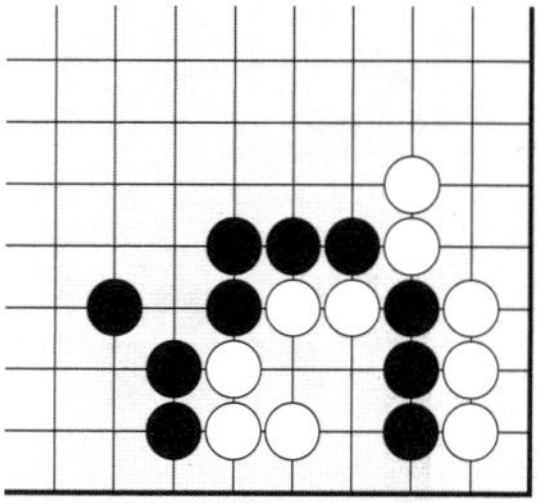

题 299

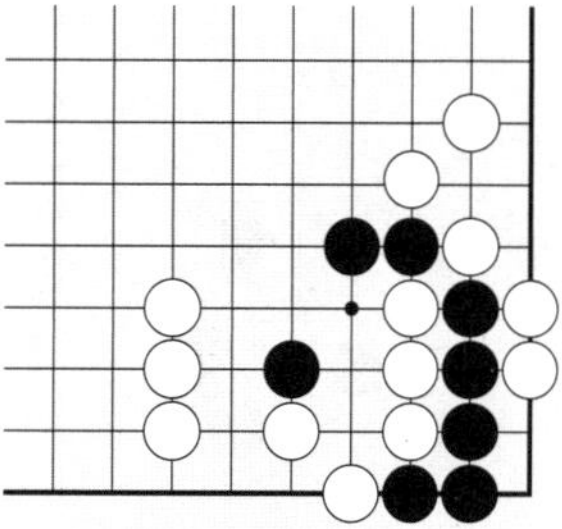

题 300

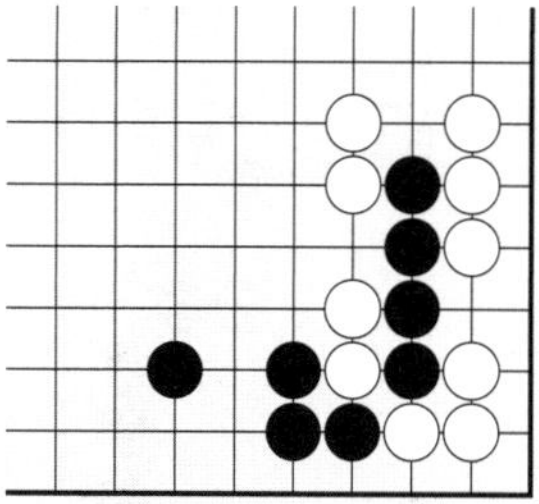

题 301

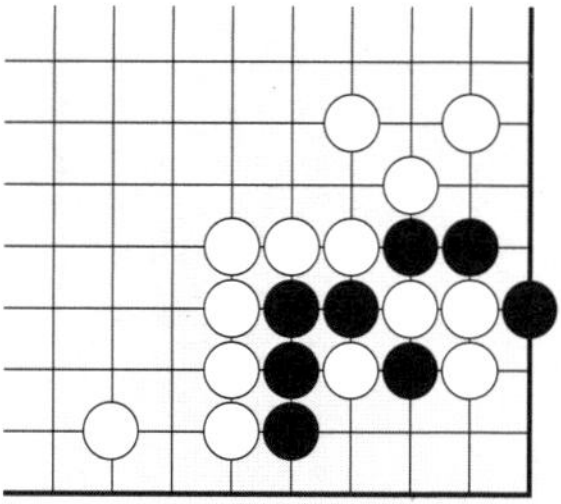

题 302

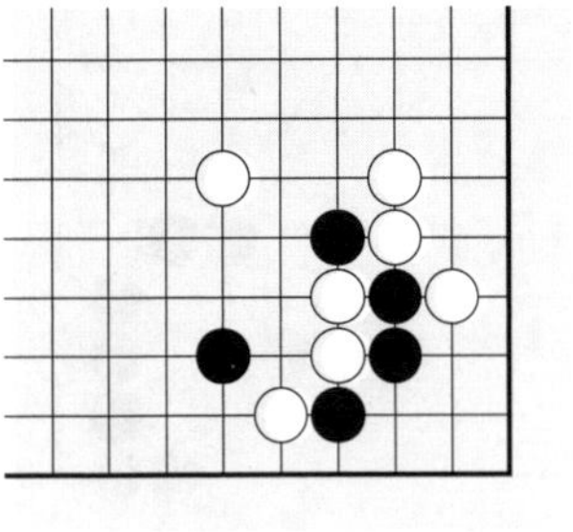

题 303

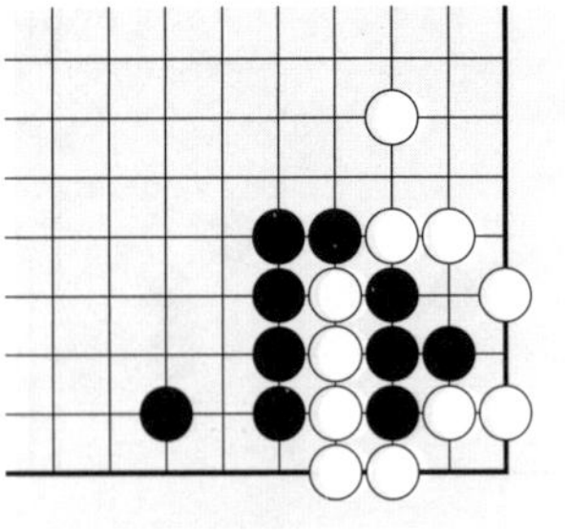

题 304

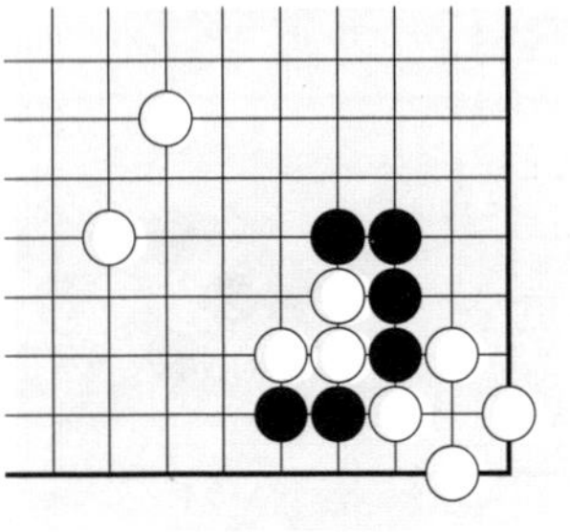

题 305

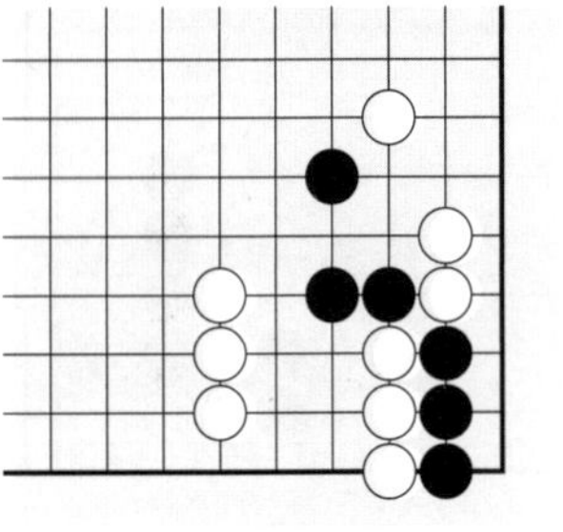

题 306

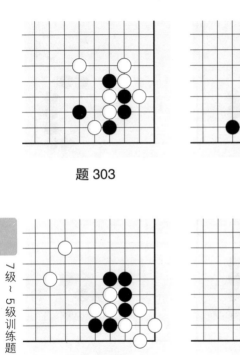

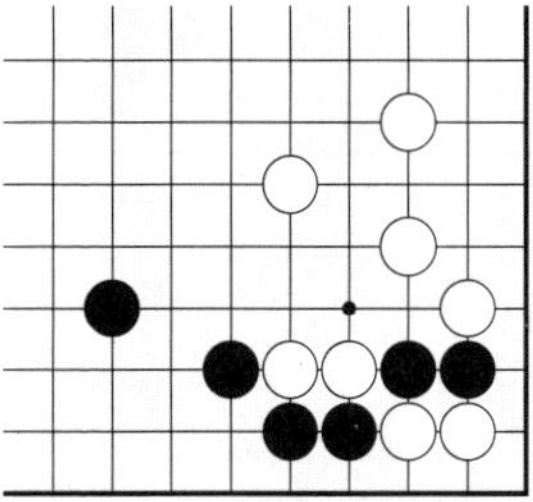

题 307

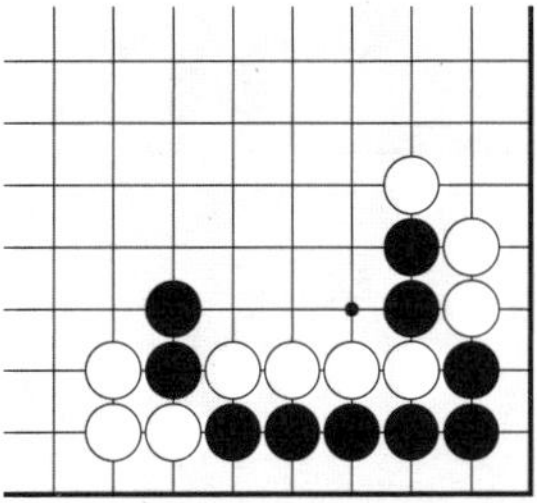

题 308

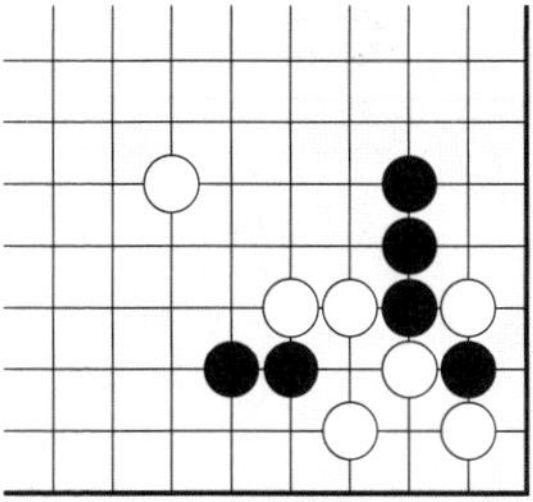

题 309

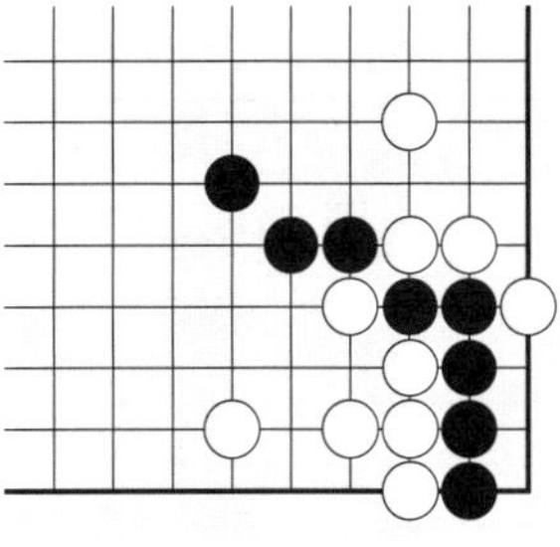

题 310

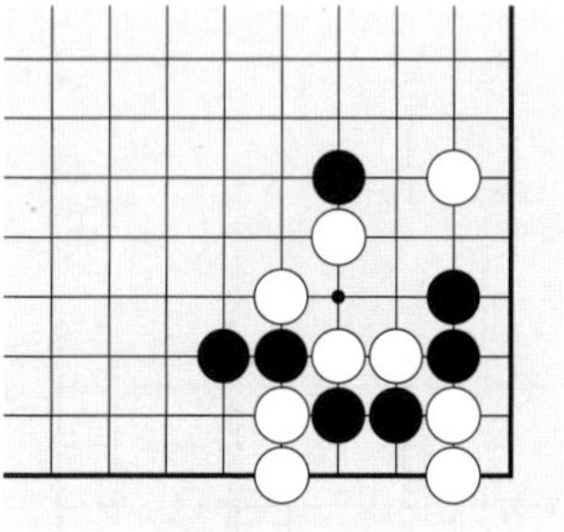

题 311

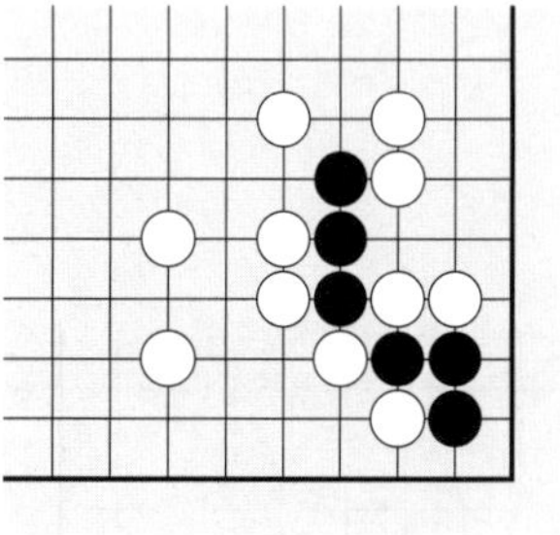

题 312

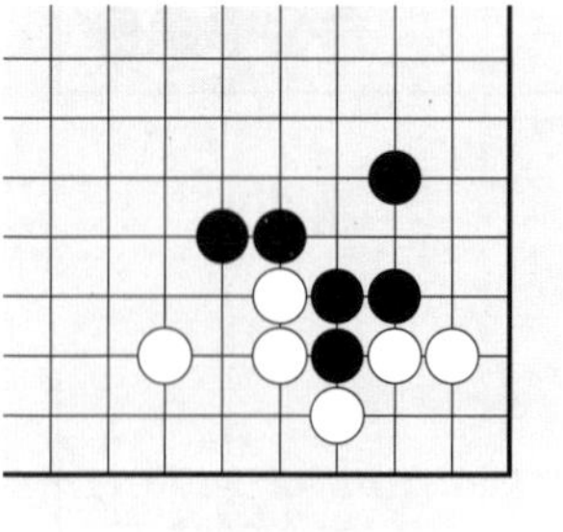

题 313

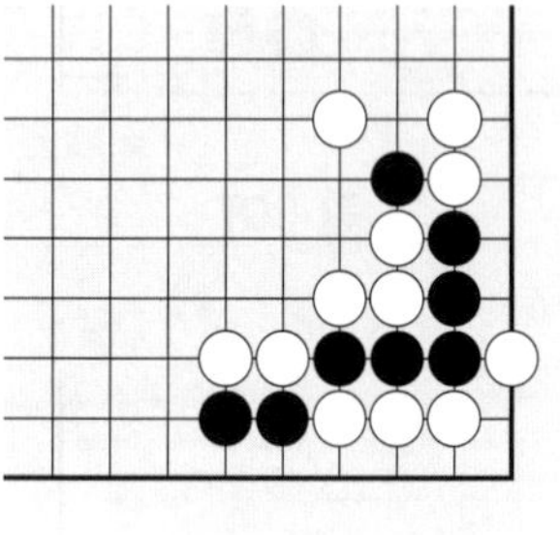

题 314

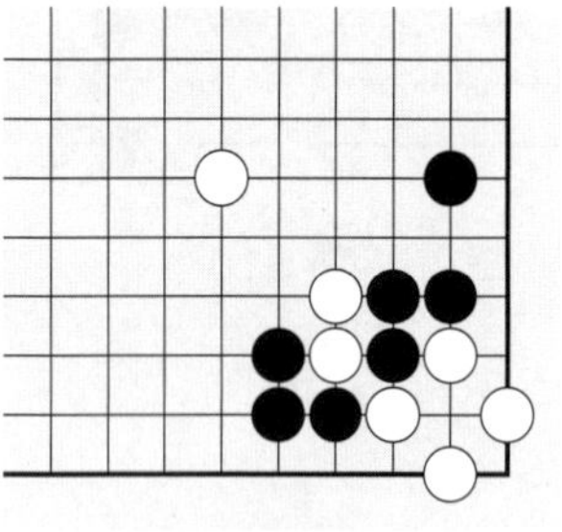

题 315

4级～2级训练题

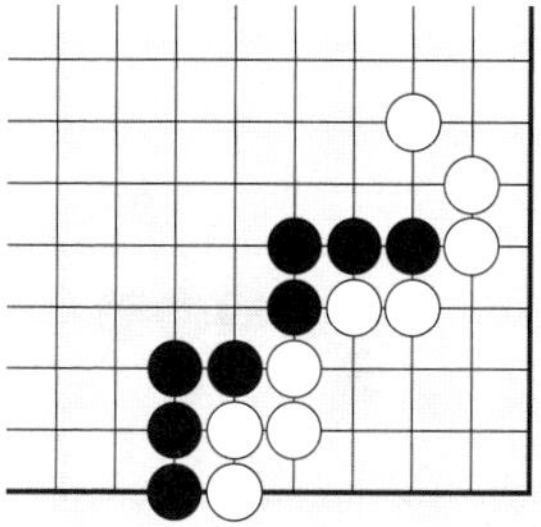

题 316

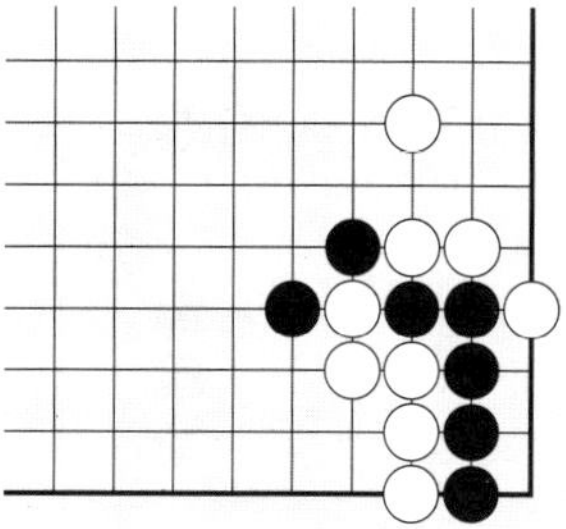

题 317

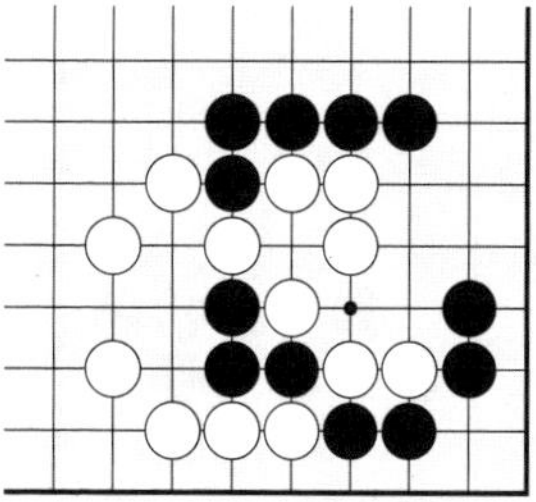

题 318

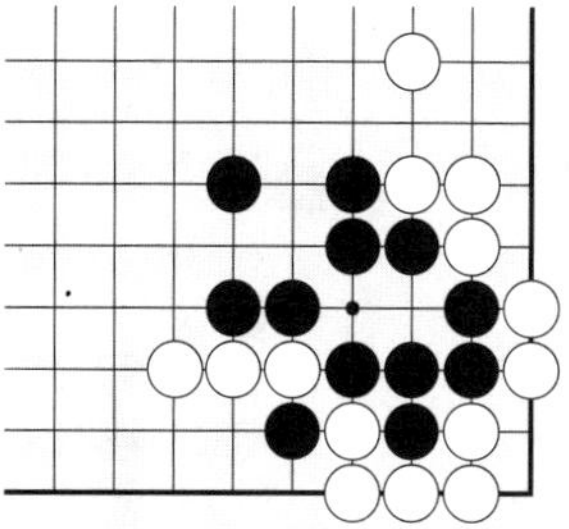

题 319

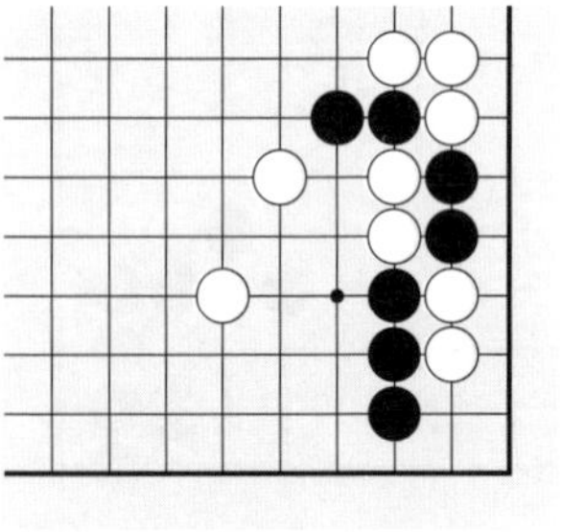

题 320

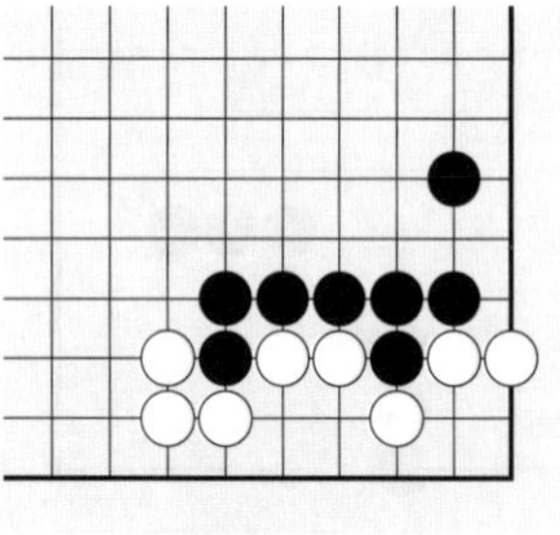

题 321

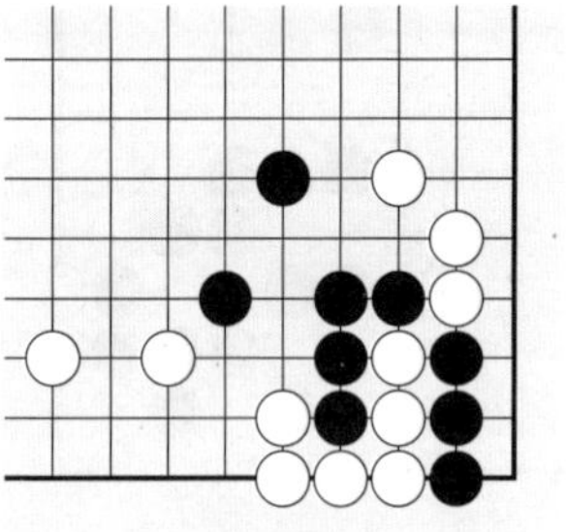

题 322

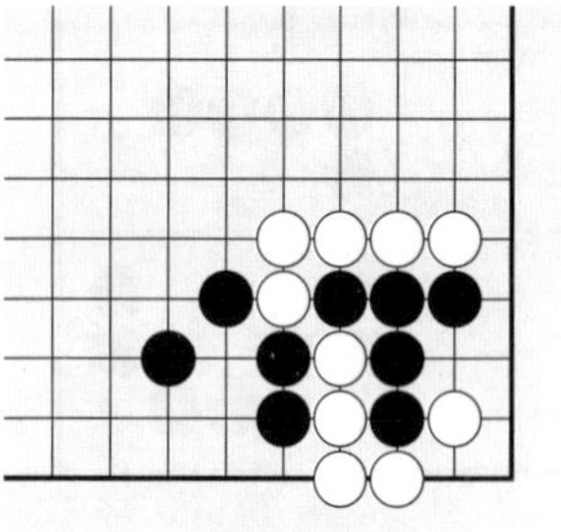

题 323

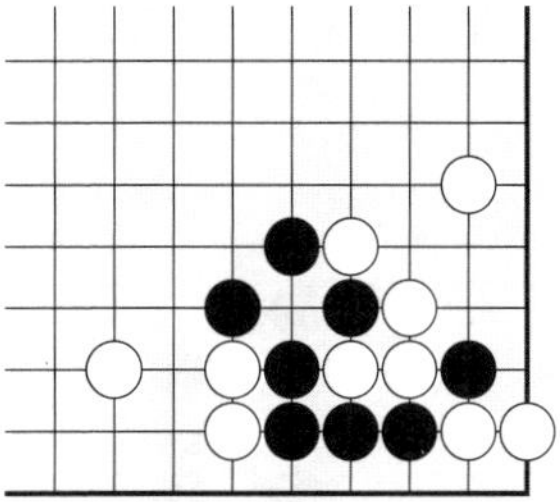

题 324

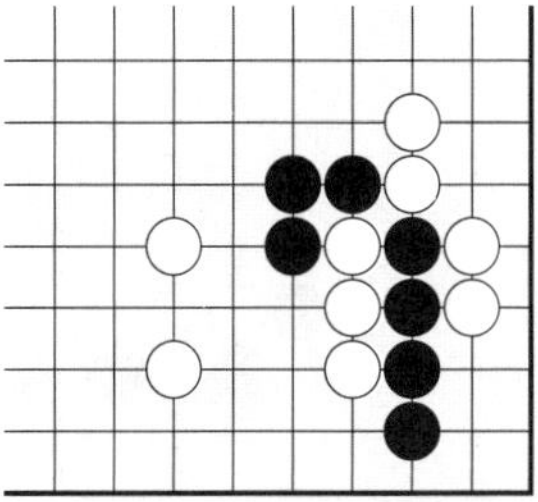

题 325

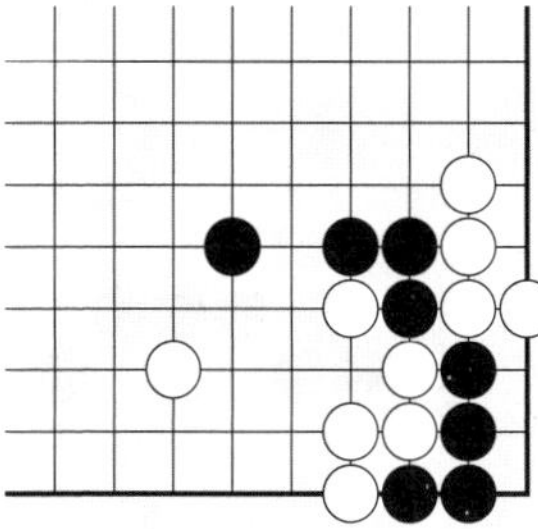

题 326

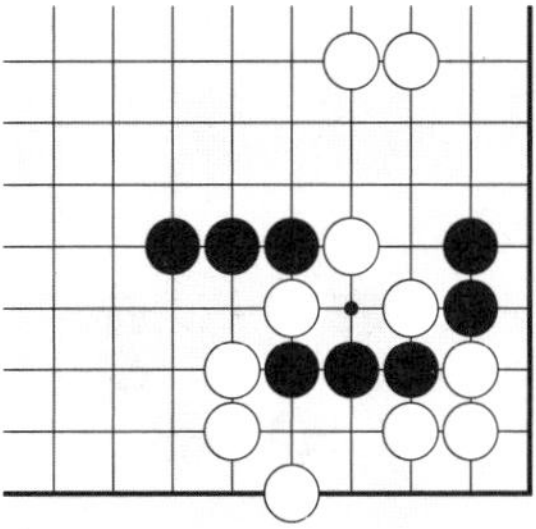

题 327

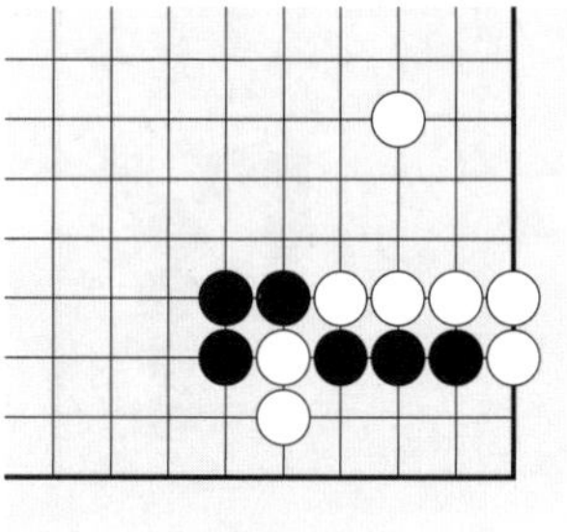

题 328

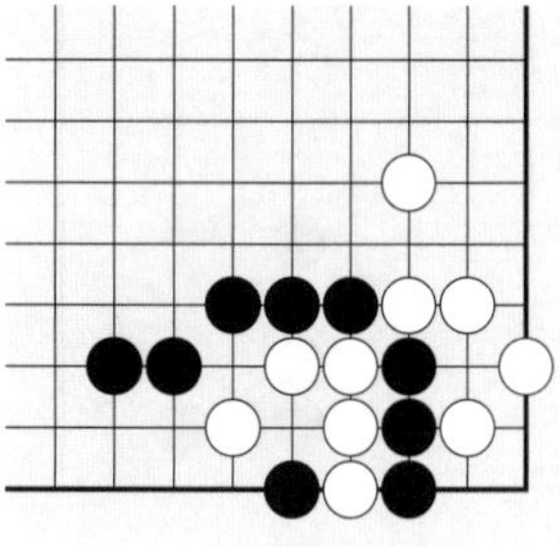

题 329

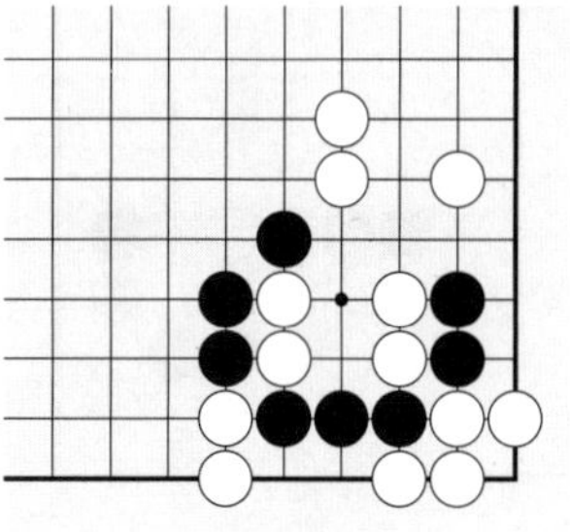

题 330

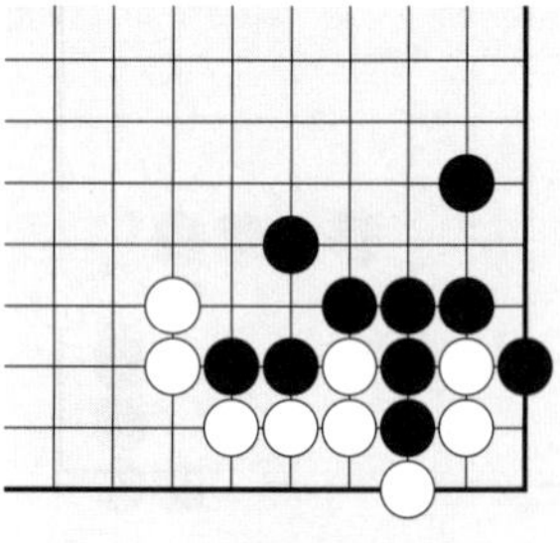

题 331

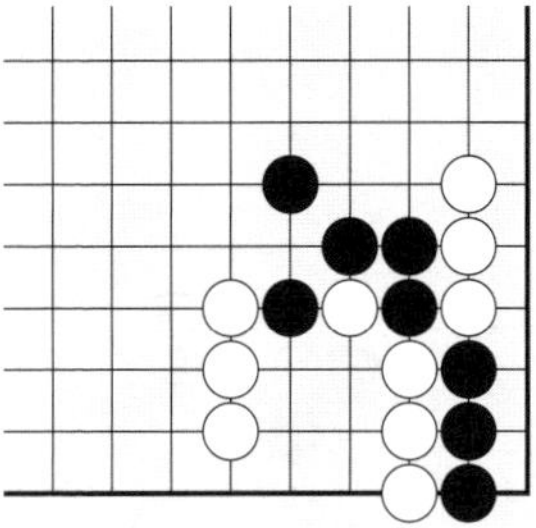

题 332

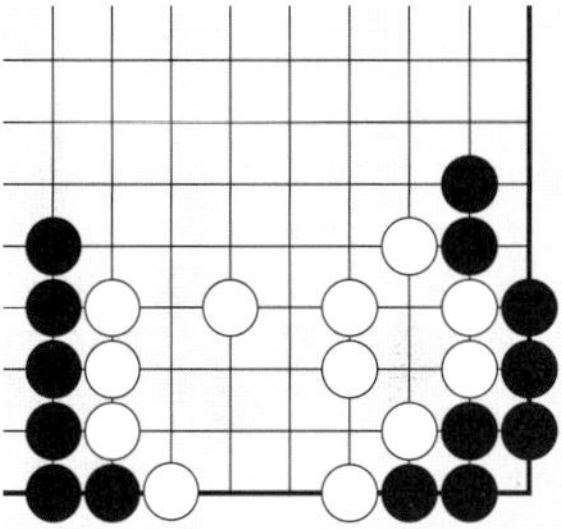

题 333

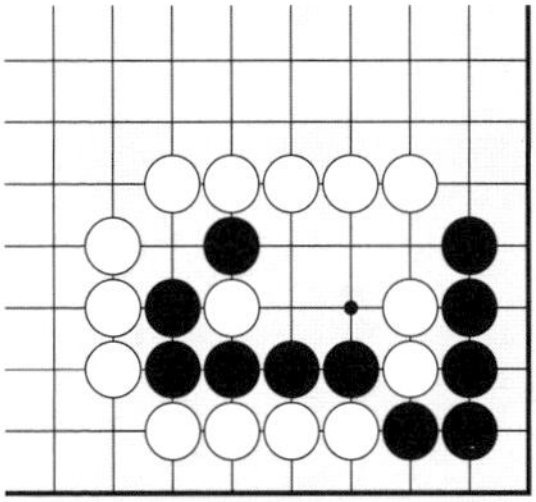

题 334

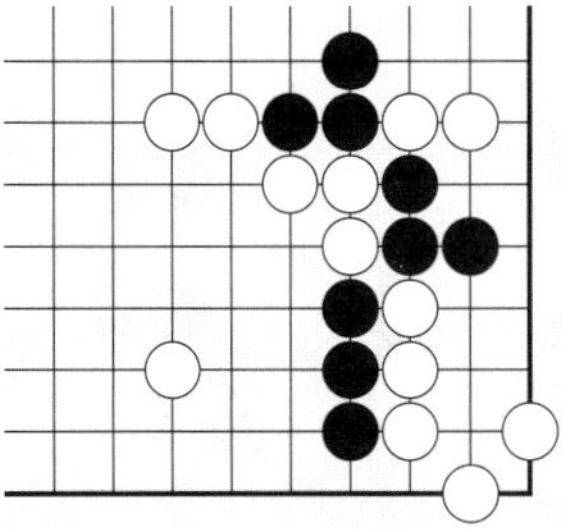

题 335

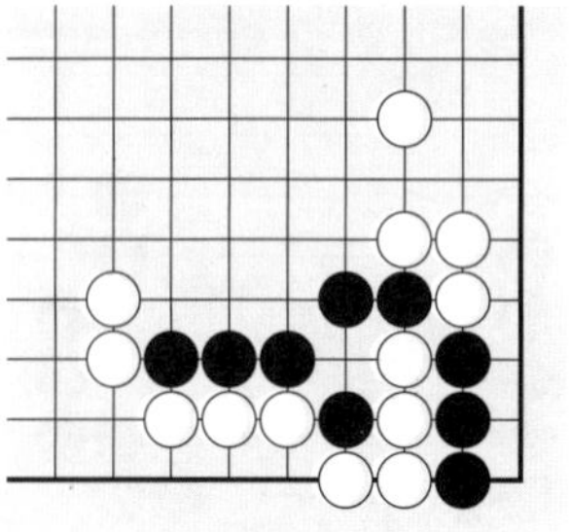

题 336

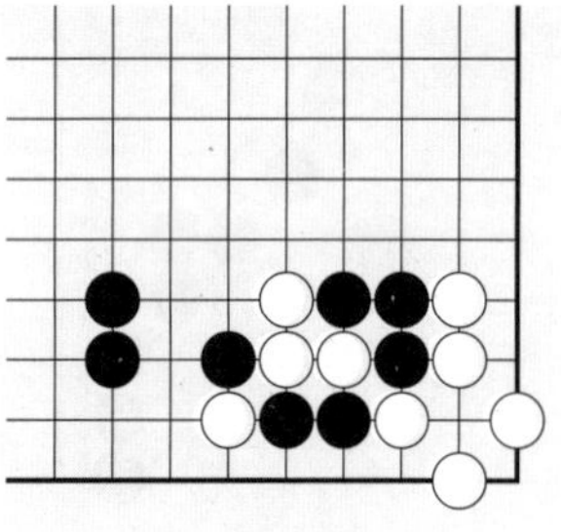

题 337

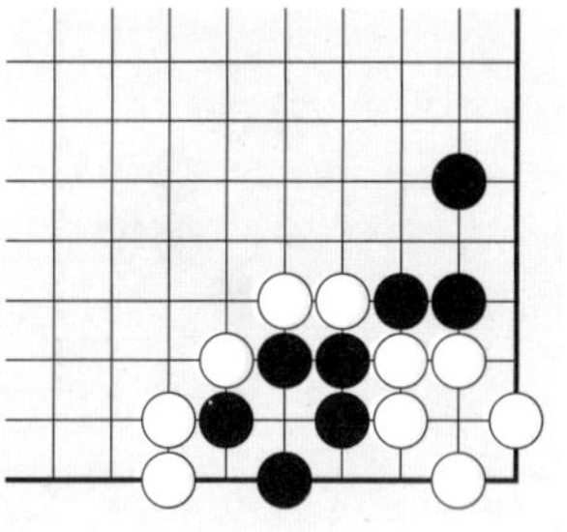

题 338

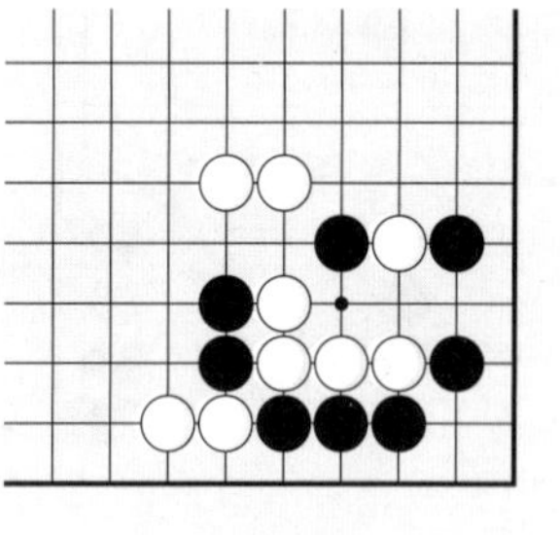

题 339

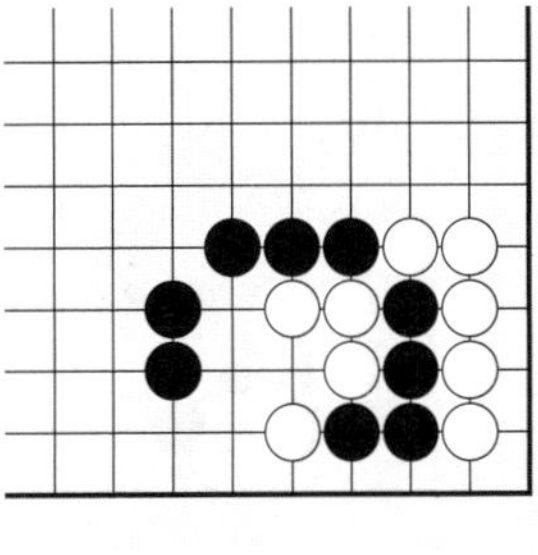

题 340

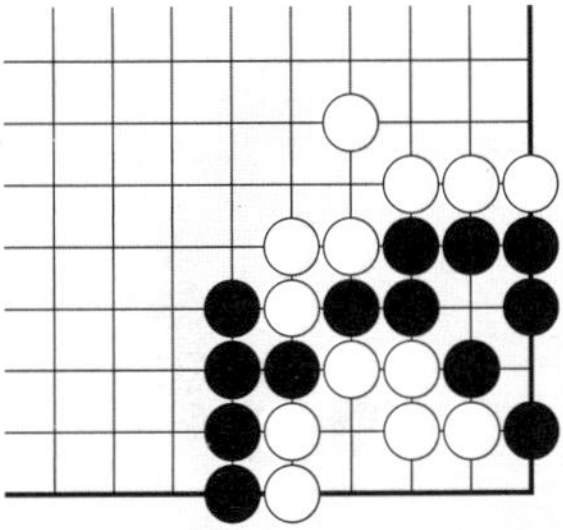

题 341

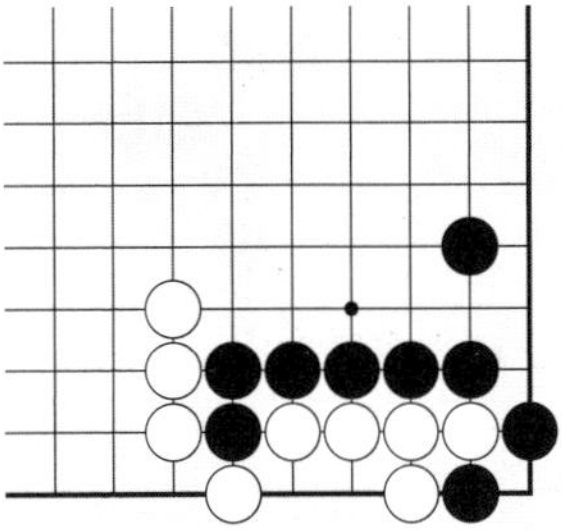

题 342

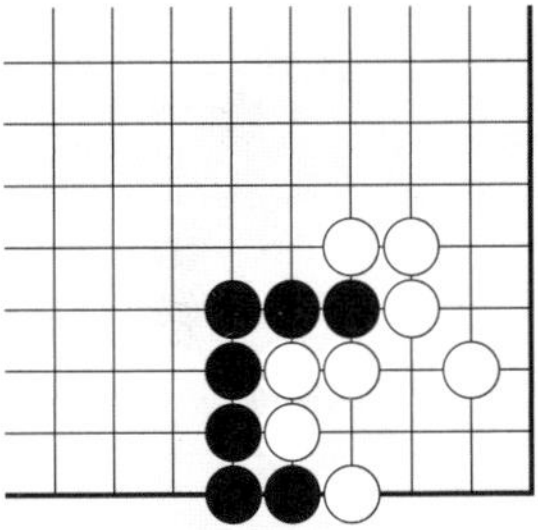

题 343

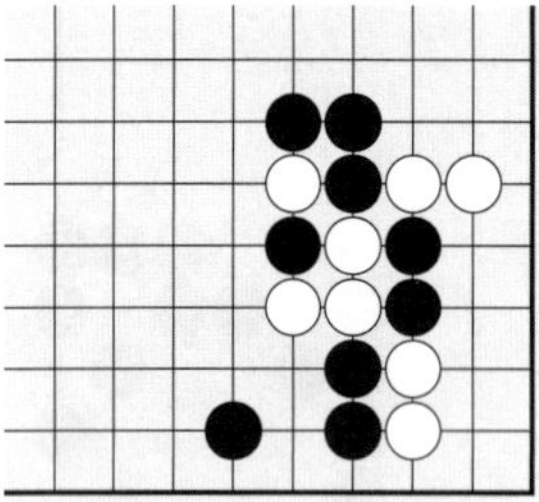

题 344

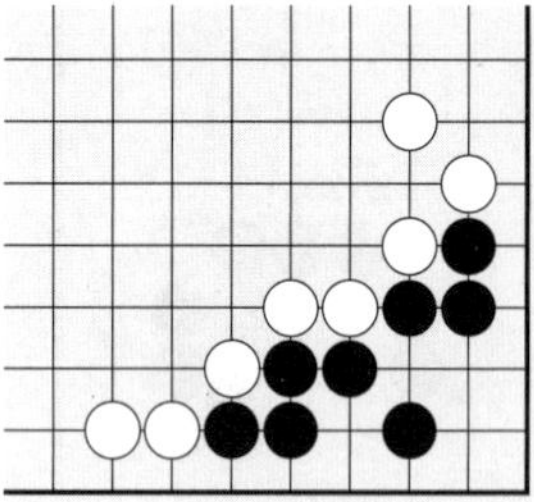

题 345

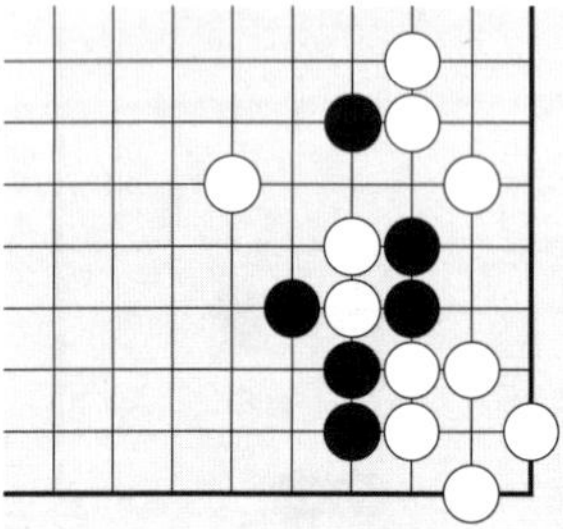

题 346

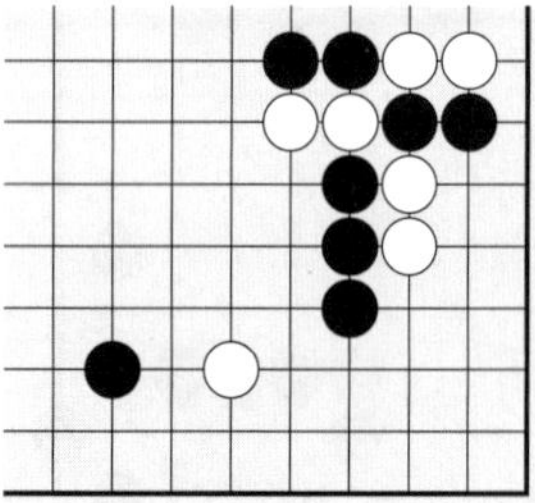

题 347

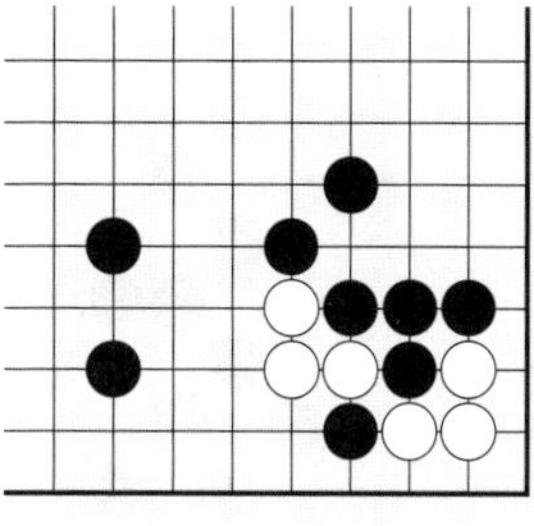

题 348

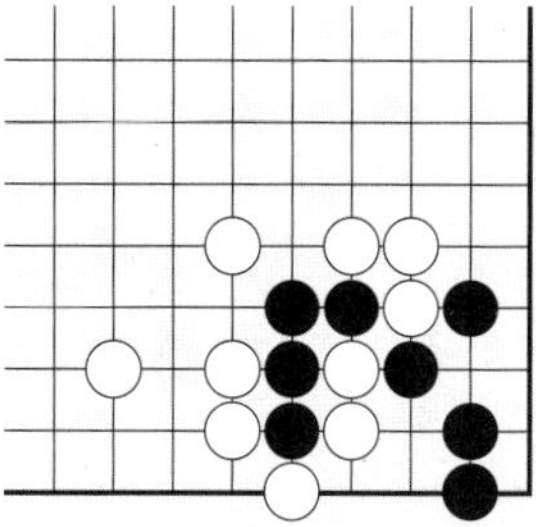

题 349

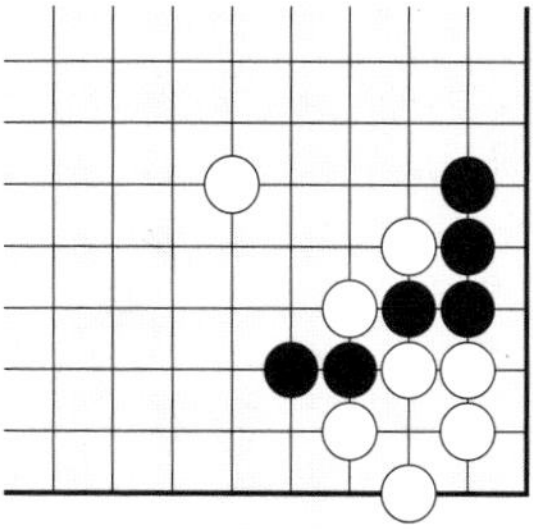

题 350

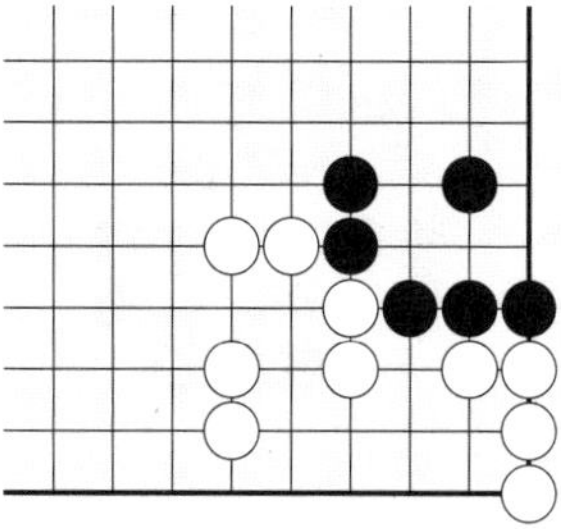

题 351

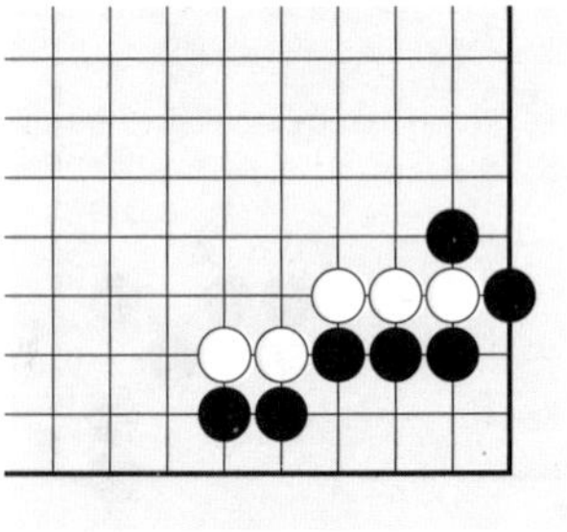

题 352

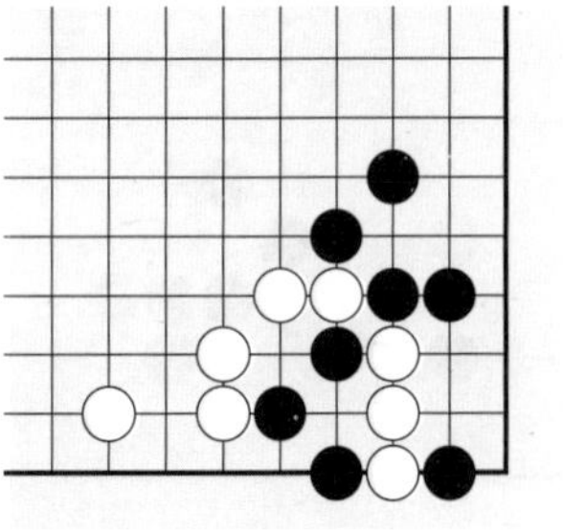

题 353

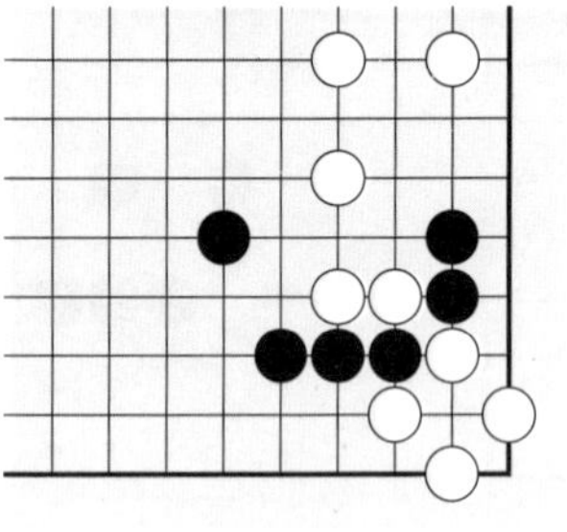

题 354

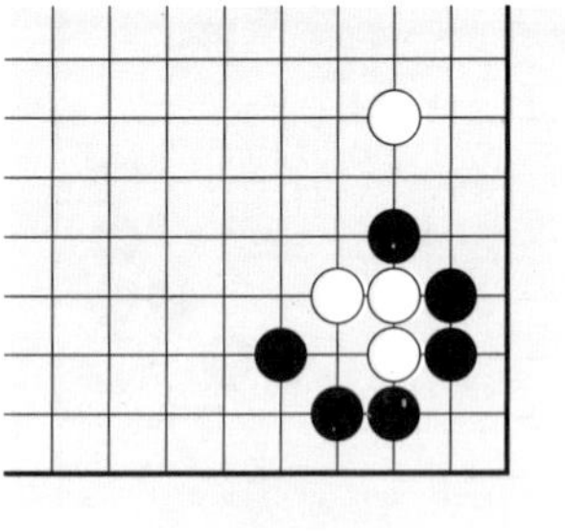

题 355

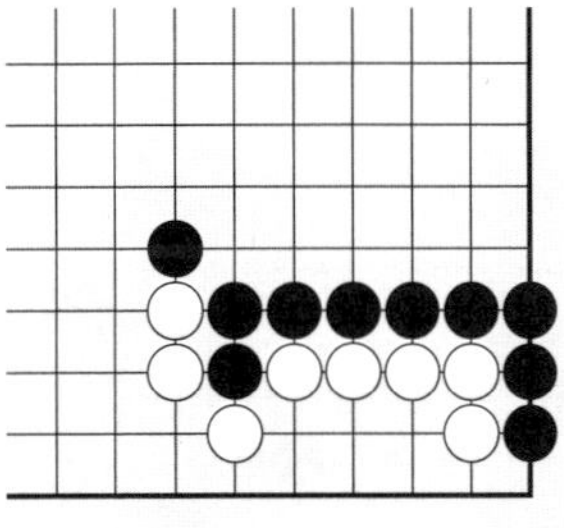

题 356

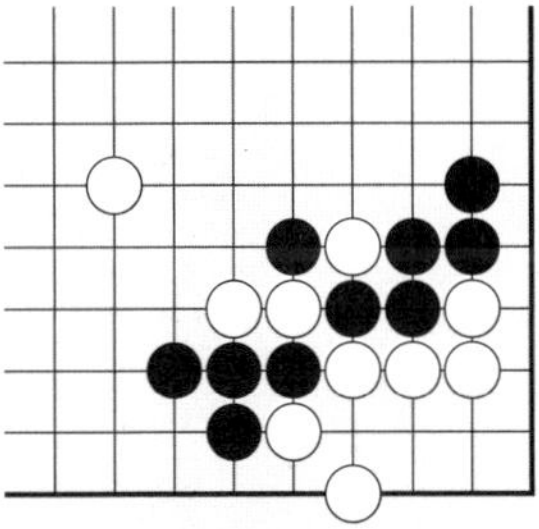

题 357

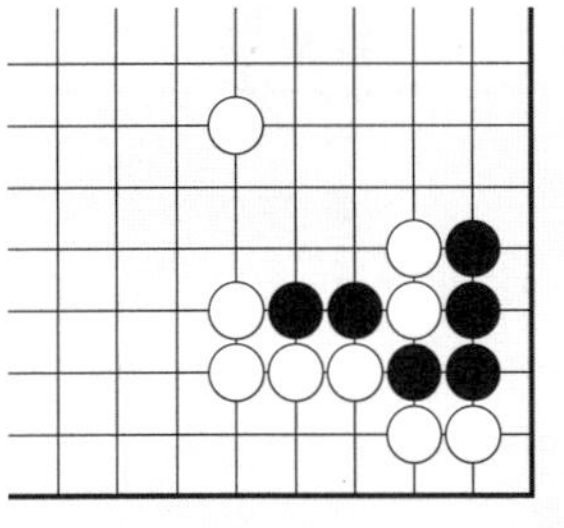

题 358

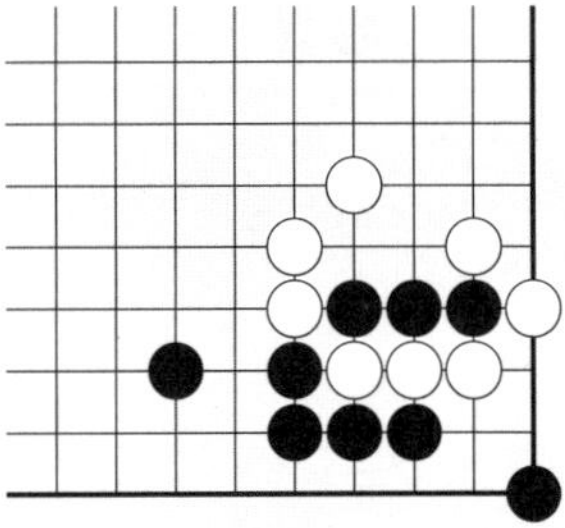

题 359

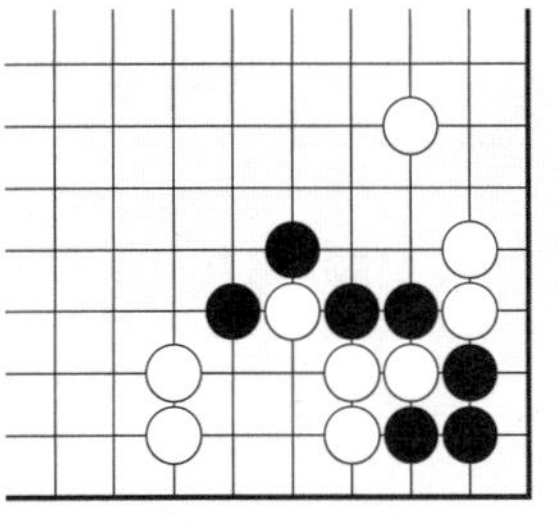

题 360

1级～1段训练题

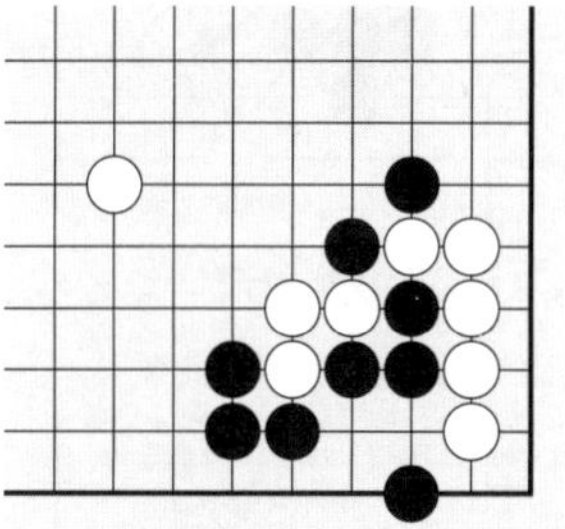

题 361

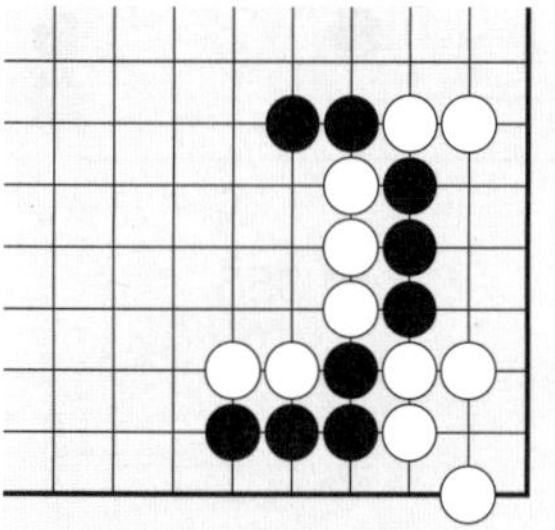

题 362

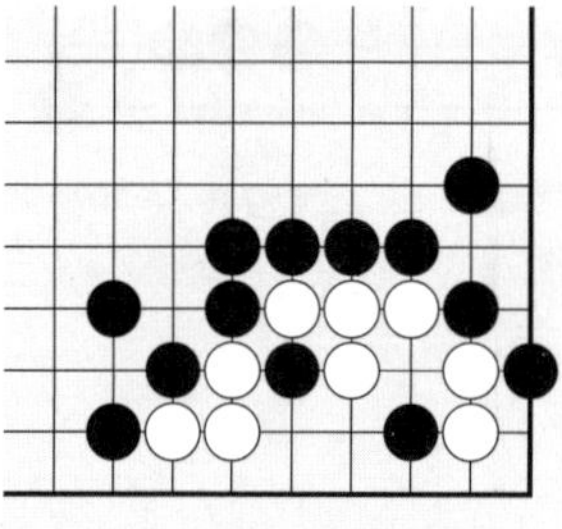

题 363

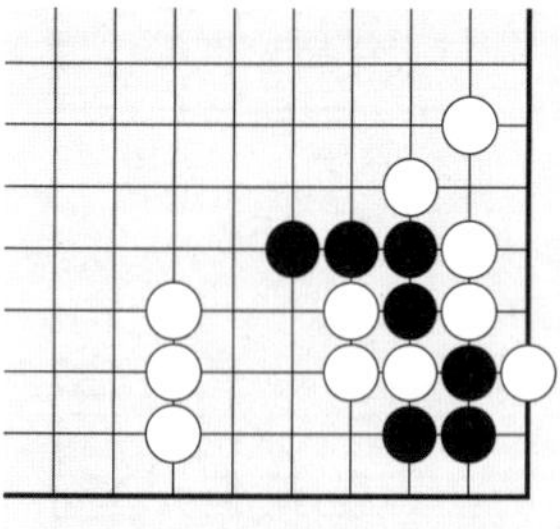

题 364

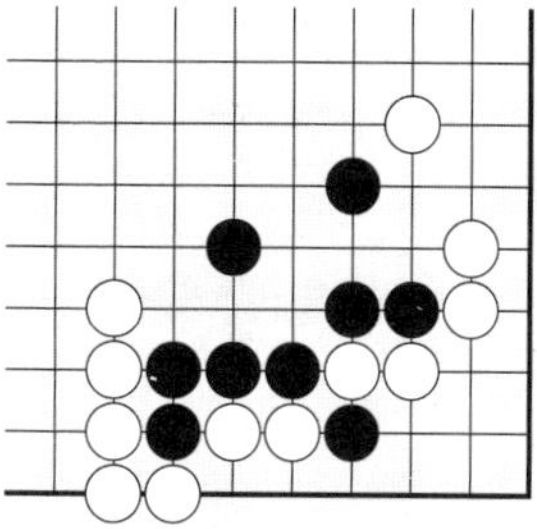

题 365

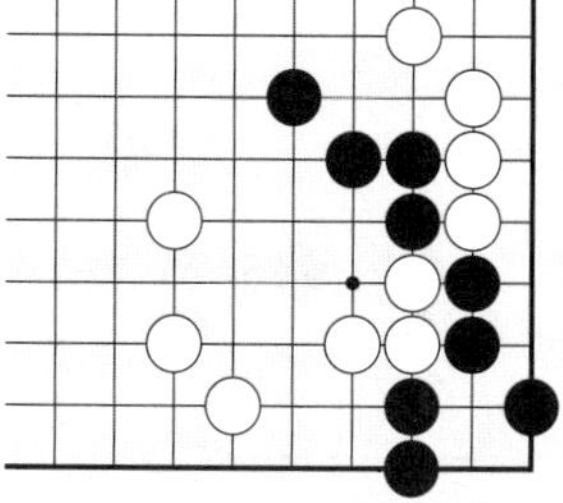

题 366

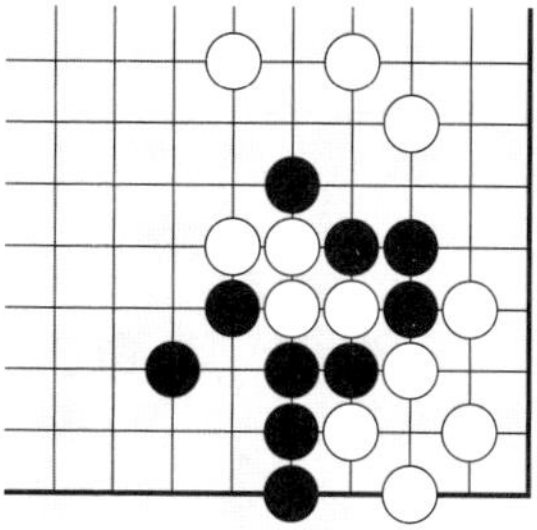

题 367

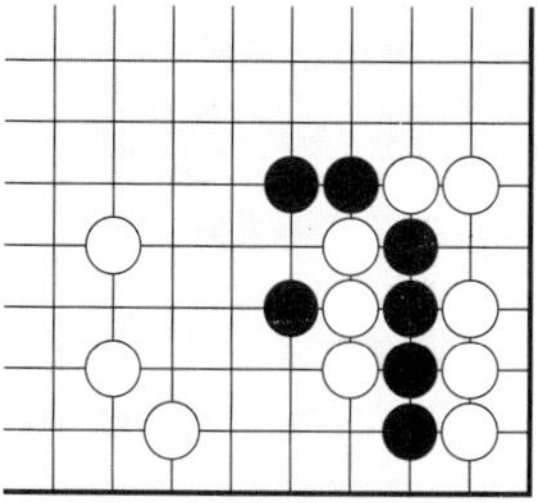

题 368

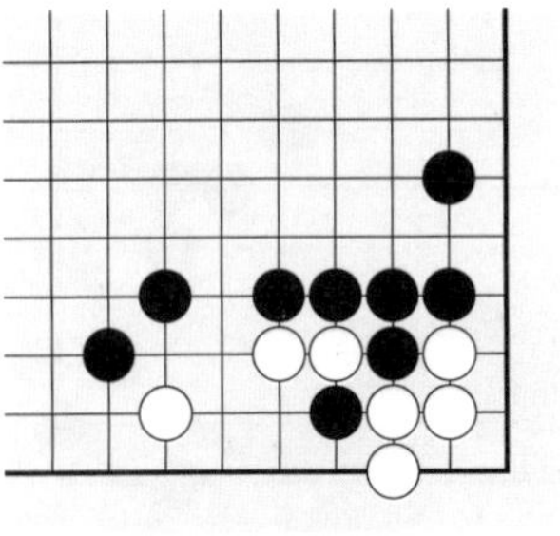

题 369

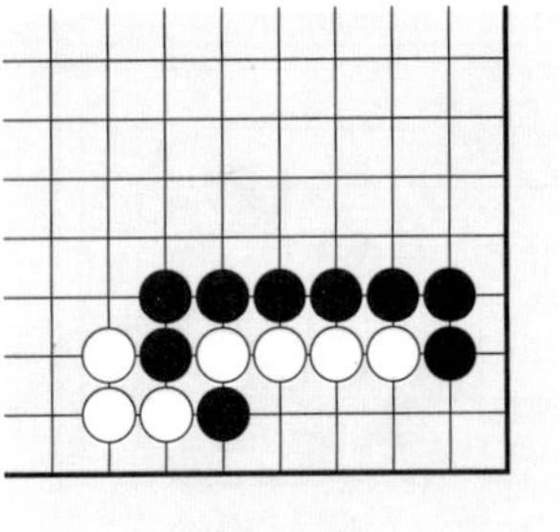

题 370

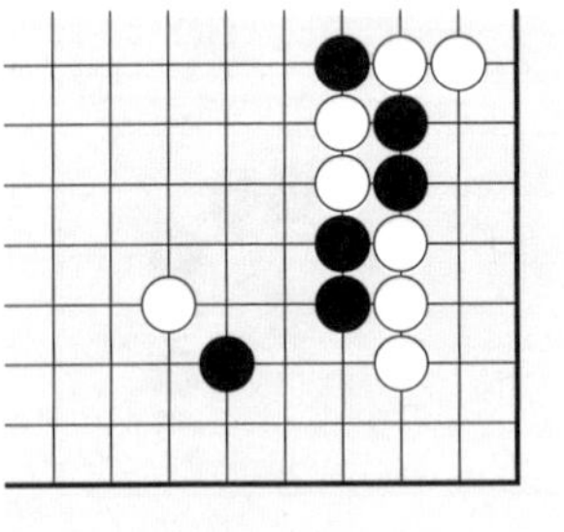

题 371

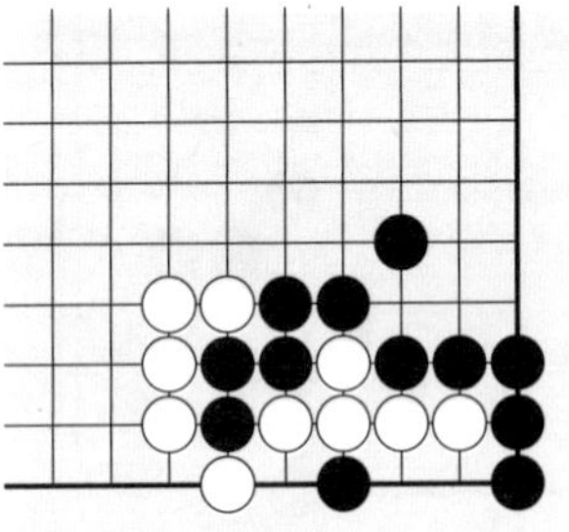

题 372

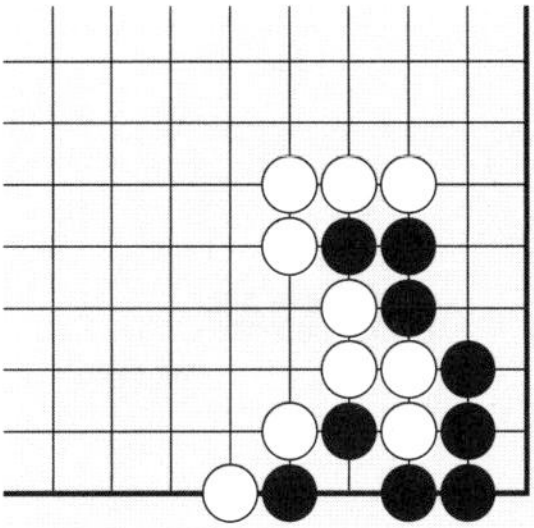

题 373

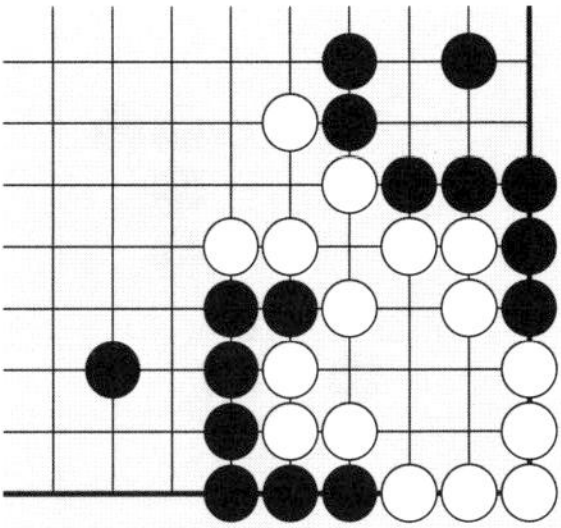

题 374

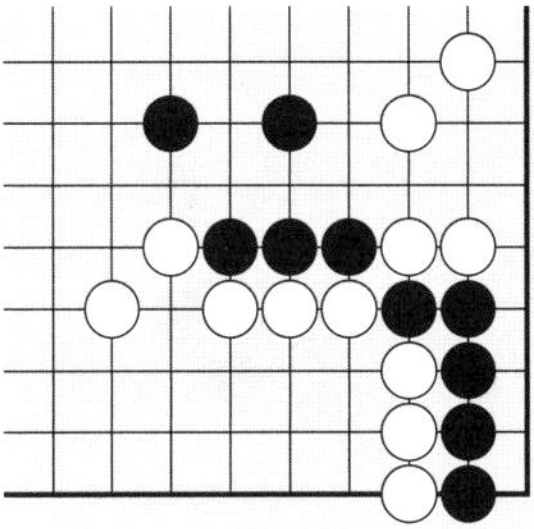

题 375

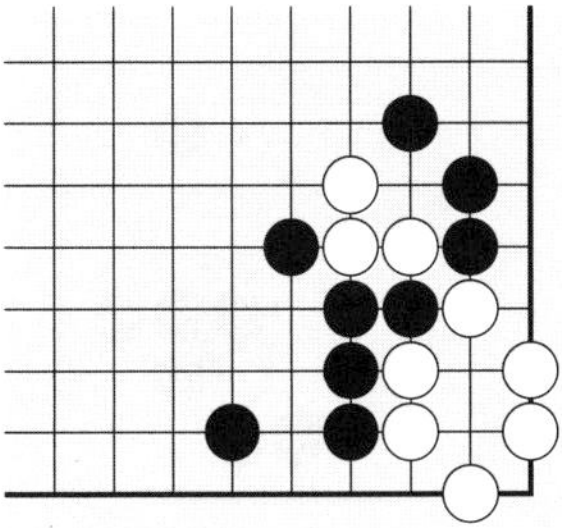

题 376

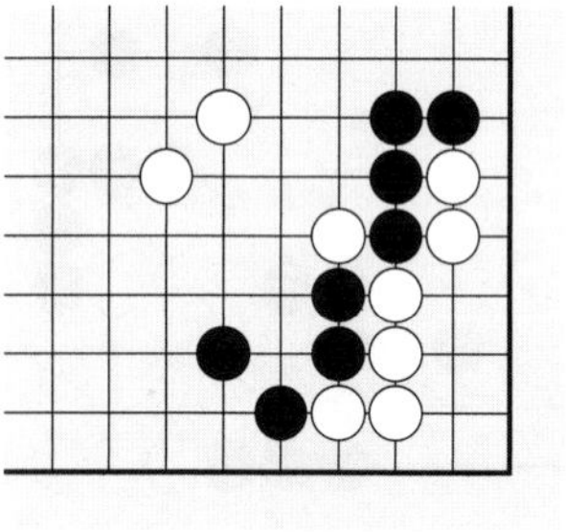

题 377

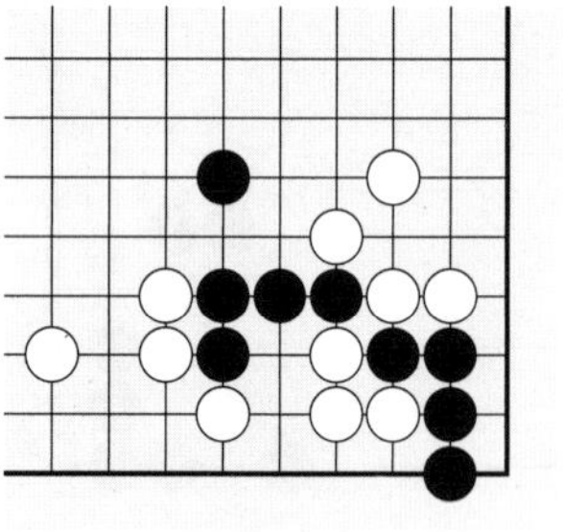

题 378

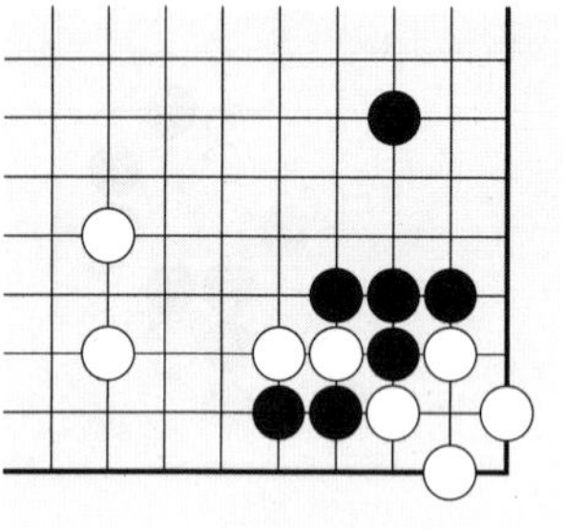

题 379

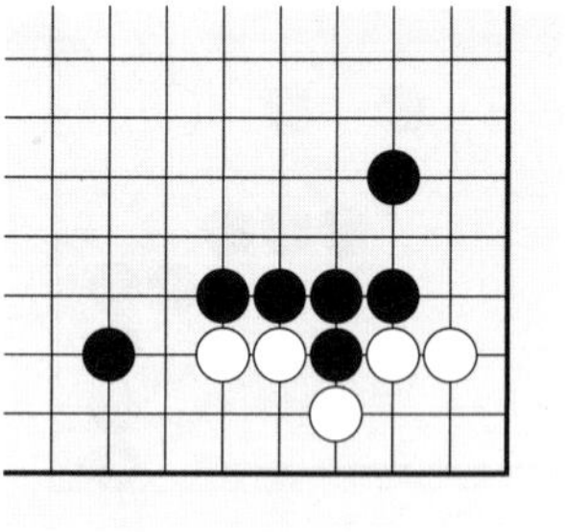

题 380

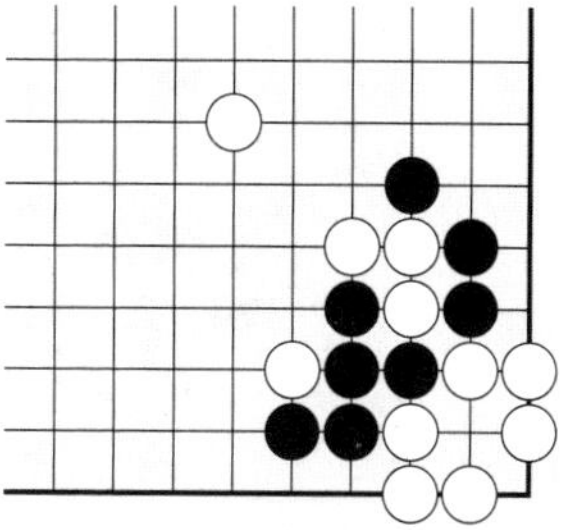

题 381

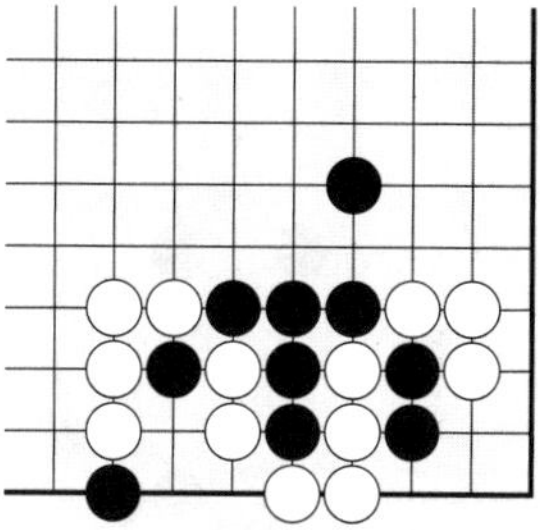

题 382

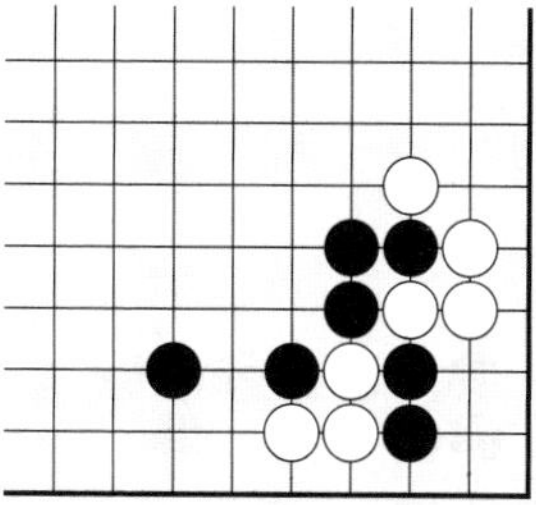

题 383

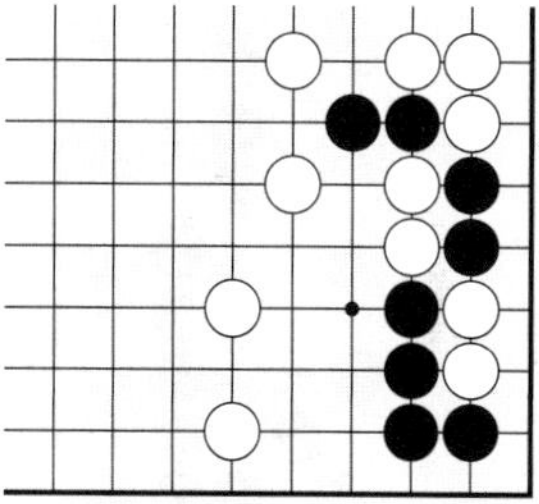

题 384

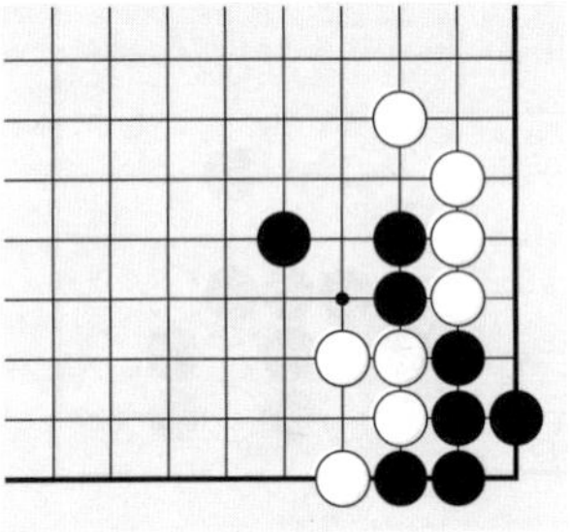

题 385

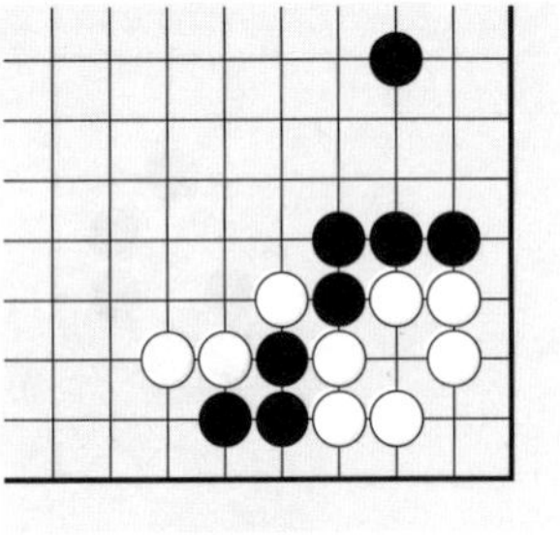

题 386

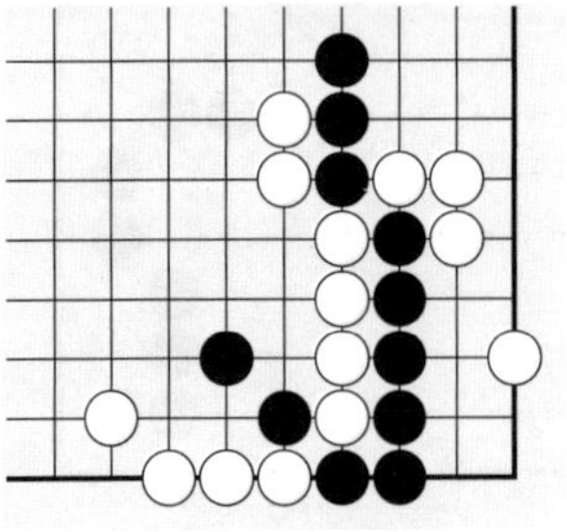

题 387

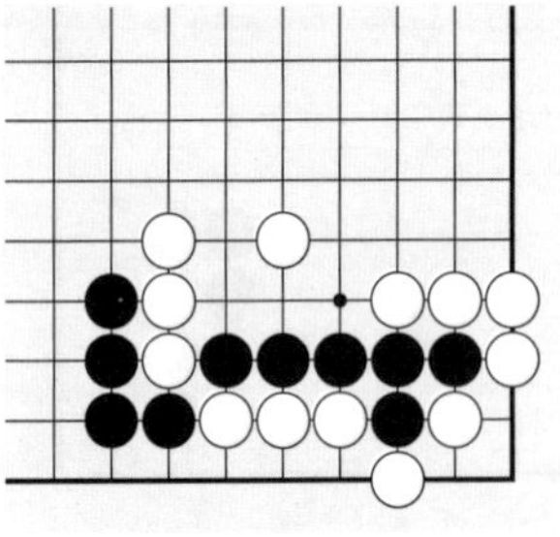

题 388

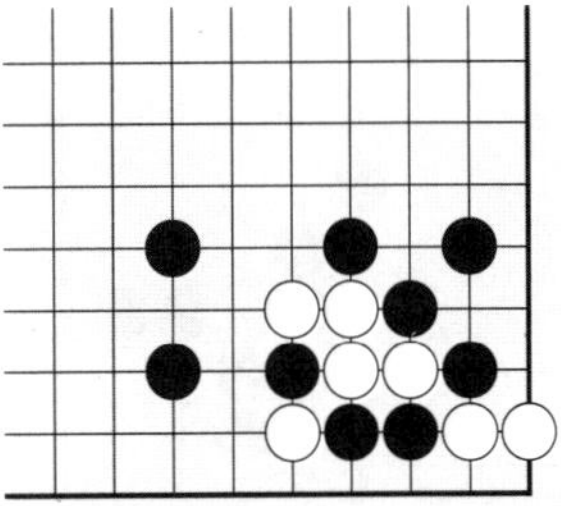

题 389

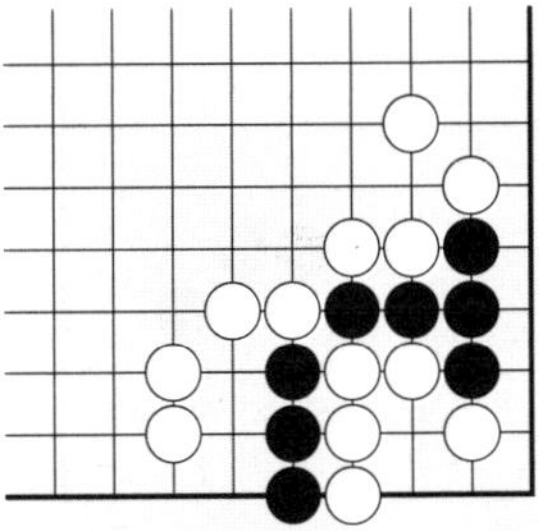

题 390

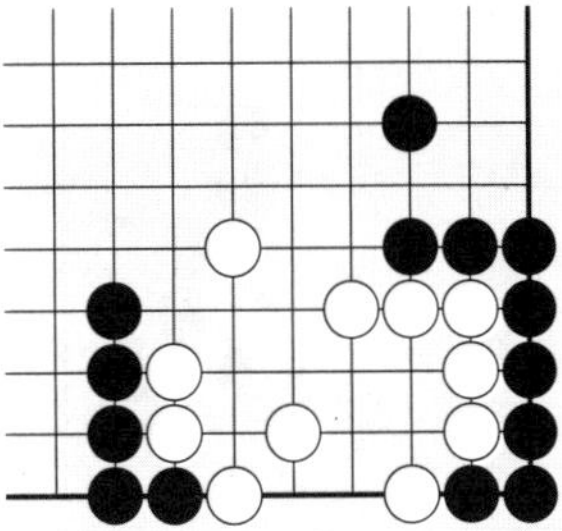

题 391

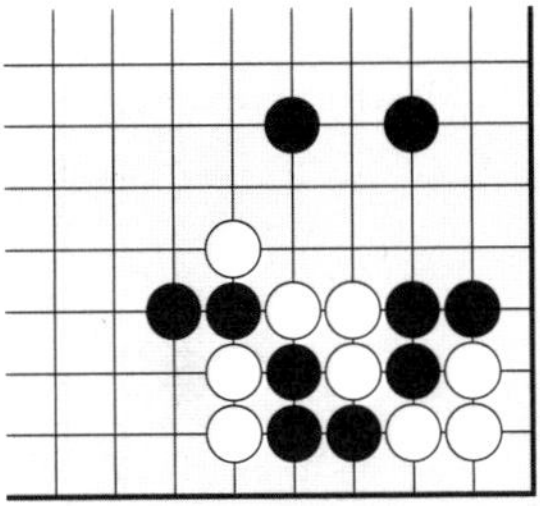

题 392

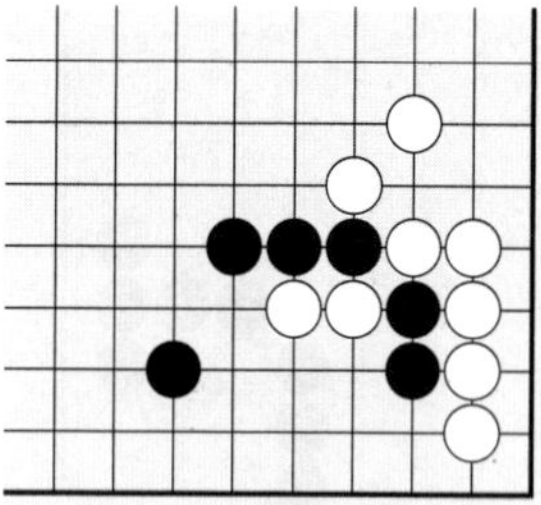

题 393

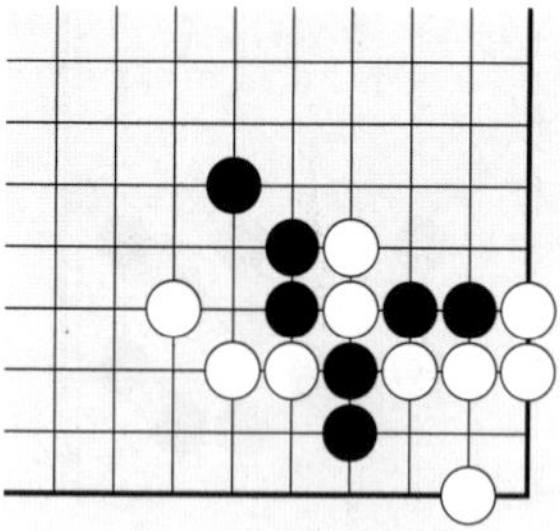

题 394

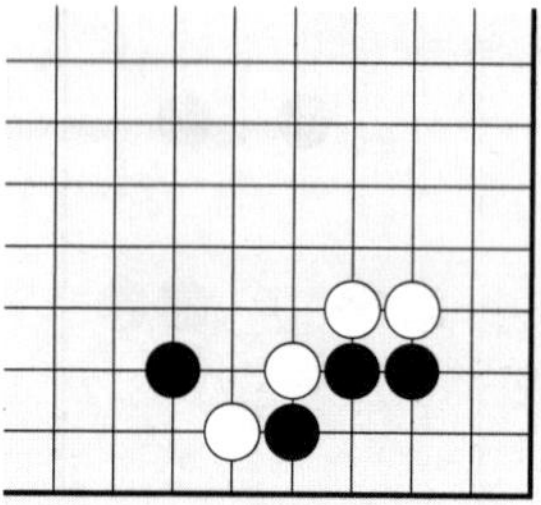

题 395

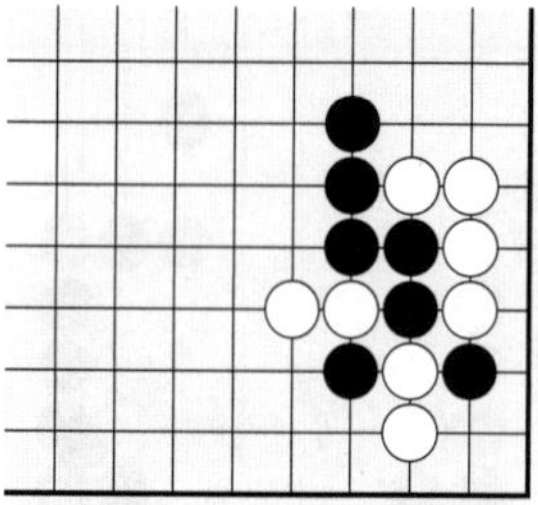

题 396

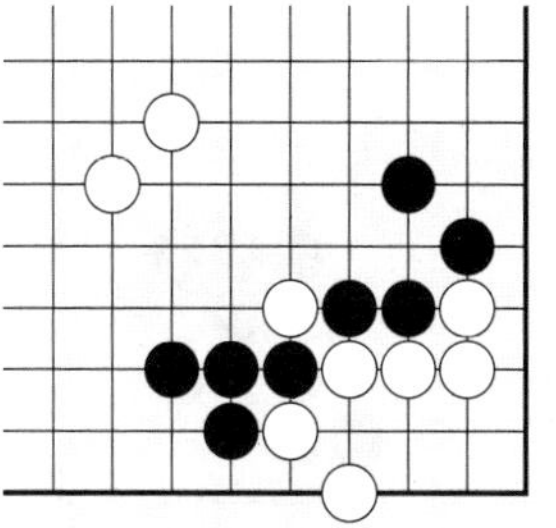

题 397

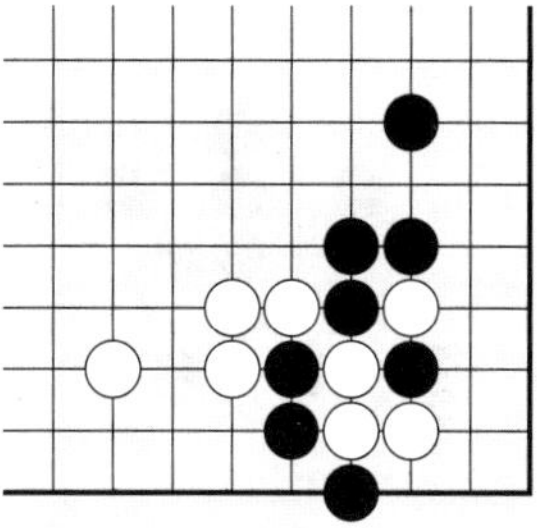

题 398

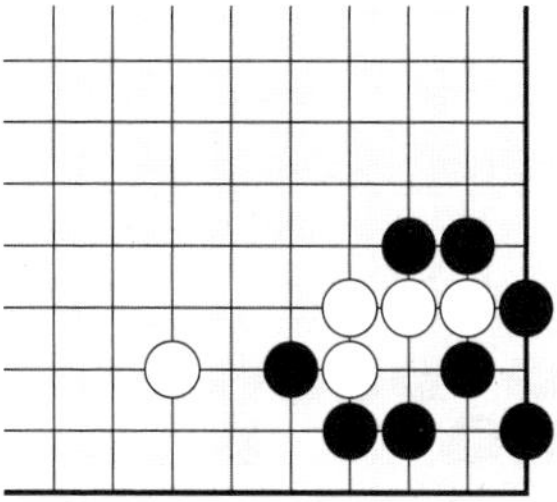

题 399

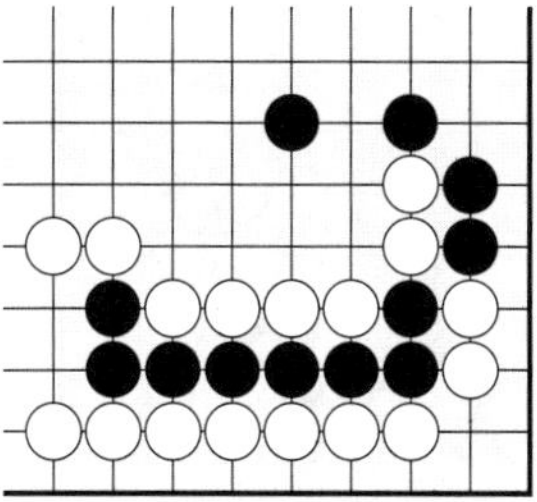

题 400

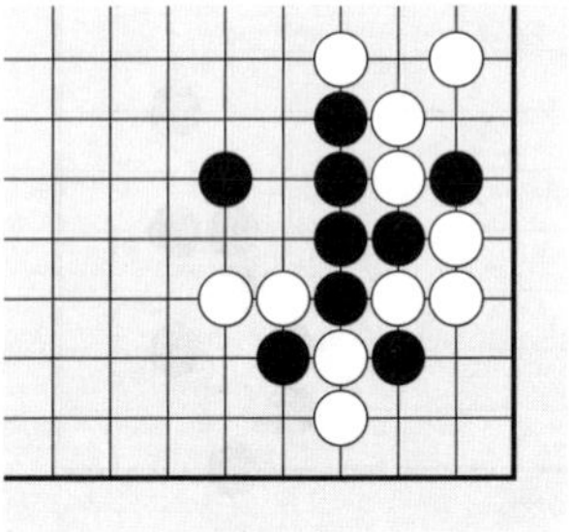

题 401

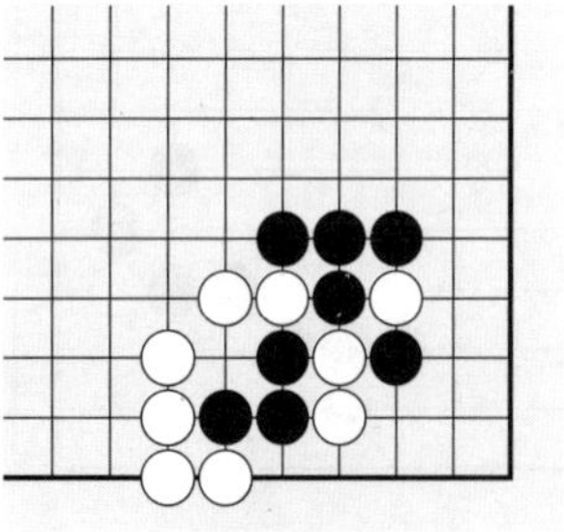

题 402

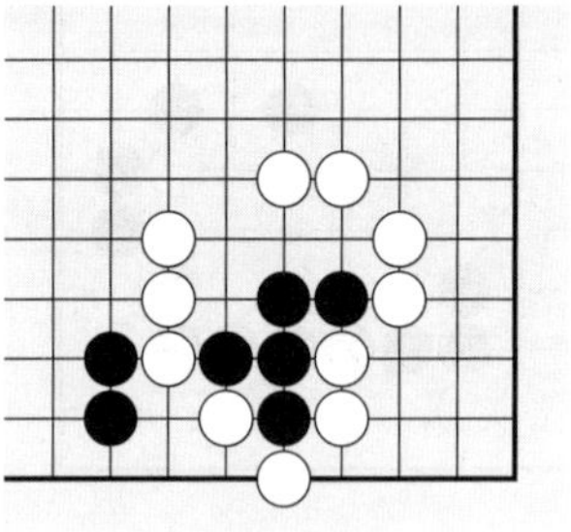

题 403

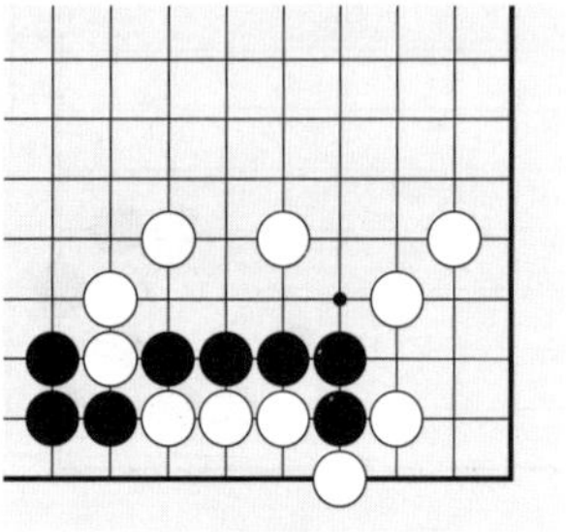

题 404

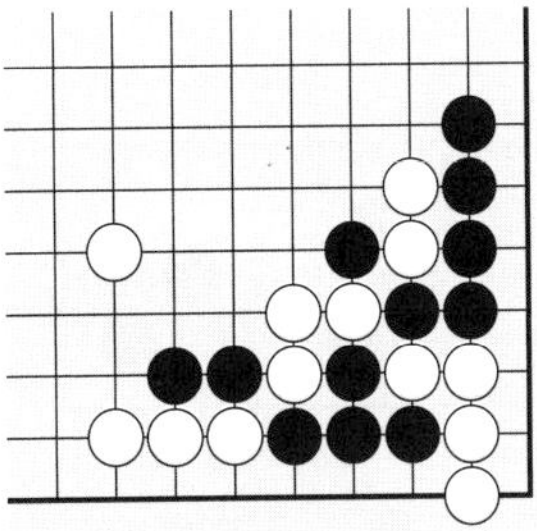

题 405

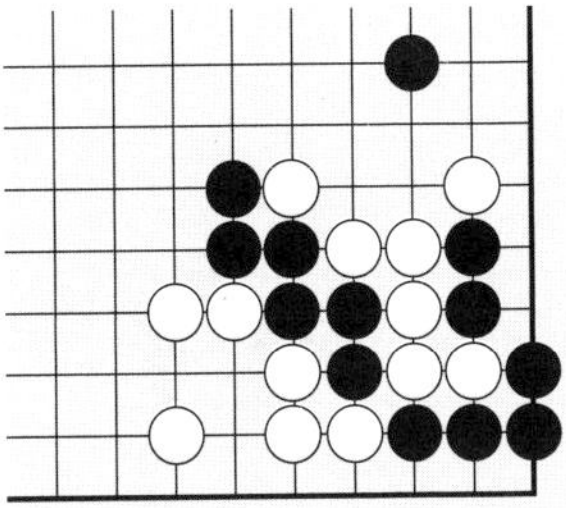

题 406

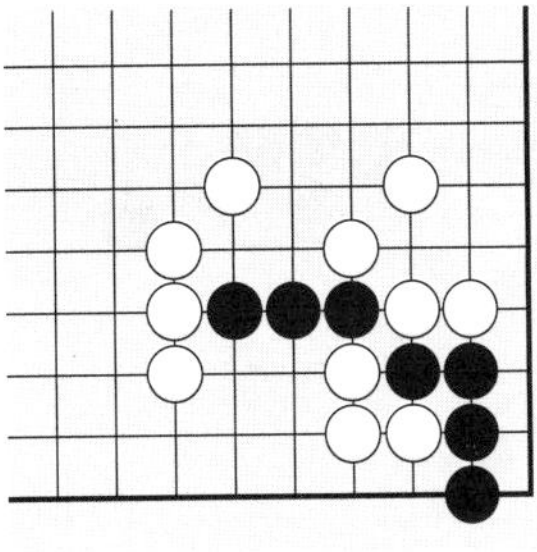

题 407

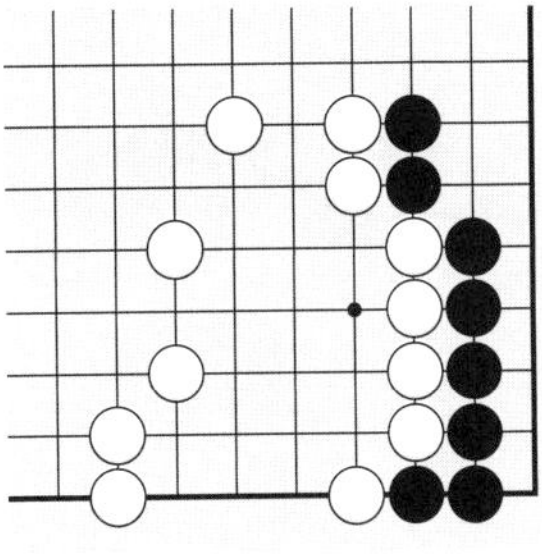

题 408

参考答案

25级～23级答案

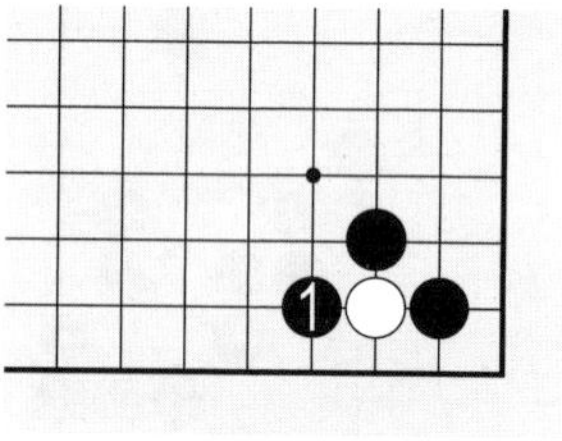

题 1　正解

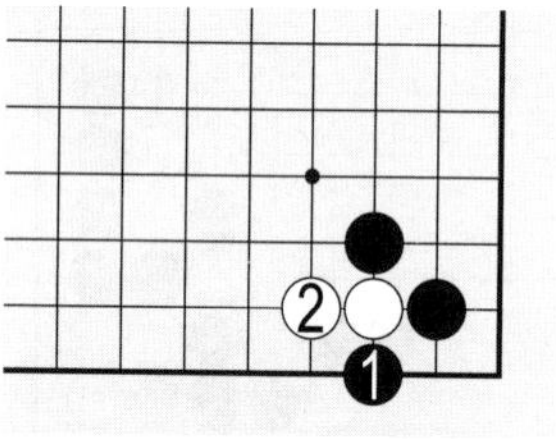

题 1　失败

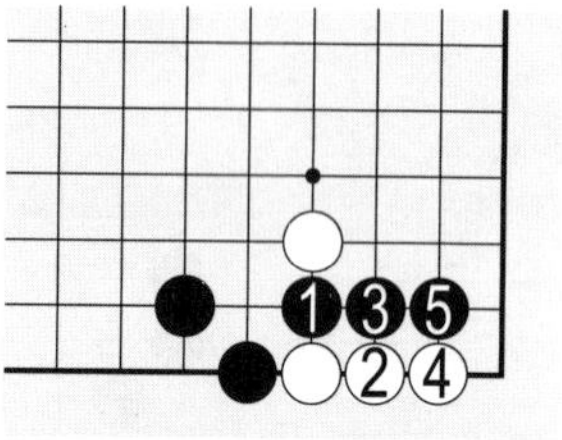

题 2　正解

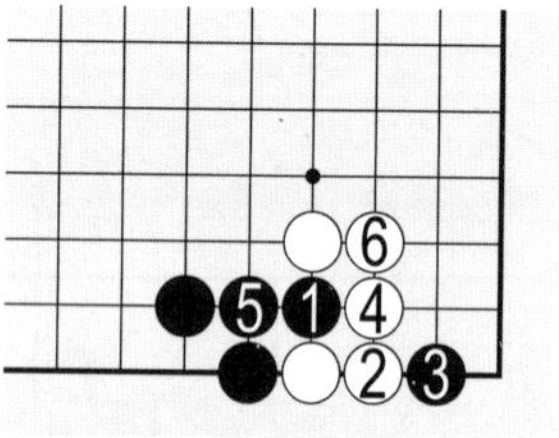

题 2　失败

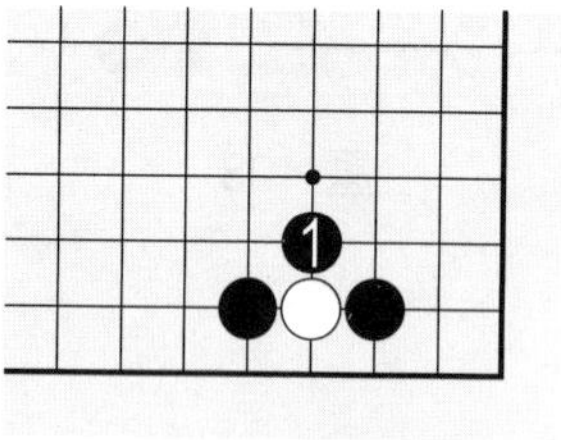

题 3　正解

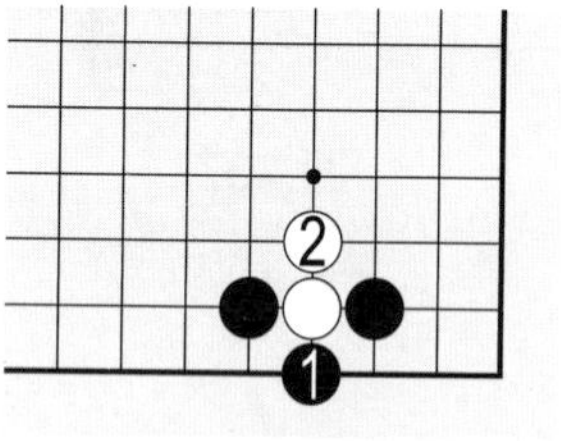

题 3　失败

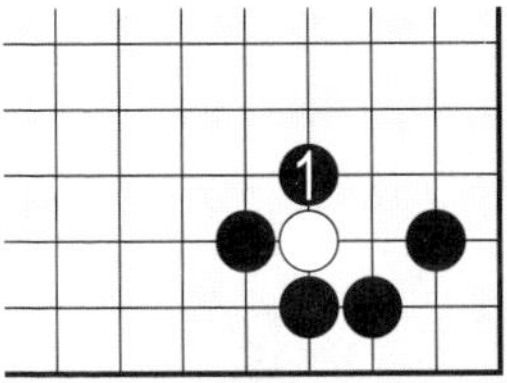

题 4　正解

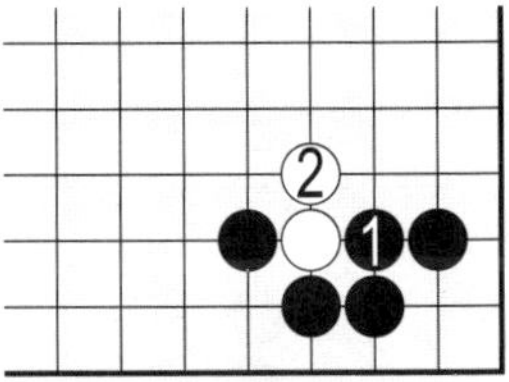

题 4　失败

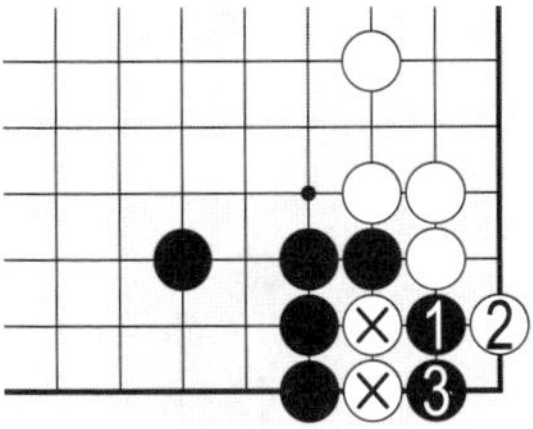

题 5　正解❶

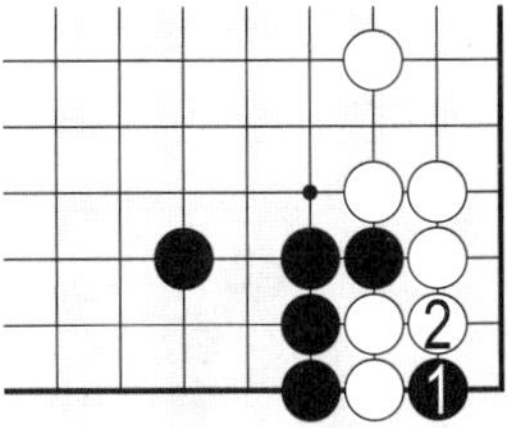

题 5　失败

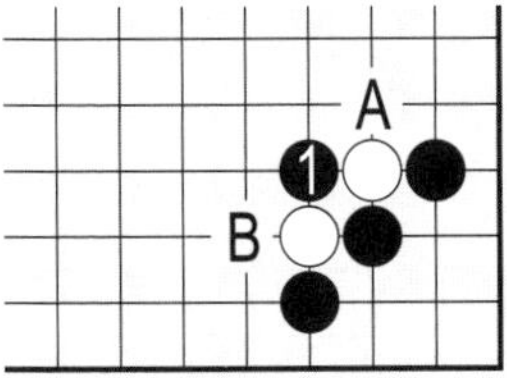

题 6　正解　A、B 见合❷

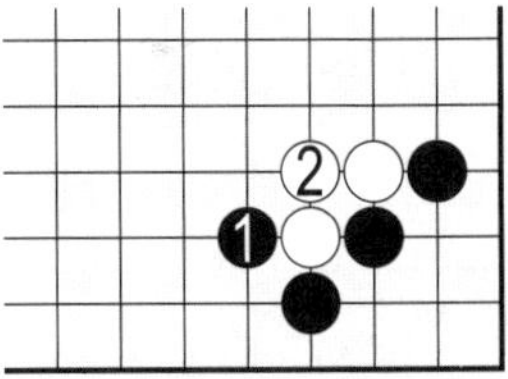

题 6　失败

---

❶　×为被提掉的棋子。

❷　见合指一方占A位，另一方即可占B位。

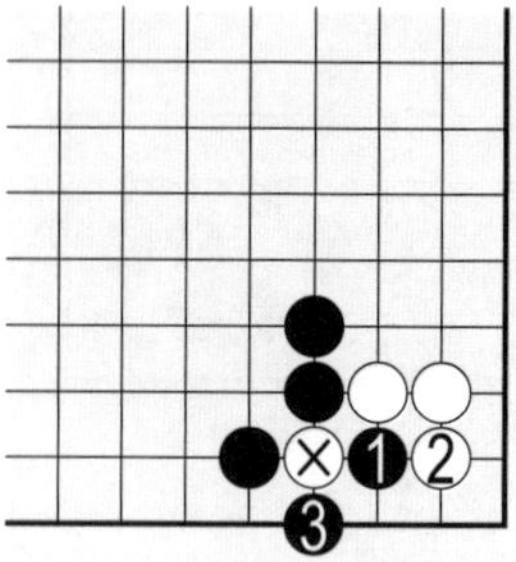

题 7　正解

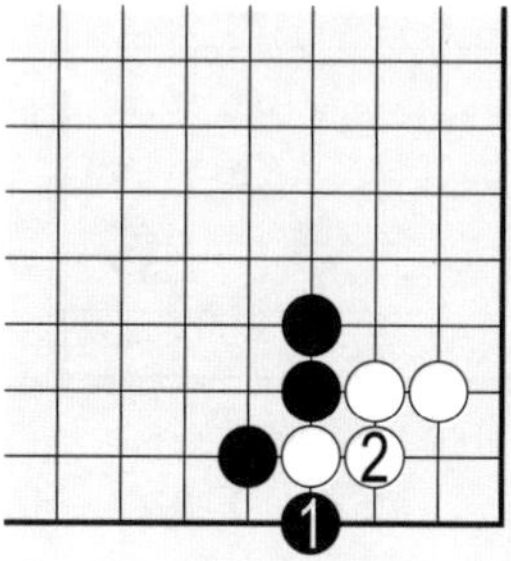

题 7　失败

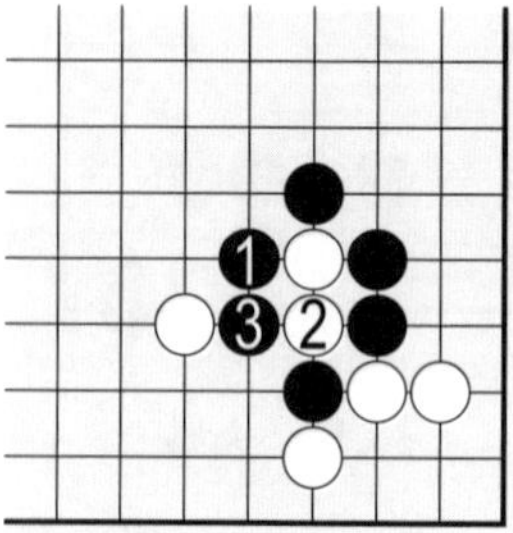

题 8　正解

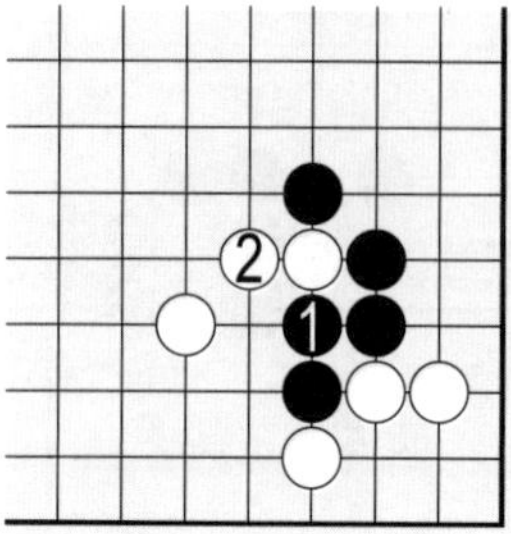

题 8　失败

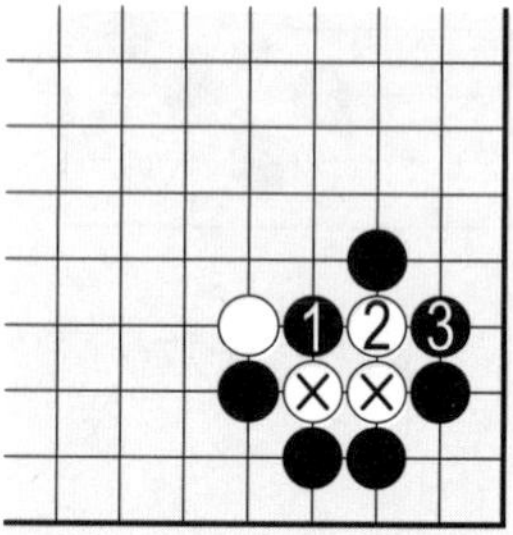

题 9　正解

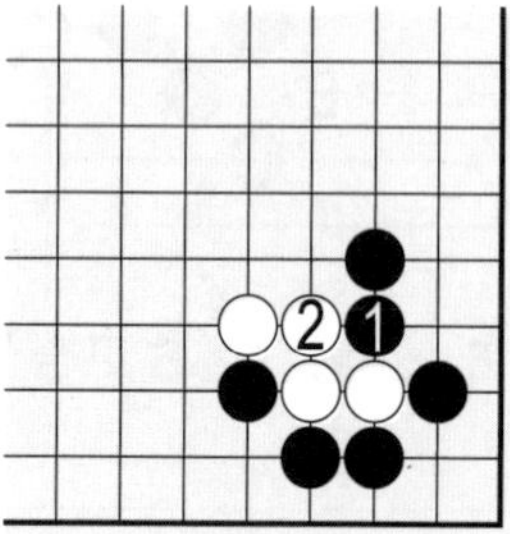

题 9　失败

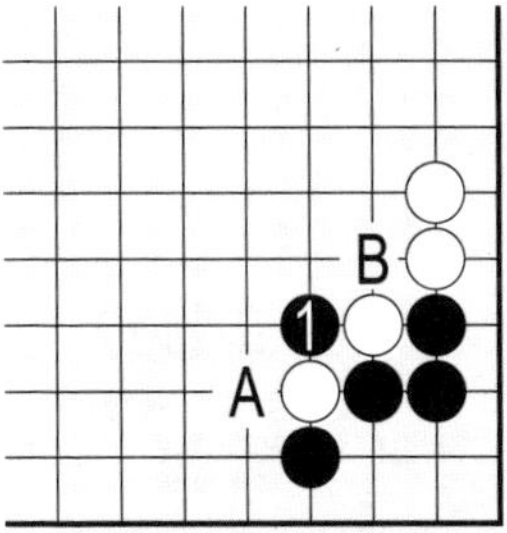

题 10　正解 A、B 见合

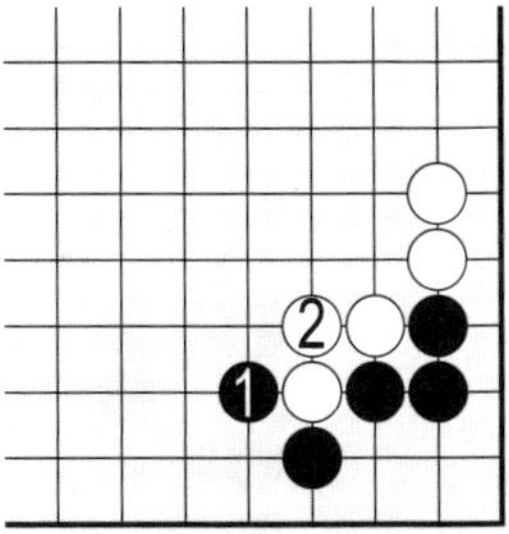

题 10　失败

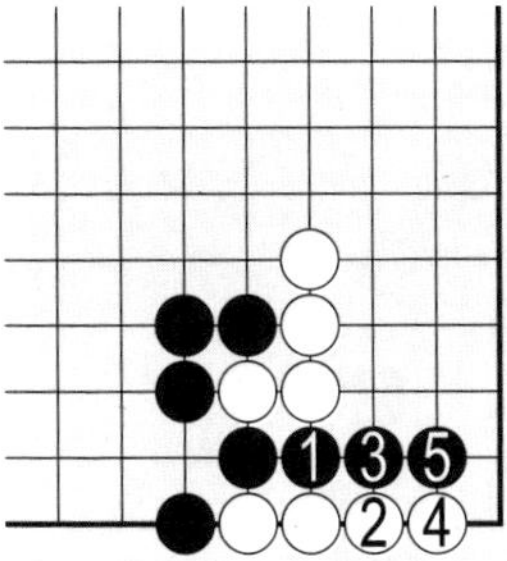

题 11　正解

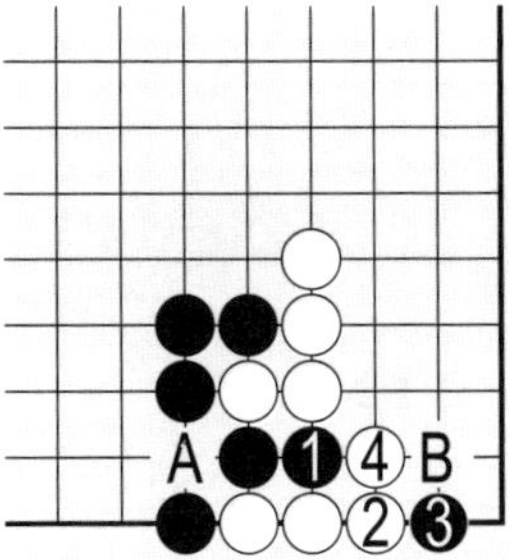

题 11　失败 A、B 见合

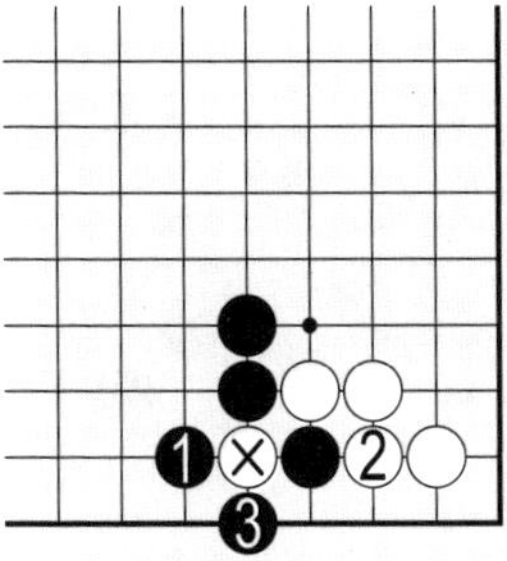

题 12　正解

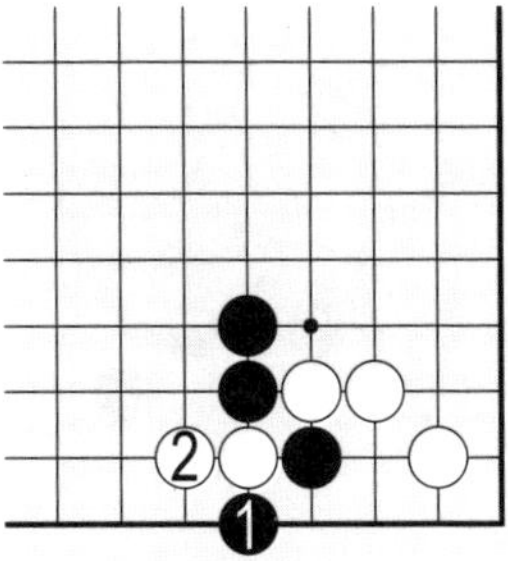

题 12　失败

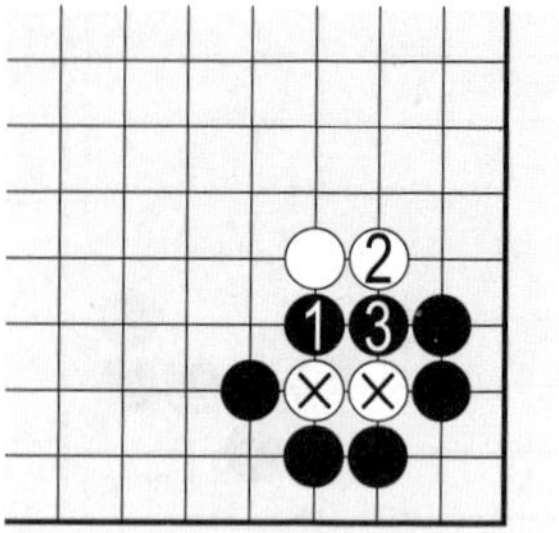

题 13　正解

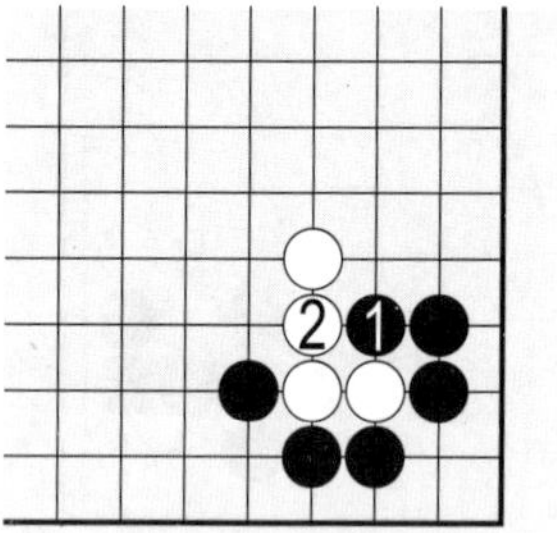

题 13　失败

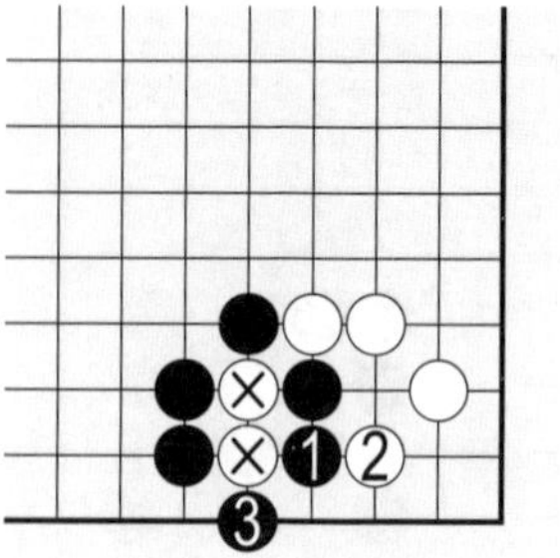

题 14　正解

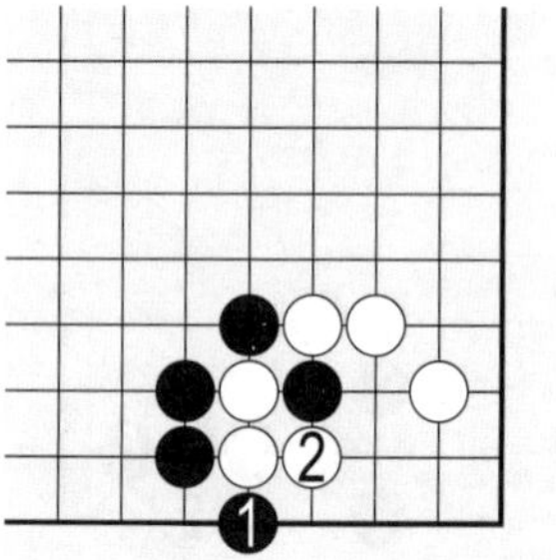

题 14　失败

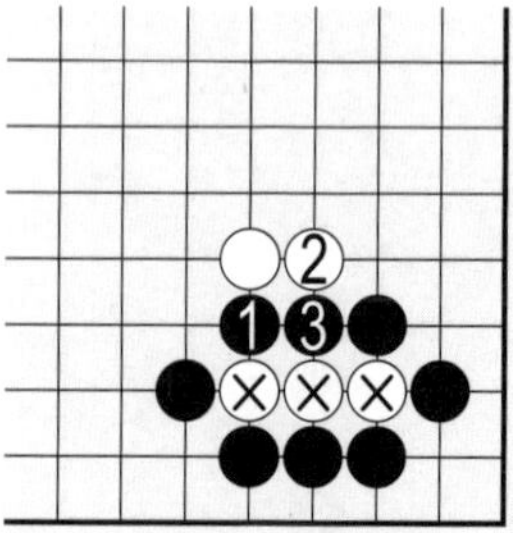

题 15　正解

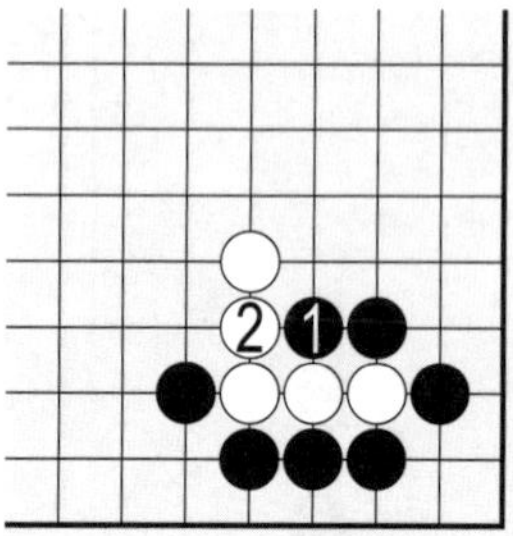

题 15　失败

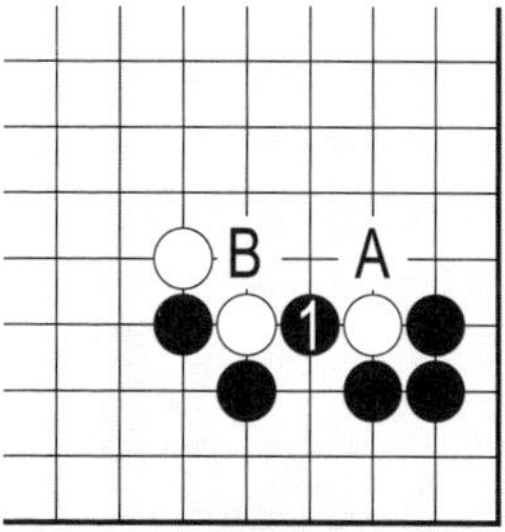

题 16　正解　A、B 见合

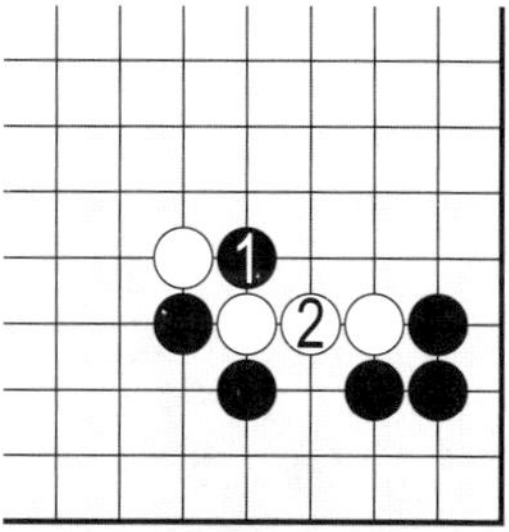

题 16　失败

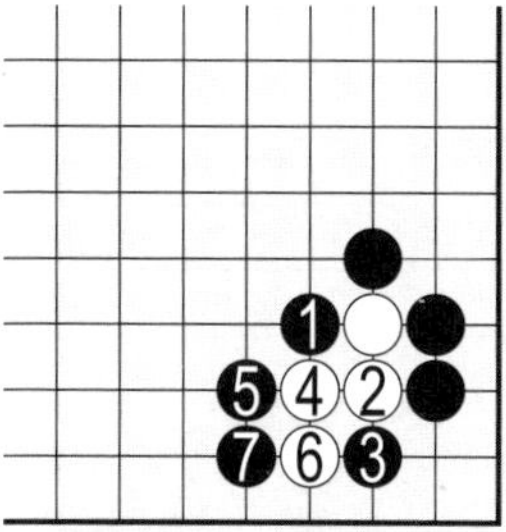

题 17　正解

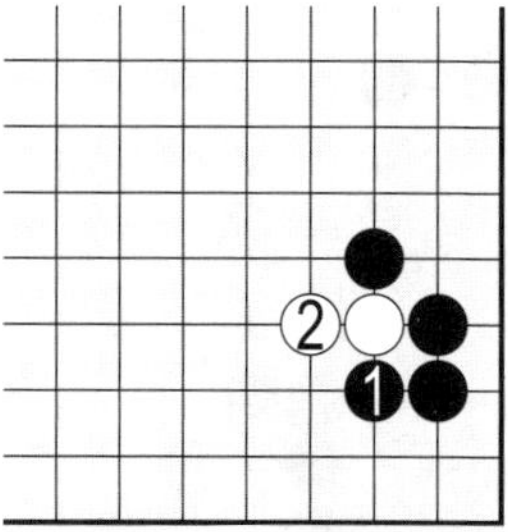

题 17　失败

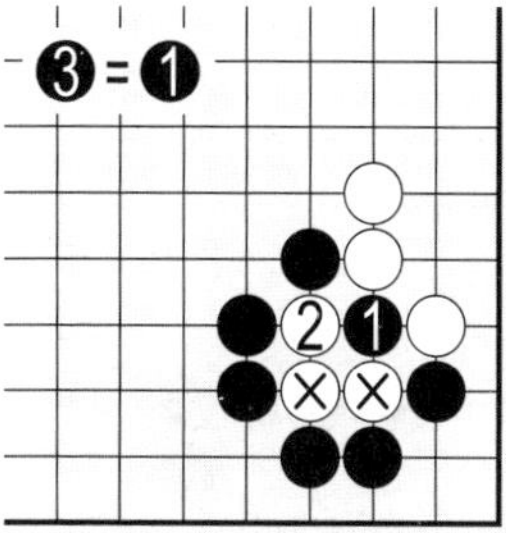

题 18　正解

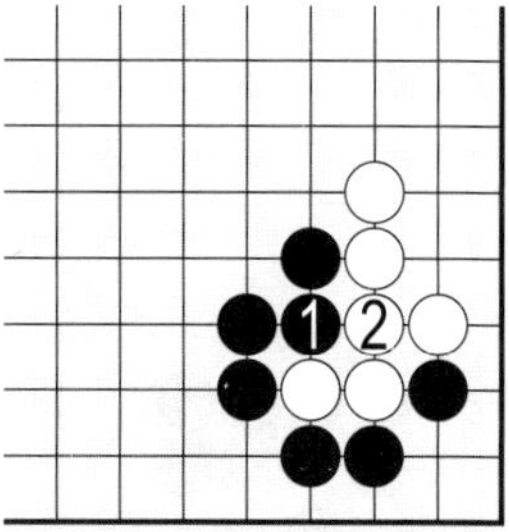

题 18　失败

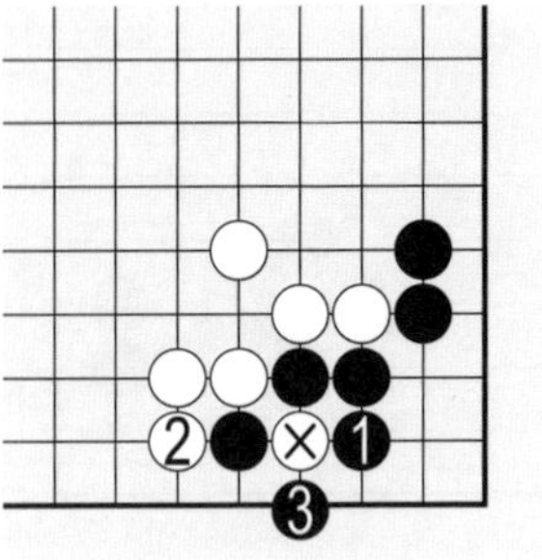

题 19　正解

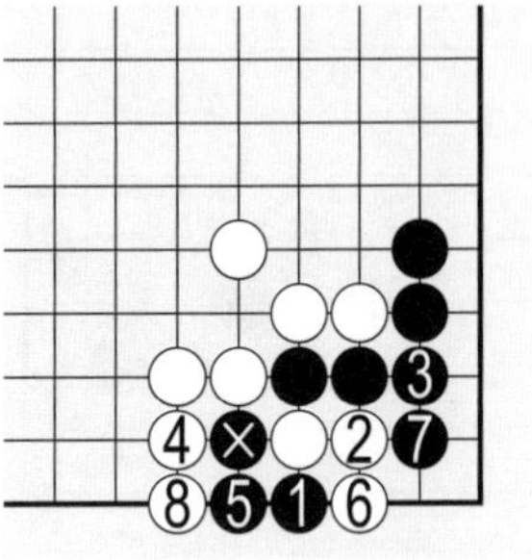

题 19　失败

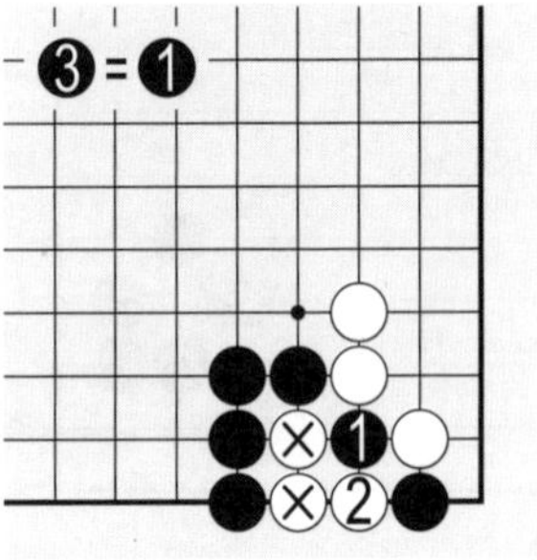

题 20　正解

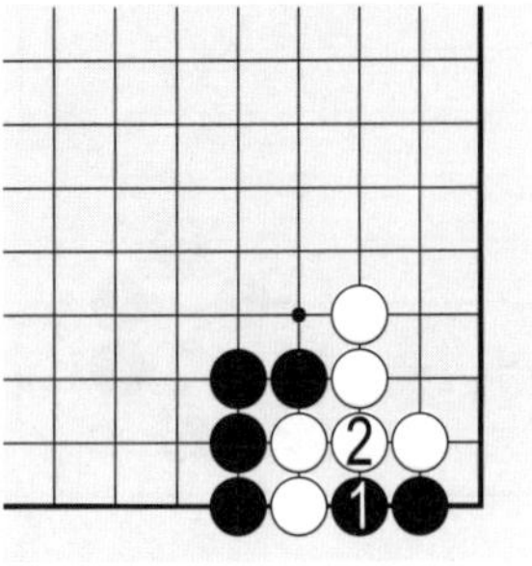

题 20　失败

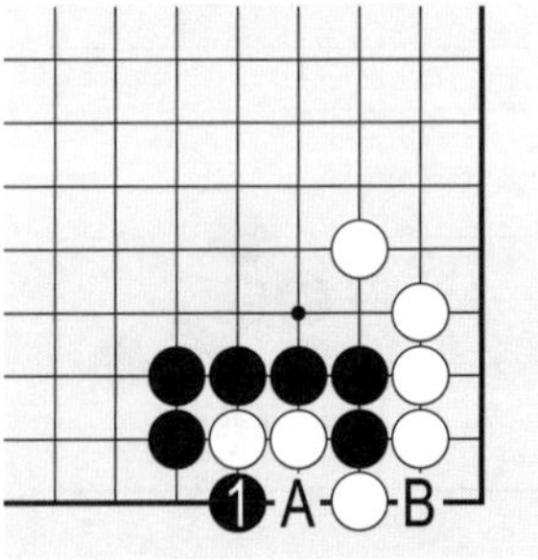

题 21　正解 A、B 见合

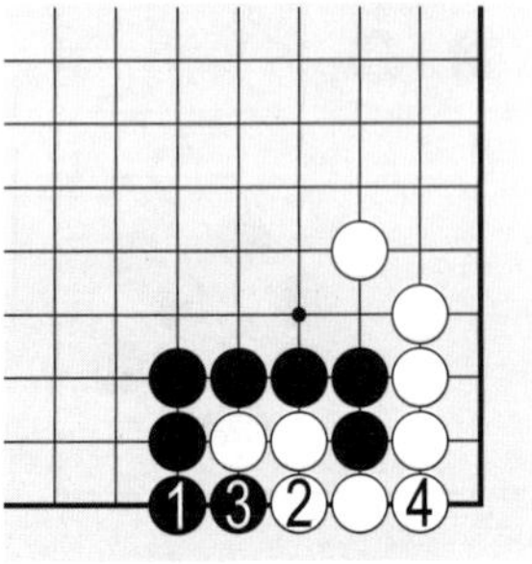

题 21　失败

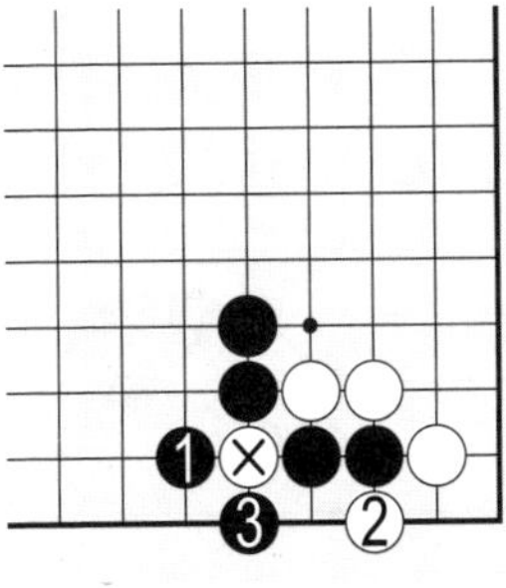

题 22　正解

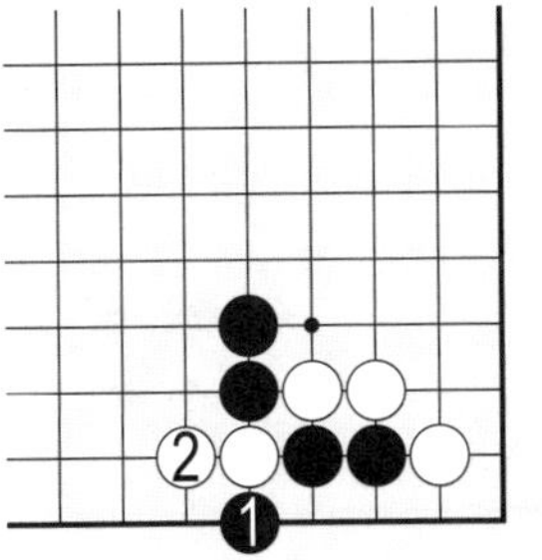

题 22　失败

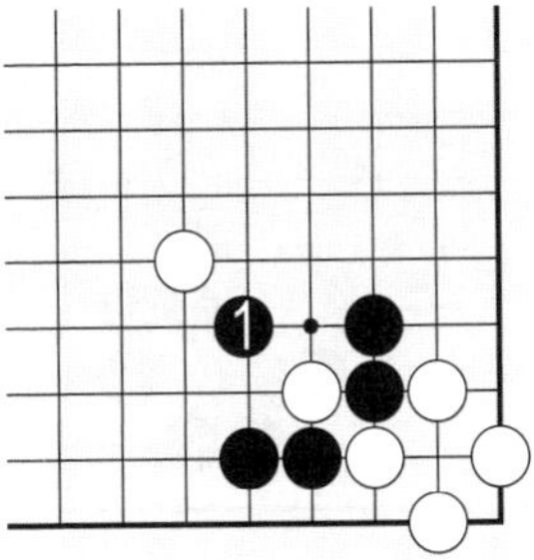

题 23　正解

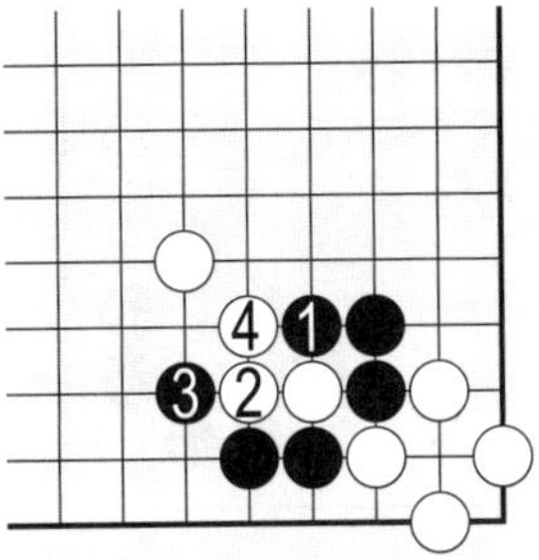

题 23　失败

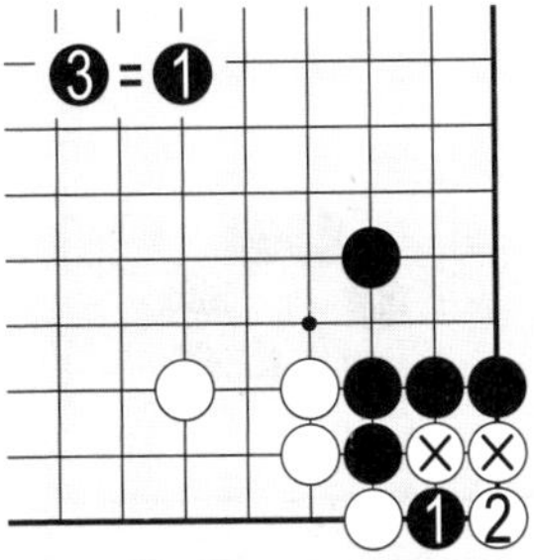

题 24　正解

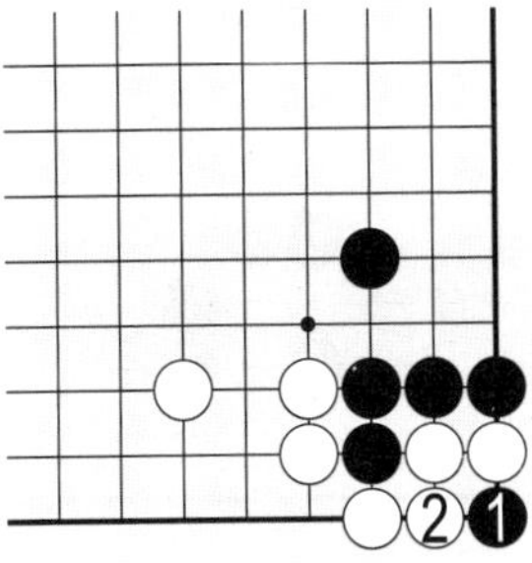

题 24　失败

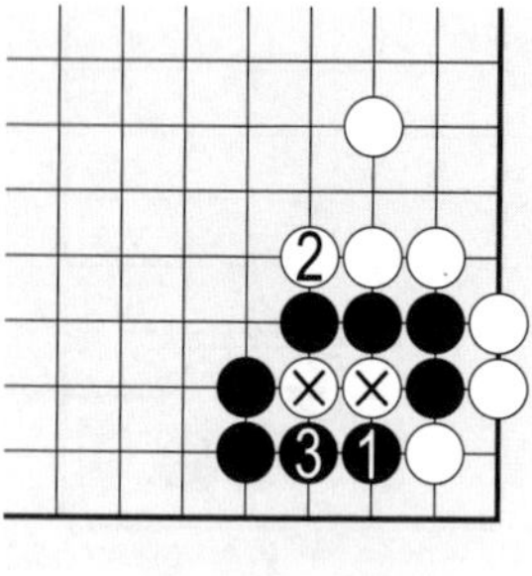

题 25　正解

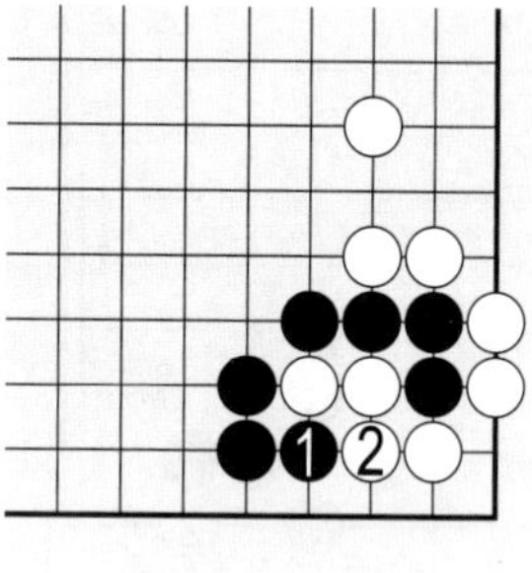

题 25　失败

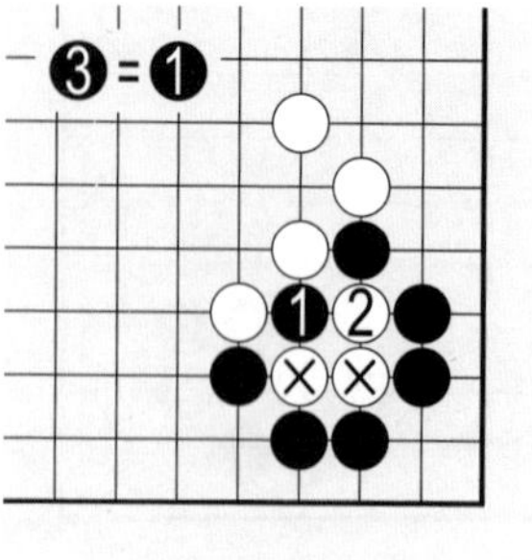

题 26　正解

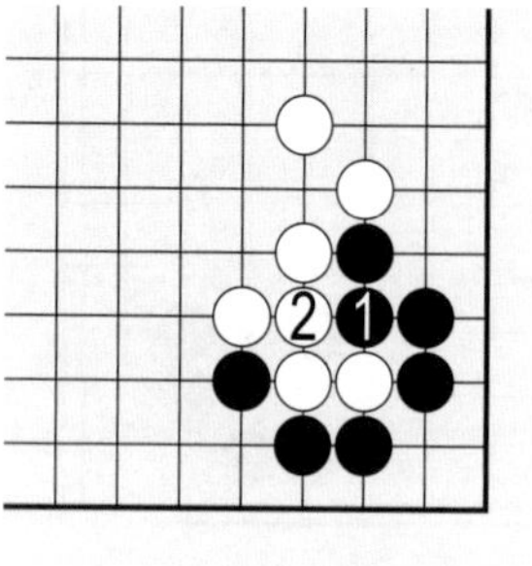

题 26　失败

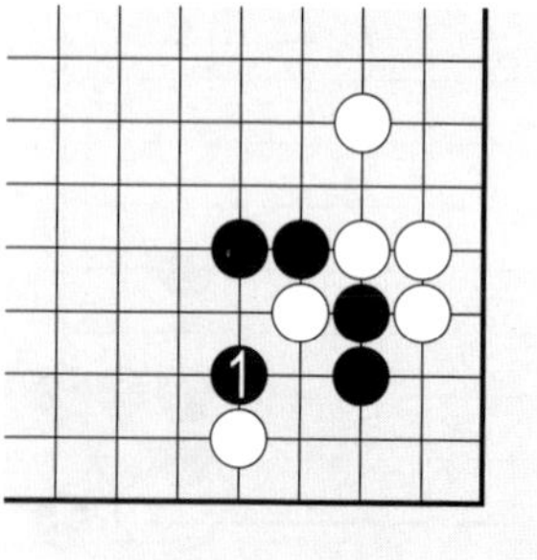

题 27　正解

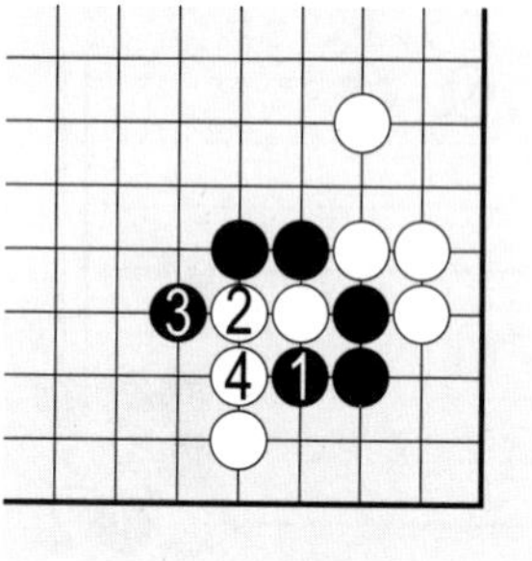

题 27　失败

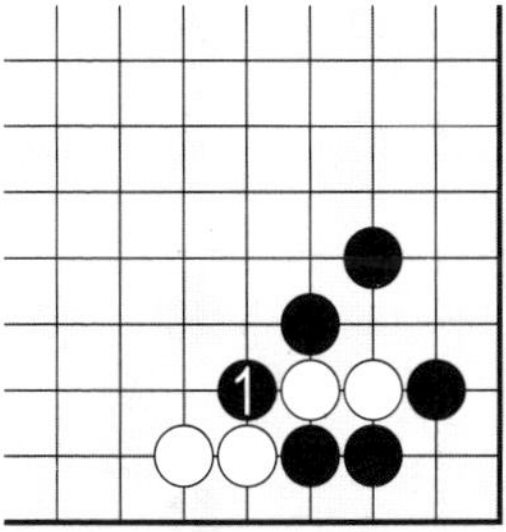

题 28　正解

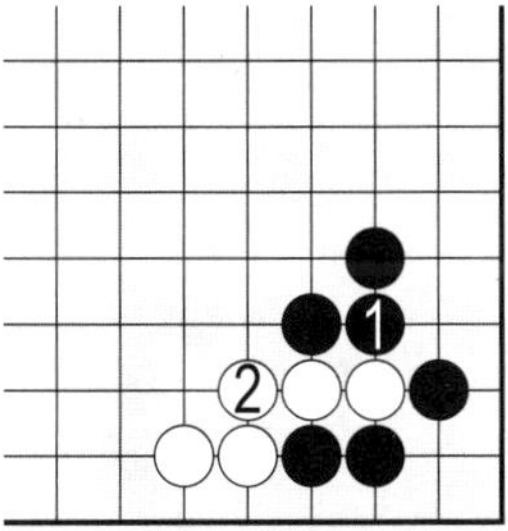

题 28　失败

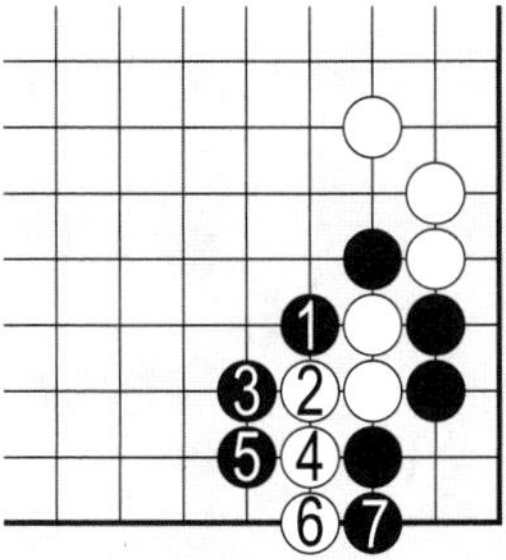

题 29　正解

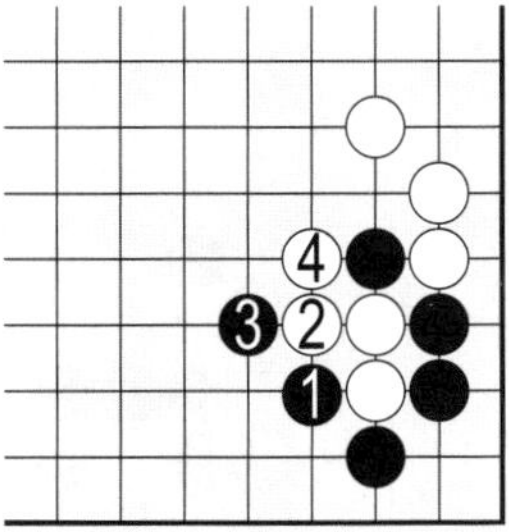

题 29　失败

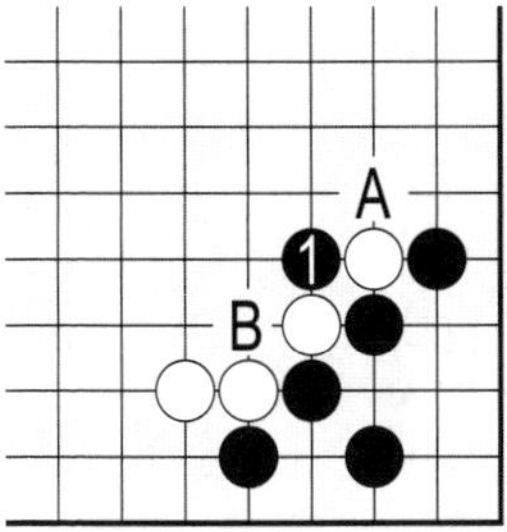

题 30　正解　A、B 见合

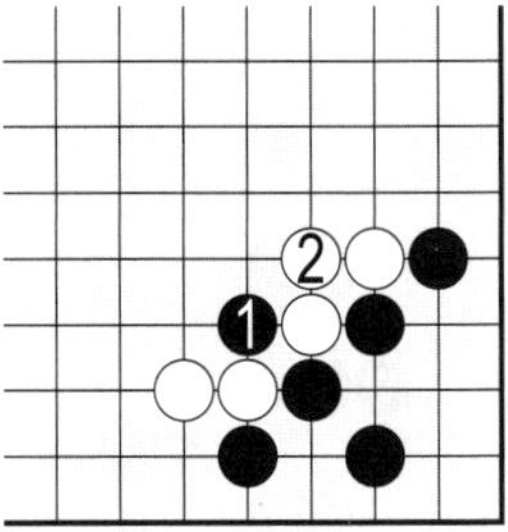

题 30　失败

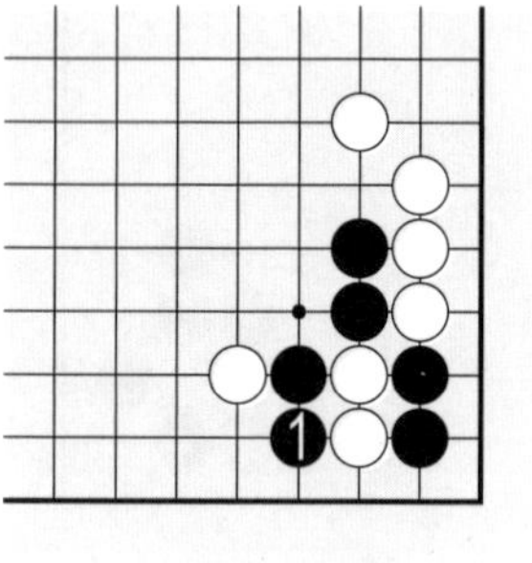

题 31　正解

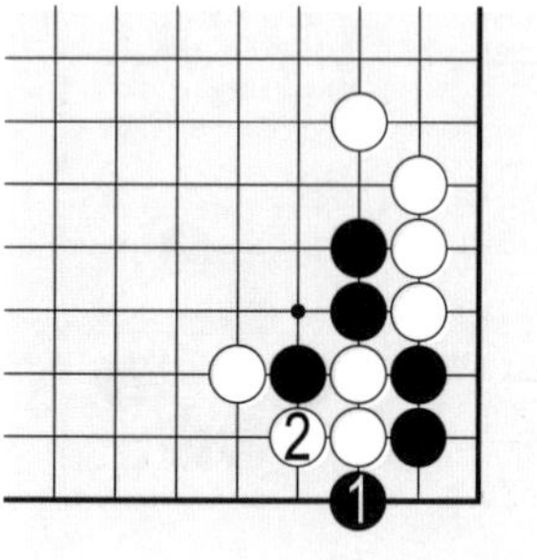

题 31　失败

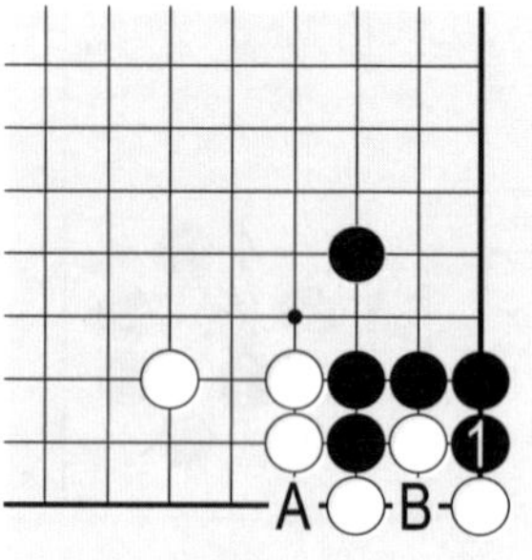

题 32　正解　A、B 见合

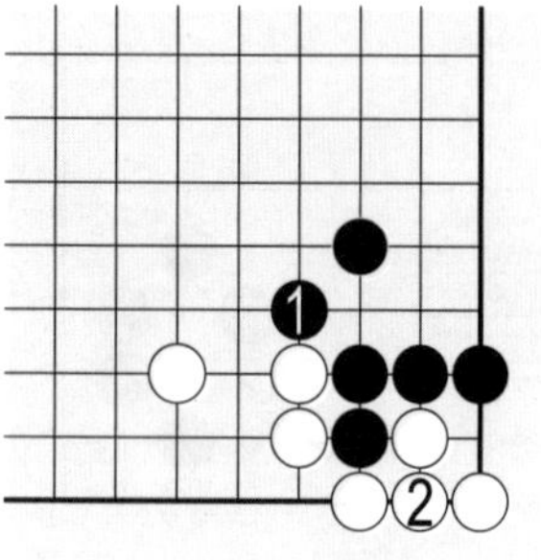

题 32　失败

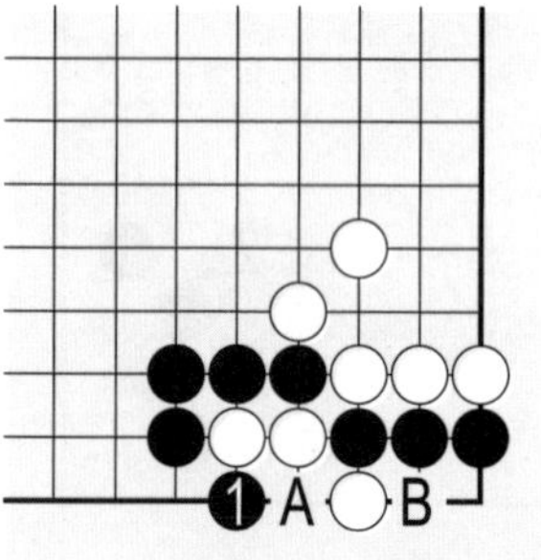

题 33　正解　A、B 见合

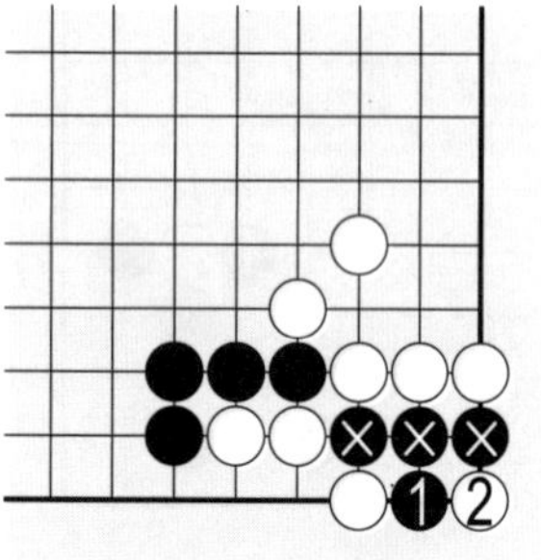

题 33　失败

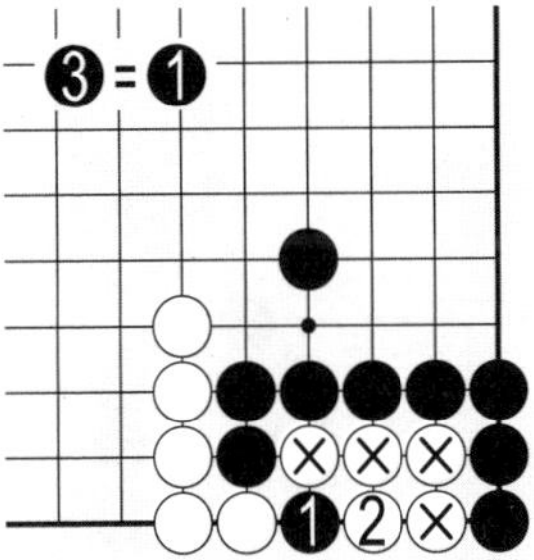

题 34　正解

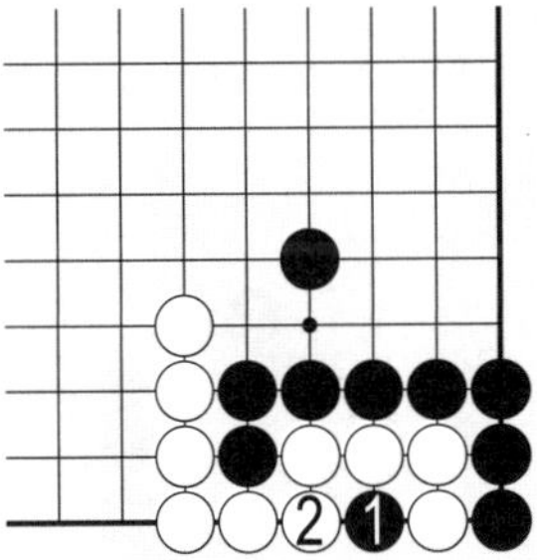

题 34　失败

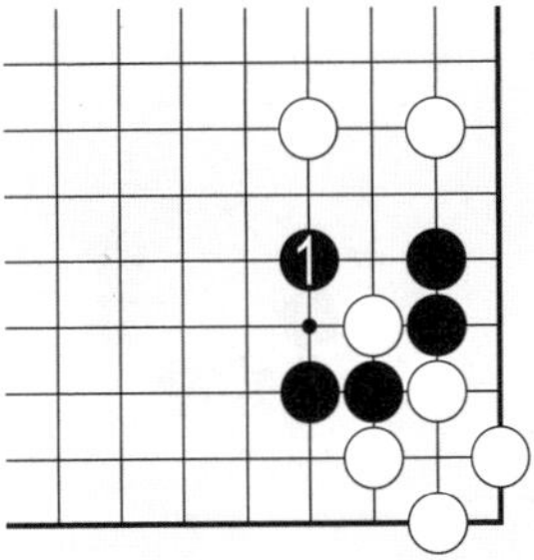

题 35　正解

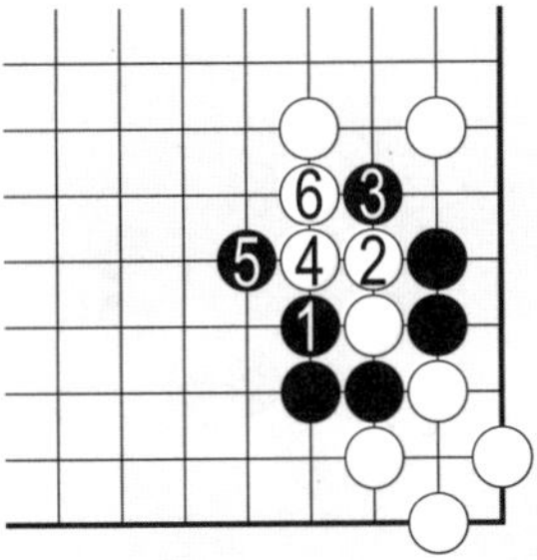

题 35　失败

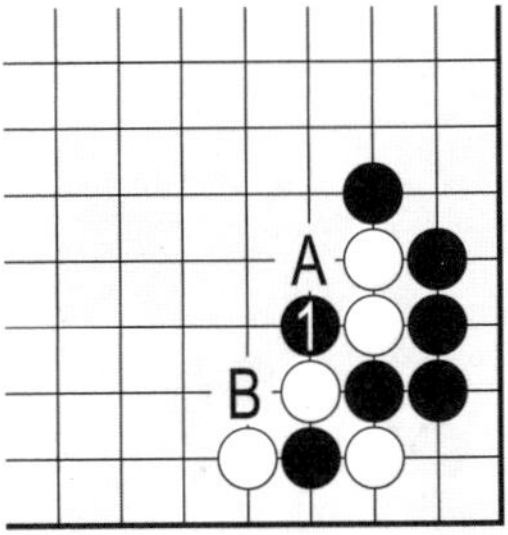

题 36　正解　A、B 见合

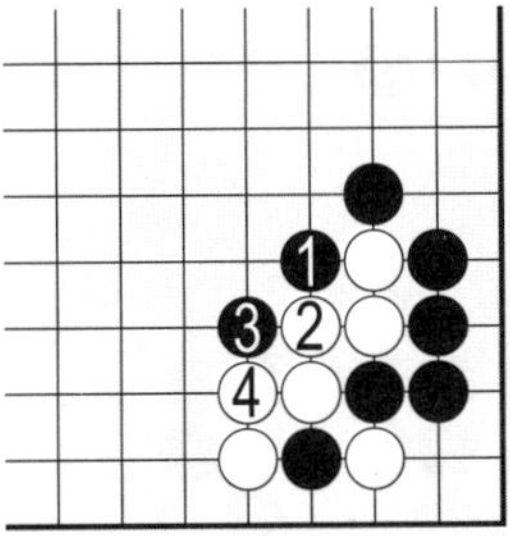

题 36　失败

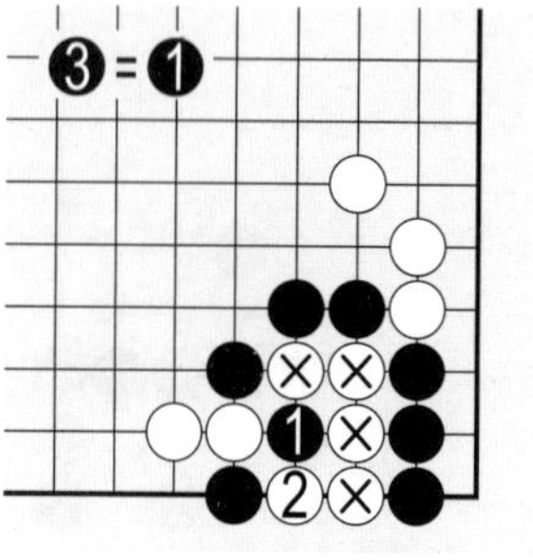

题 37　正解

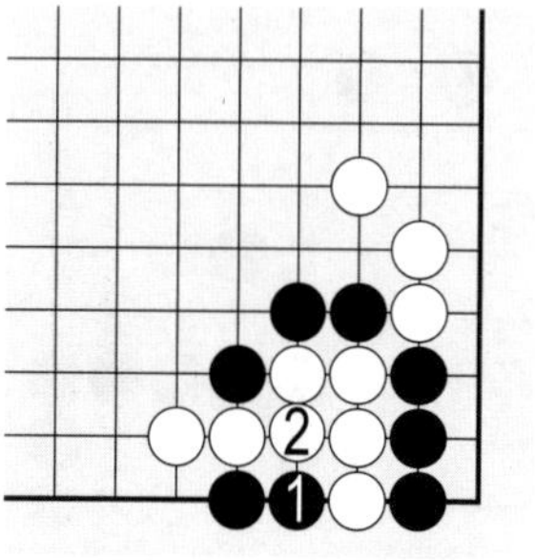

题 37　失败

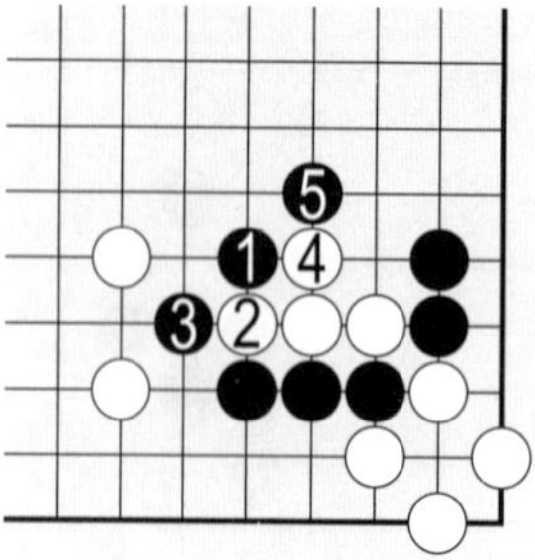

题 38　正解

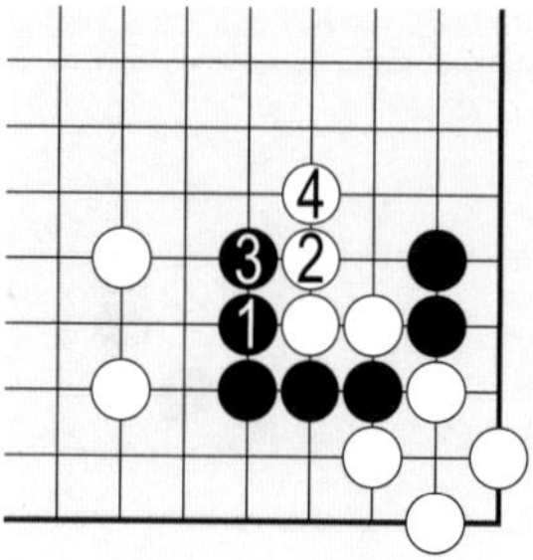

题 38　失败

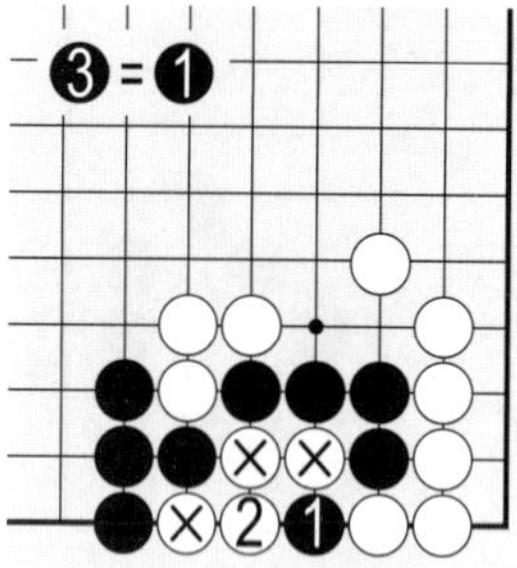

题 39　正解

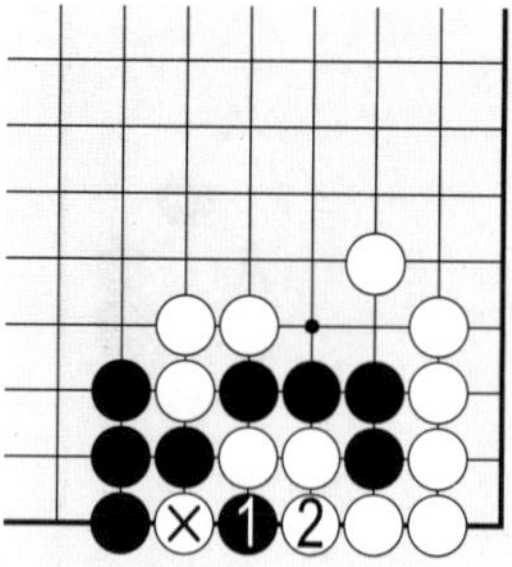

题 39　失败

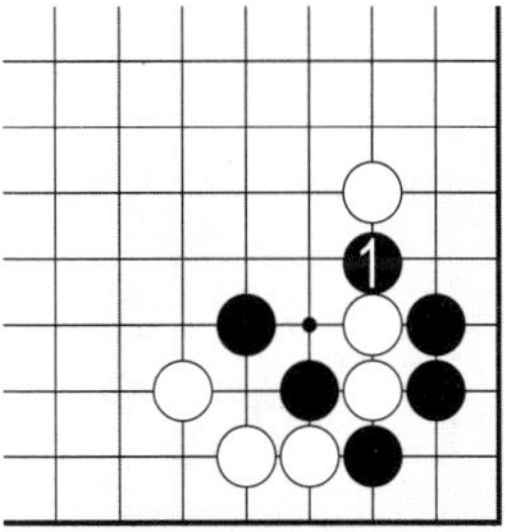

题 40　正解

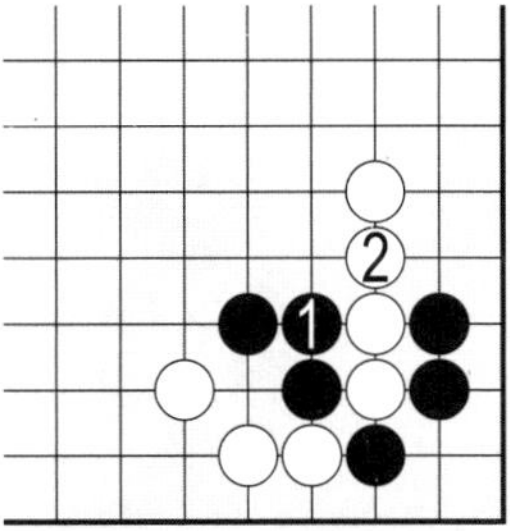

题 40　失败

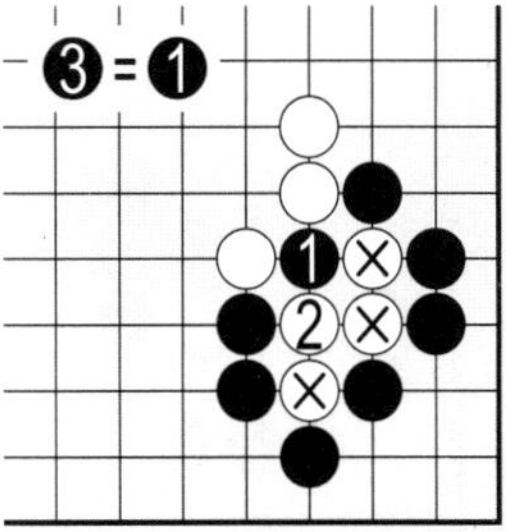

题 41　正解

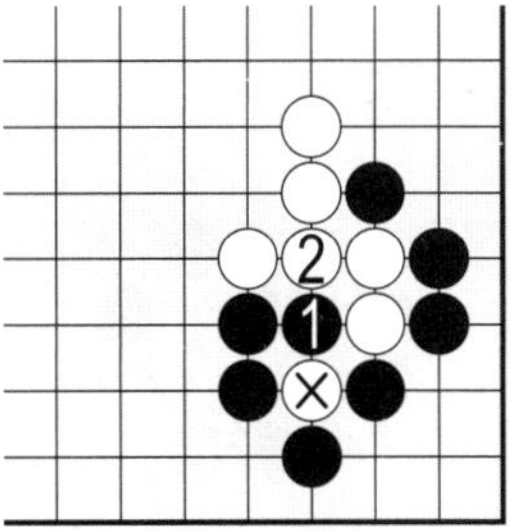

题 41　失败

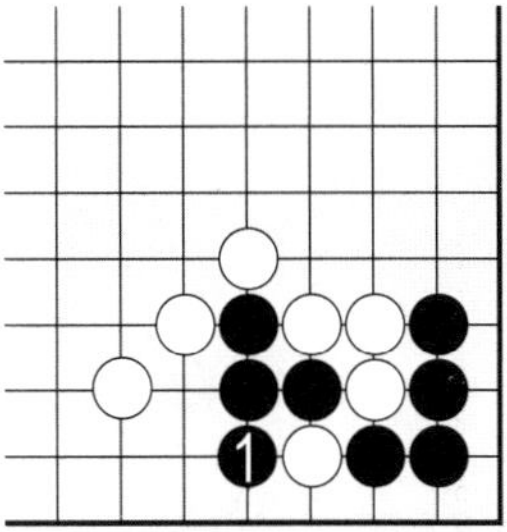

题 42　正解

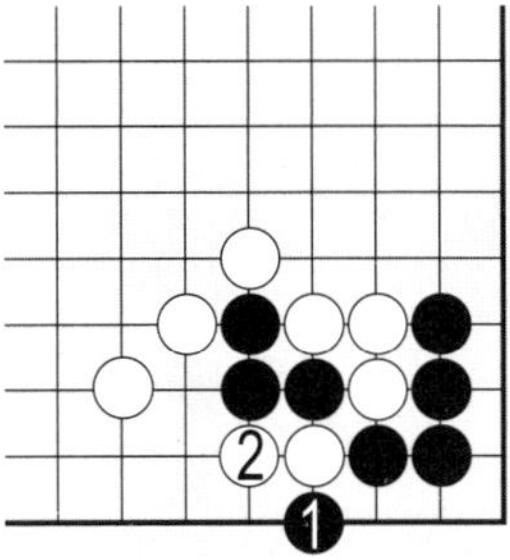

题 42　失败

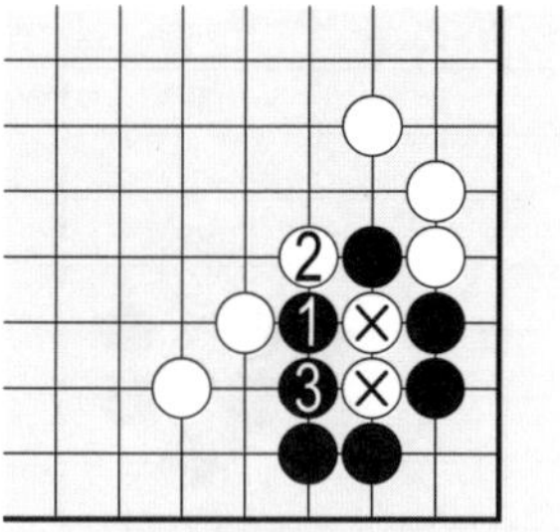

题 43　正解

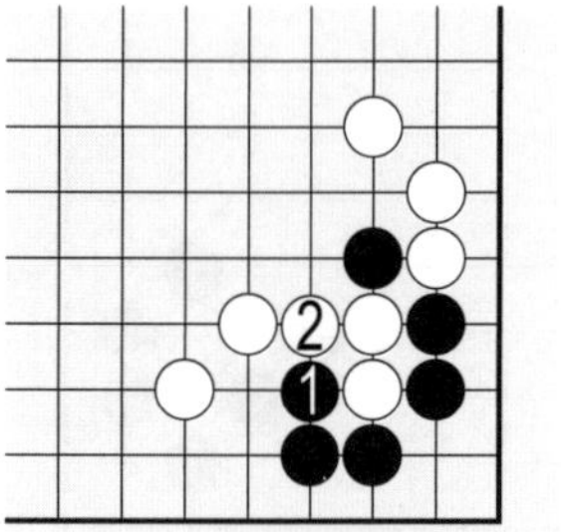

题 43　失败

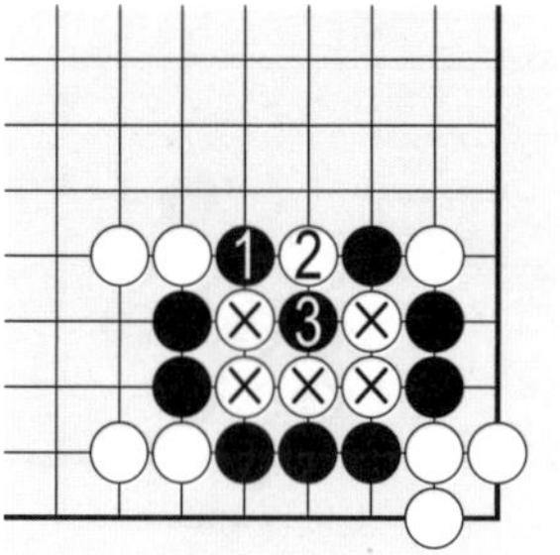

题 44　正解

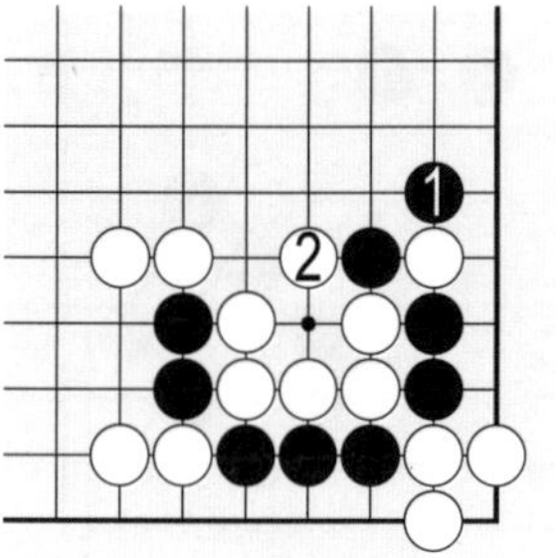

题 44　失败

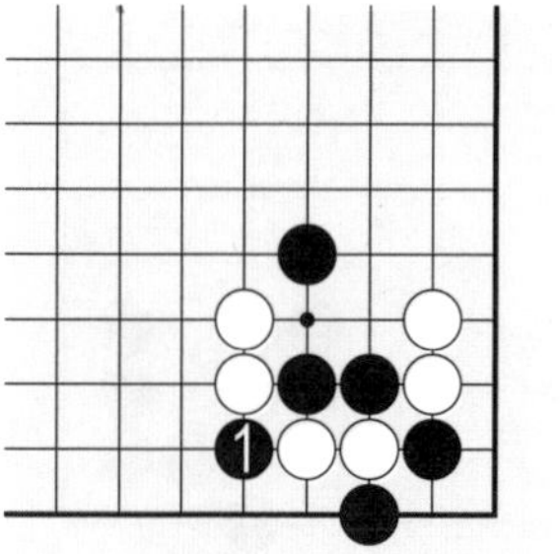

题 45　正解

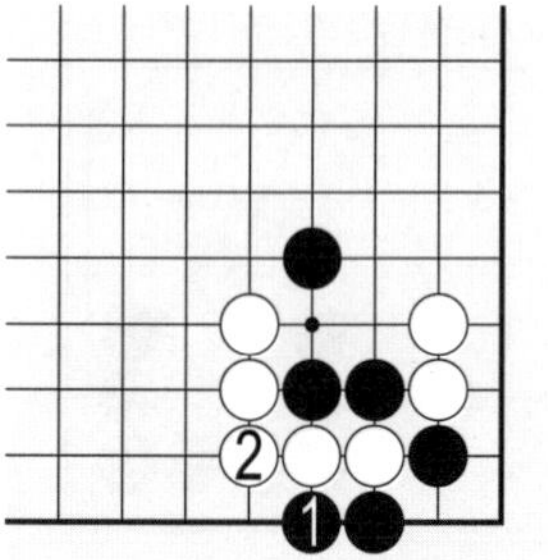

题 45　失败

22级～20级答案

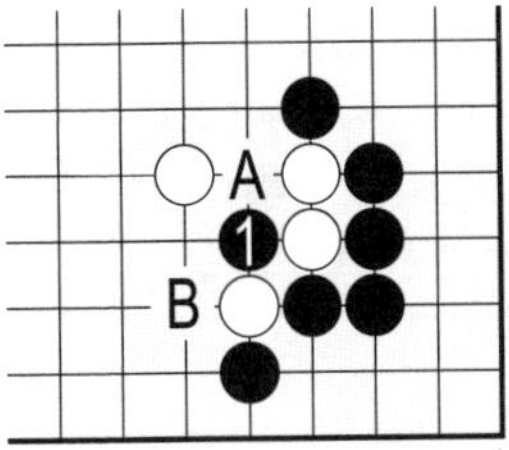

题 46　正解　A、B 见合

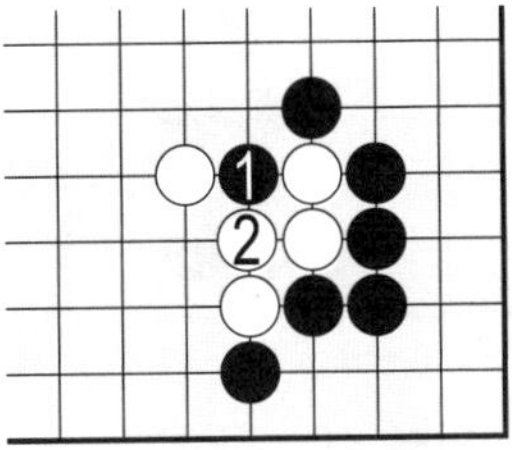

题 46　失败

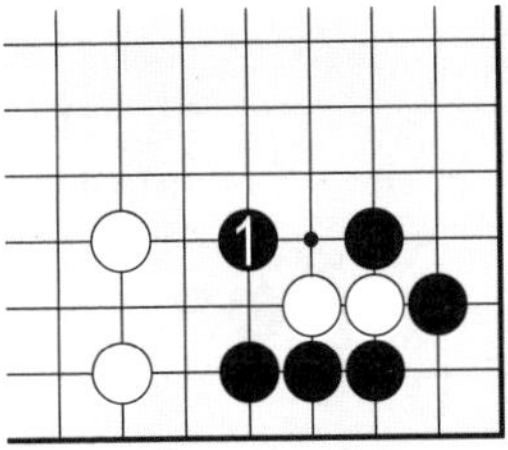

题 47　正解

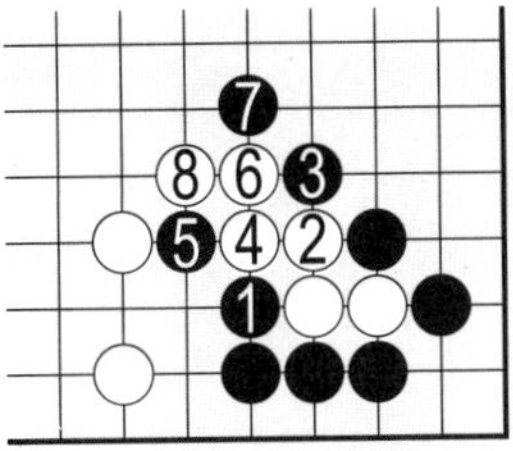

题 47　失败

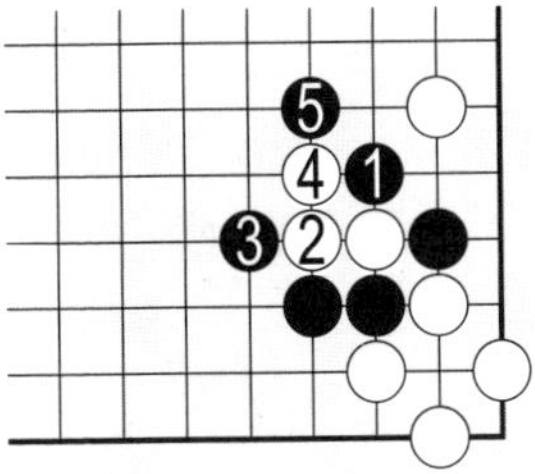

题 48　正解

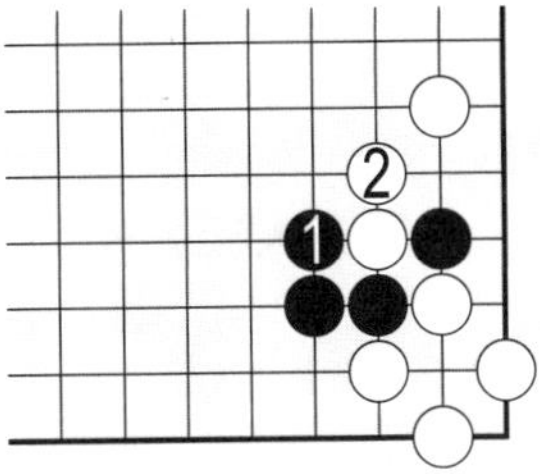

题 48　失败

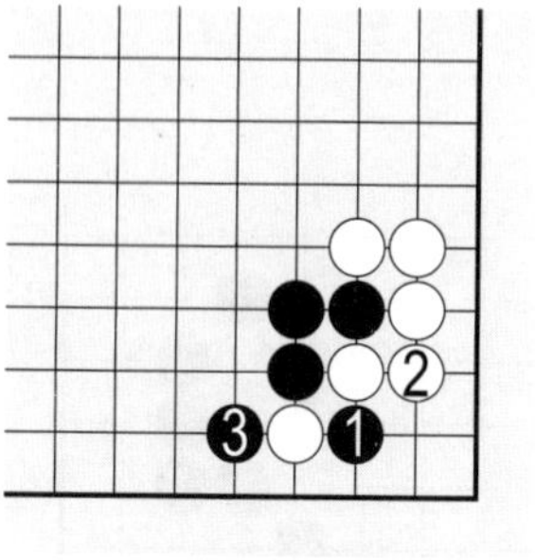

题 49　正解

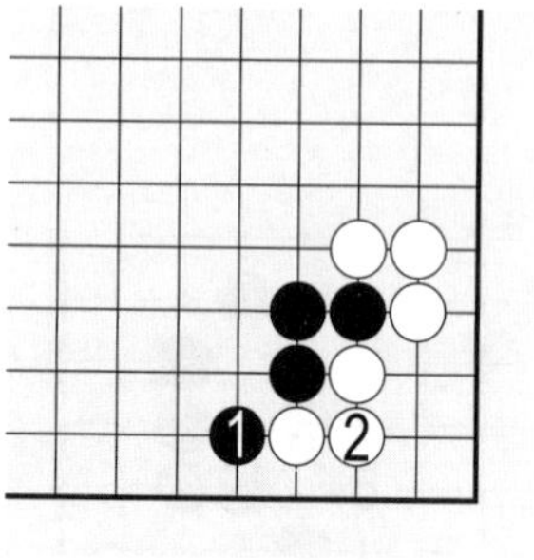

题 49　失败

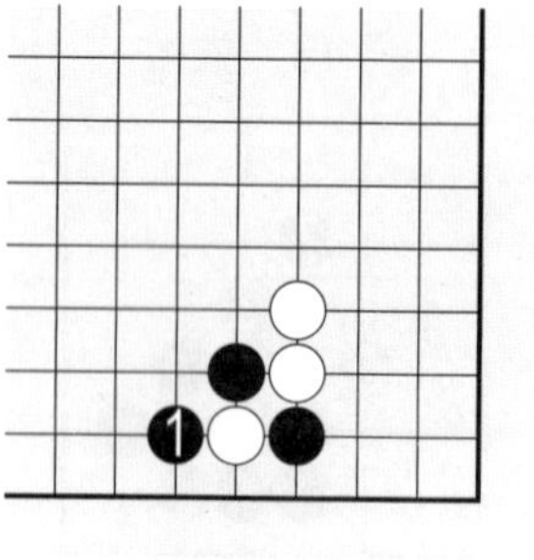

题 50　正解

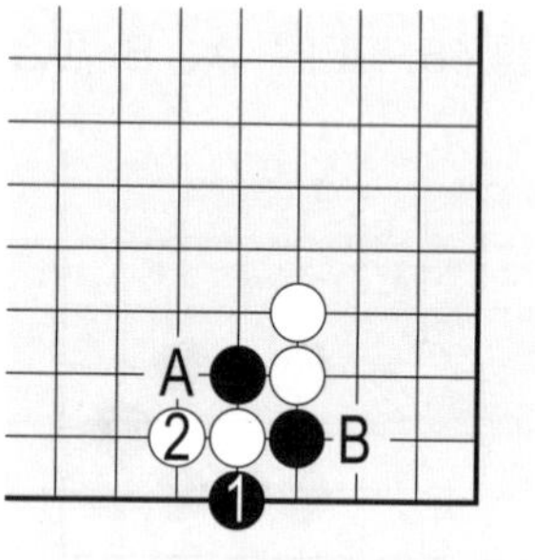

题 50　失败 A、B 见合

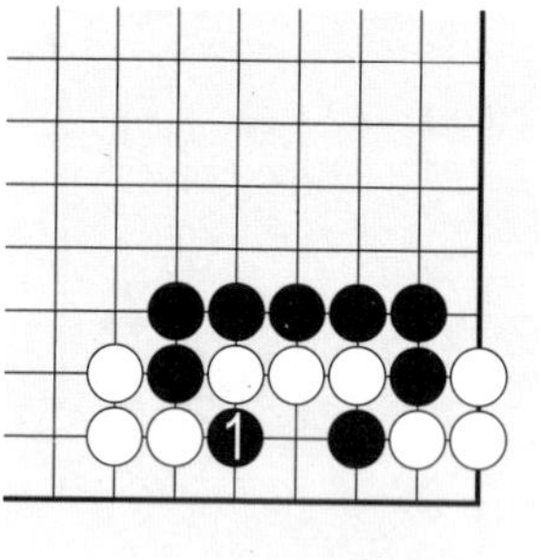

题 51　正解

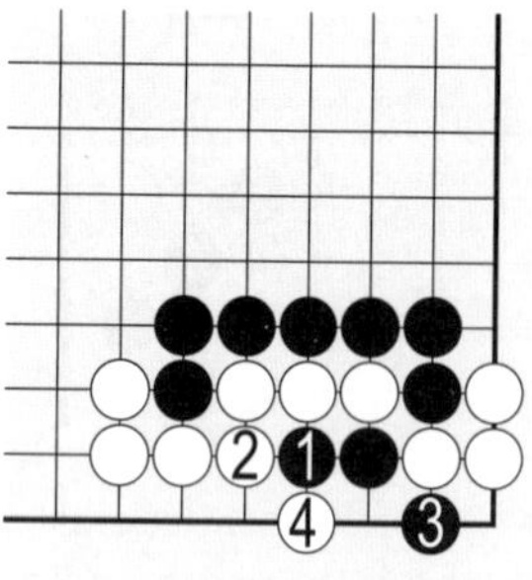

题 51　失败

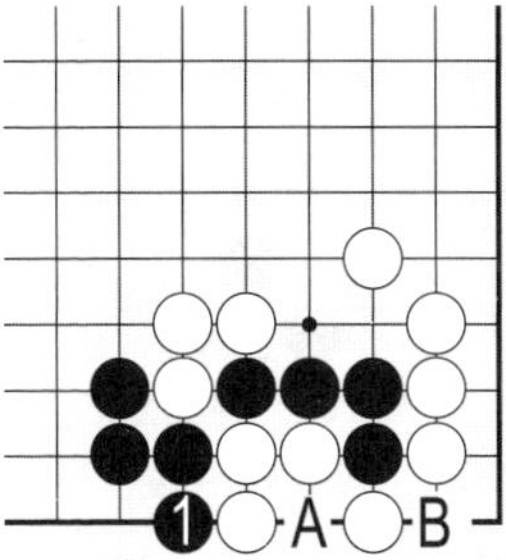

题 52　正解　A、B 见合

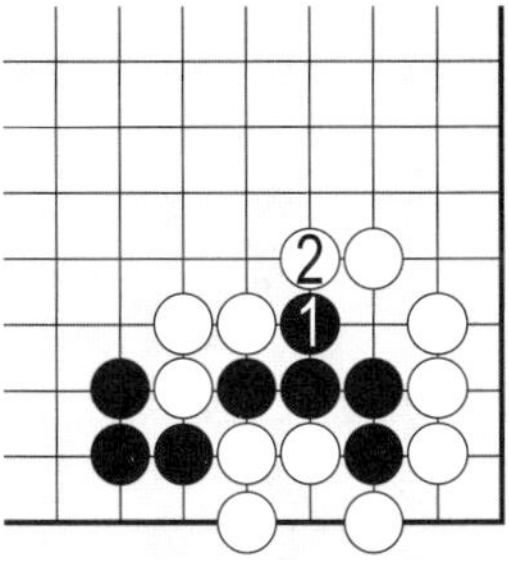

题 52　失败

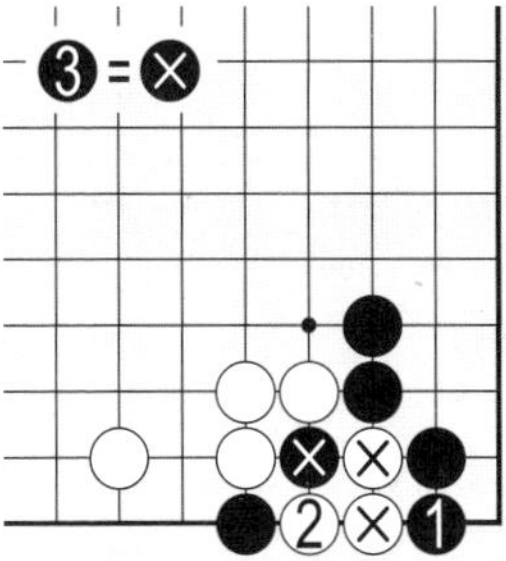

题 53　正解

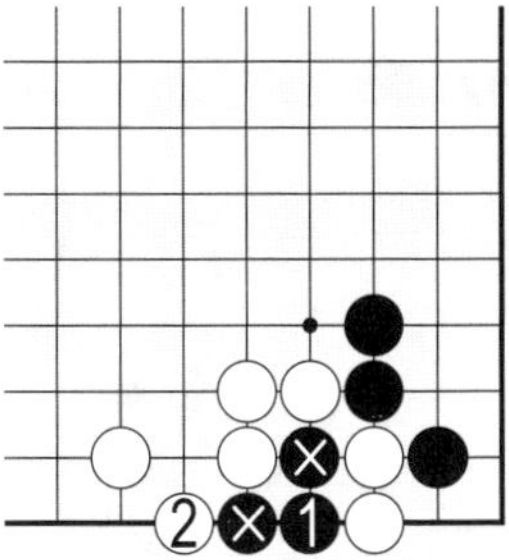

题 53　失败

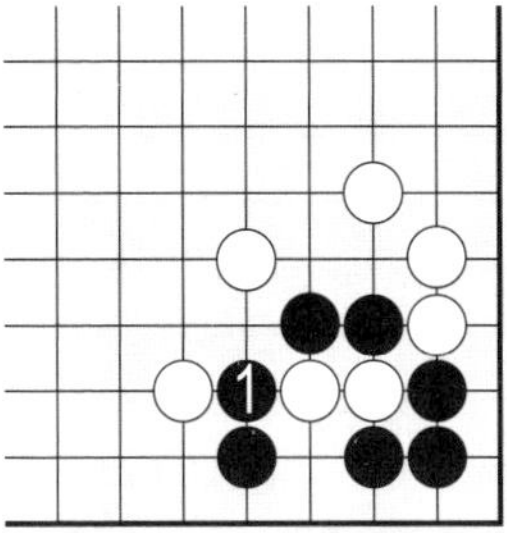

题 54　正解

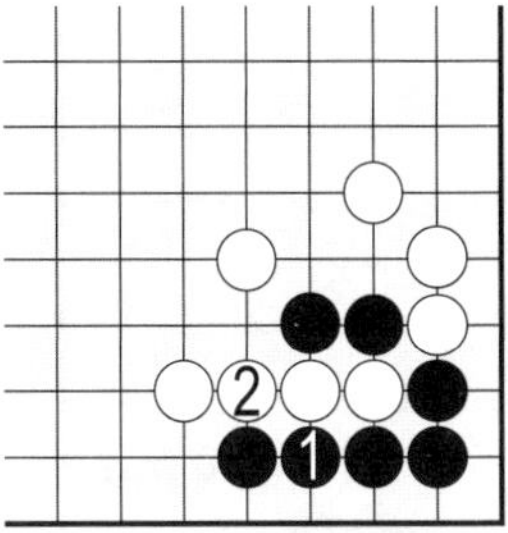

题 54　失败

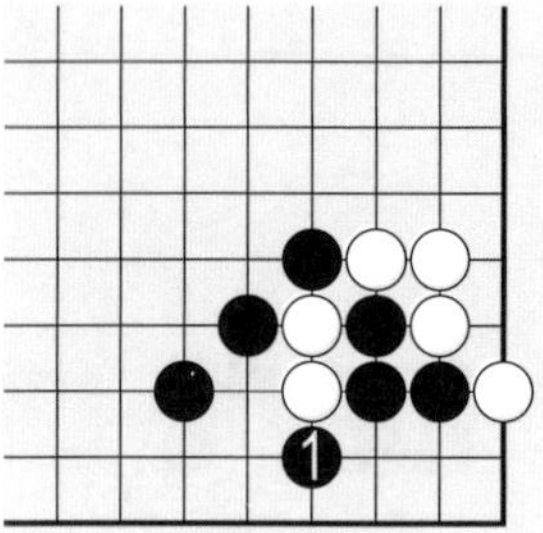

题 55　正解

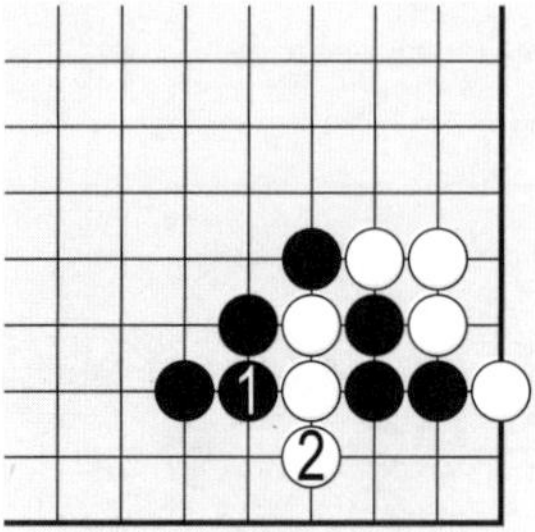

题 55　失败

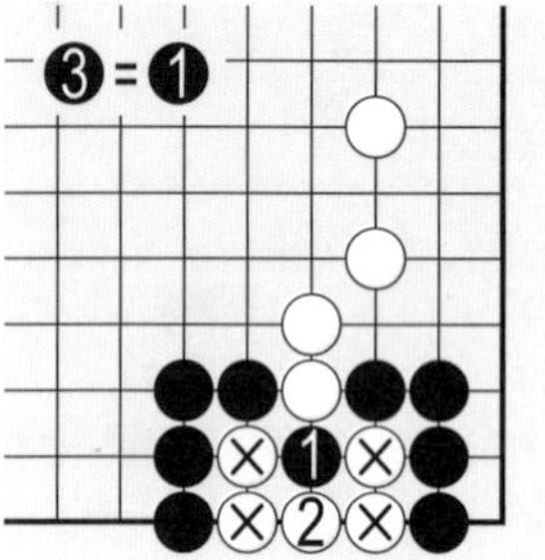

题 56　正解

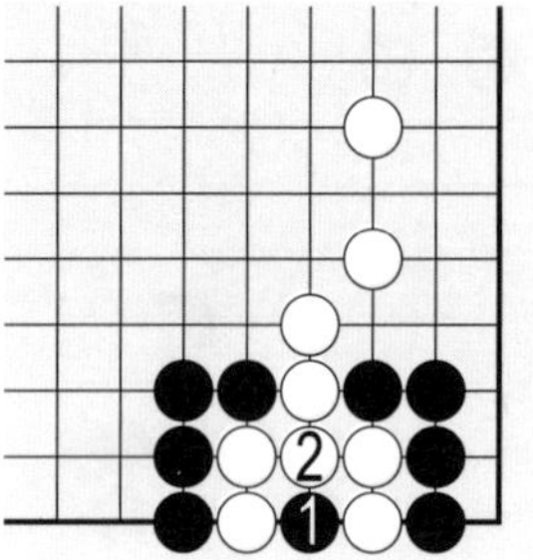

题 56　失败

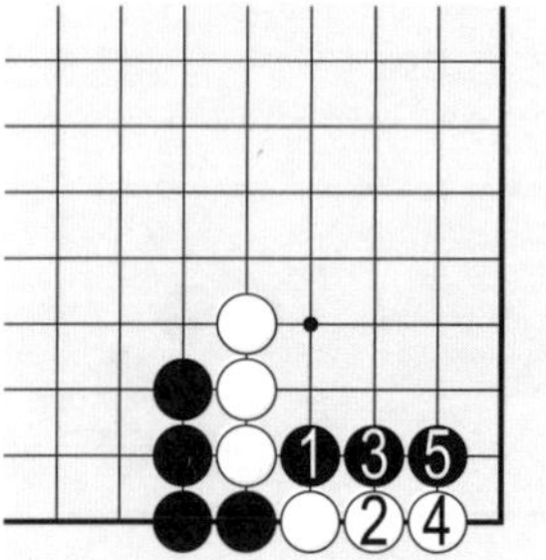

题 57　正解

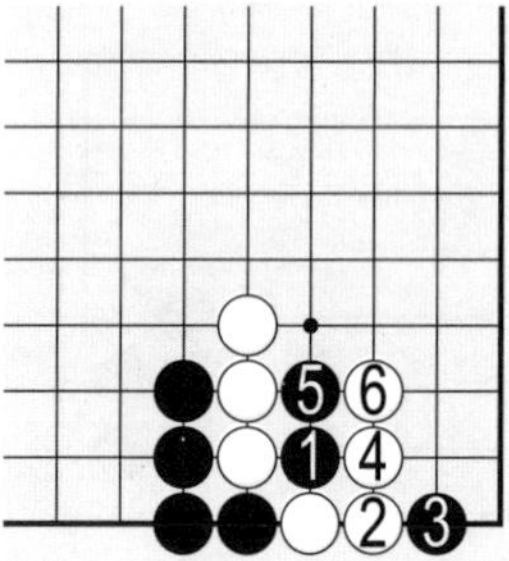

题 57　失败

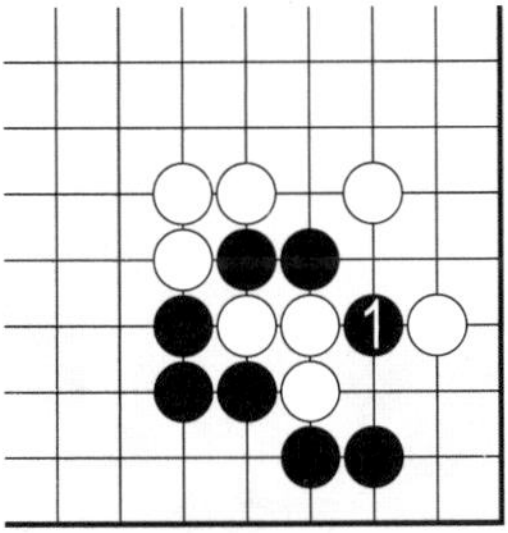

题 58　正解

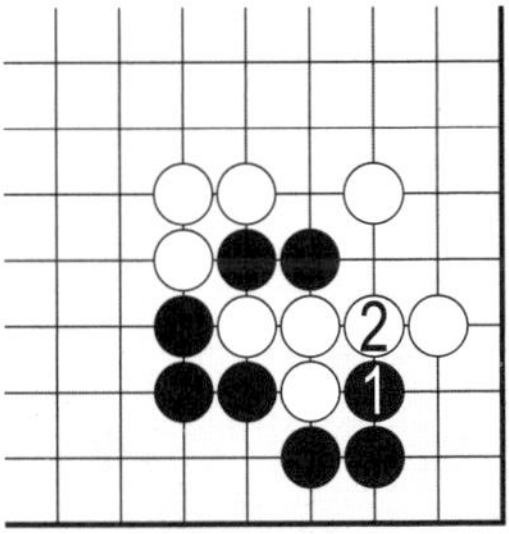

题 58　失败

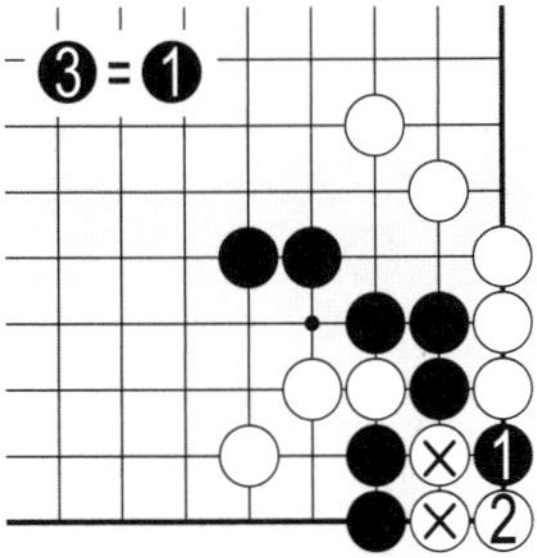

题 59　正解

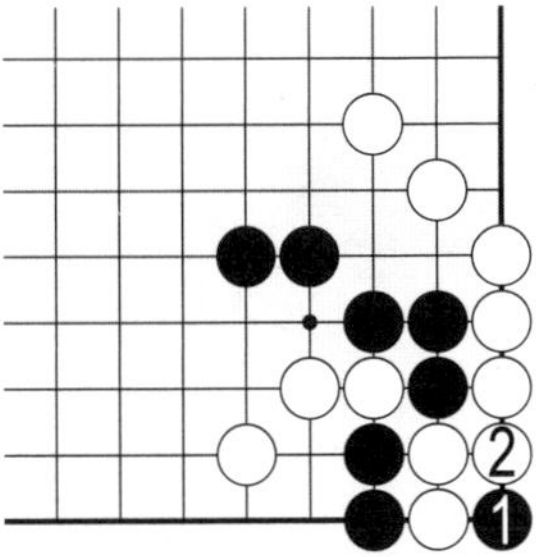

题 59　失败

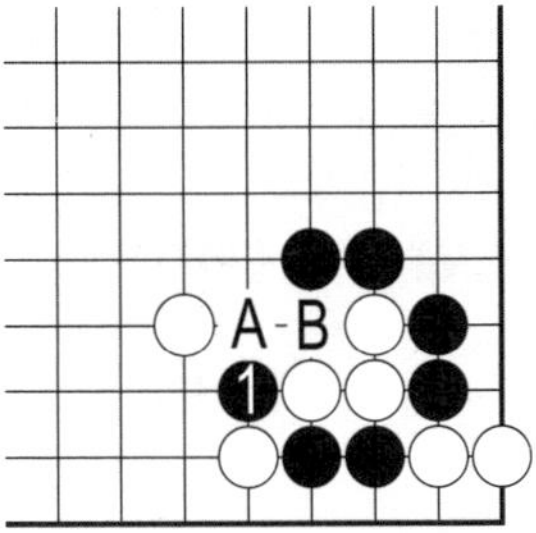

题 60　正解　A、B 见合

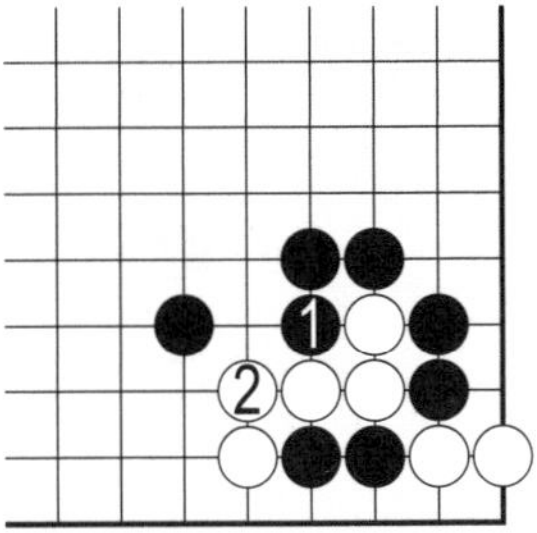

题 60　失败

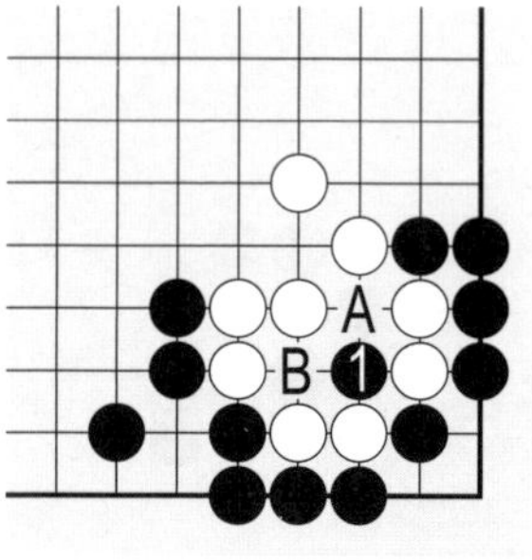

题61　正解　A、B见合

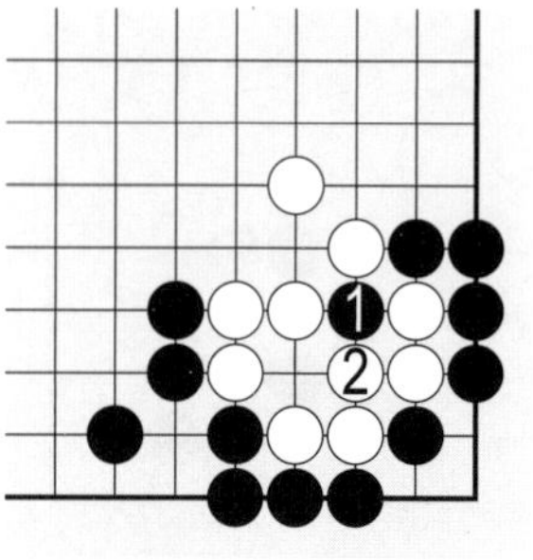

题61　失败

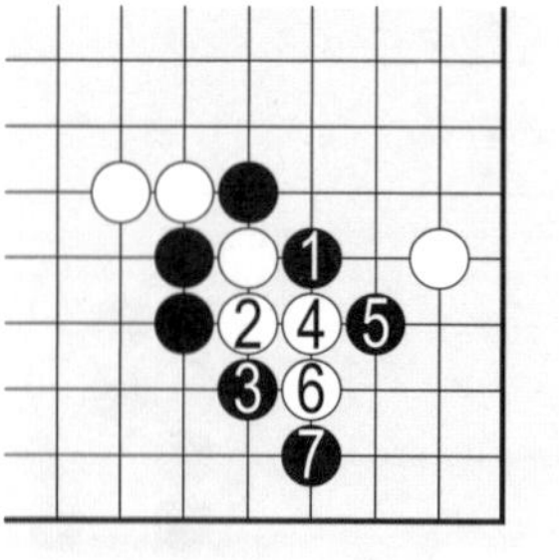

题62　正解

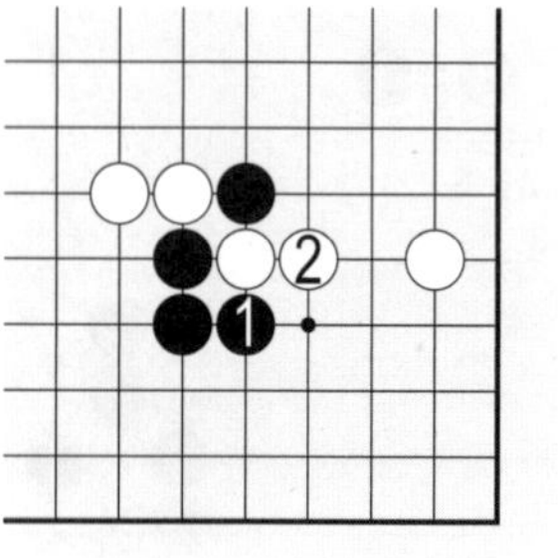

题62　失败

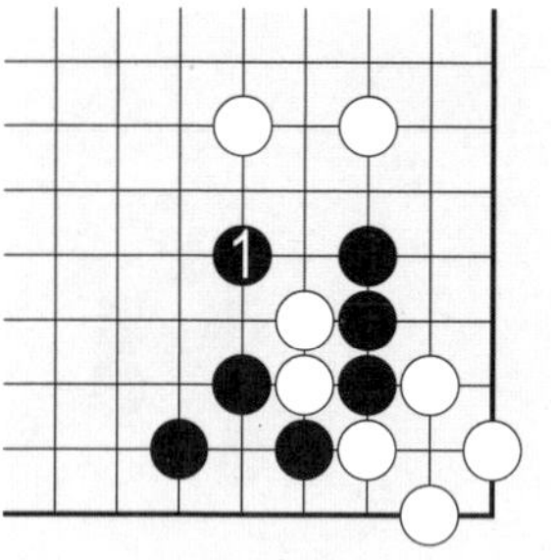

题63　正解

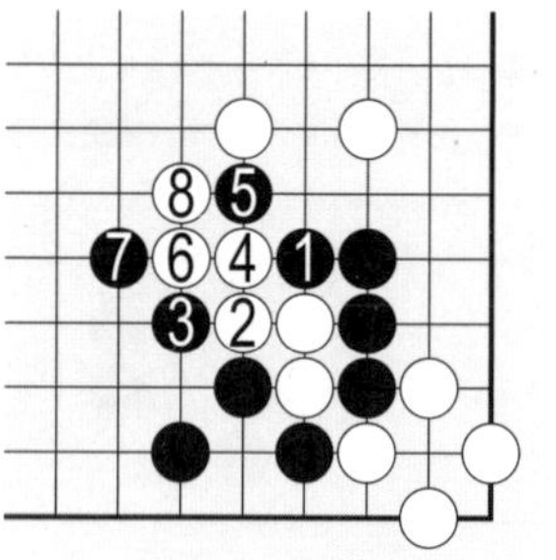

题63　失败

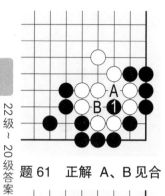

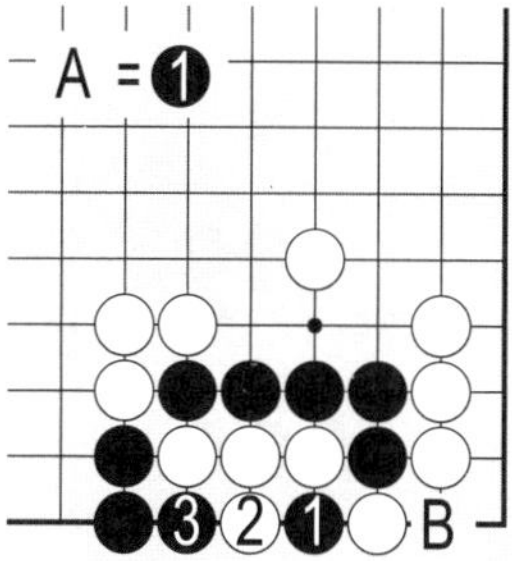

题 64　正解　A、B 见合

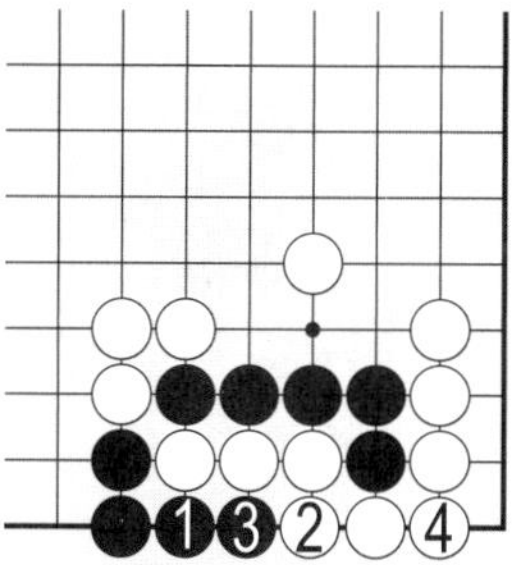

题 64　失败

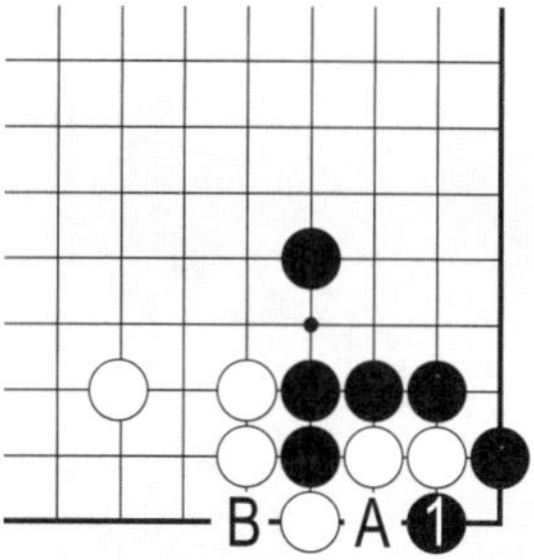

题 65　正解　A、B 见合

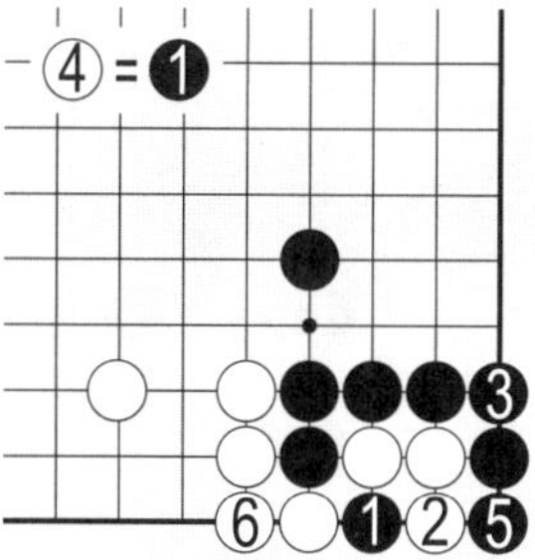

题 65　失败

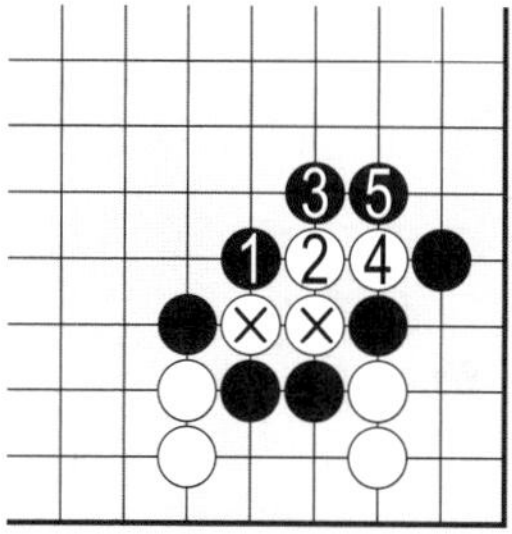

题 66　正解

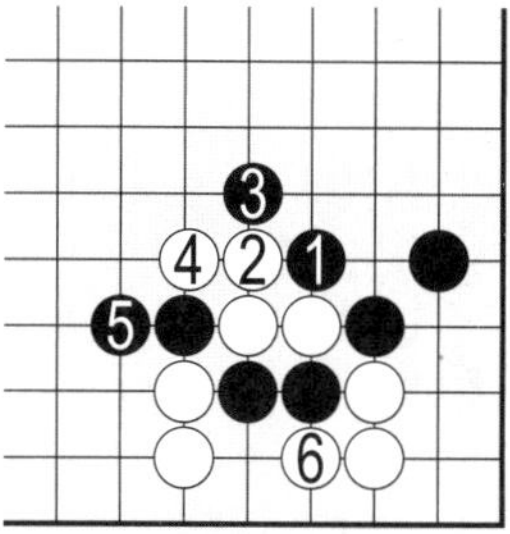

题 66　失败

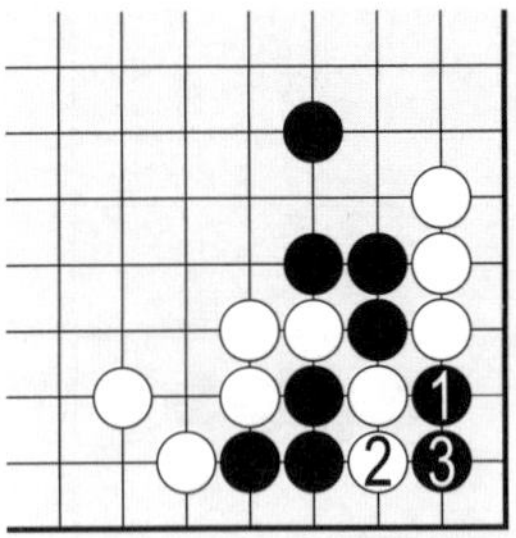

题 67　正解

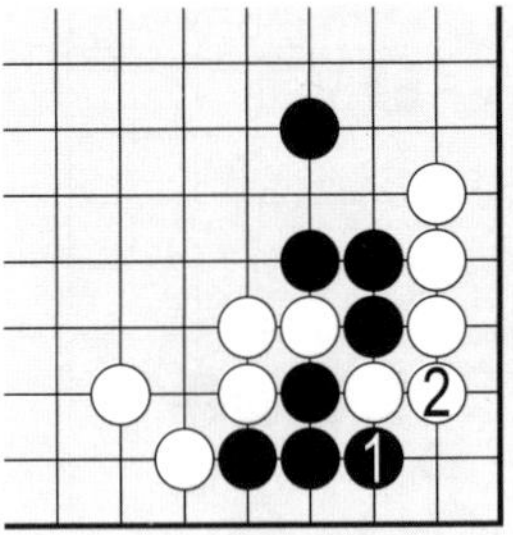

题 67　失败

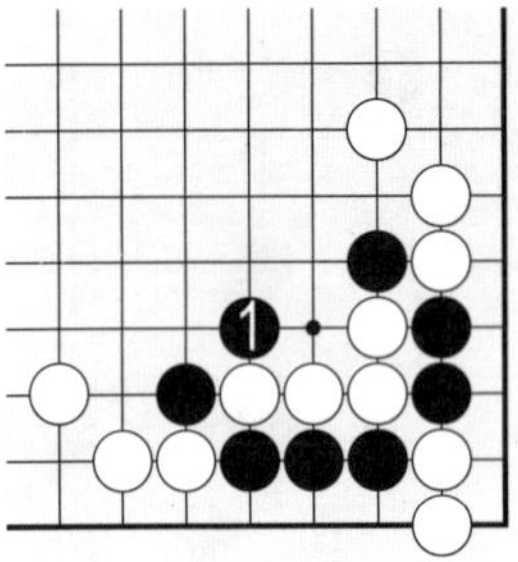

题 68　正解

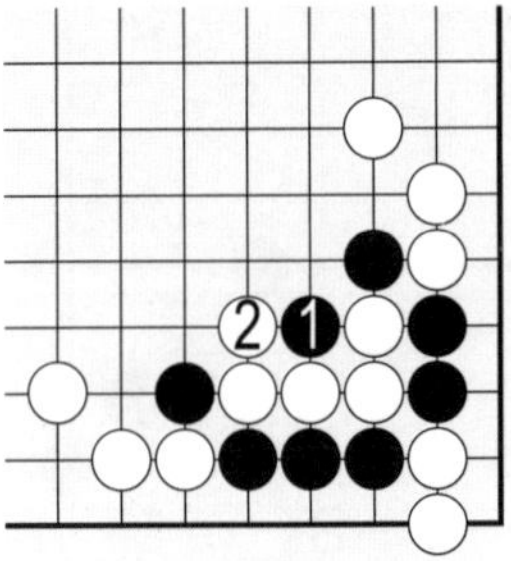

题 68　失败

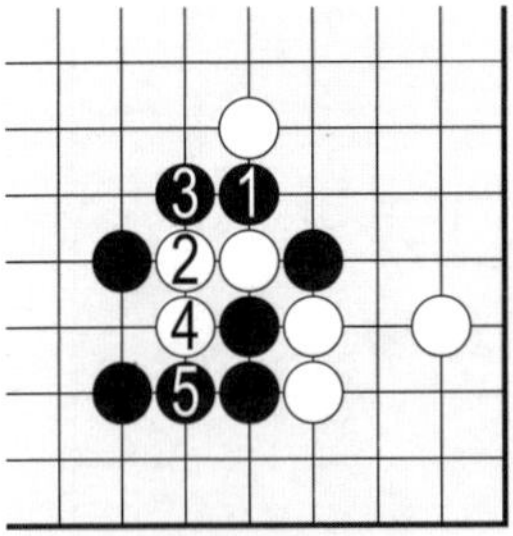

题 69　正解

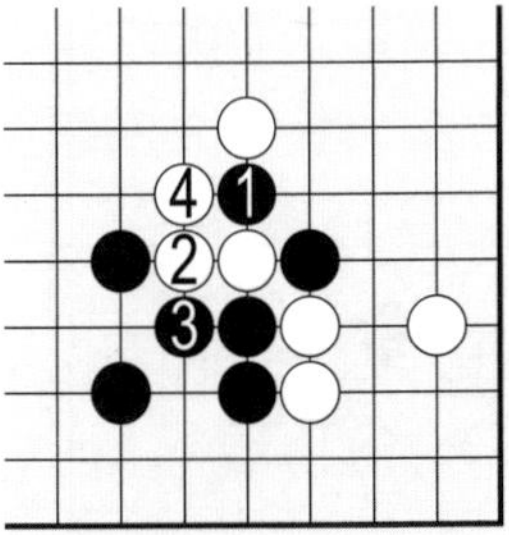

题 69　失败

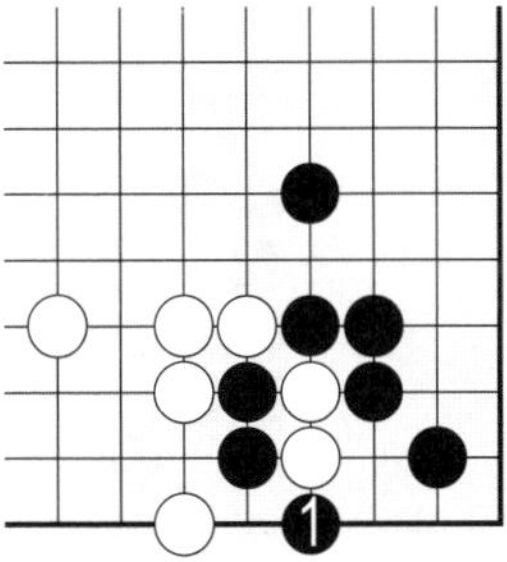

题 70　正解

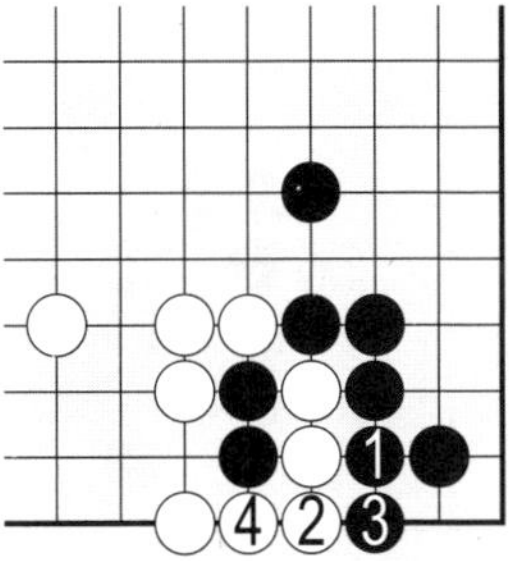

题 70　失败

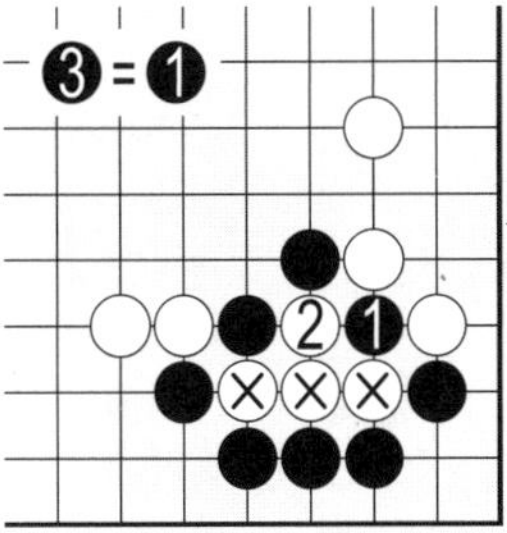

题 71　正解

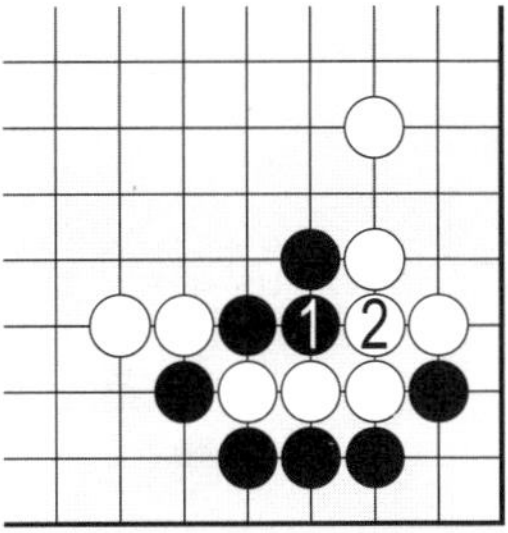

题 71　失败

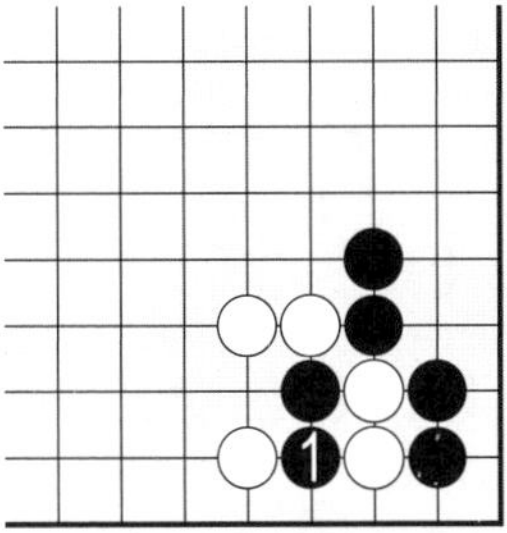

题 72　正解

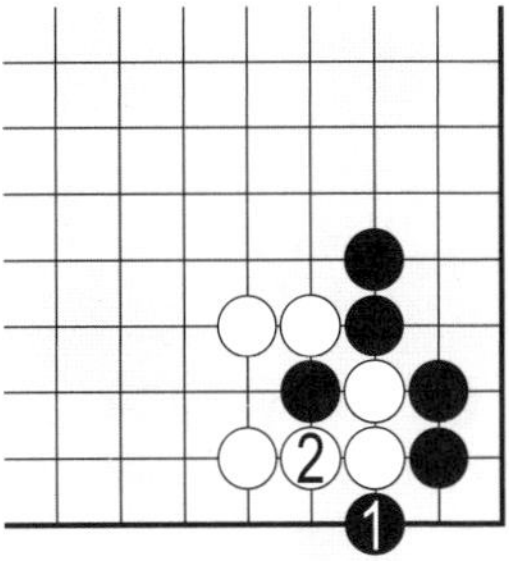

题 72　失败

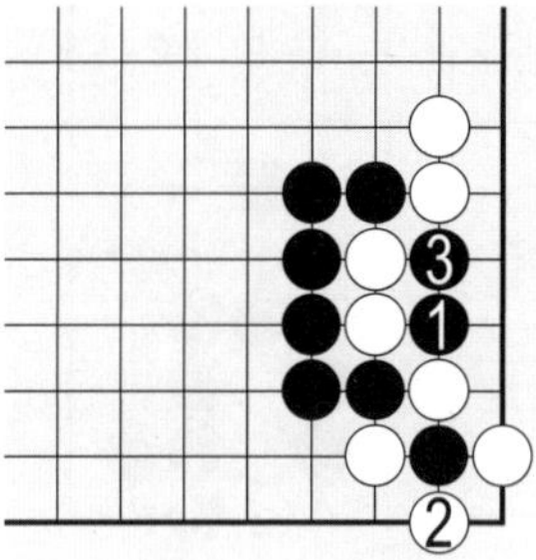

题 73　正解

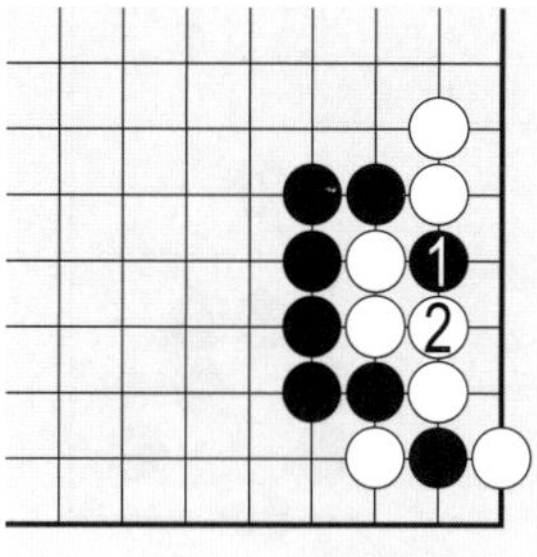

题 73　失败

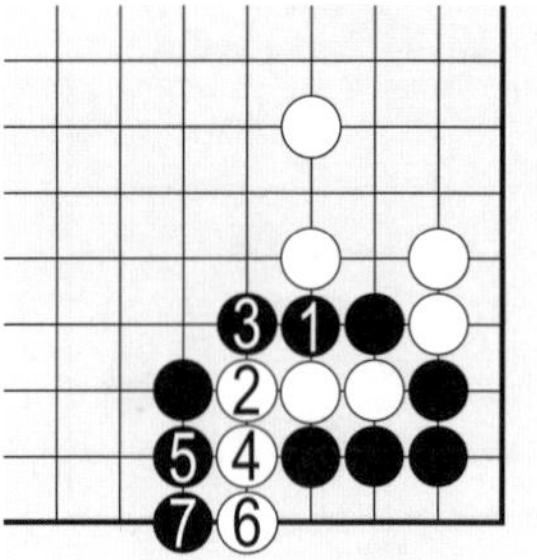

题 74　正解

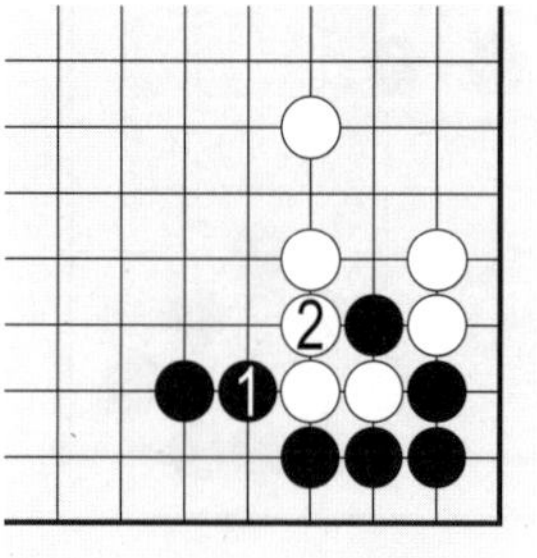

题 74　失败

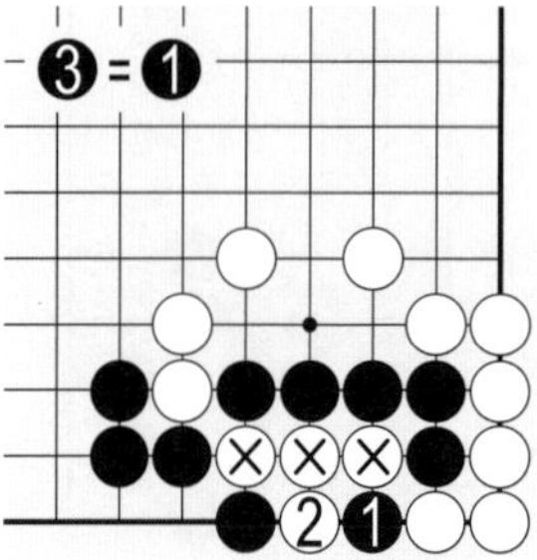

题 75　正解

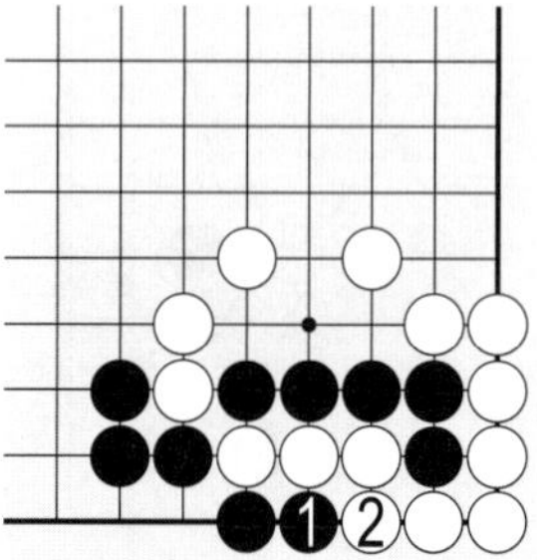

题 75　失败

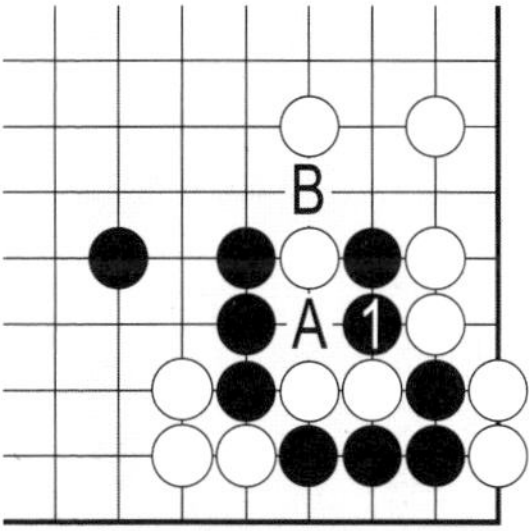

题 76　正解　A、B 见合

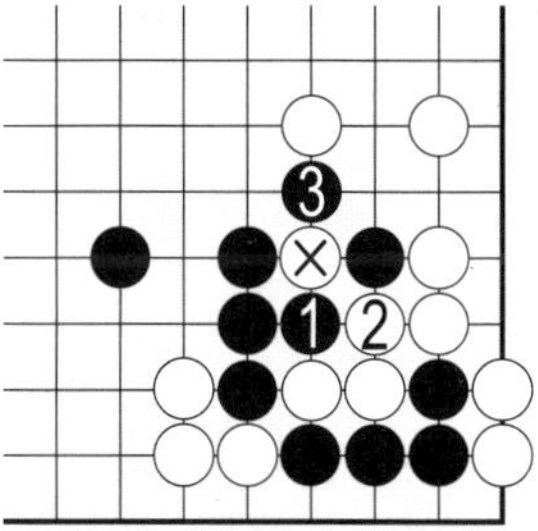

题 76　失败

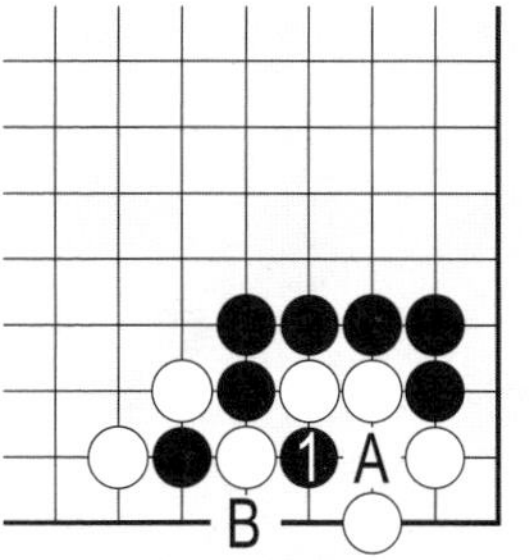

题 77　正解　A、B 见合

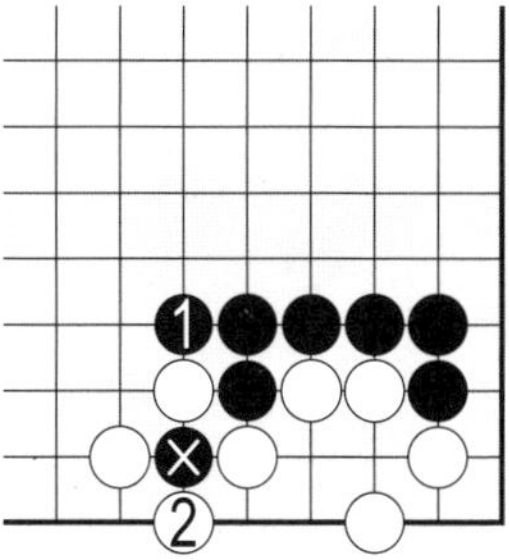

题 77　失败

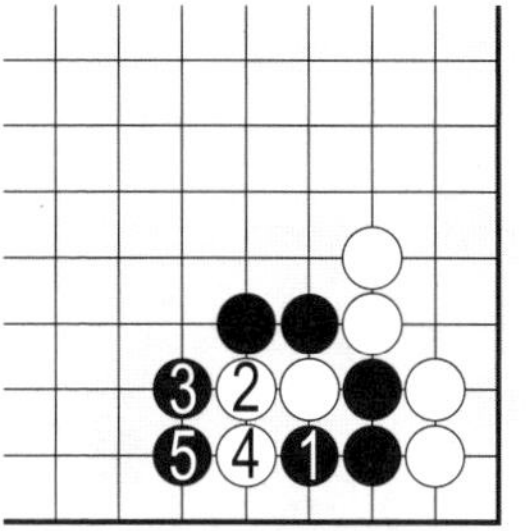

题 78　正解

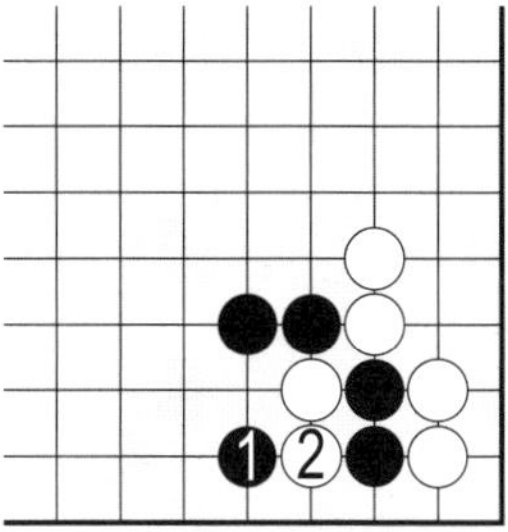

题 78　失败

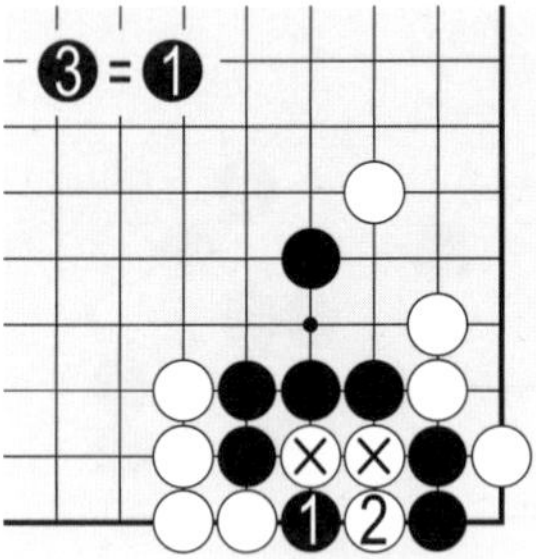

题 79　正解

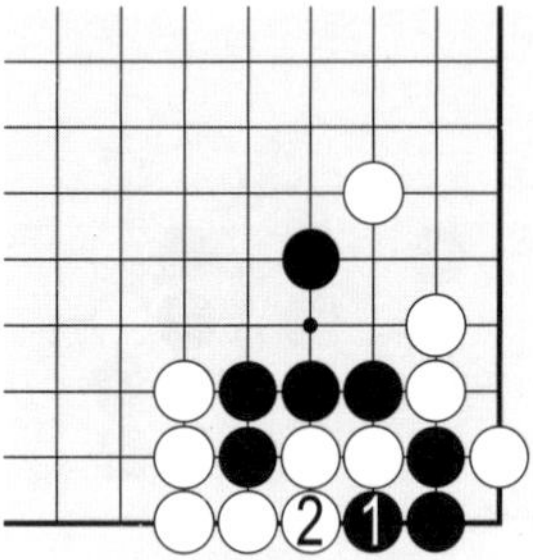

题 79　失败

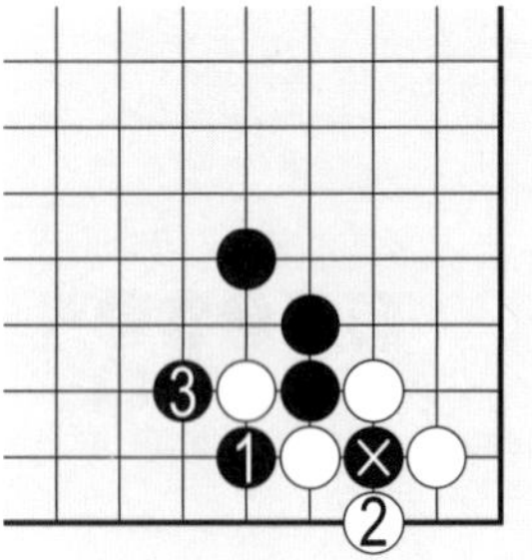

题 80　正解

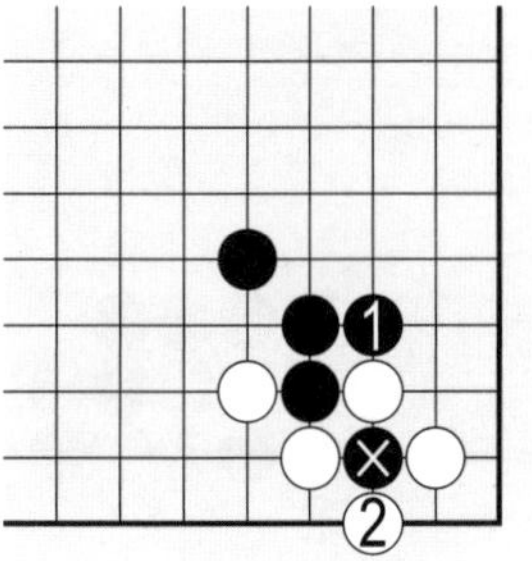

题 80　失败

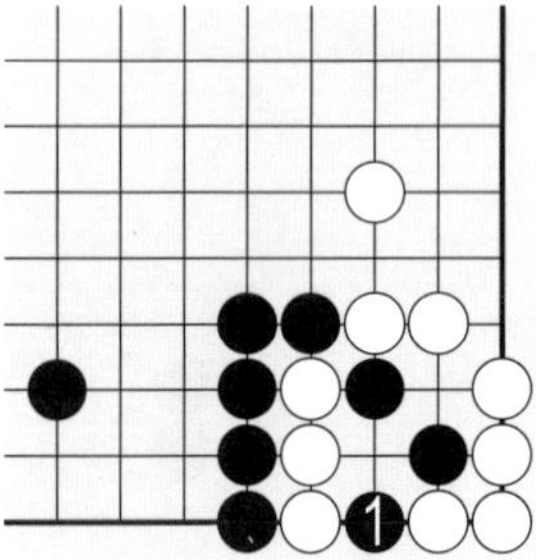

题 81　正解

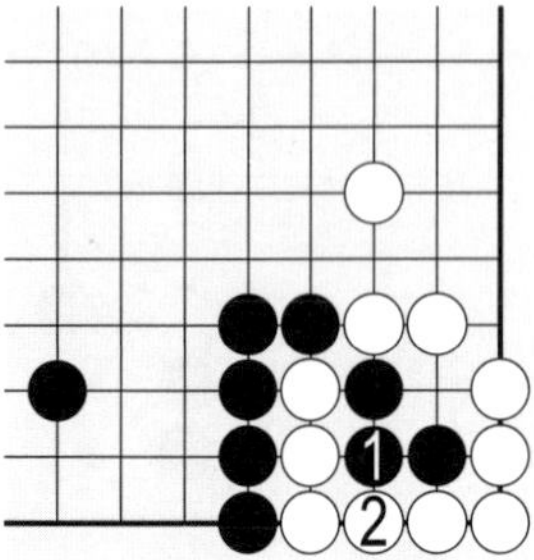

题 81　失败

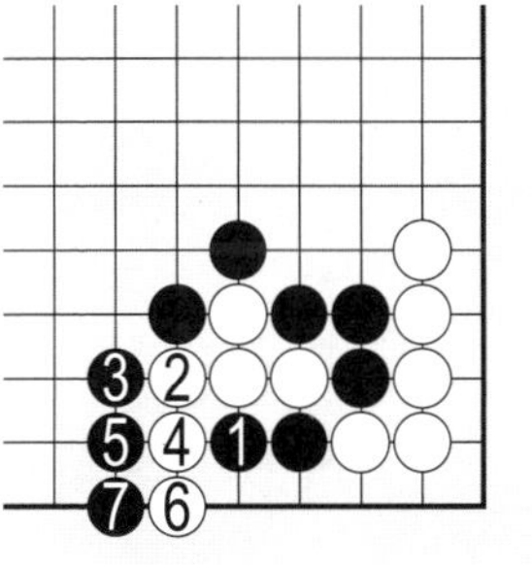

题 82　正解

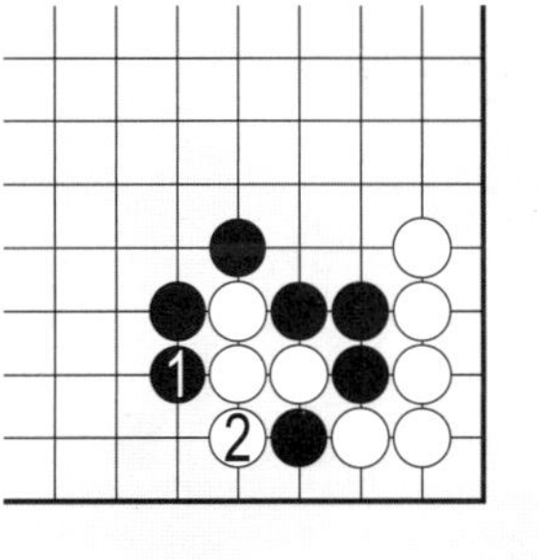

题 82　失败

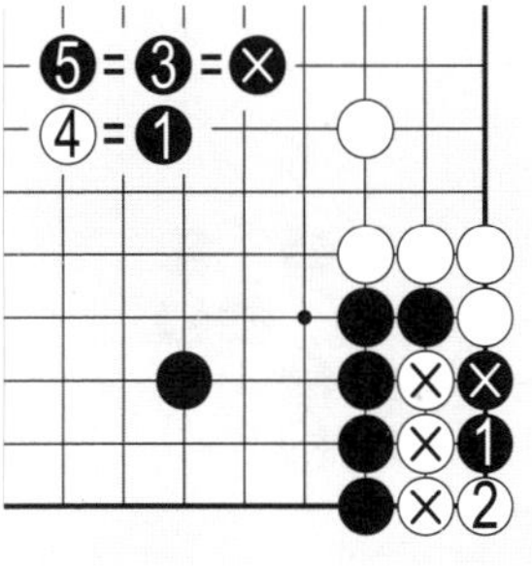

题 83　正解

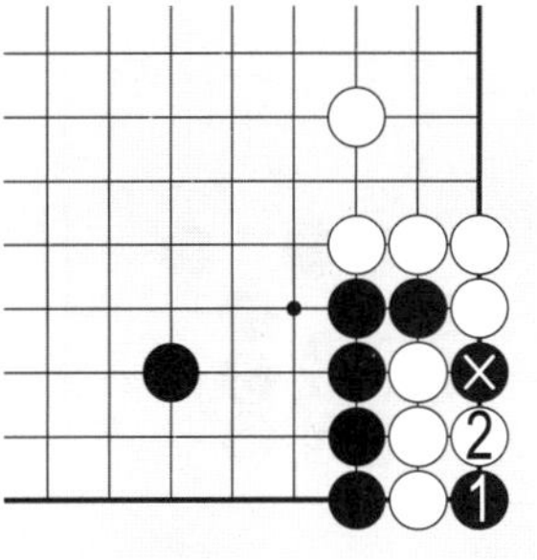

题 83　失败

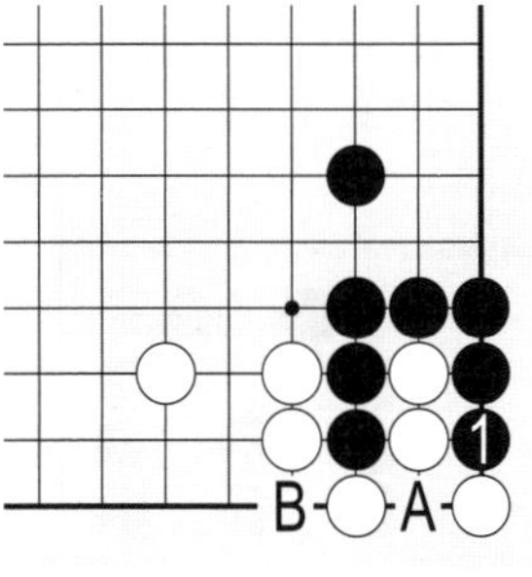

题 84　正解 A、B 见合

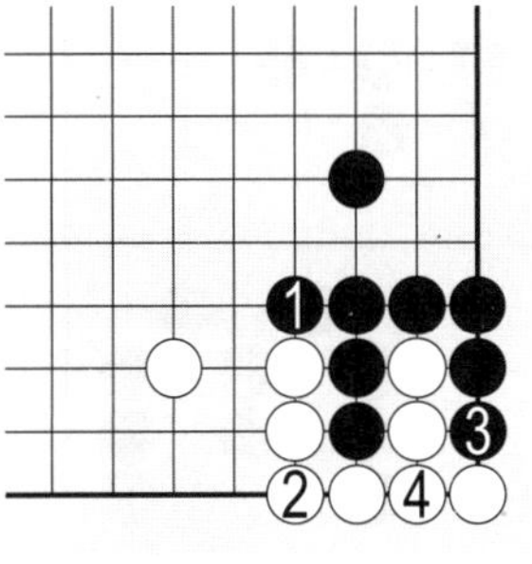

题 84　失败

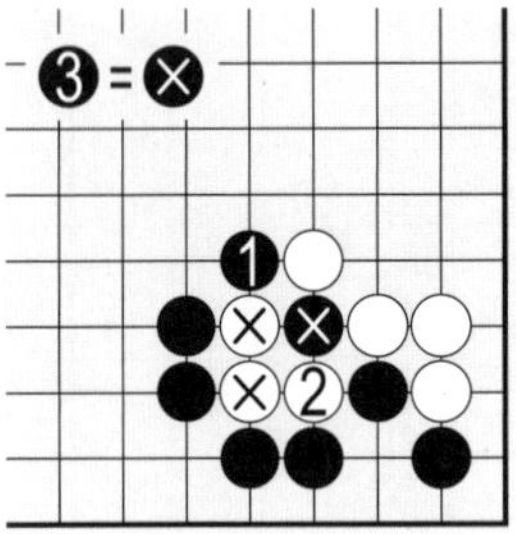

题 85　正解

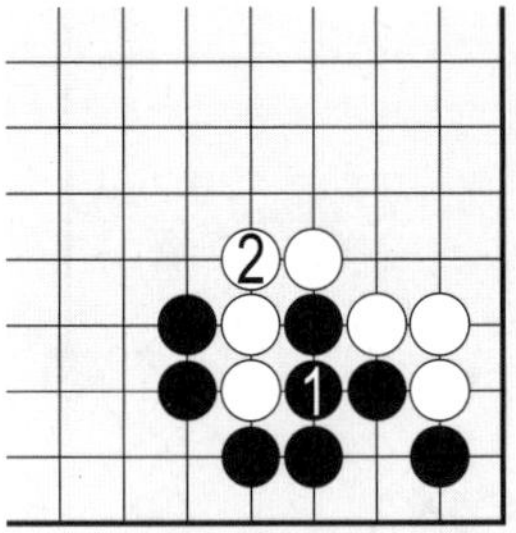

题 85　失败

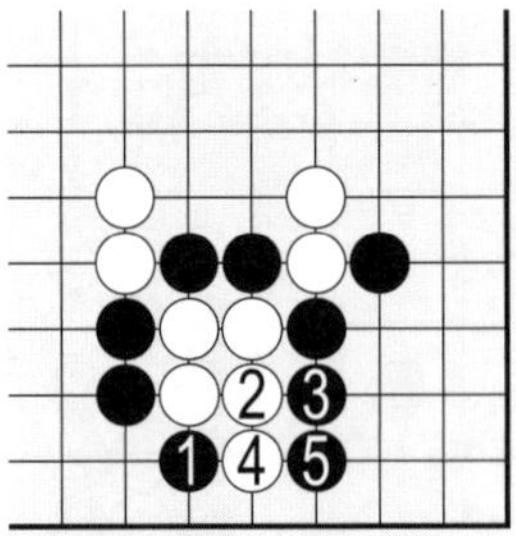

题 86　正解

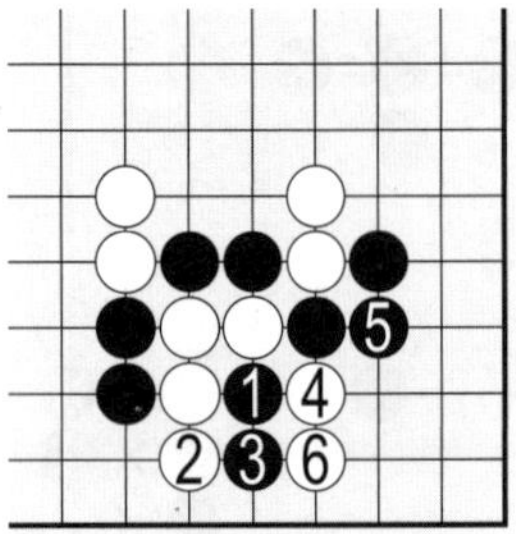

题 86　失败

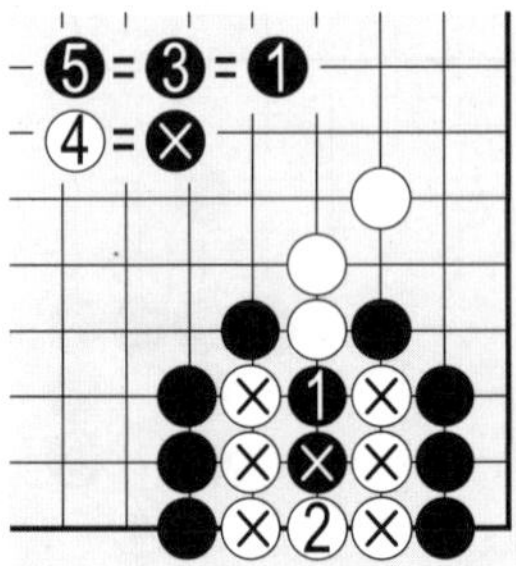

题 87　正解

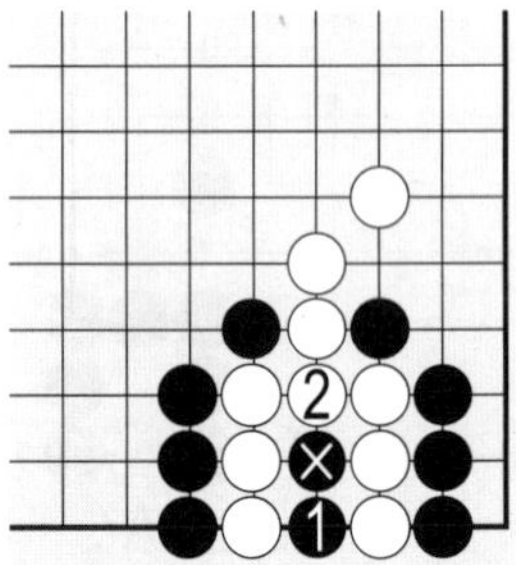

题 87　失败

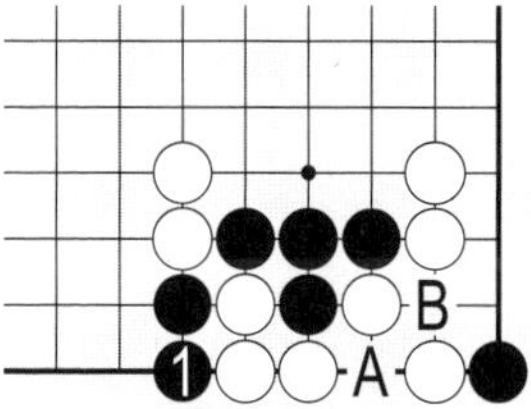

题 88　正解 A、B 见合

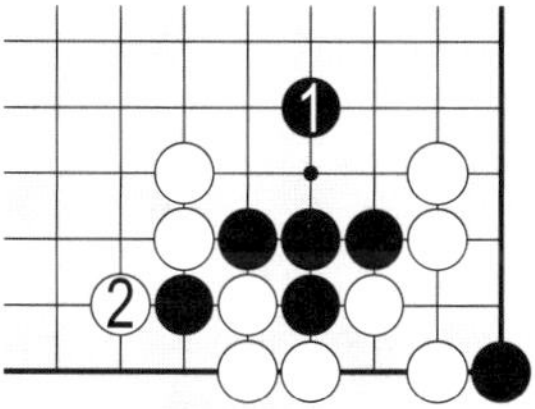

题 88　失败

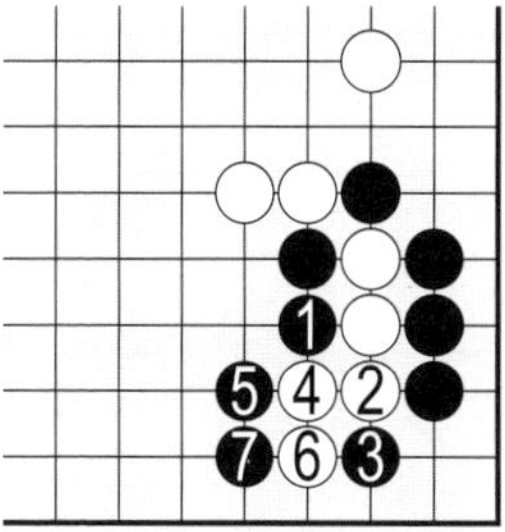

题 89　正解

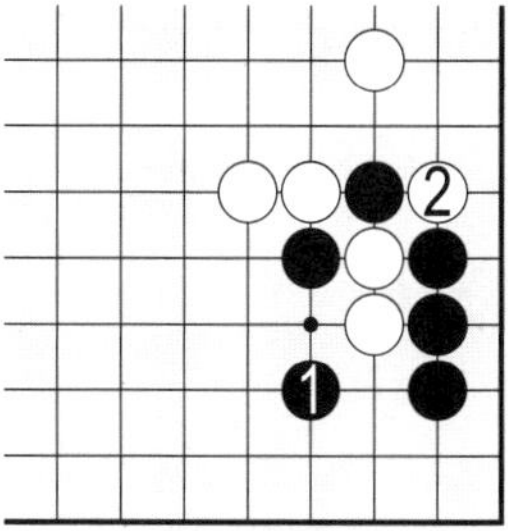

题 89　失败

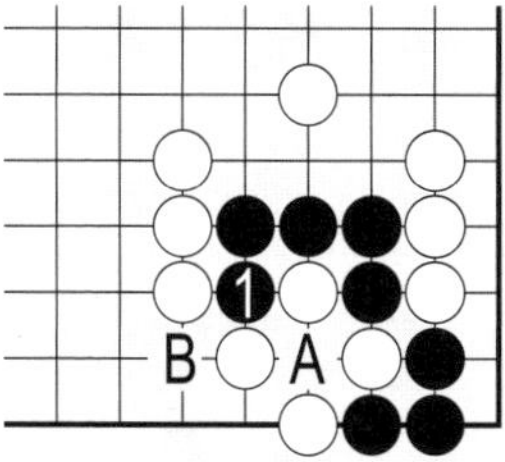

题 90　正解 A、B 见合

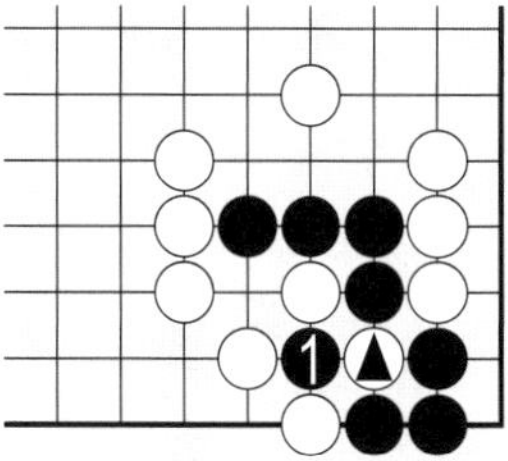

题 90　失败 打劫[1]

---

[1] ▲为打劫的棋子。

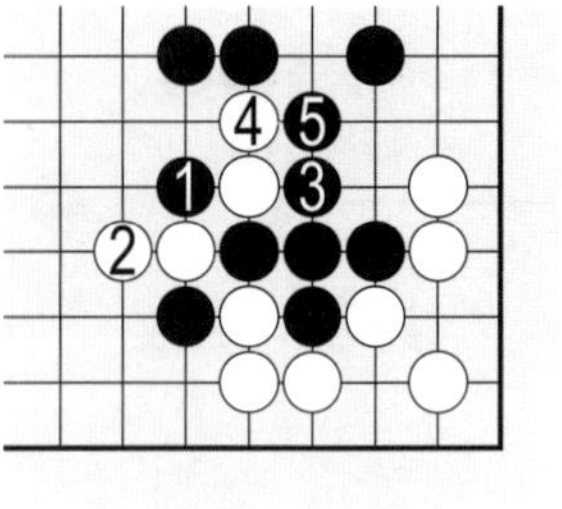

题 91　正解

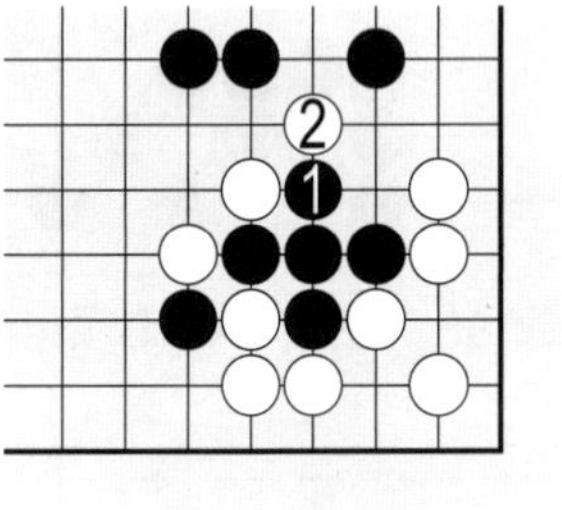

题 91　失败

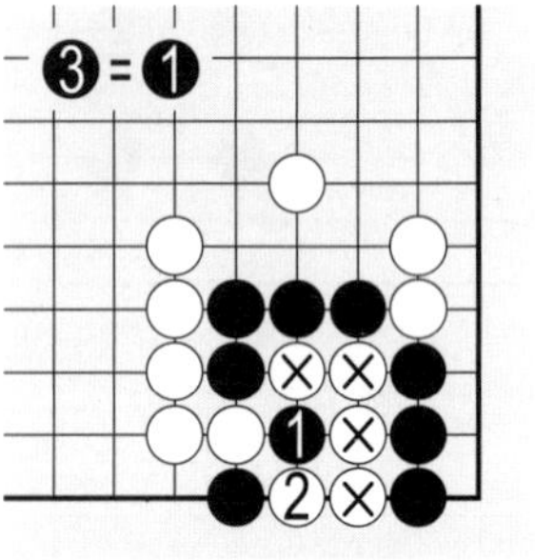

题 92　正解

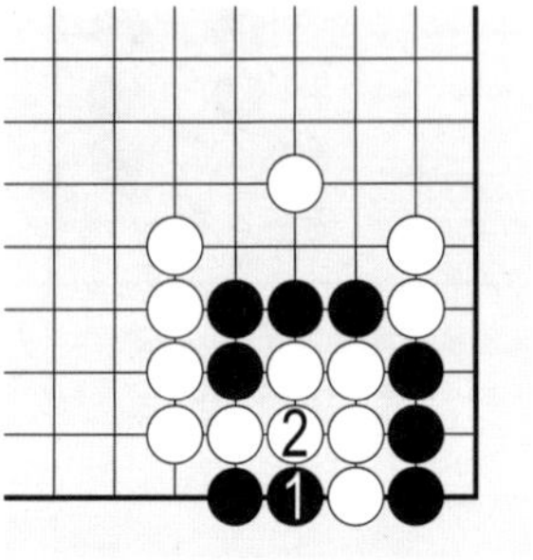

题 92　失败

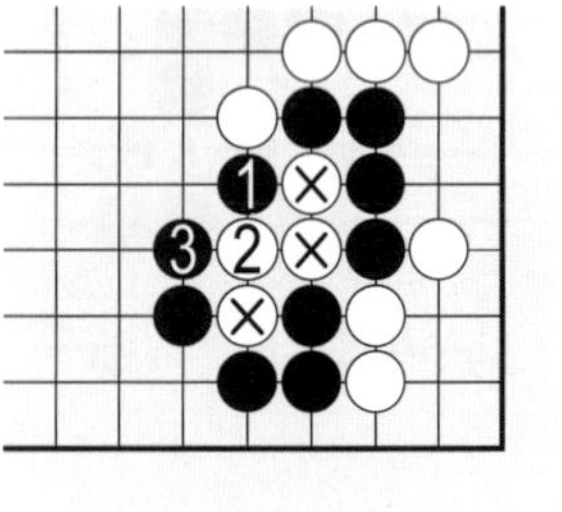

题 93　正解

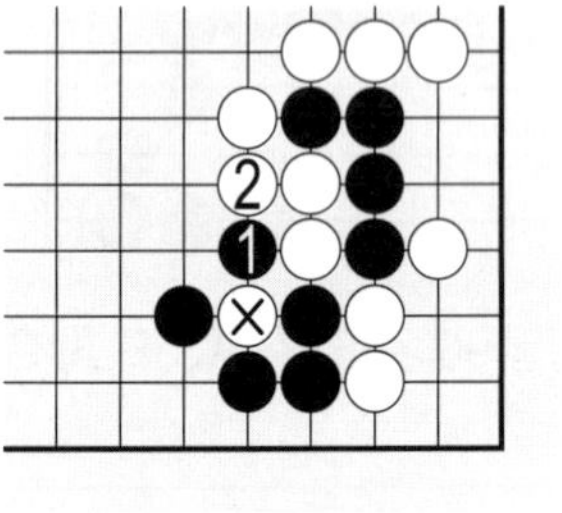

题 93　失败

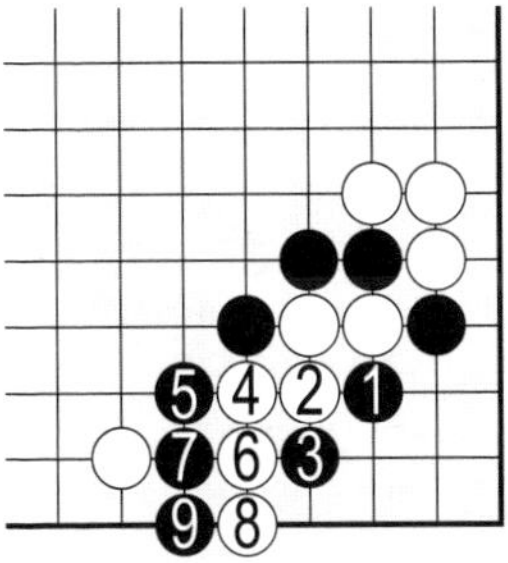

题 94　正解

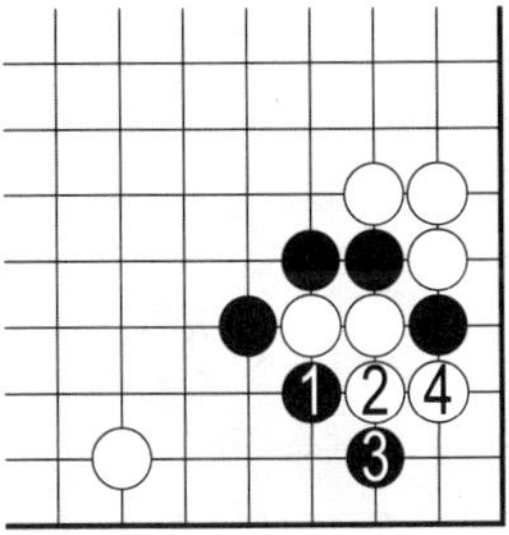

题 94　失败

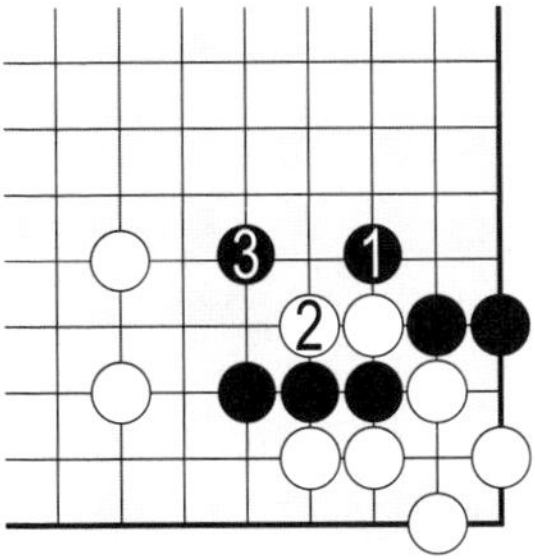

题 95　正解

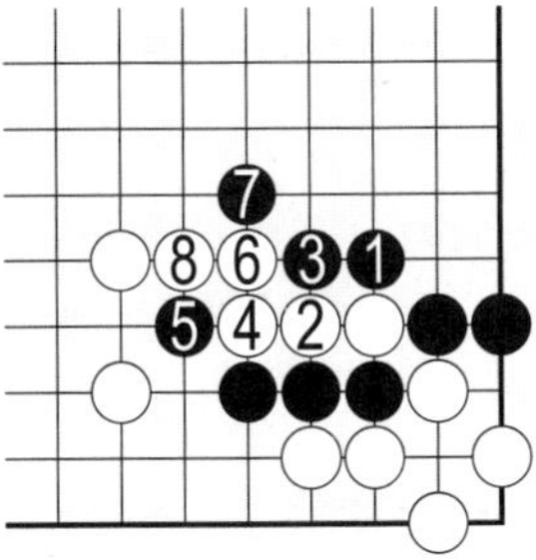

题 95　失败

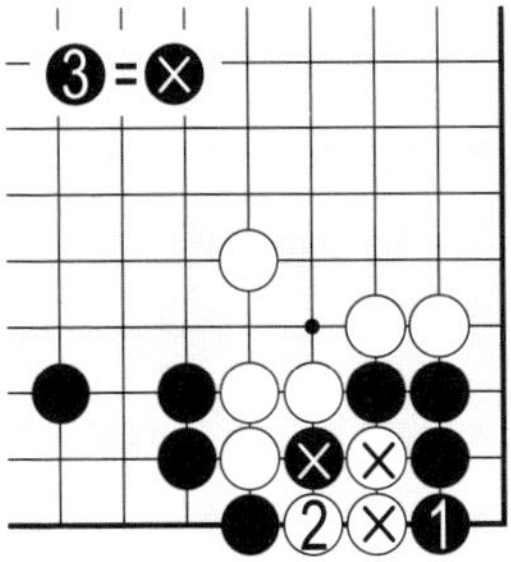

题 96　正解

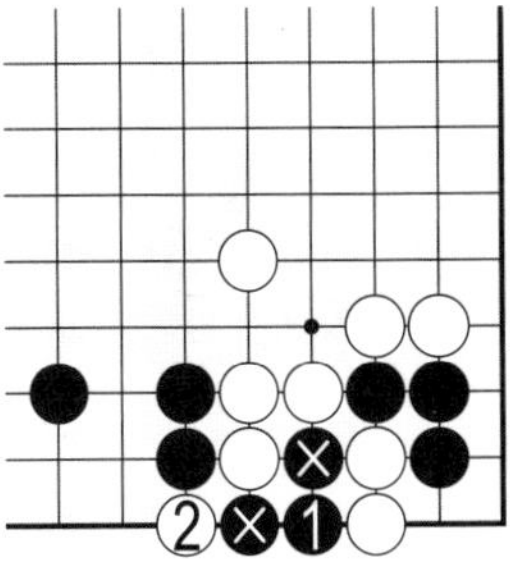

题 96　失败

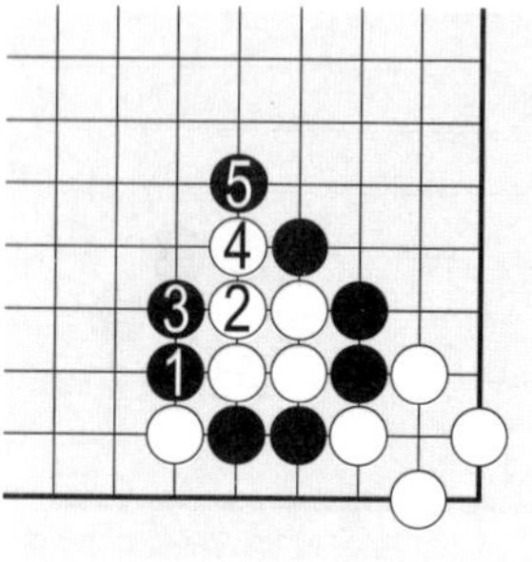

题 97　正解

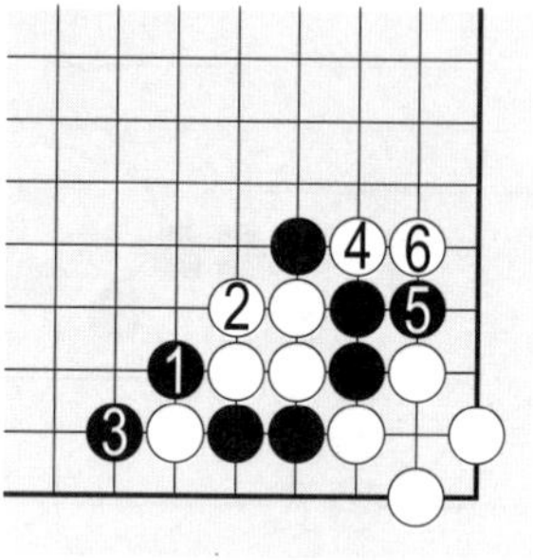

题 97　失败

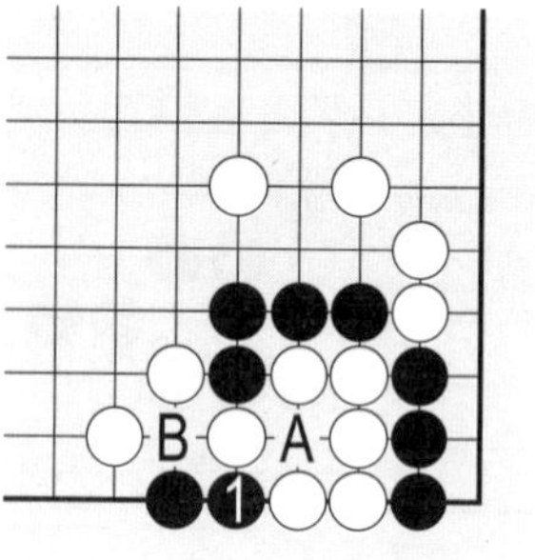

题 98　正解　A、B 见合

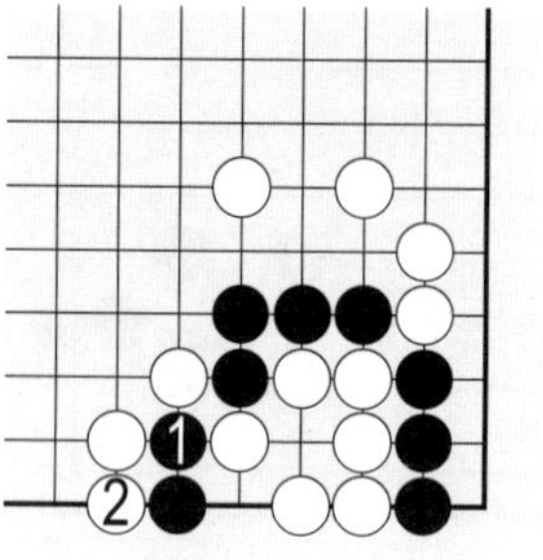

题 98　失败

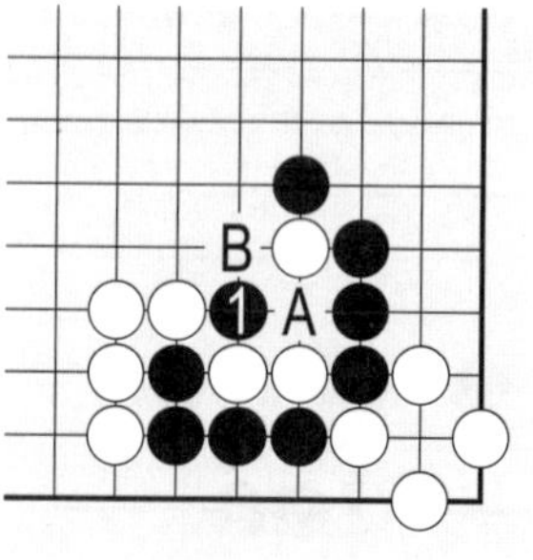

题 99　正解　A、B 见合

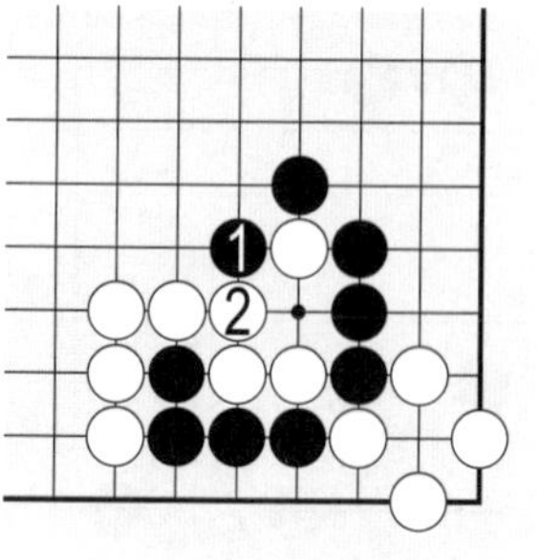

题 99　失败

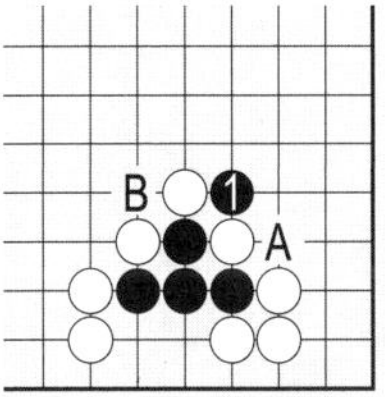

题 100　正解 1
A、B 见合

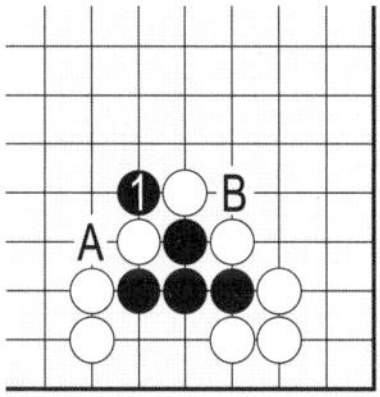

题 100　正解 2
A、B 见合

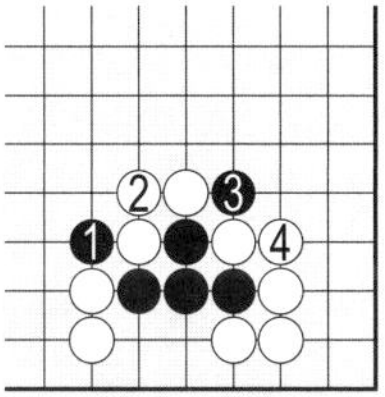

题 100　失败

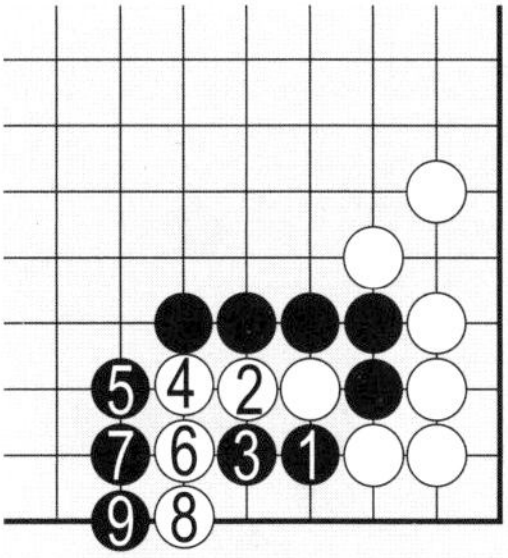

题 101　正解

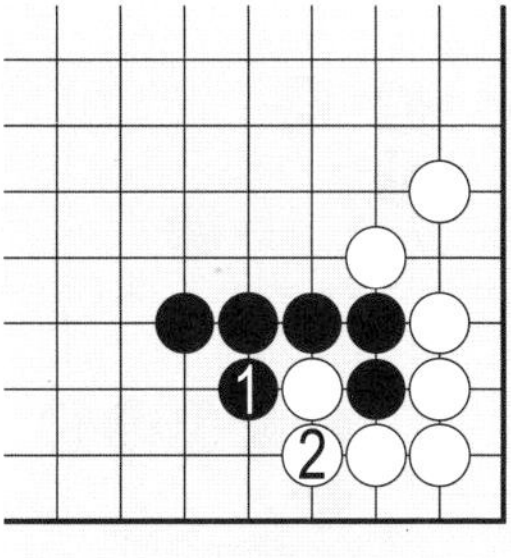

题 101　失败

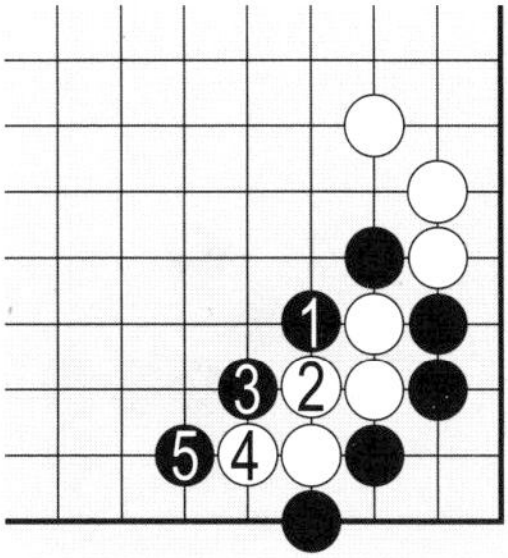

题 102　正解

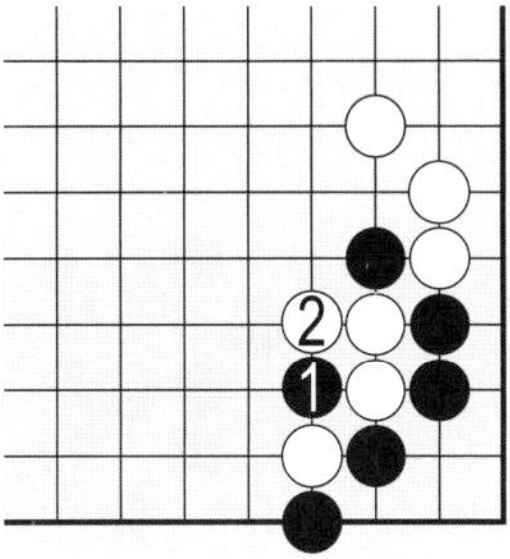

题 102　失败

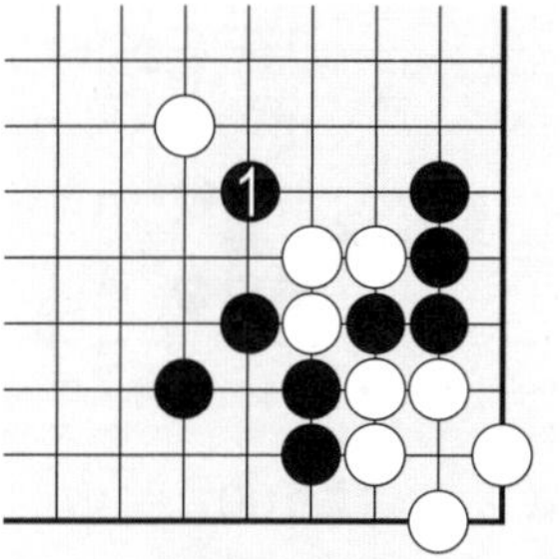

题 103　正解

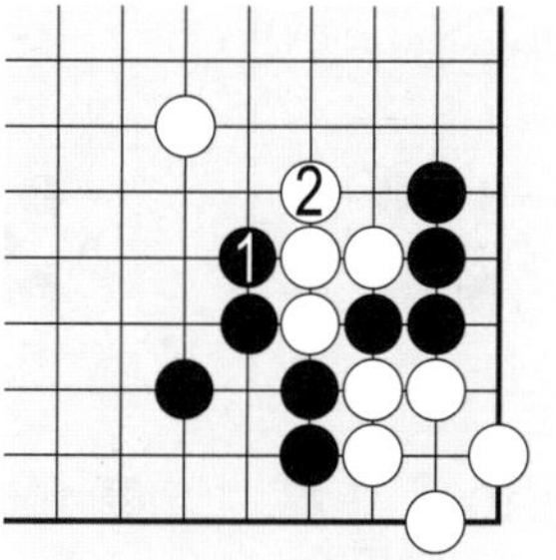

题 103　失败

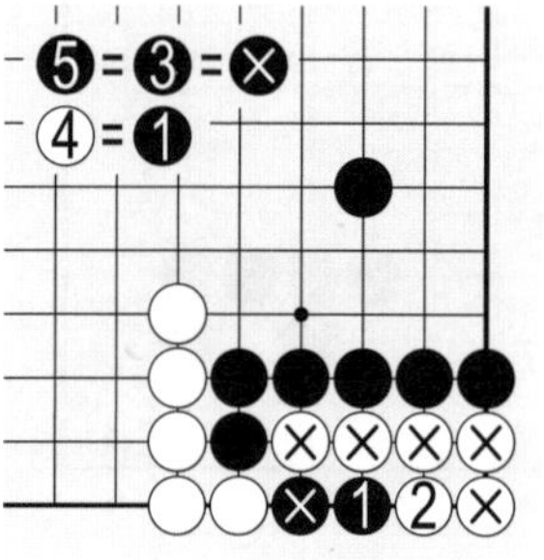

题 104　正解

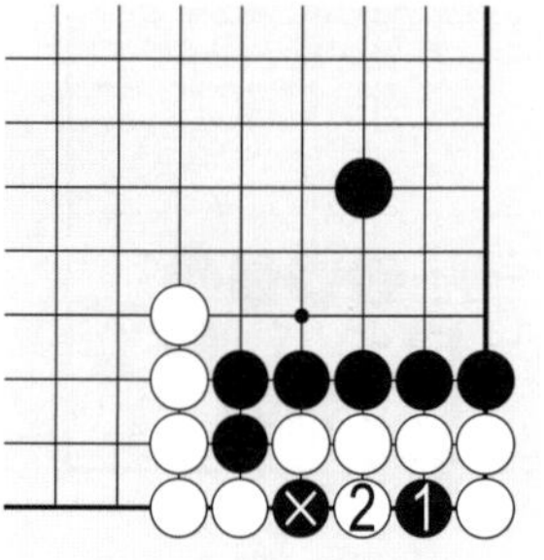

题 104　失败

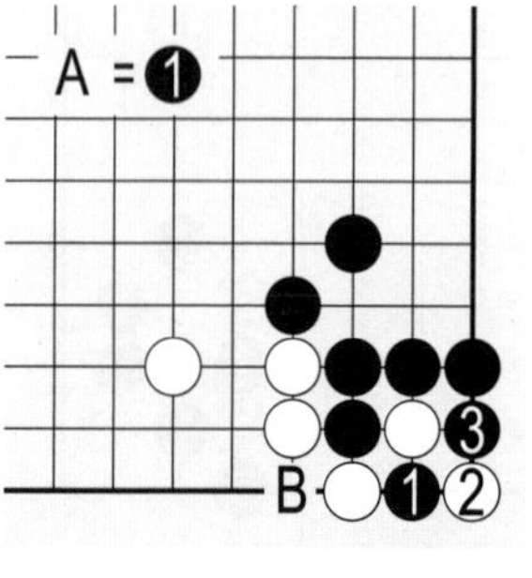

题 105　正解　A、B 见合

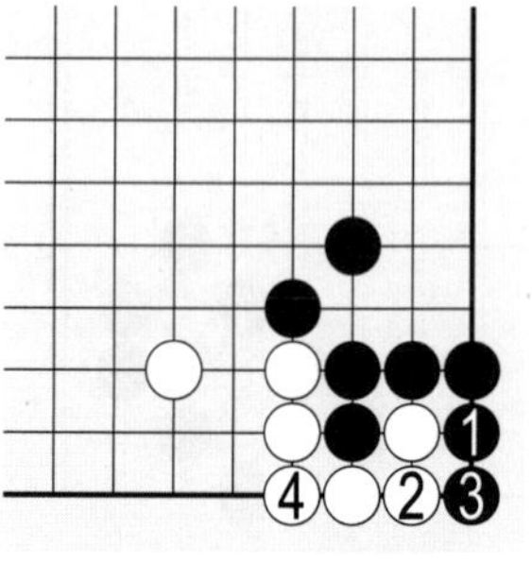

题 105　失败

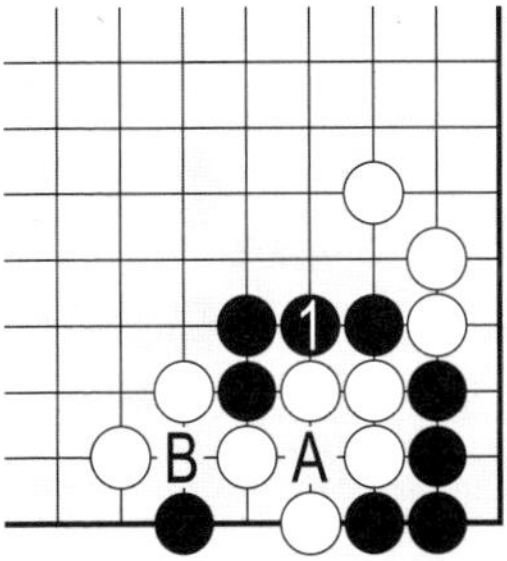

题 106 正解 A、B 见合

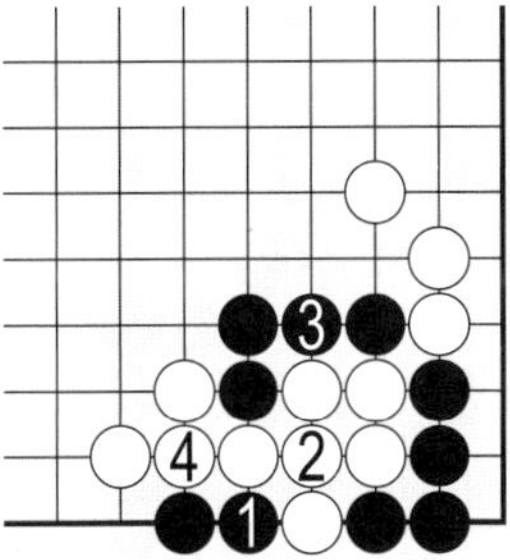

题 106 失败

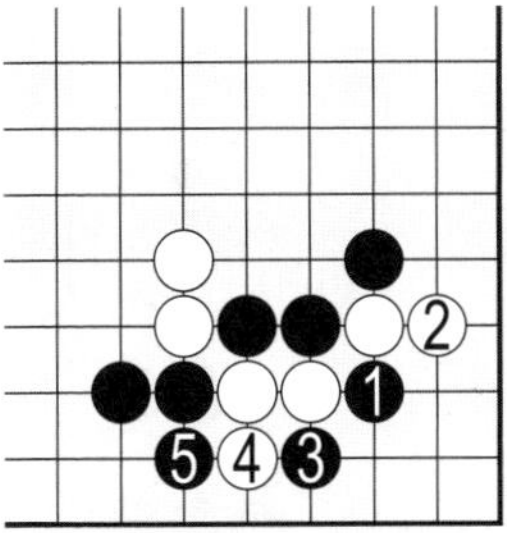

题 107 正解

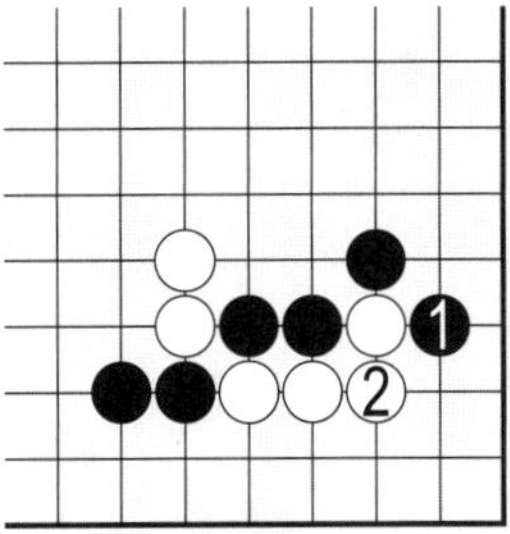

题 107 失败

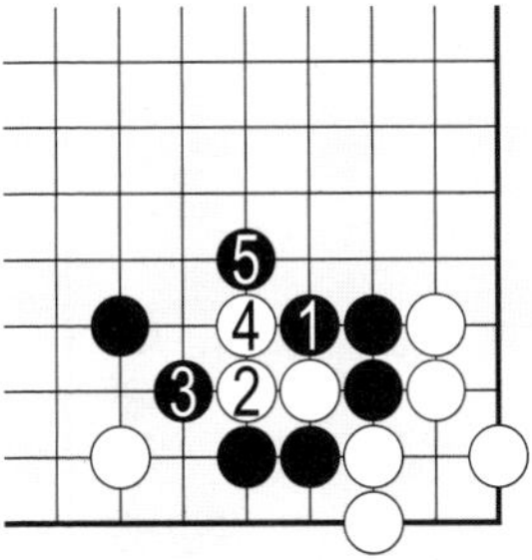

题 108 正解

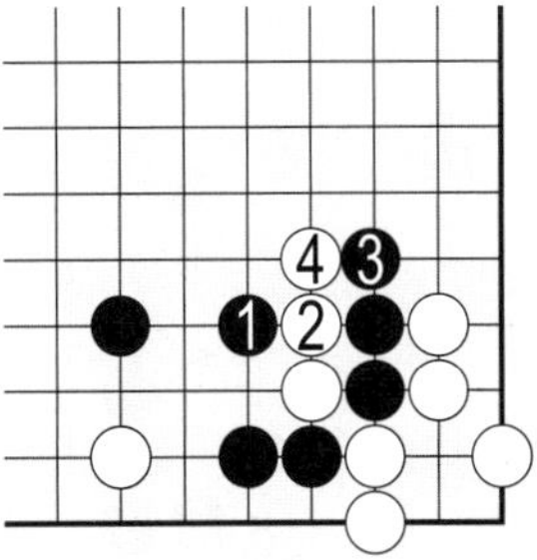

题 108 失败

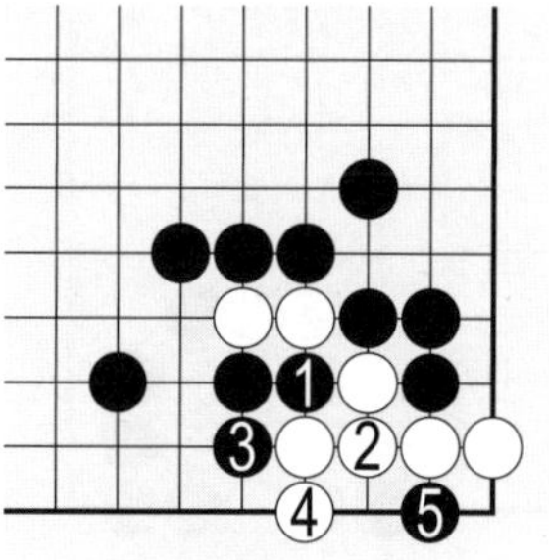

题 109　正解

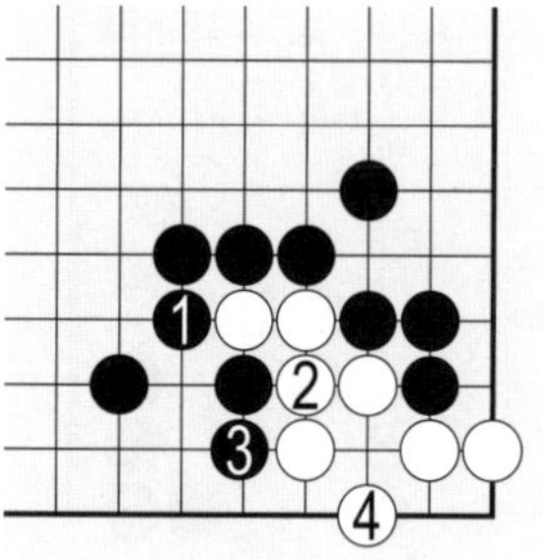

题 109　失败

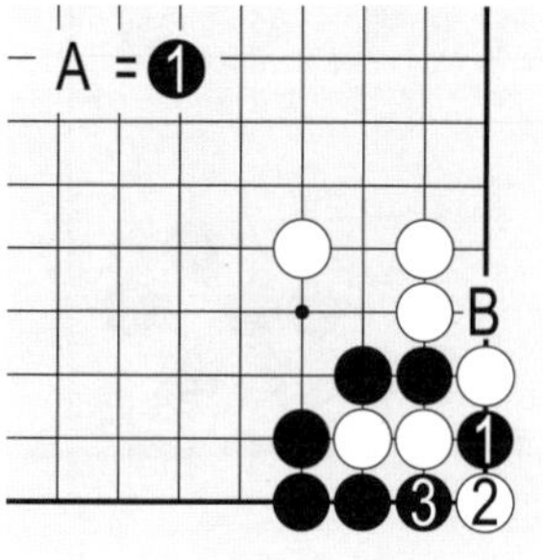

题 110　正解　A、B 见合

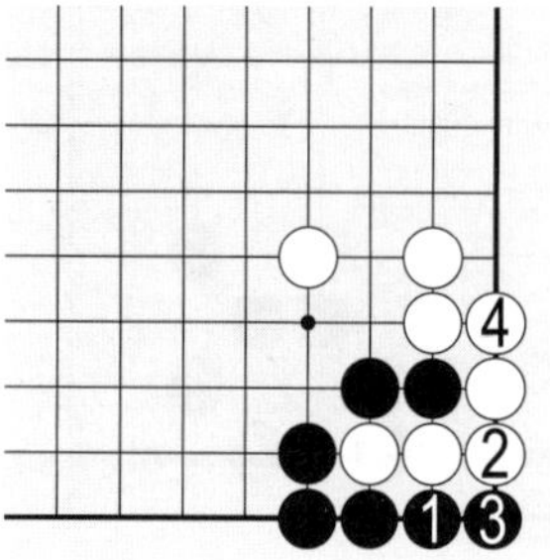

题 110　失败

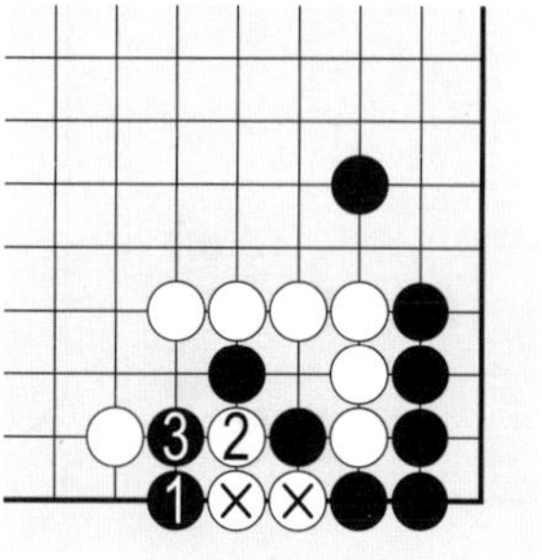

题 111　正解

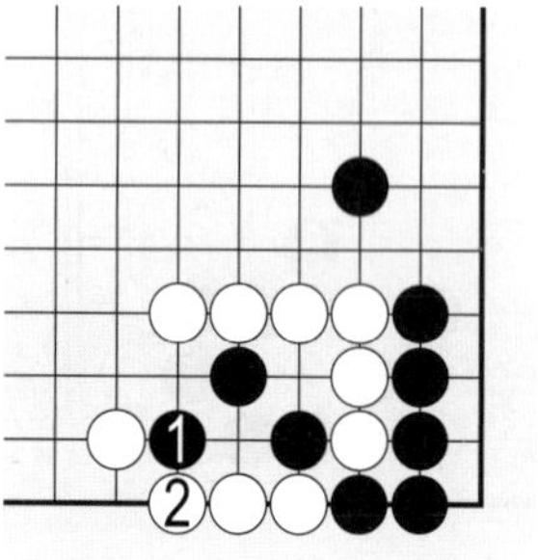

题 111　失败

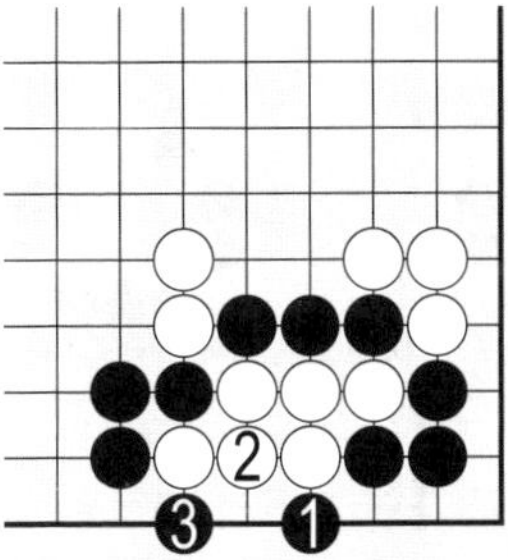

题 112　正解

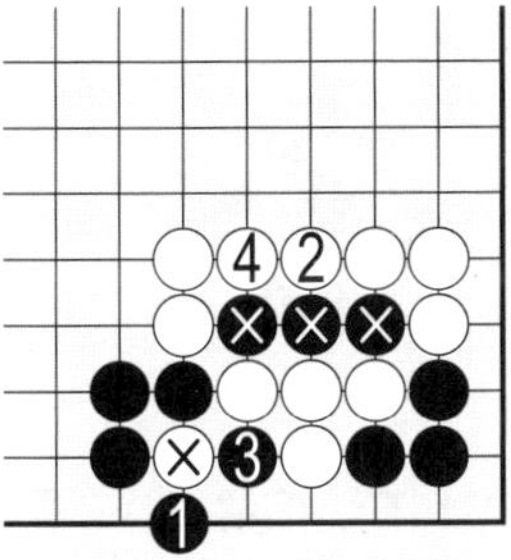

题 112　失败

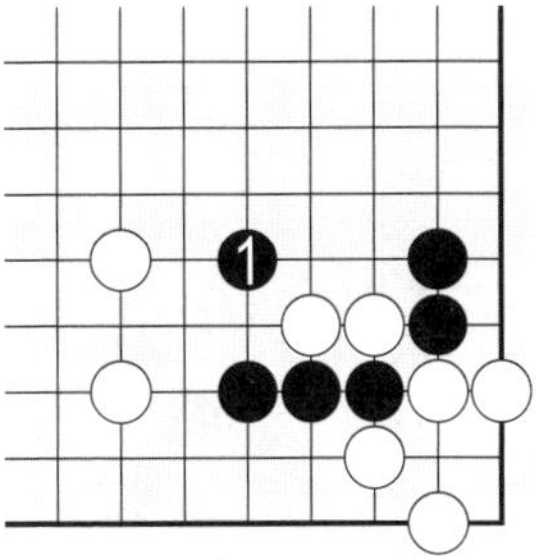

题 113　正解

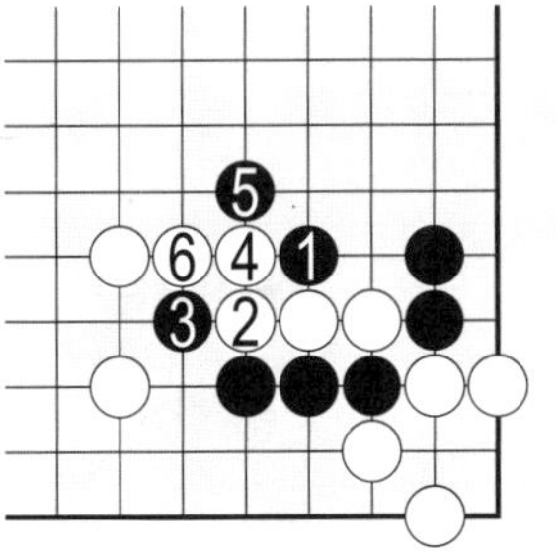

题 113　失败

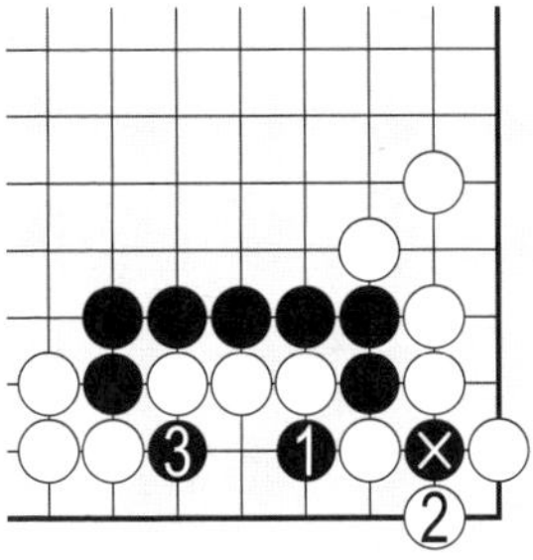

题 114　正解

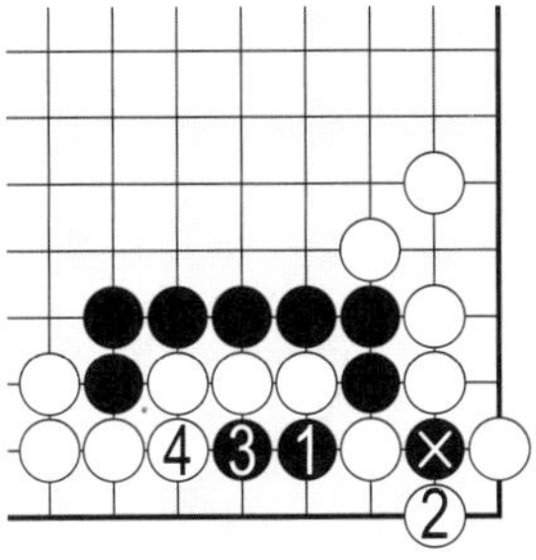

题 114　失败

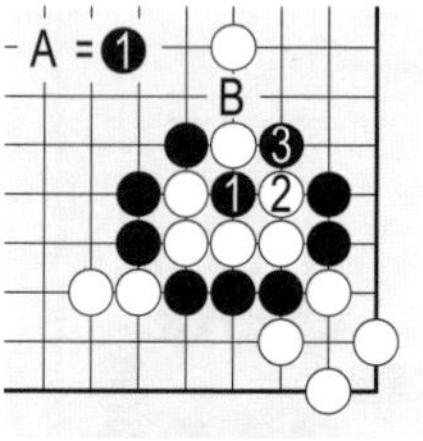

题 115　正解 1
A、B 见合

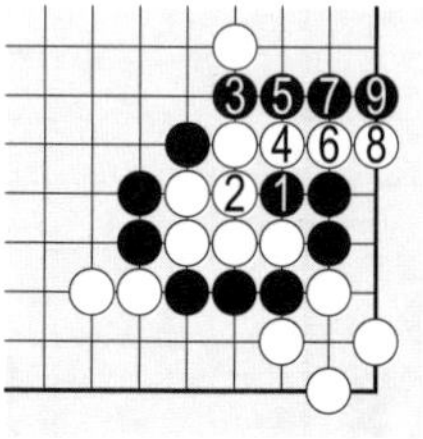

题 115　正解 2

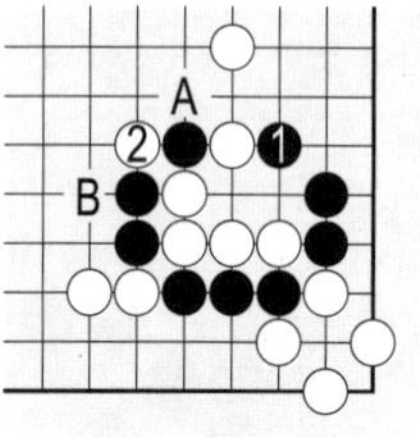

题 115　失败
A、B 见合

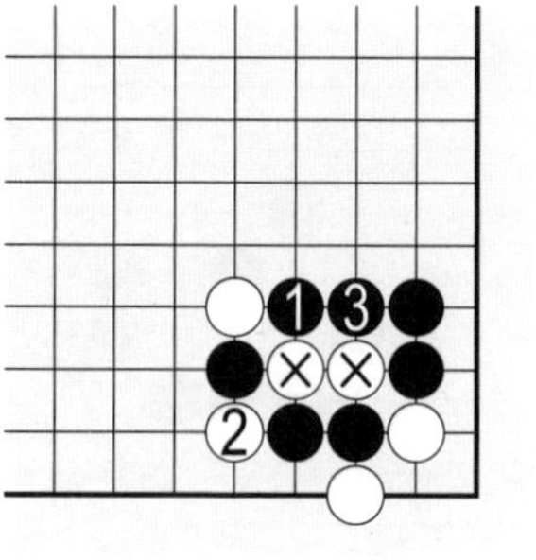

题 116　正解

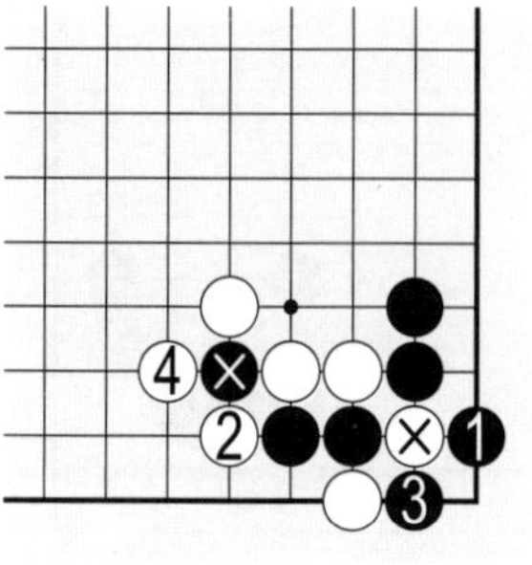

题 116　失败

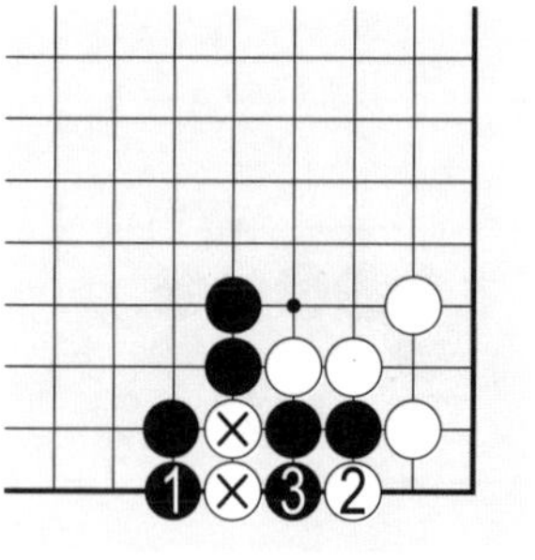

题 117　正解

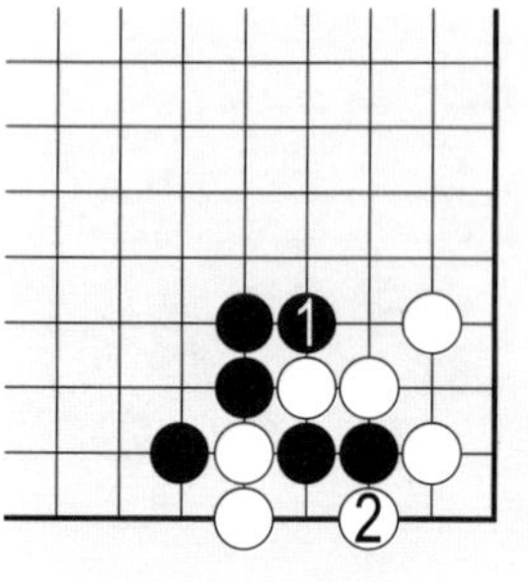

题 117　失败

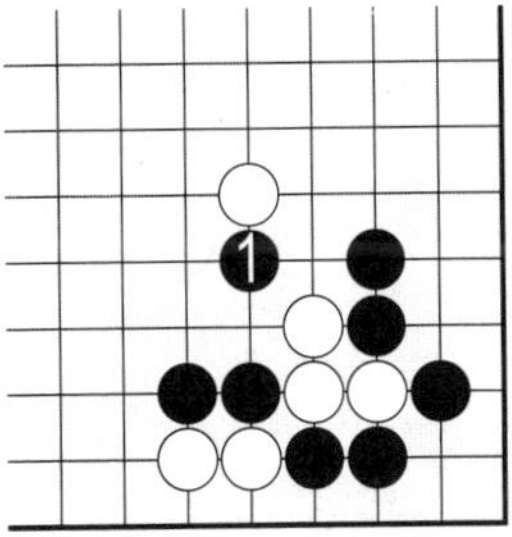

题 118　正解

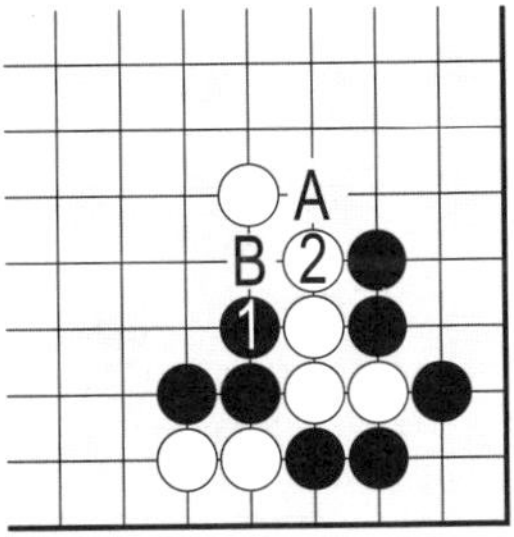

题 118　失败 A、B 见合

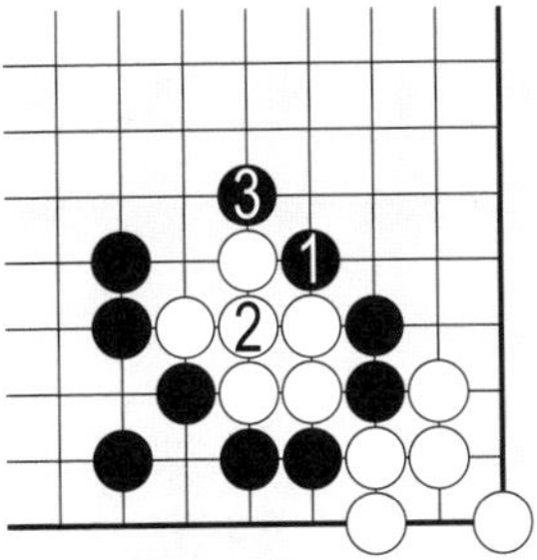

题 119　正解

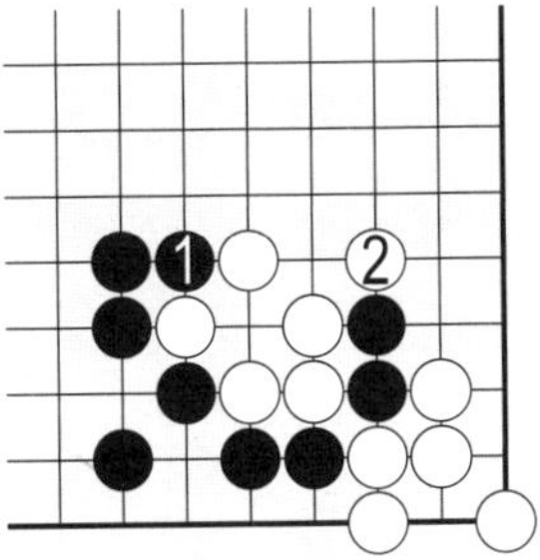

题 119　失败

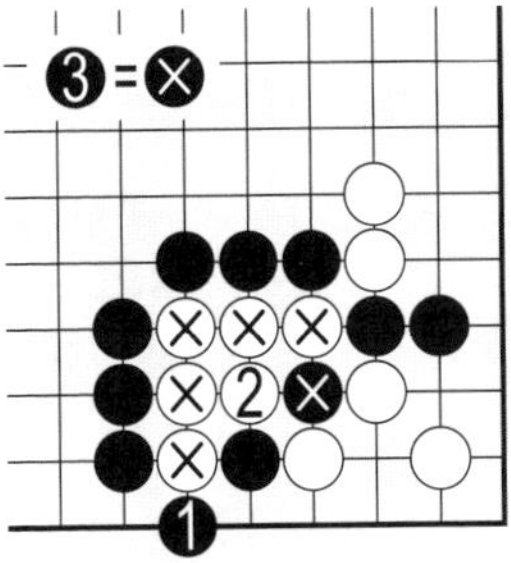

题 120　正解

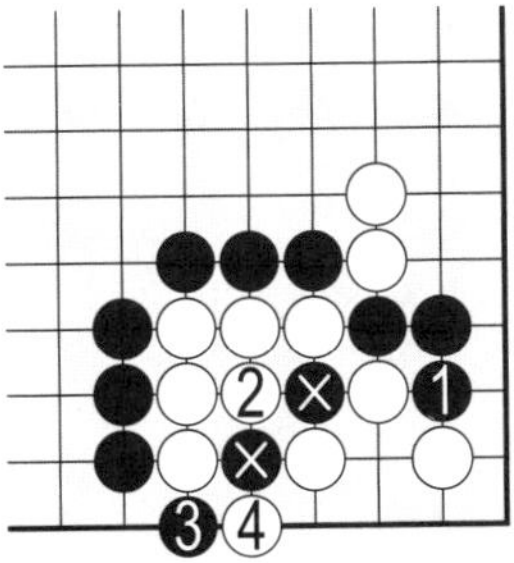

题 120　失败

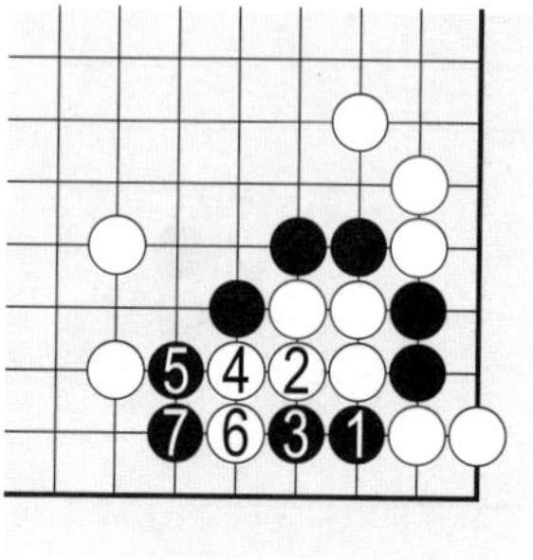

题 121　正解

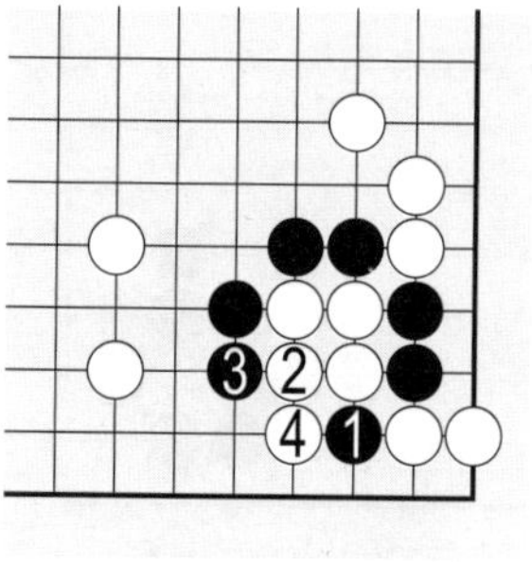

题 121　失败

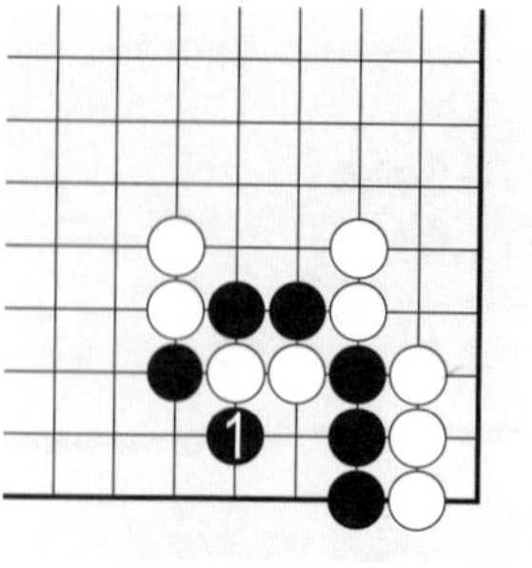

题 122　正解

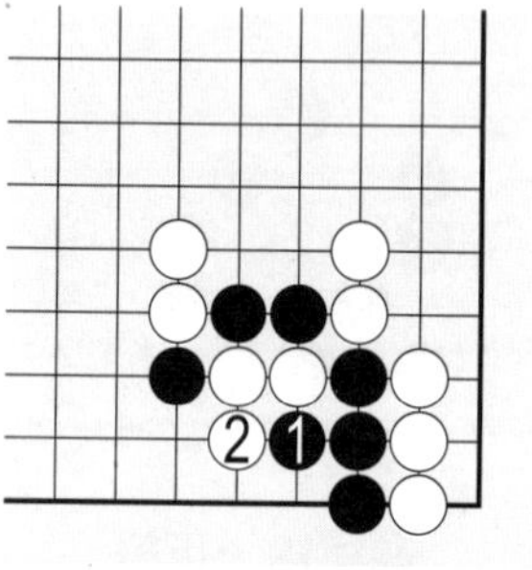

题 122　失败

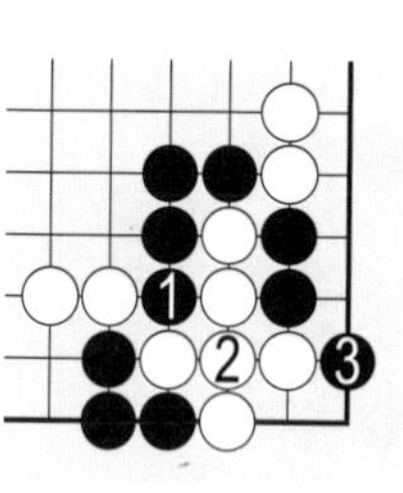

题 123　正解

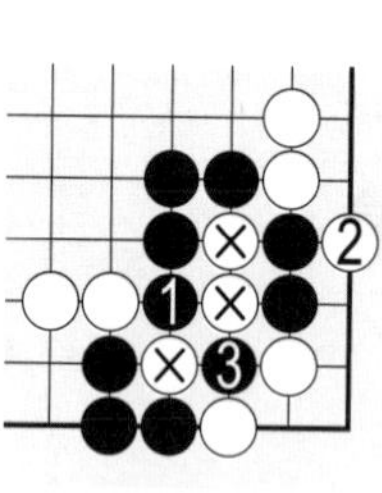

题 123　变化

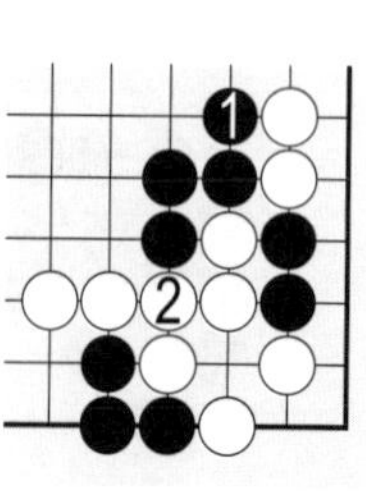

题 123　失败

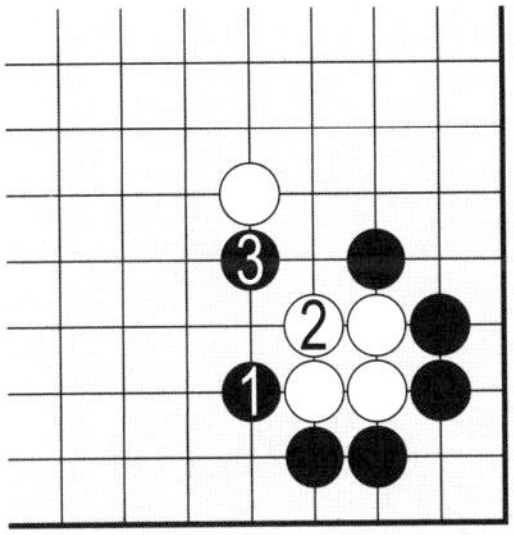

题 124　正解

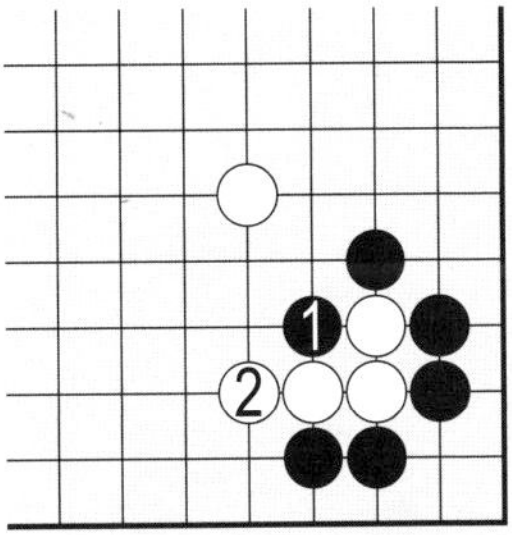

题 124　失败

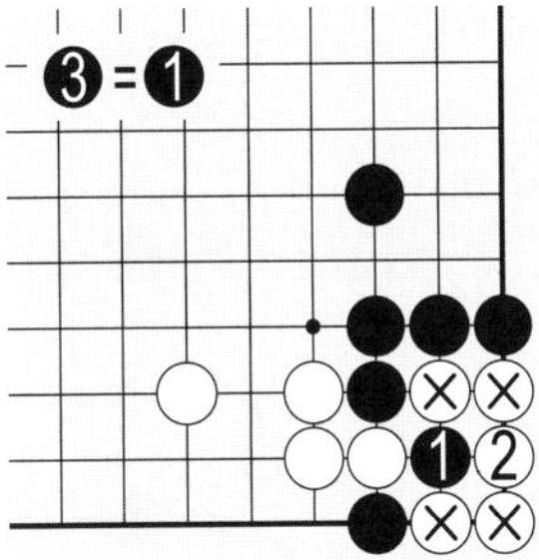

题 125　正解

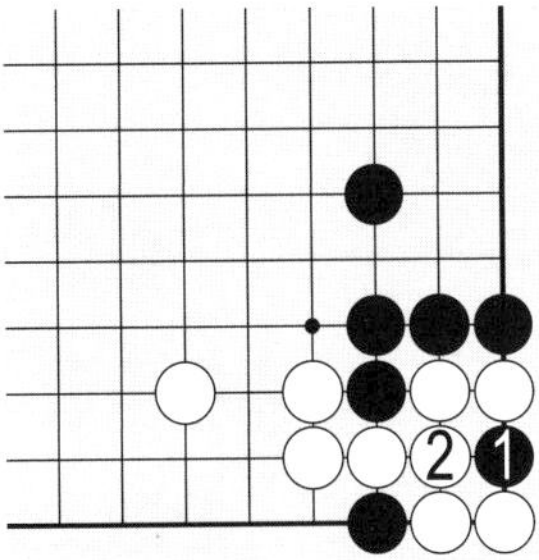

题 125　失败

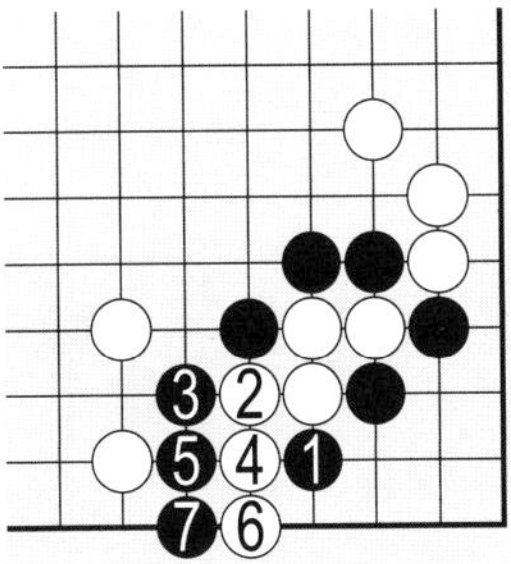

题 126　正解

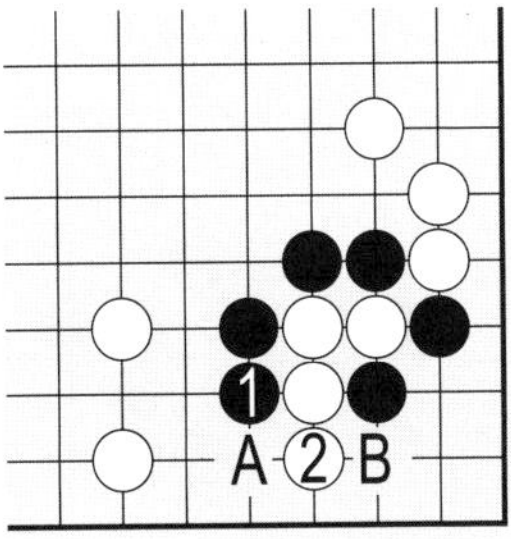

题 126　失败 A、B 见合

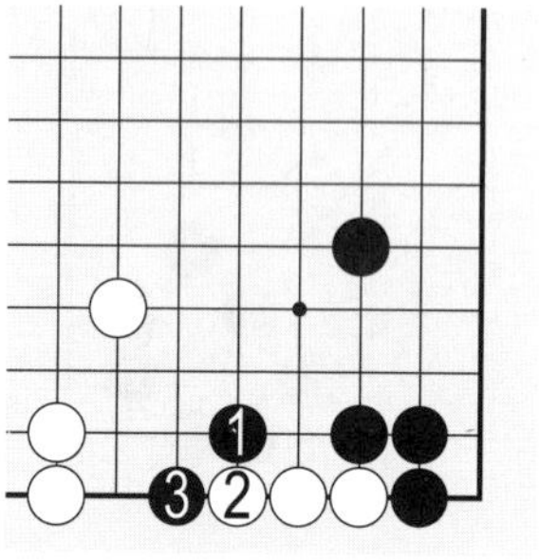

题 127　正解

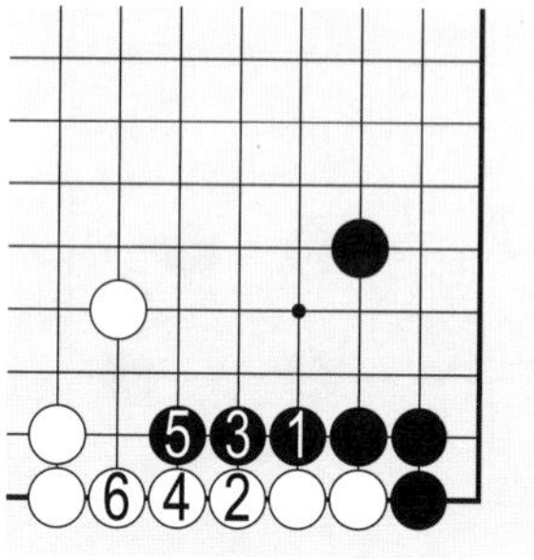

题 127　失败

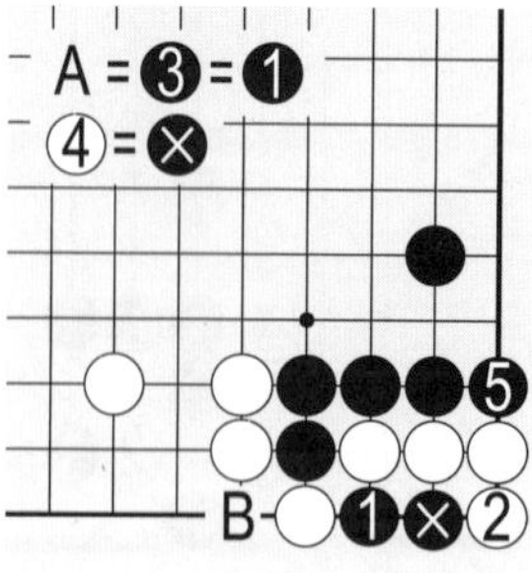

题 128　正解 A、B 见合

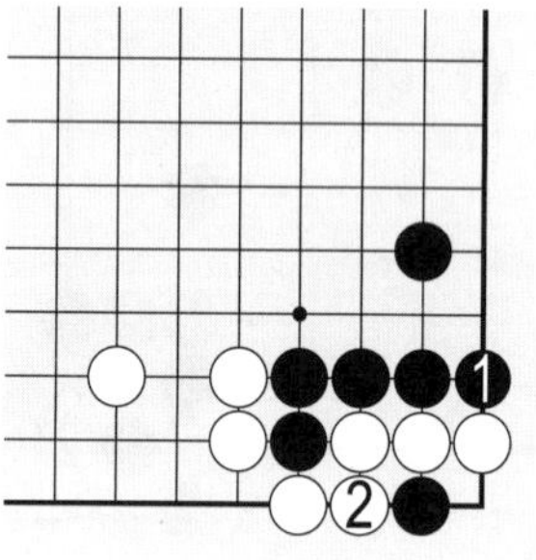

题 128　失败

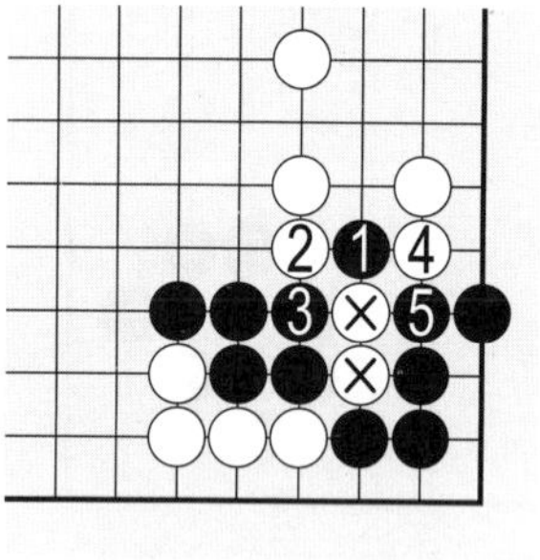

题 129　正解

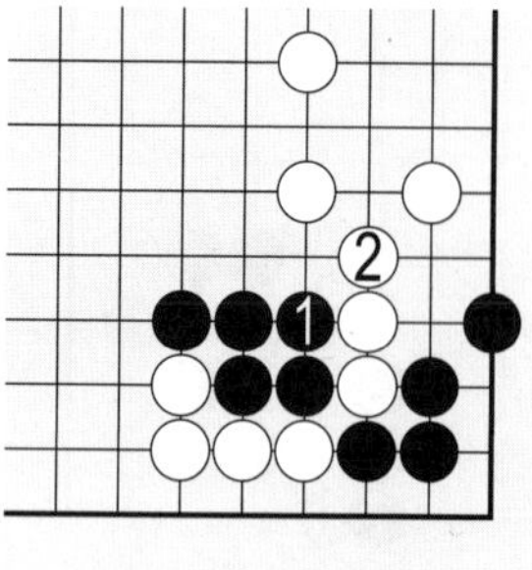

题 129　失败

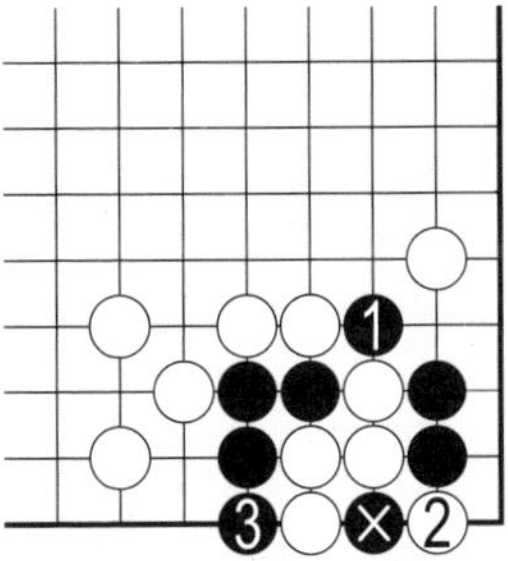

题 130　正解

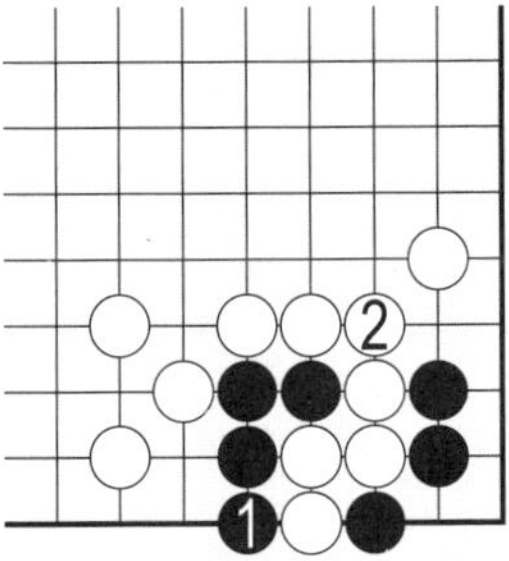

题 130　失败

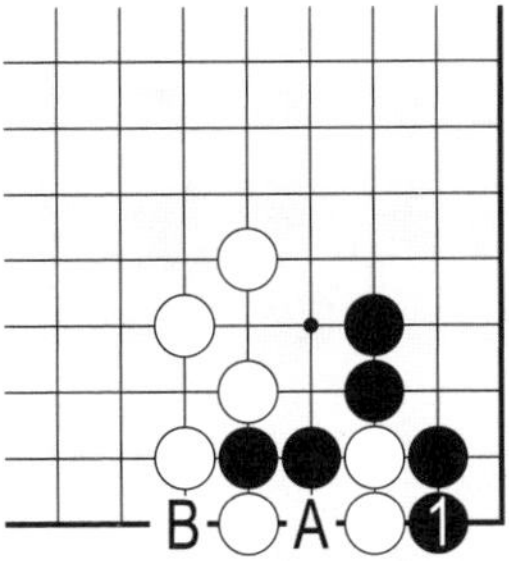

题 131　正解　A、B 见合

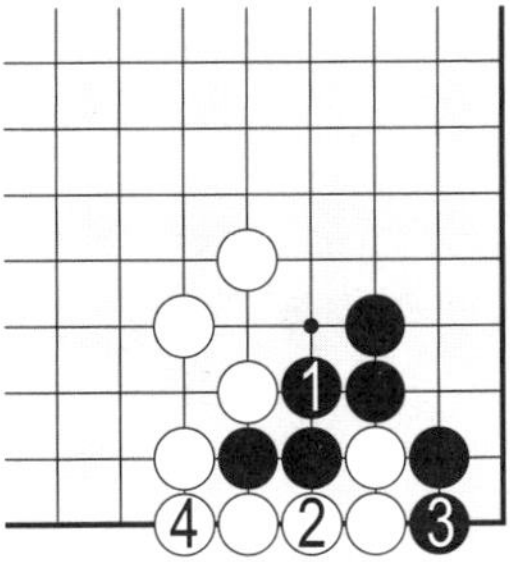

题 131　失败

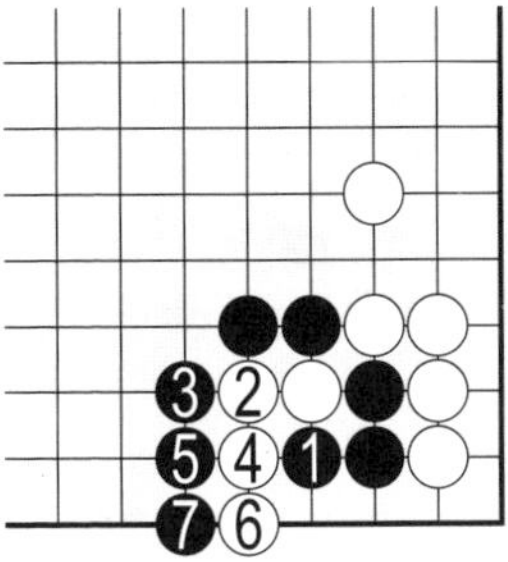

题 132　正解

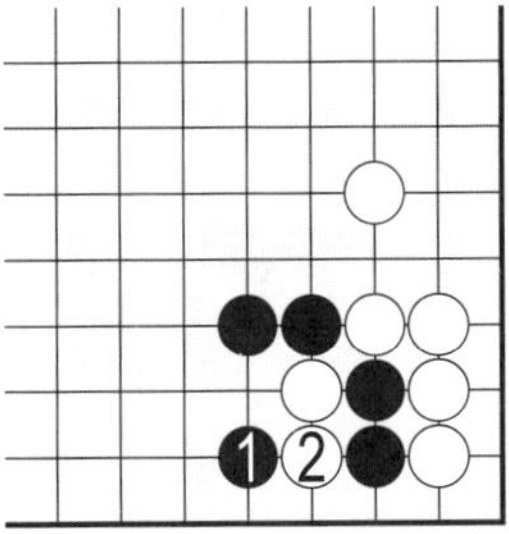

题 132　失败

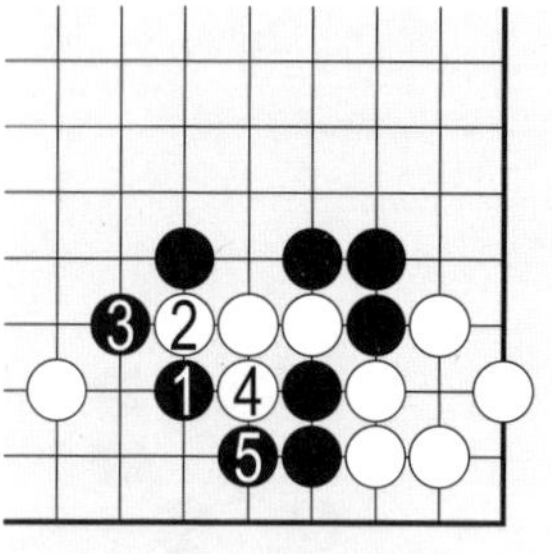

题 133　正解

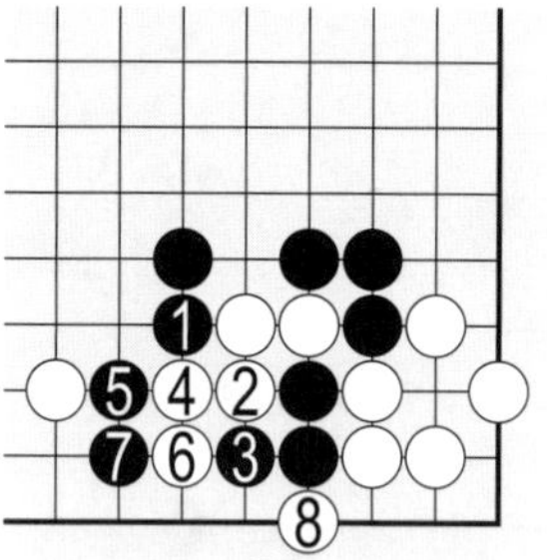

题 133　失败

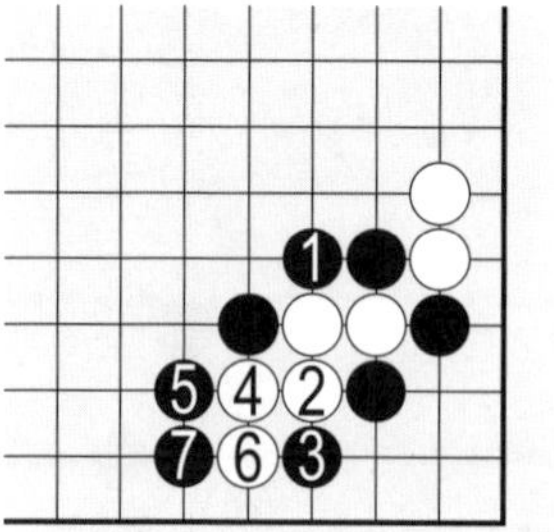

题 134　正解

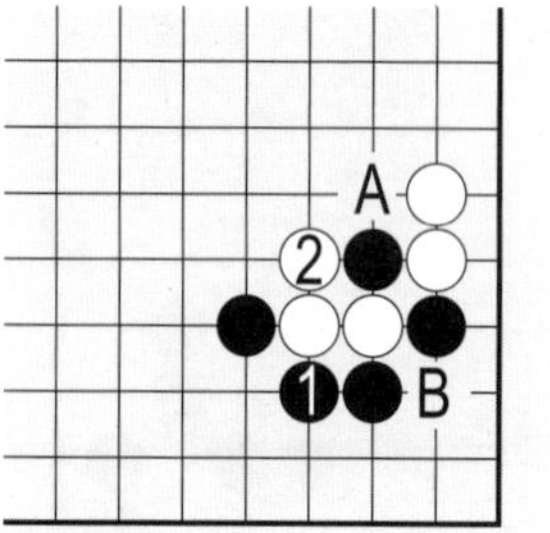

题 134　失败 A、B 见合

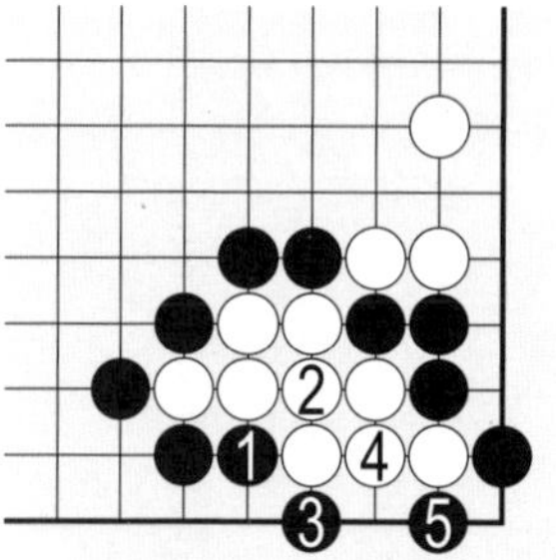

题 135　正解

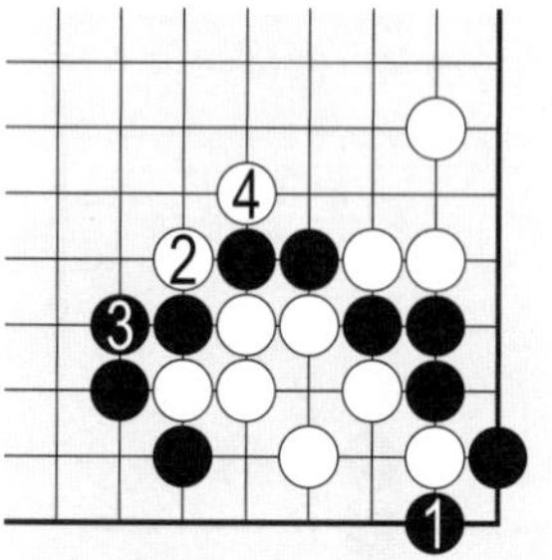

题 135　失败

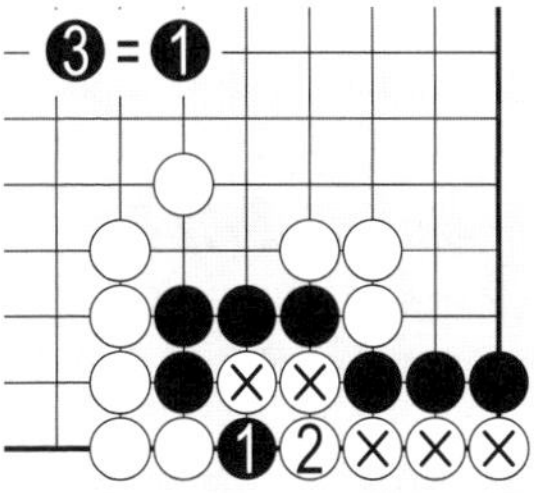

题 136　正解

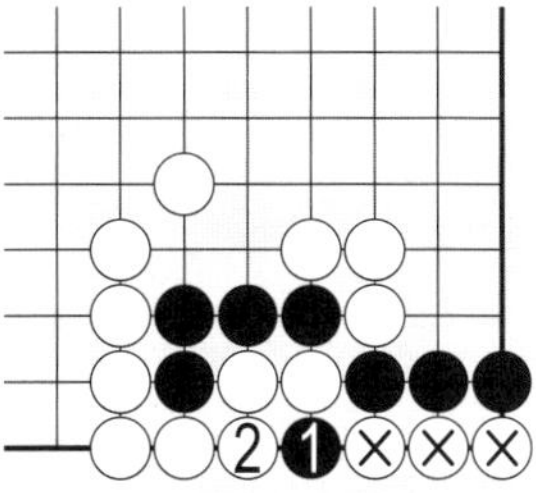

题 136　失败

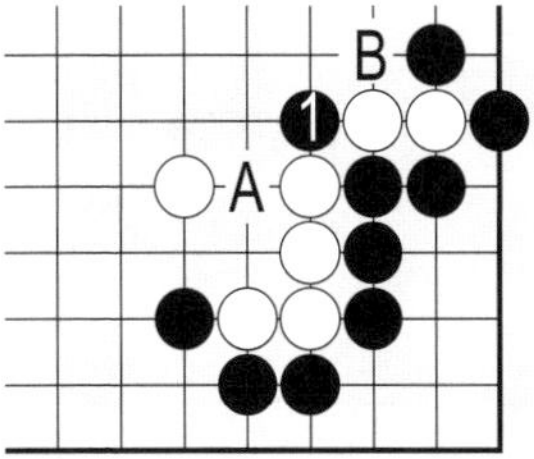

题 137　正解 A、B 见合

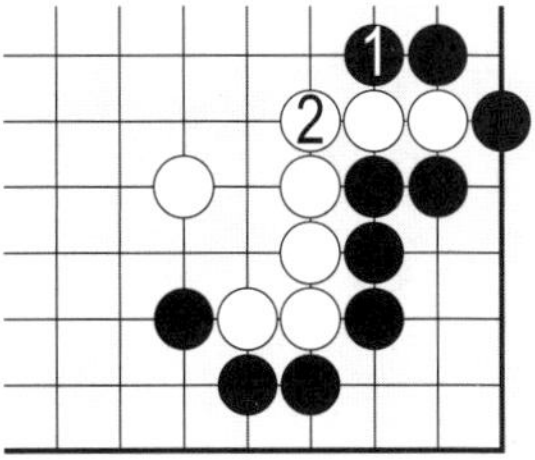

题 137　失败

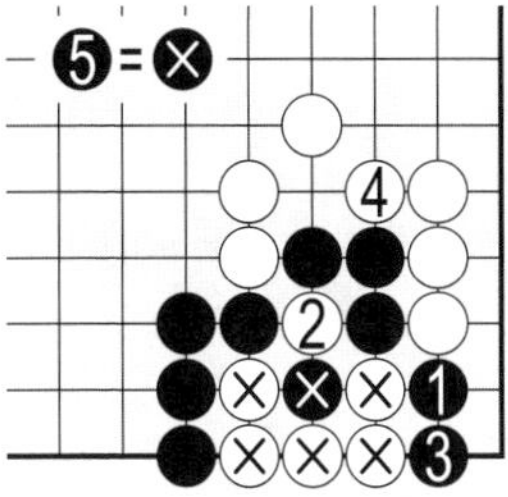

题 138　正解

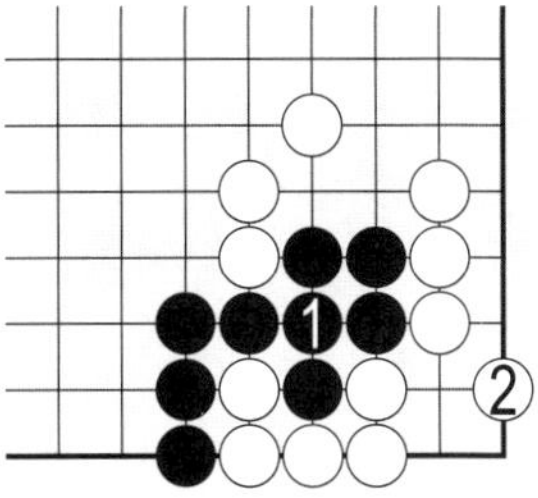

题 138　失败

16级～ 14级答案

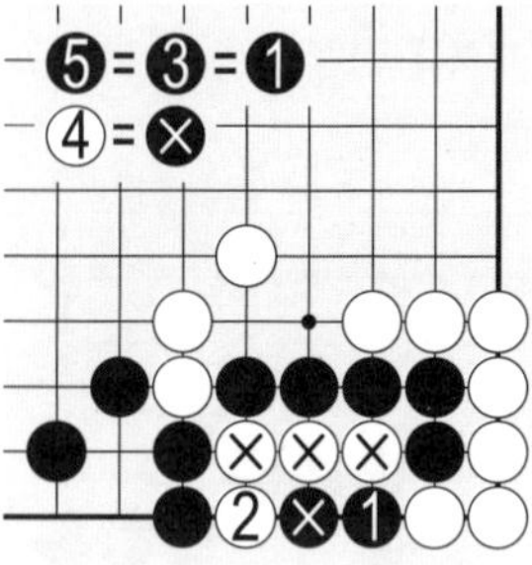

题 139　正解

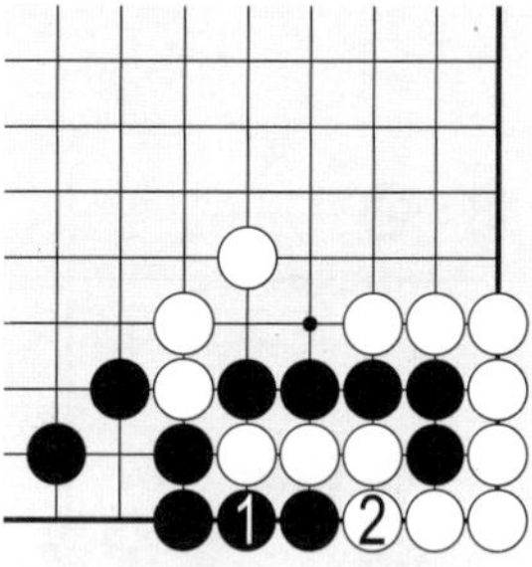

题 139　失败

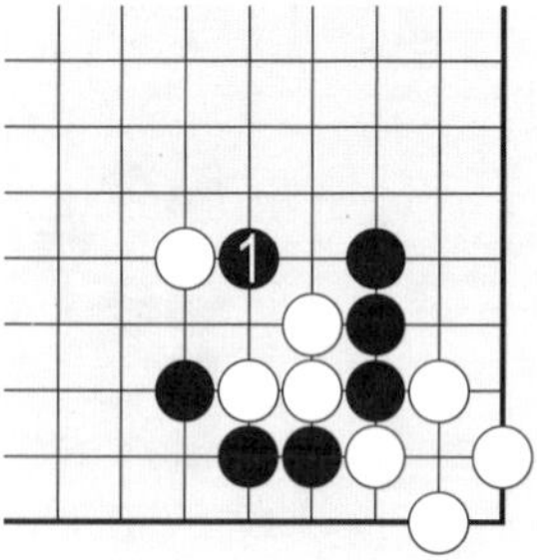

题 140　正解

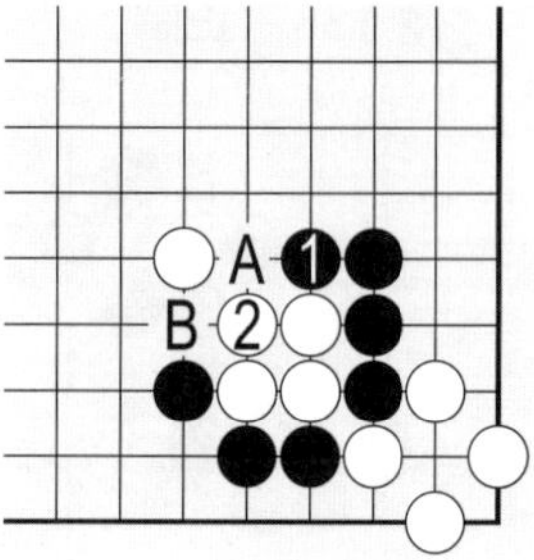

题 140　失败　A、B 见合

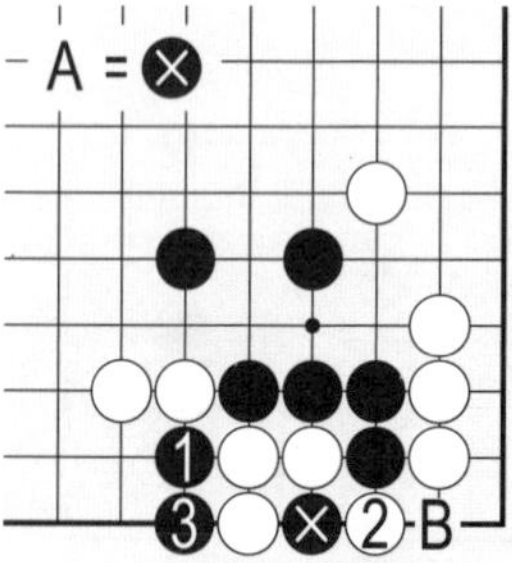

题 141　正解　A、B 见合

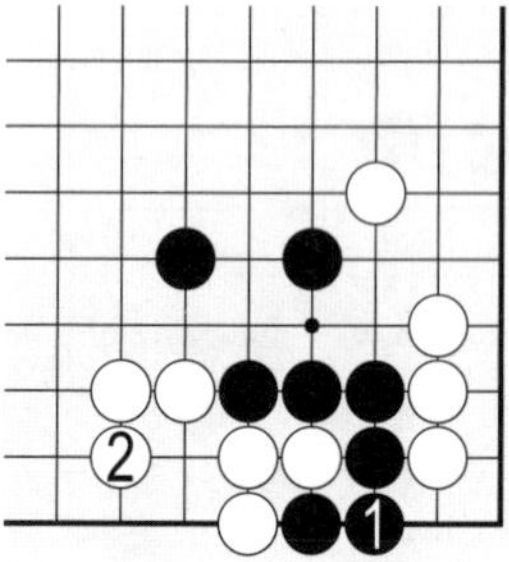

题 141　失败

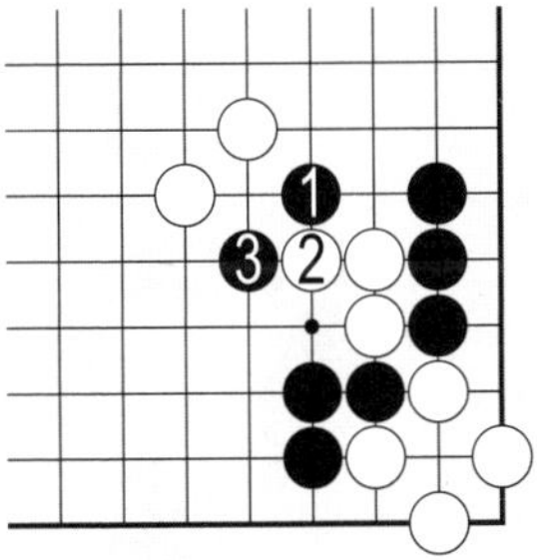

题 142　正解

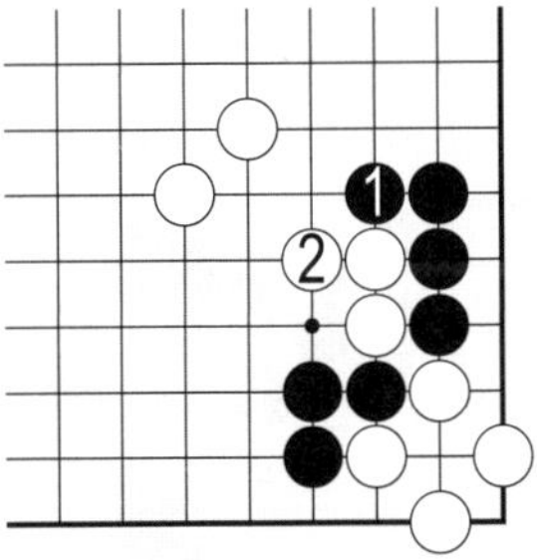

题 142　失败

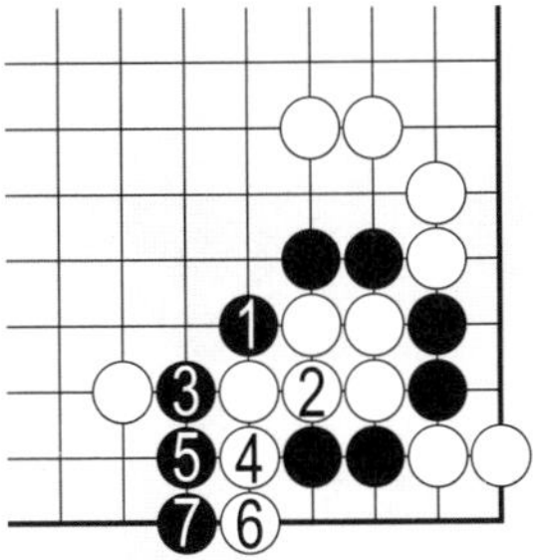

题 143　正解

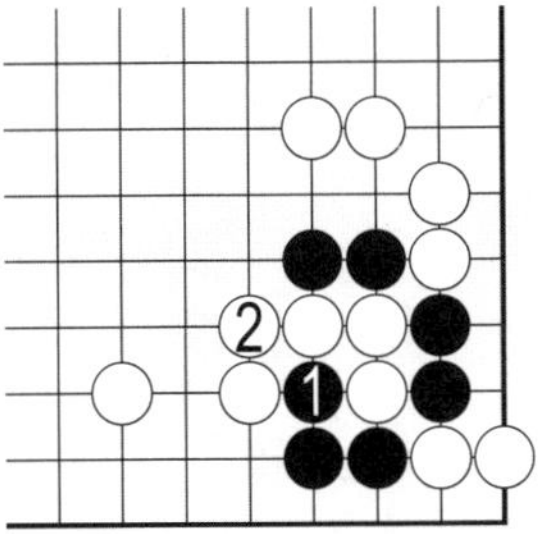

题 143　失败

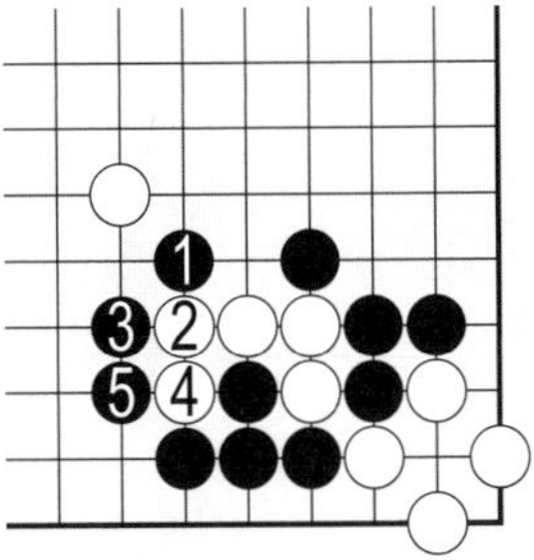

题 144　正解

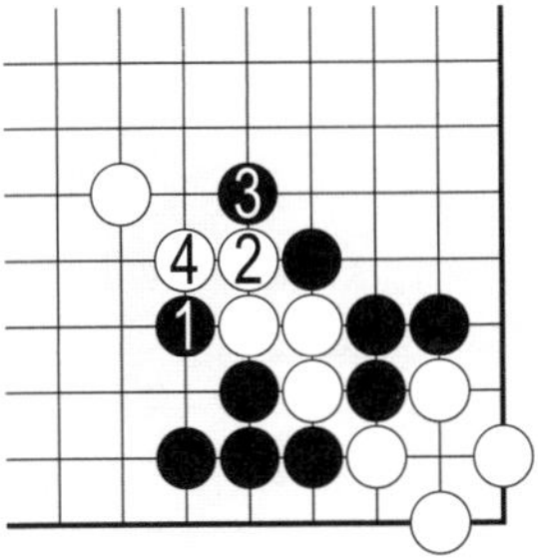

题 144　失败

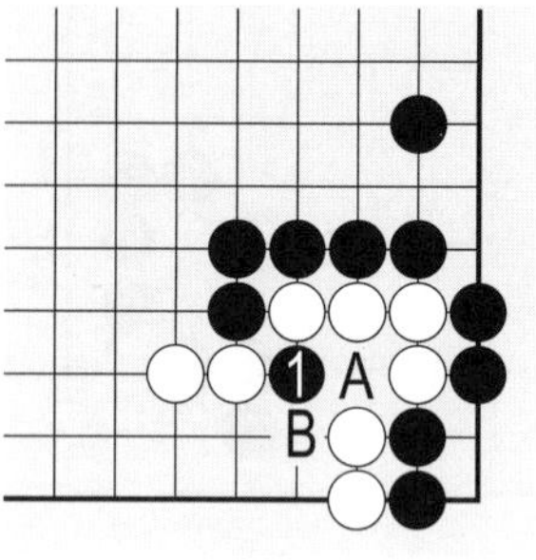

题 145　正解 A、B 见合

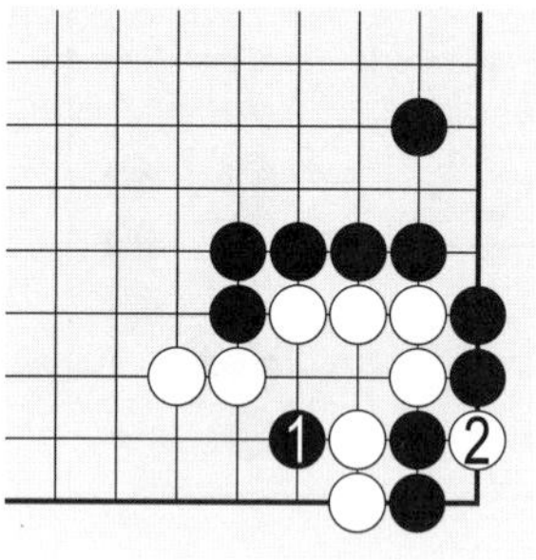

题 145　失败

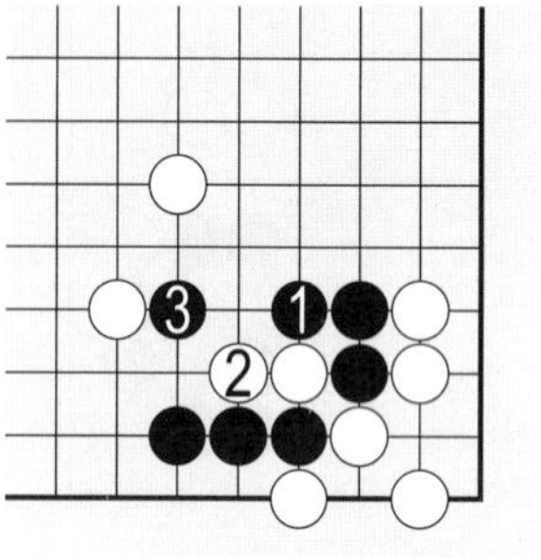

题 146　正解

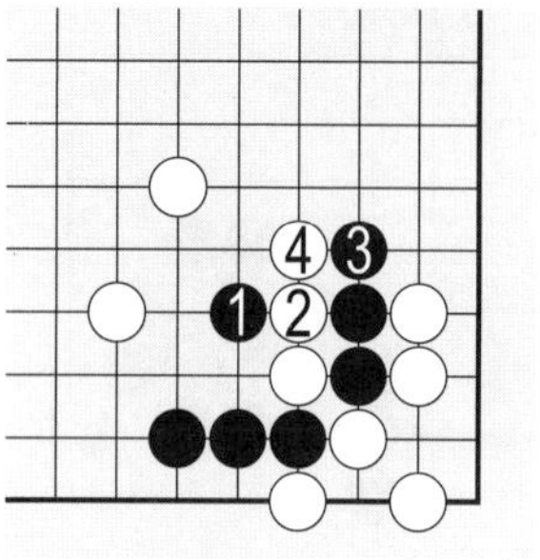

题 146　失败

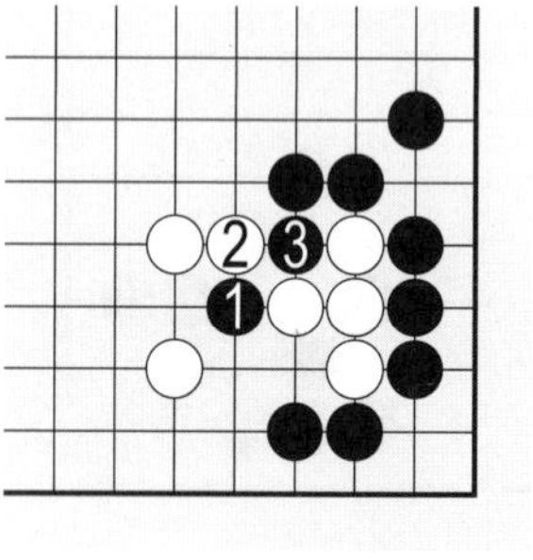

题 147　正解

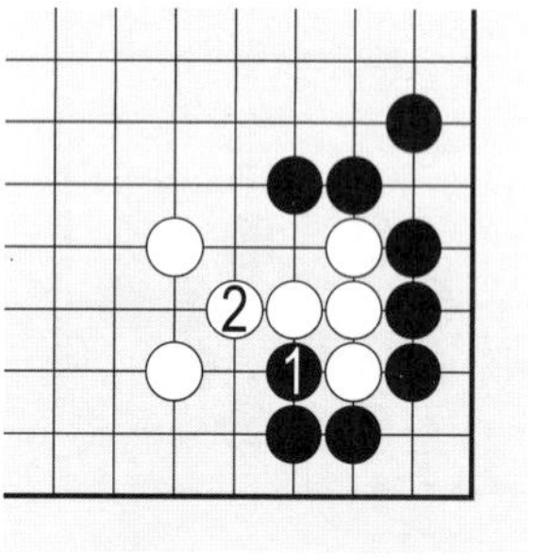

题 147　失败

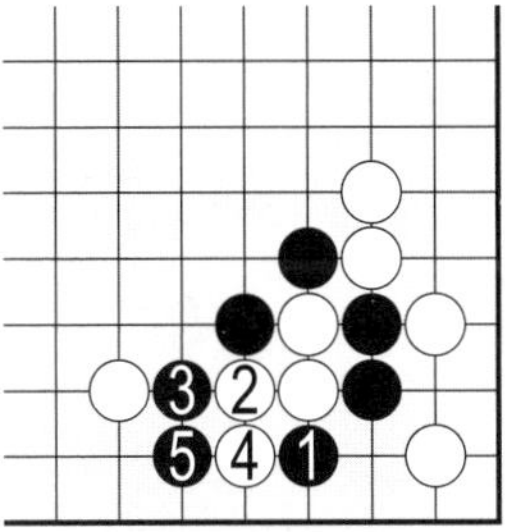

题 148 正解

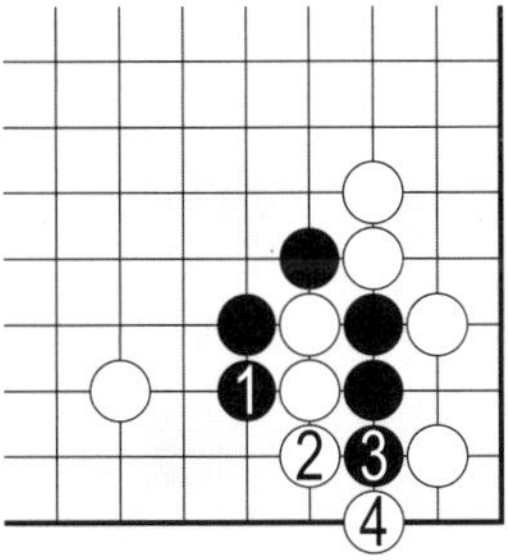

题 148 失败

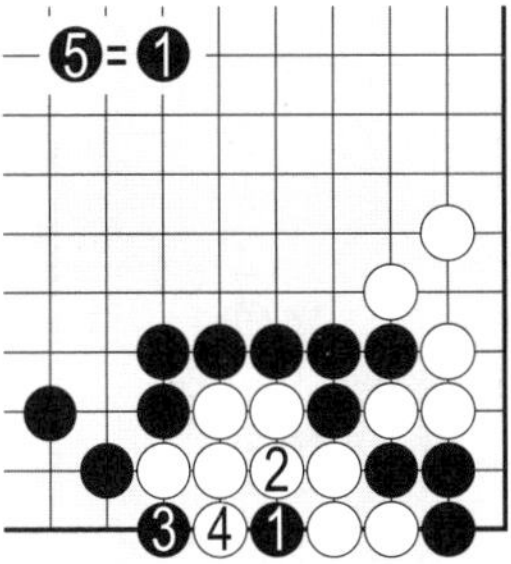

题 149 正解

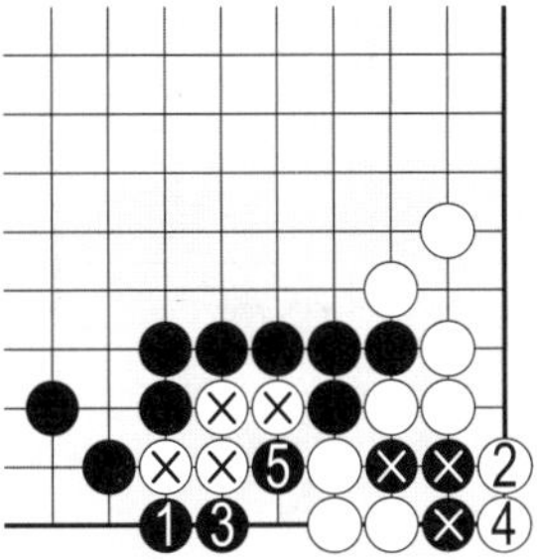

题 149 失败

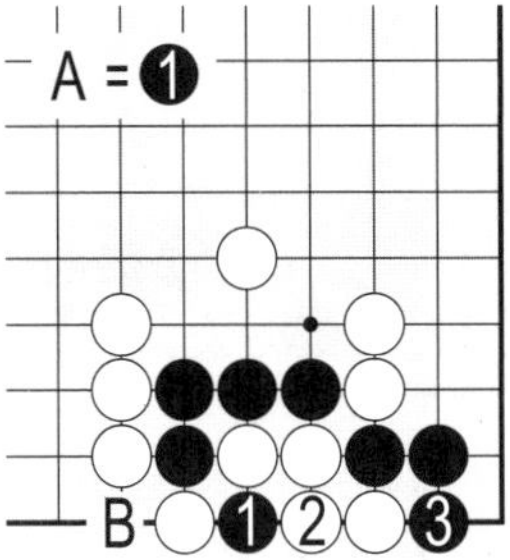

题 150 正解 A、B 见合

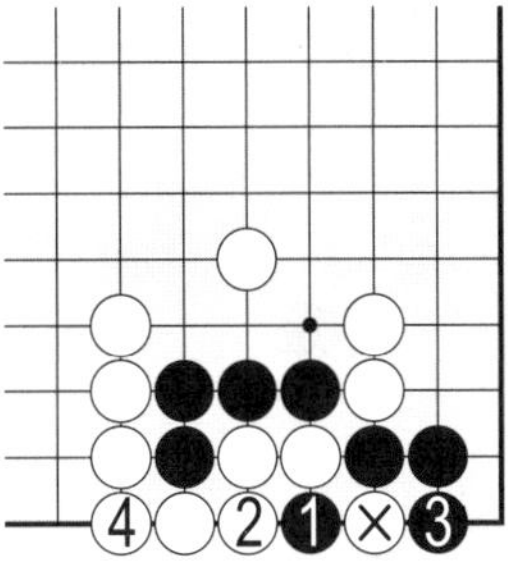

题 150 失败

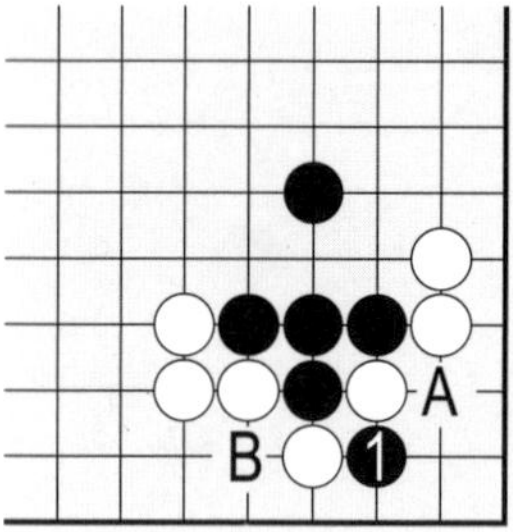

题 151　正解　A、B 见合

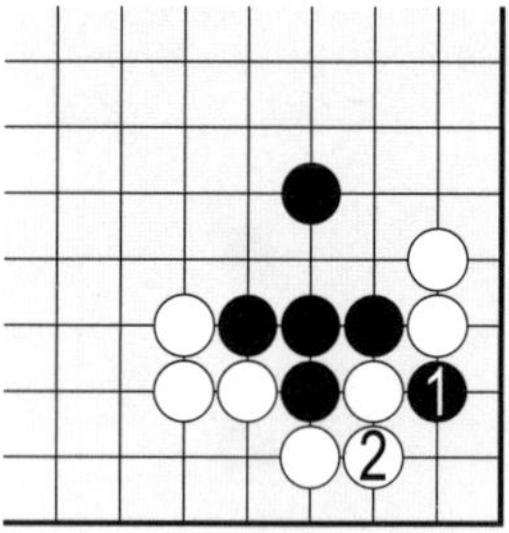

题 151　失败

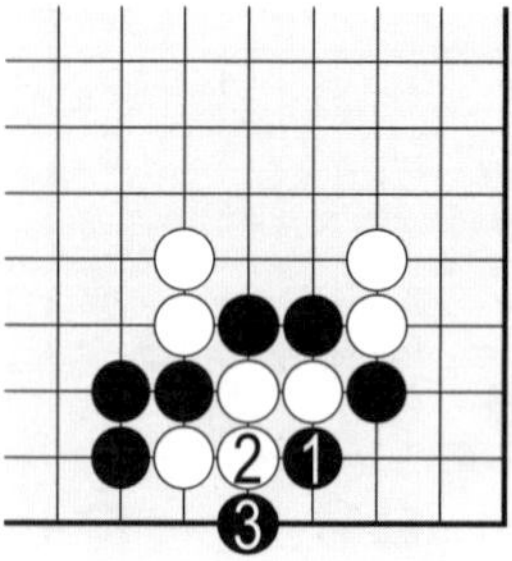

题 152　正解

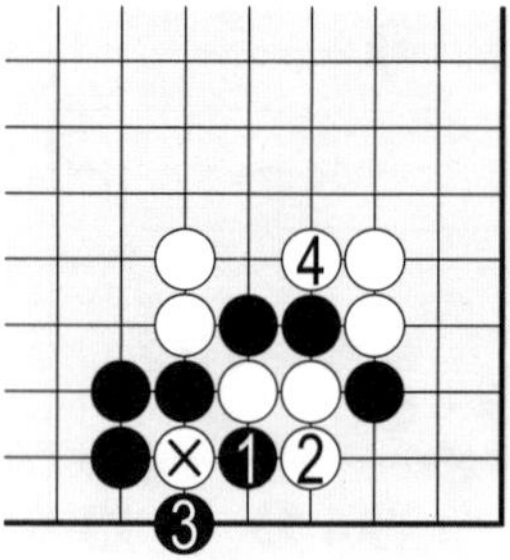

题 152　失败

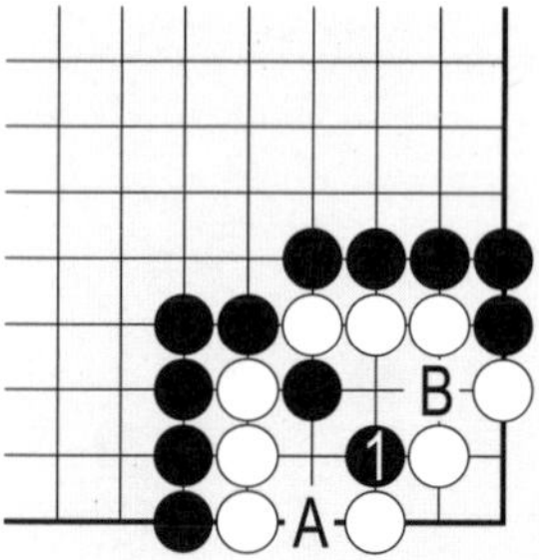

题 153　正解　A、B 见合

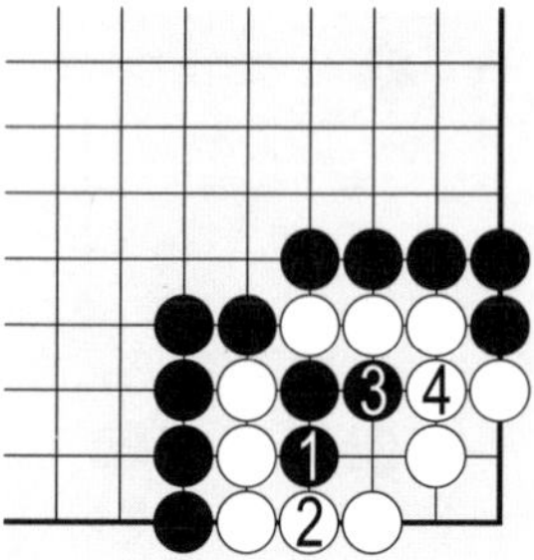

题 153　失败

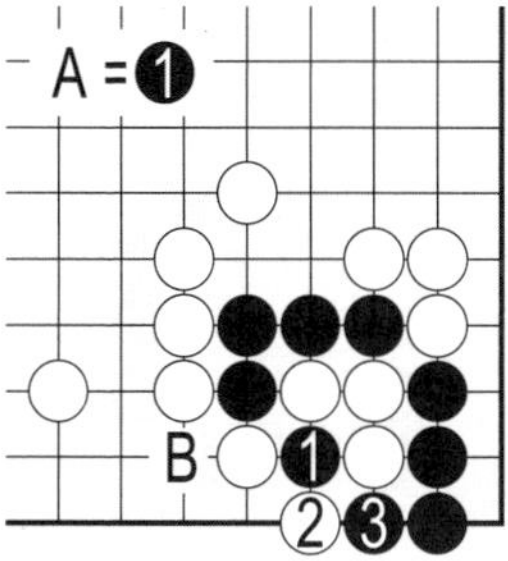

题 154　正解　A、B 见合

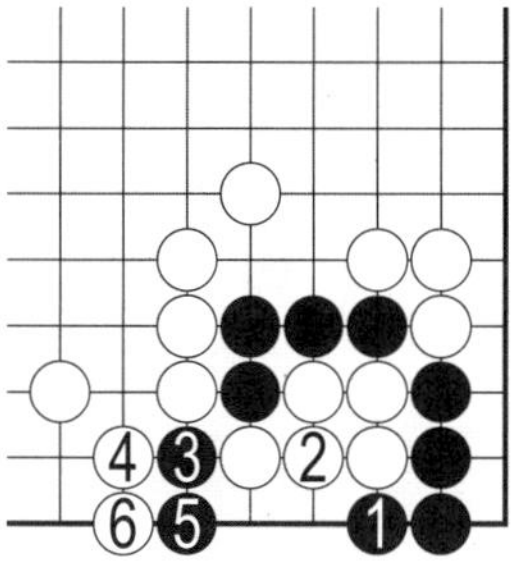

题 154　失败

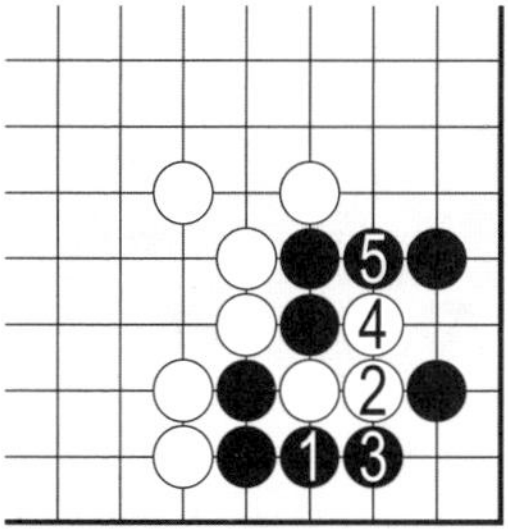

题 155　正解

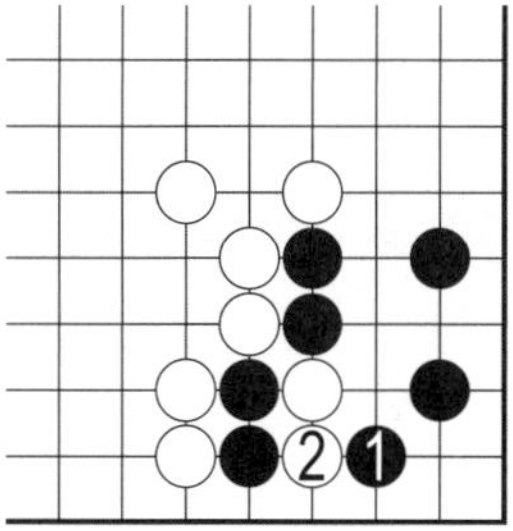

题 155　失败

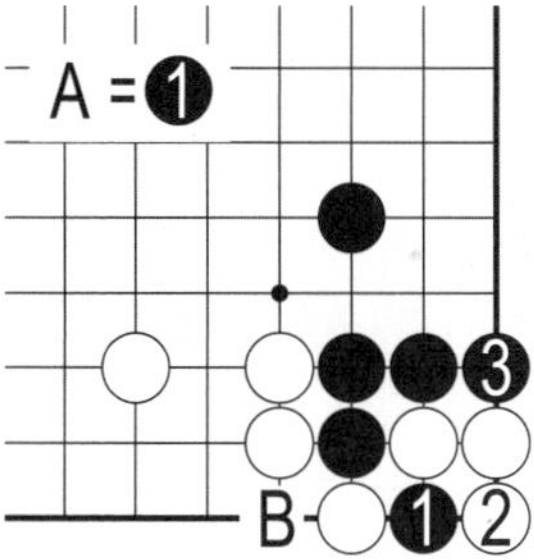

题 156　正解　A、B 见合

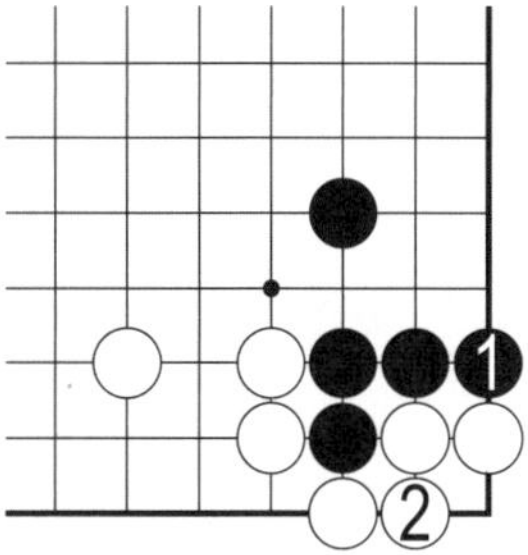

题 156　失败

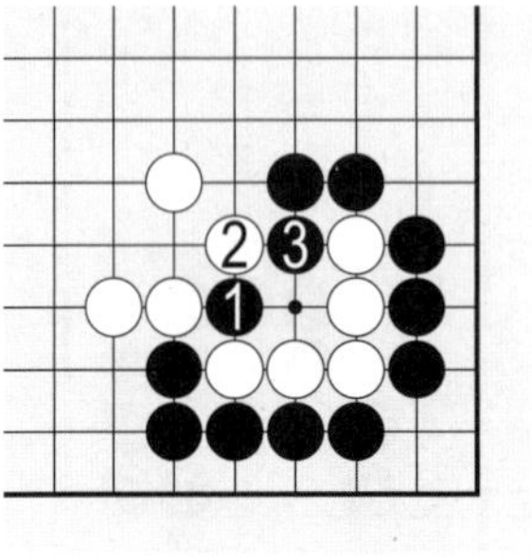

题 157　正解

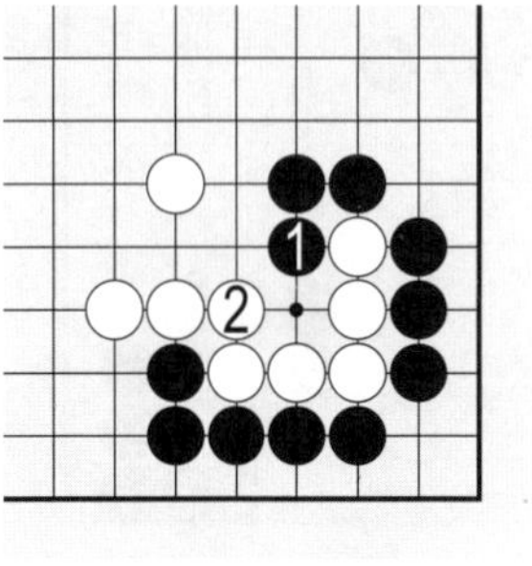

题 157　失败

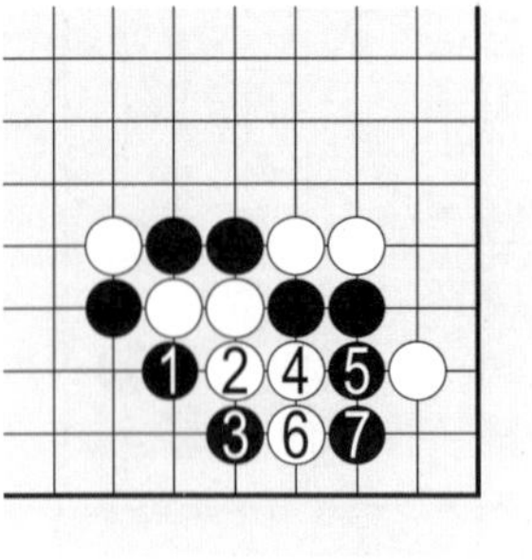

题 158　正解

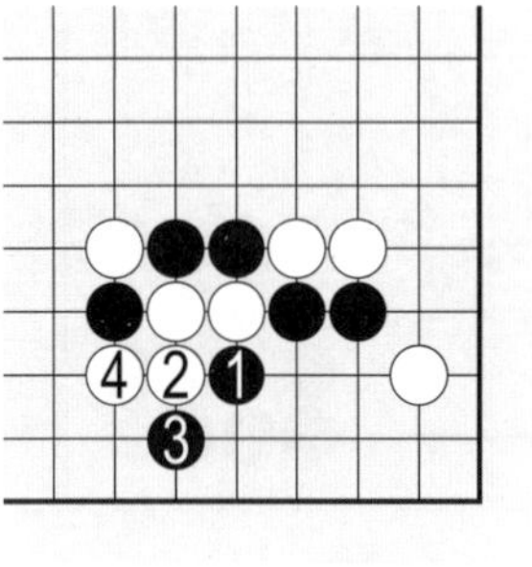

题 158　失败

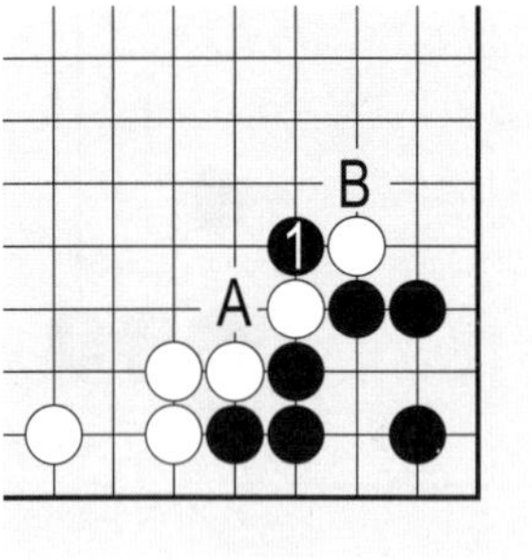

题 159　正解　A、B 见合

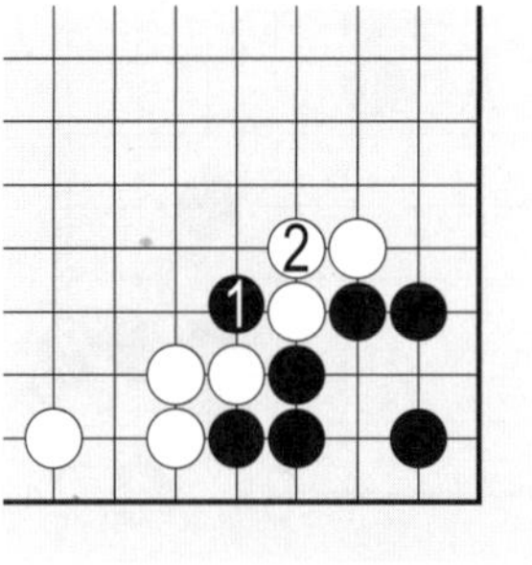

题 159　失败

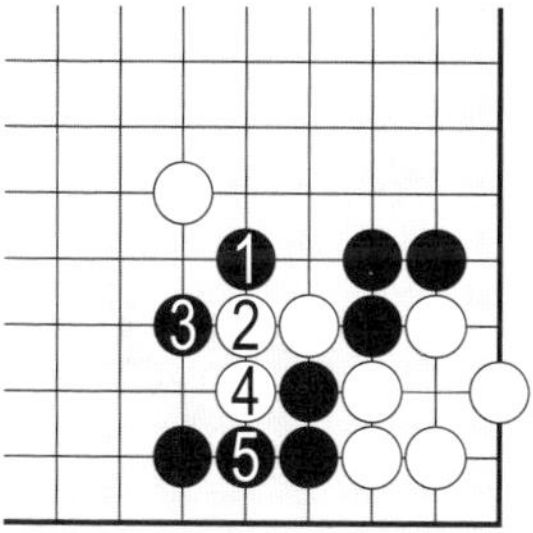

题 160　正解

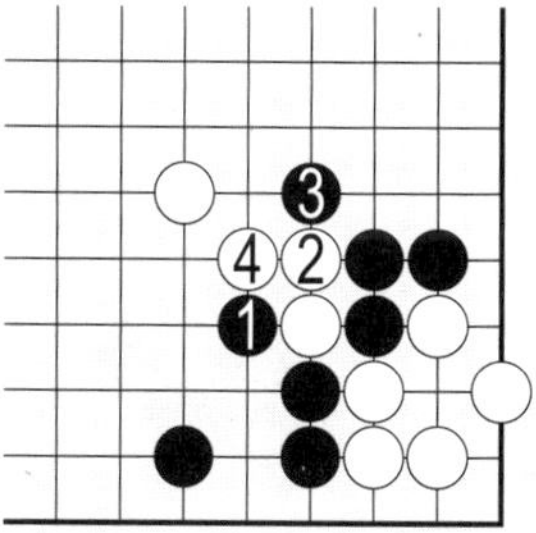

题 160　失败

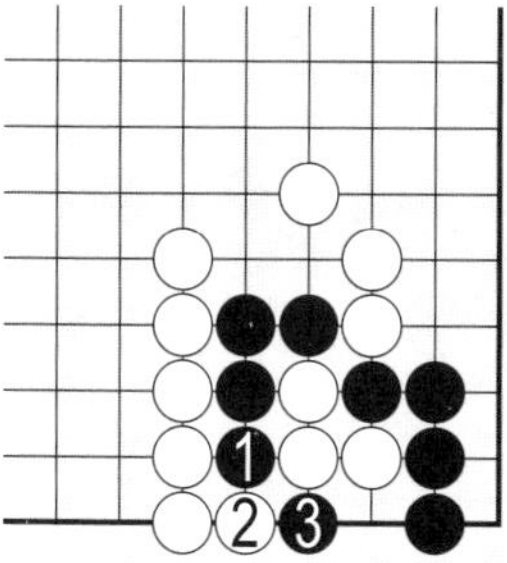

题 161　正解

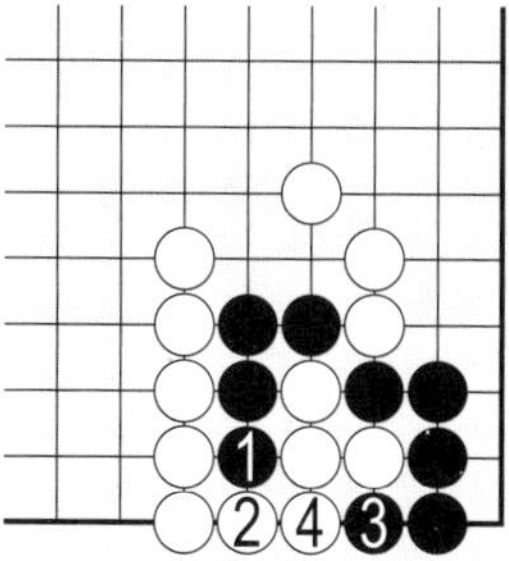

题 161　失败

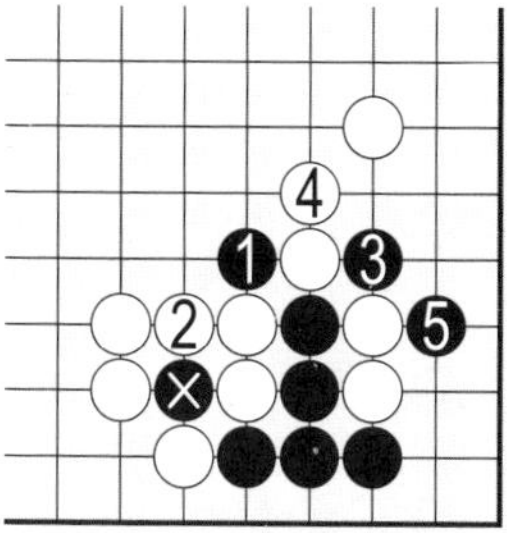

题 162　正解

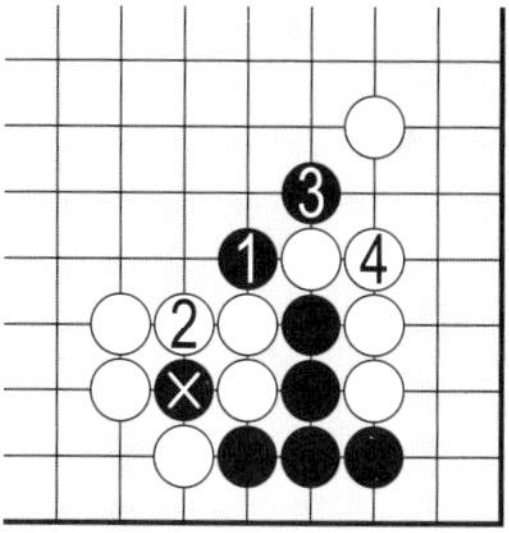

题 162　失败

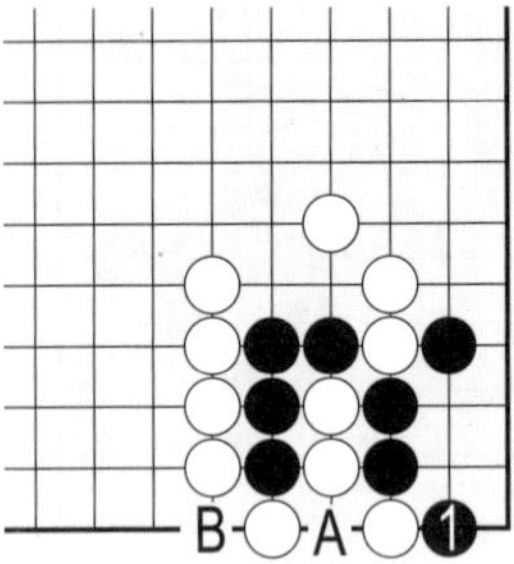

题 163　正解 A、B 见合

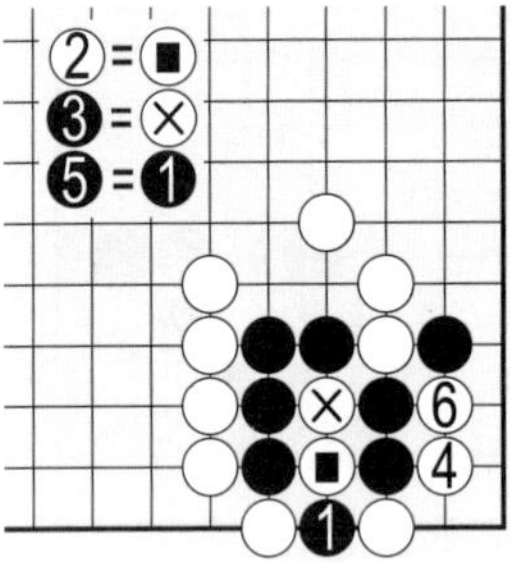

题 163　失败

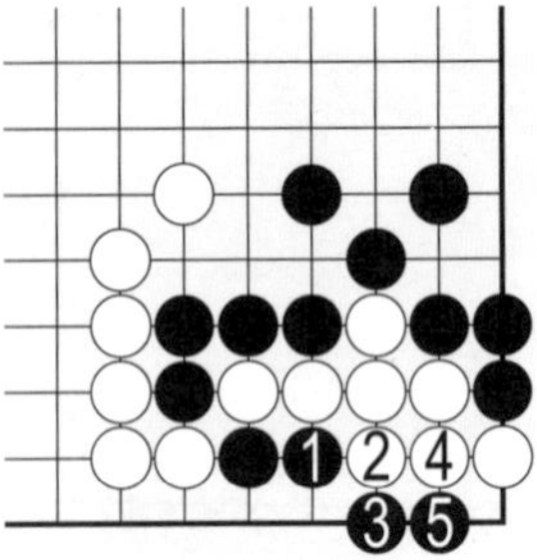

题 164　正解

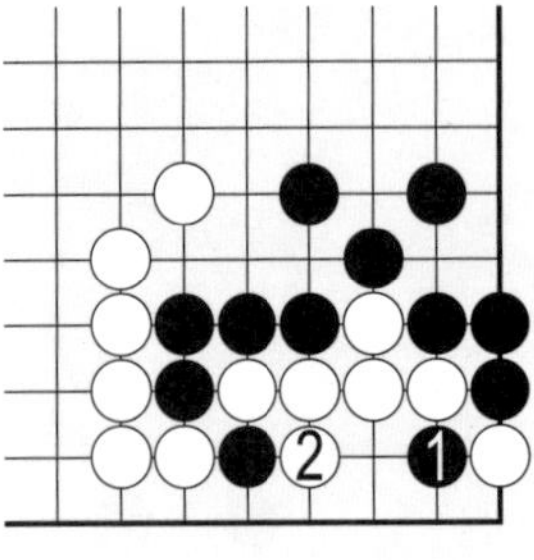

题 164　失败

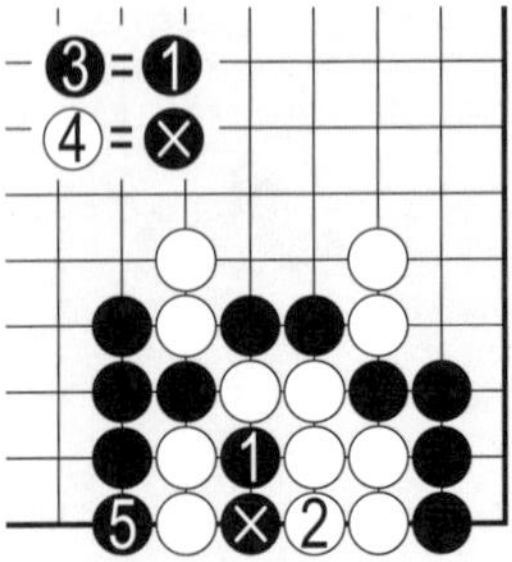

题 165　正解

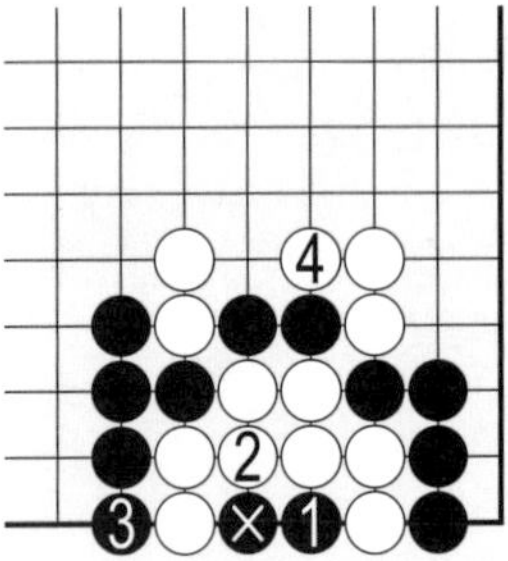

题 165　失败

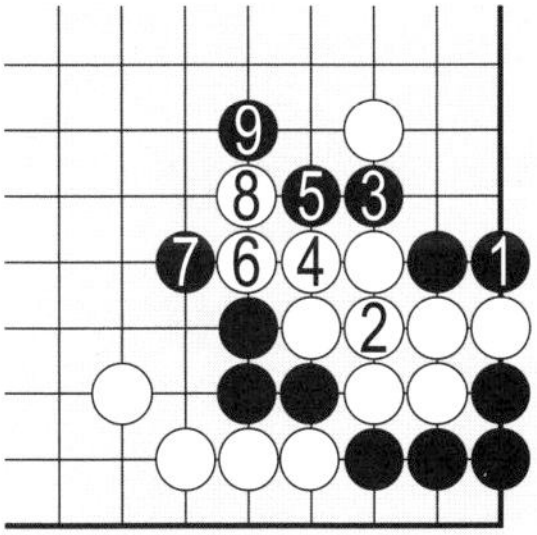

题 166　正解

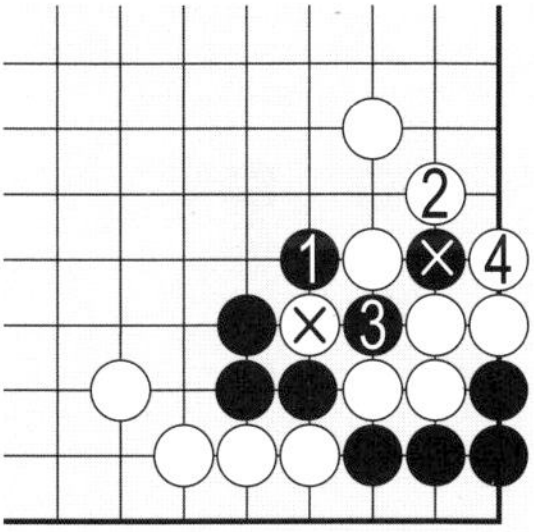

题 166　失败

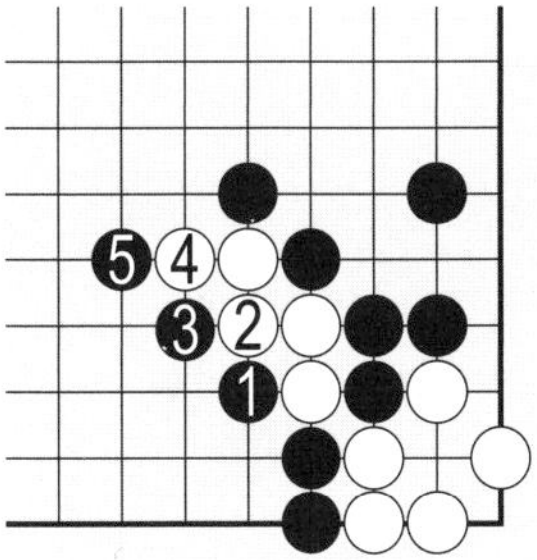

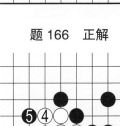

题 167　正解

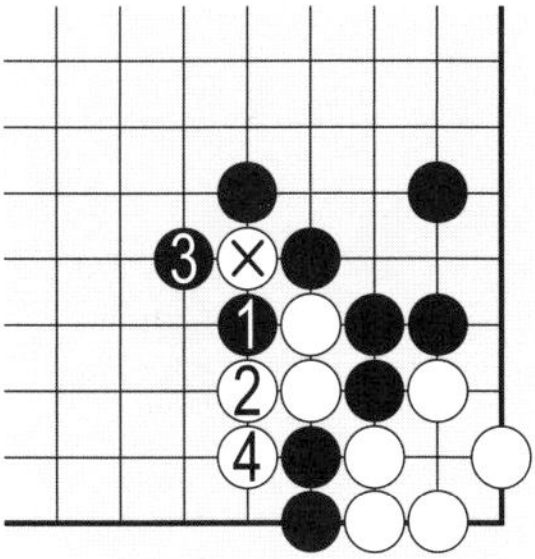

题 167　失败

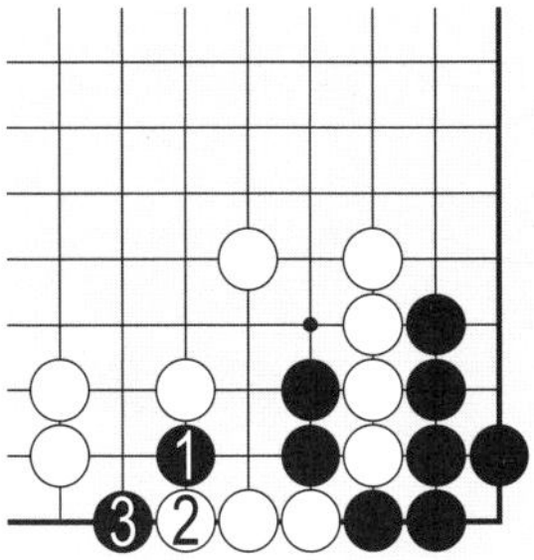

题 168　正解

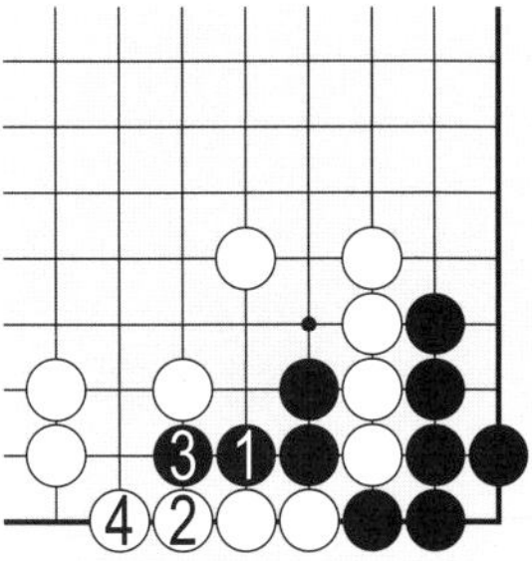

题 168　失败

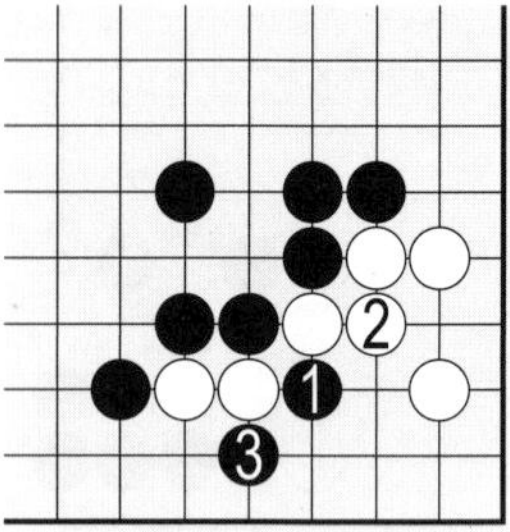

题 169　正解

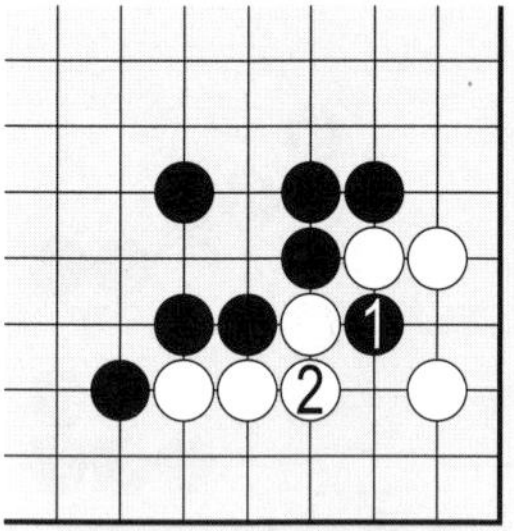

题 169　失败

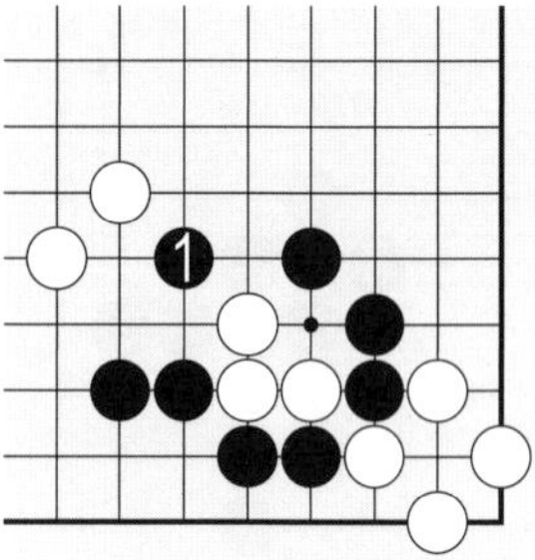

题 170　正解

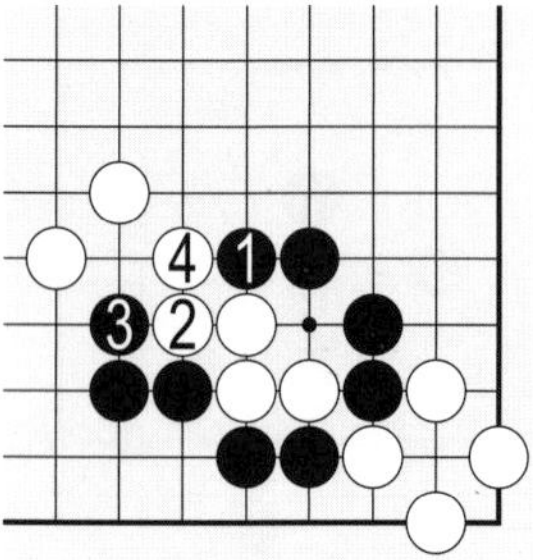

题 170　失败

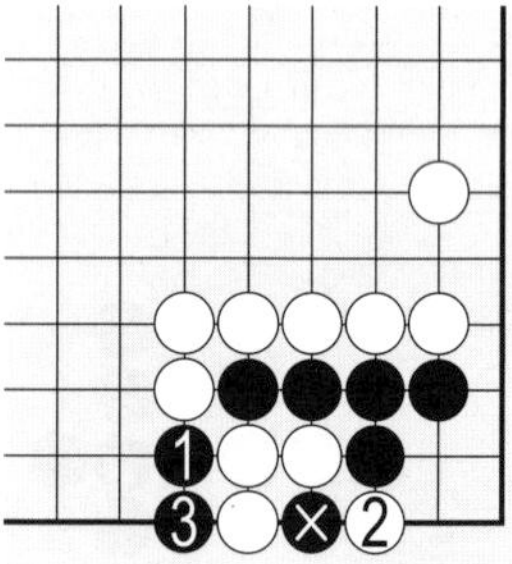

题 171　正解

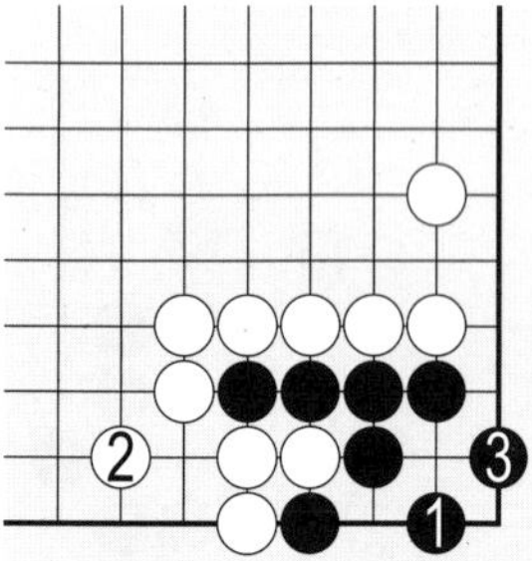

题 171　失败

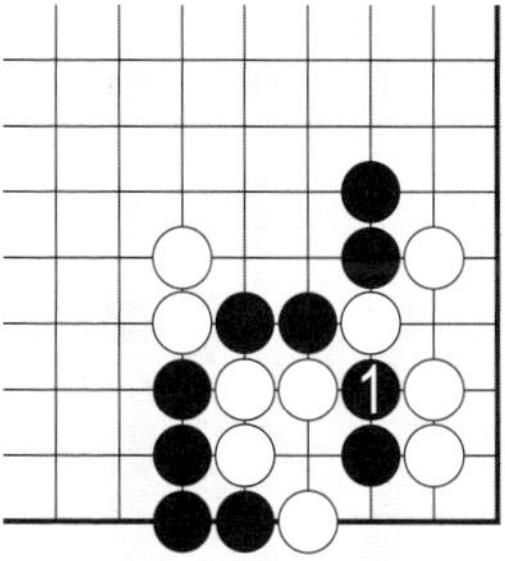

题 172　正解

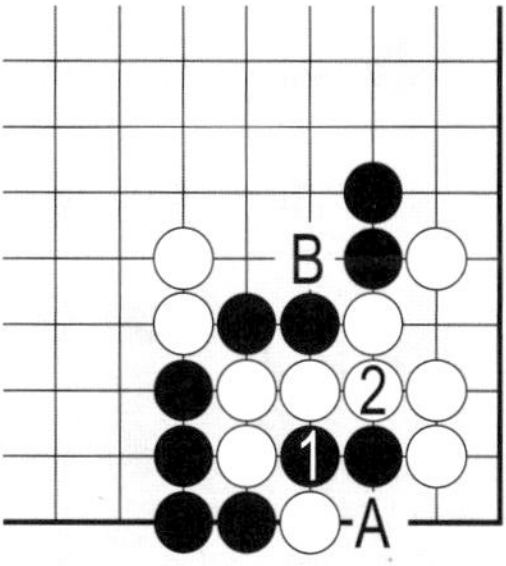

题 172　失败 A、B 见合

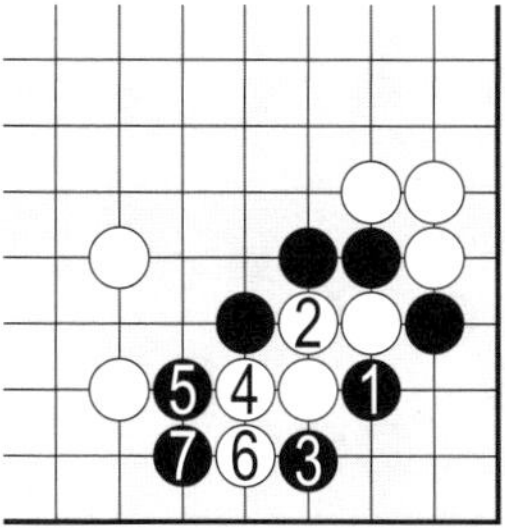

题 173　正解

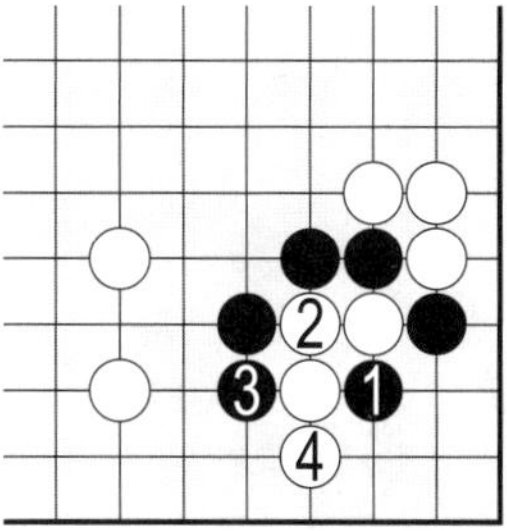

题 173　失败

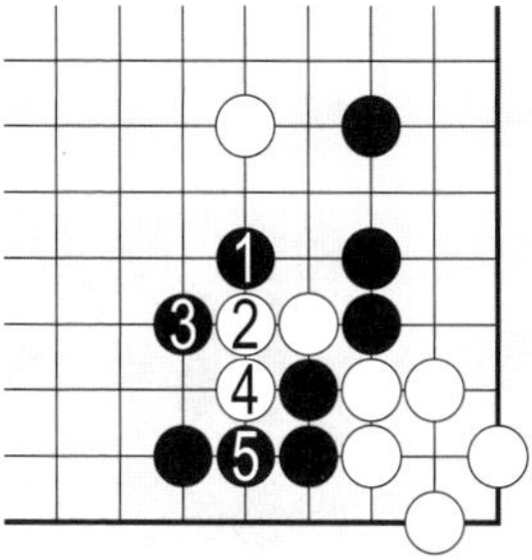

题 174　正解

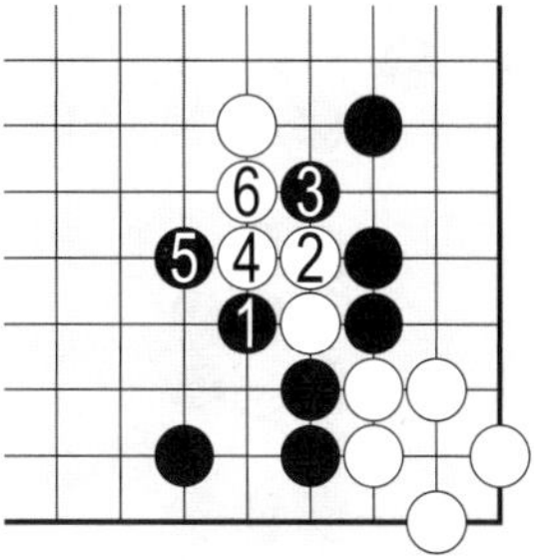

题 174　失败

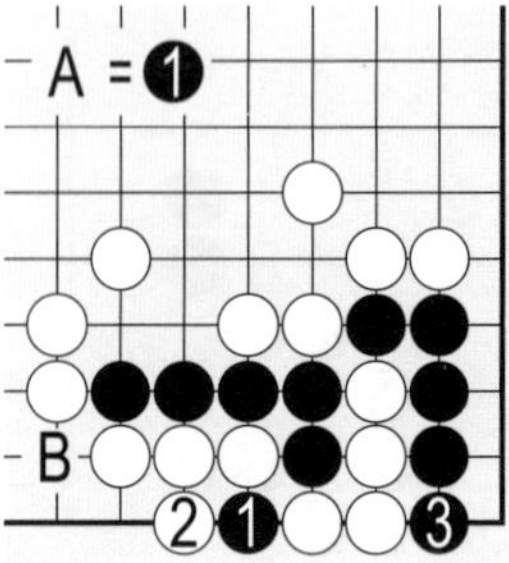

题 175　正解　A、B 见合

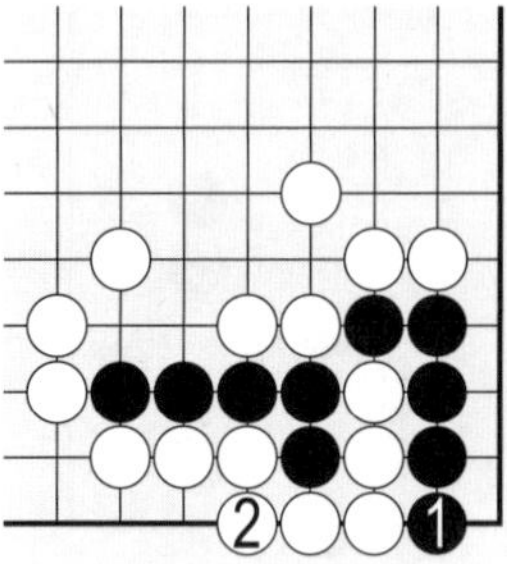

题 175　失败

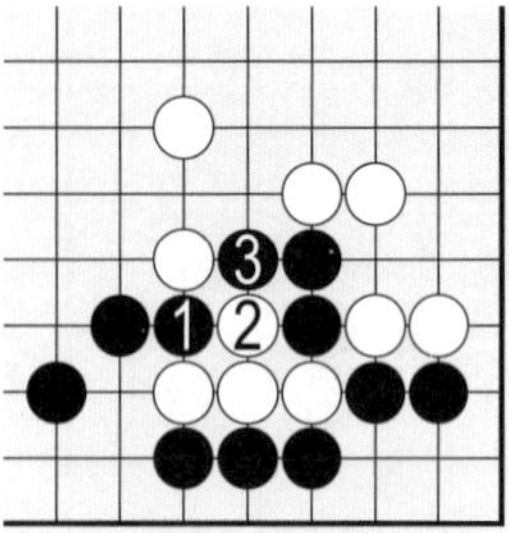

题 176　正解

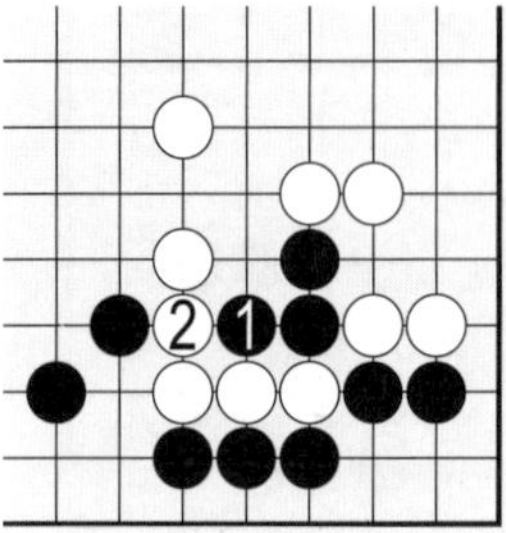

题 176　失败

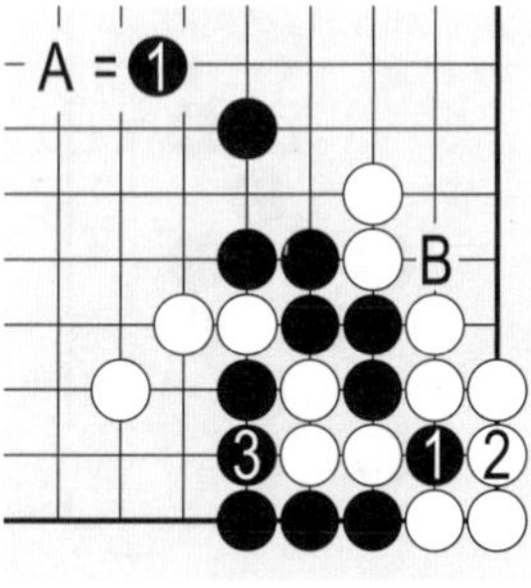

题 177　正解　A、B 见合

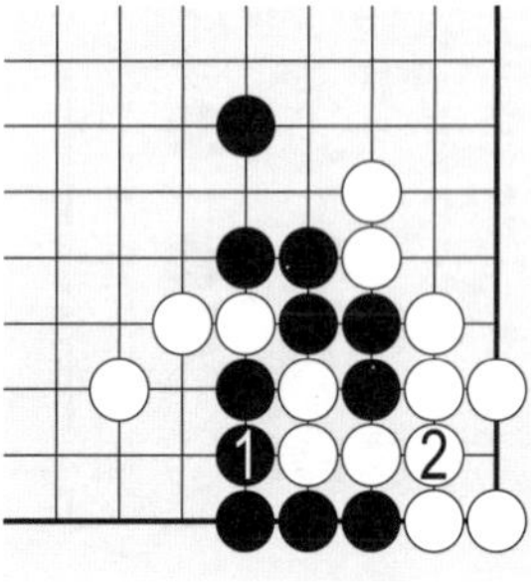

题 177　失败

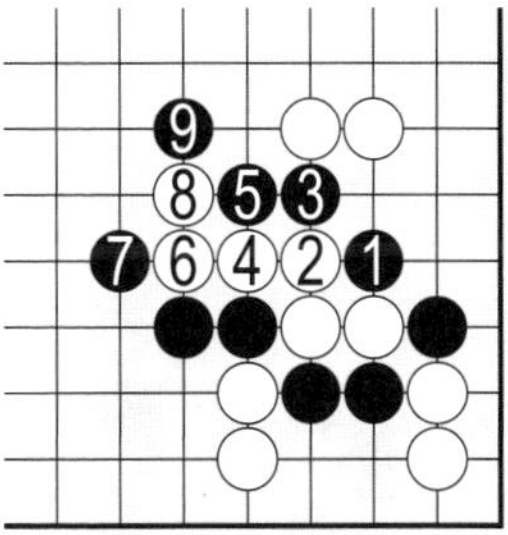

题 178　正解

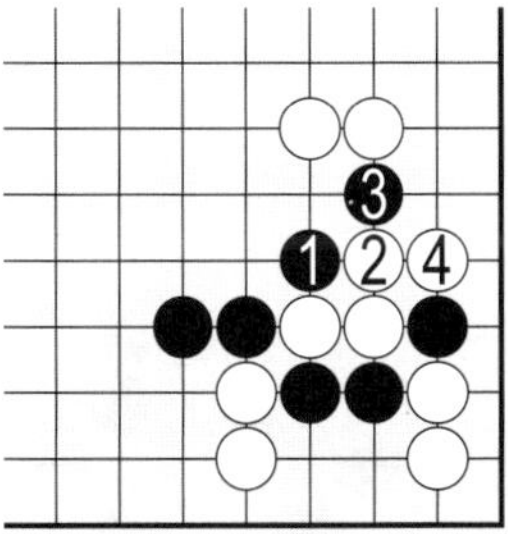

题 178　失败

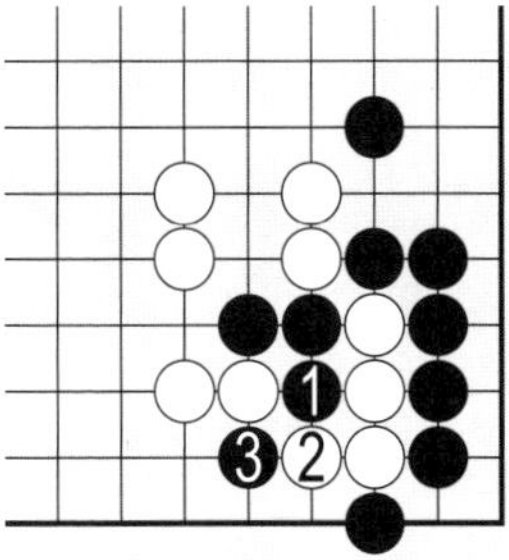

题 179　正解

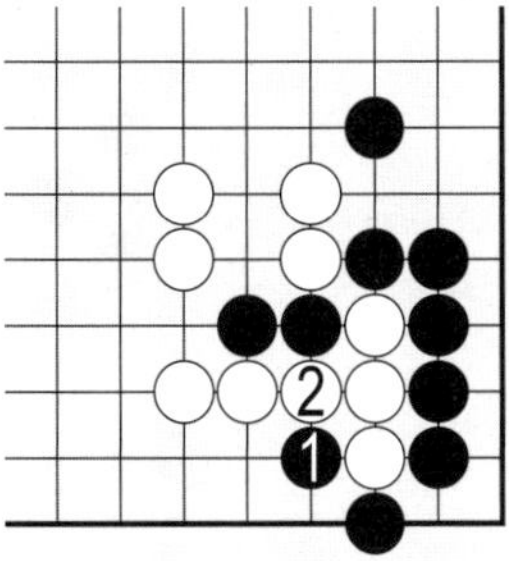

题 179　失败

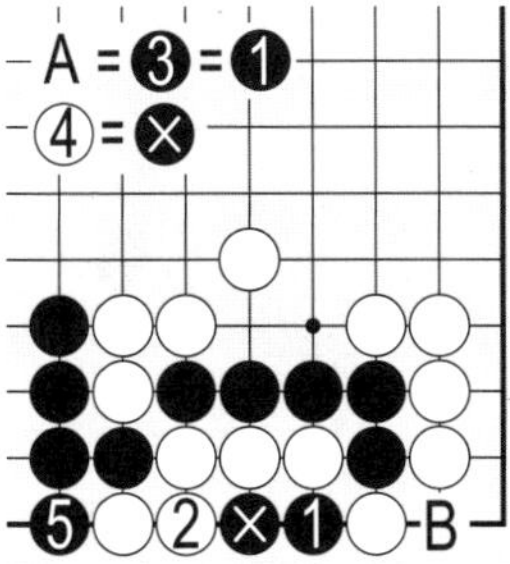

题 180　正解　A、B 见合

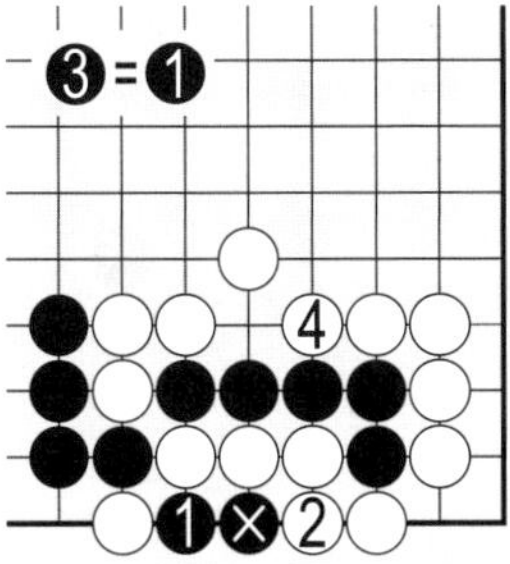

题 180　失败

13级～11级答案

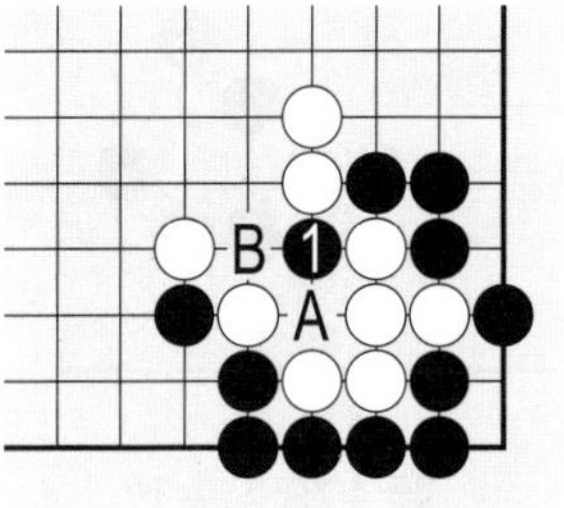

题 181　正解　A、B 见合

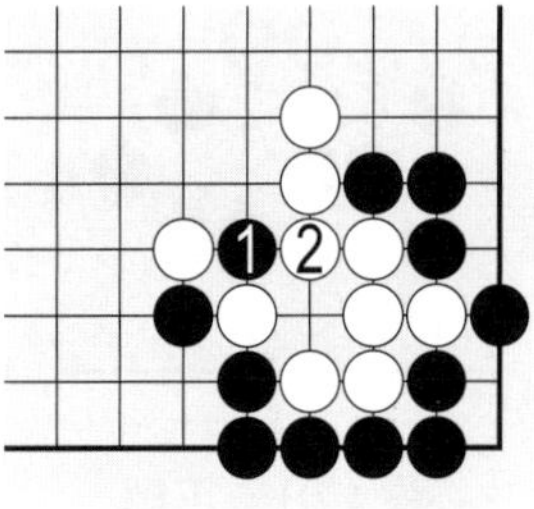

题 181　失败

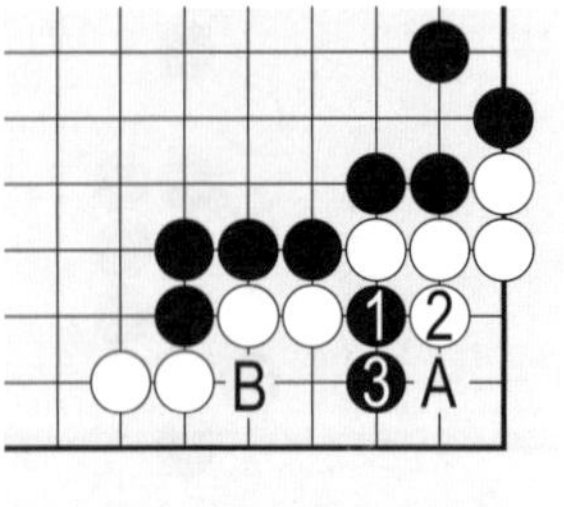

题 182　正解　A、B 见合

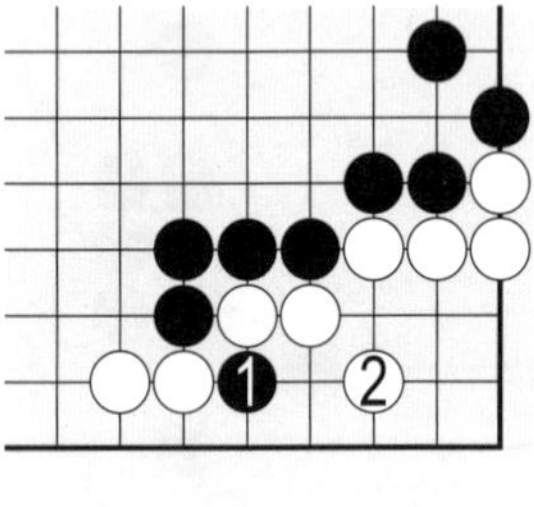

题 182　失败

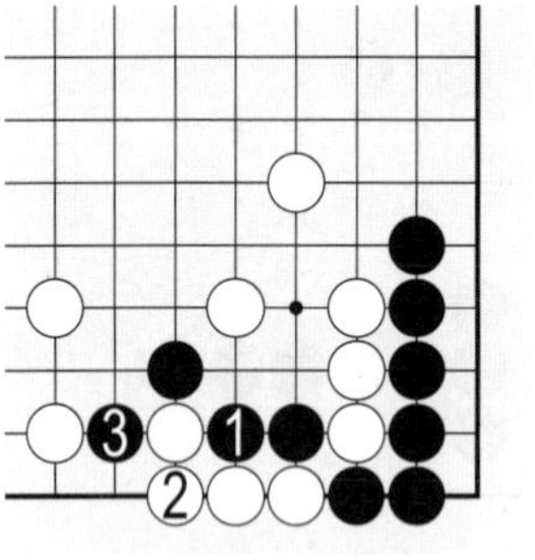

题 183　正解

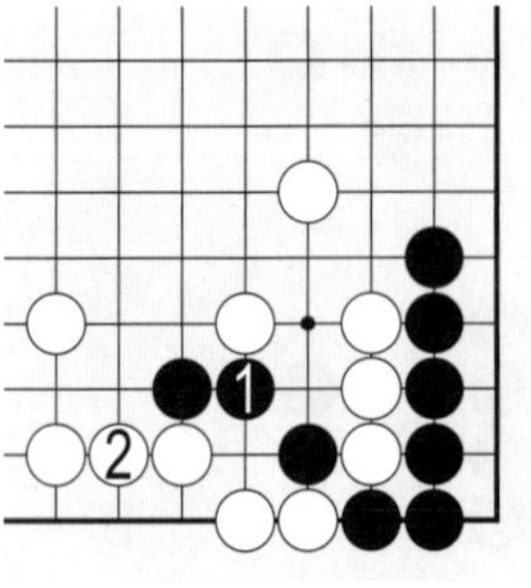

题 183　失败

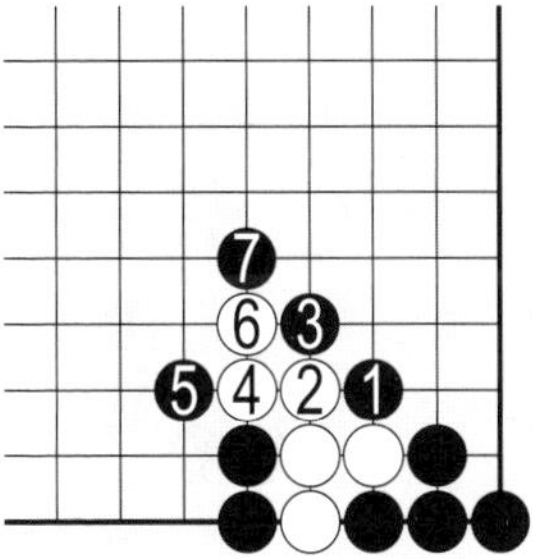

题 184　正解

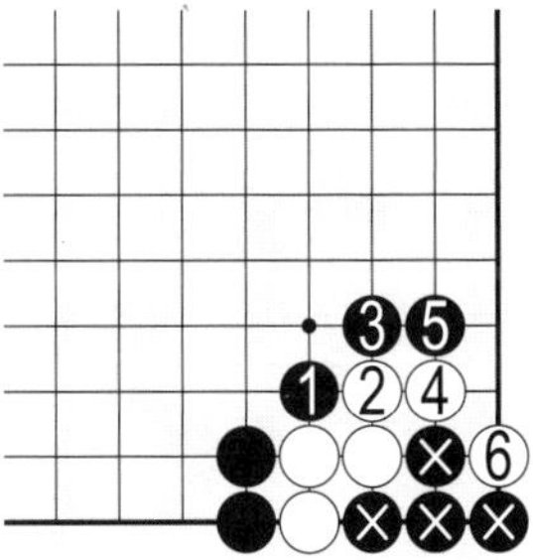

题 184　失败

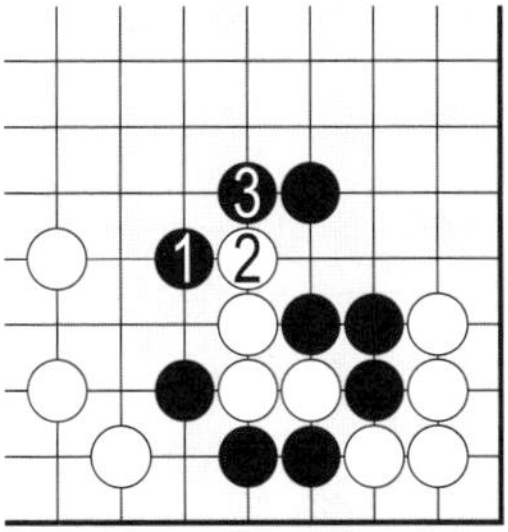

题 185　正解

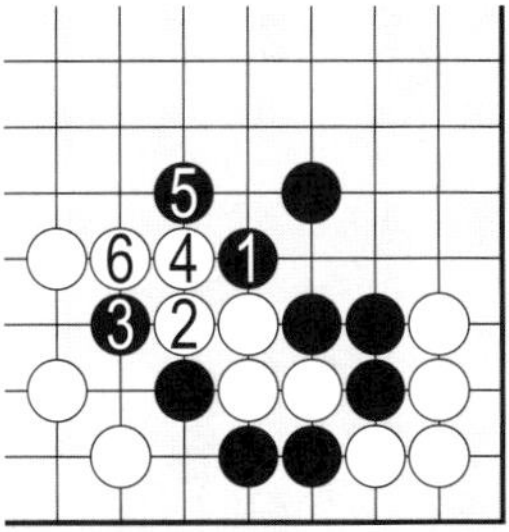

题 185　失败

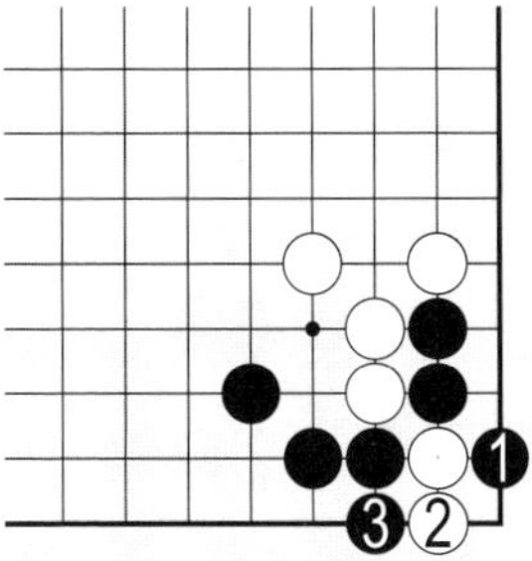

题 186　正解

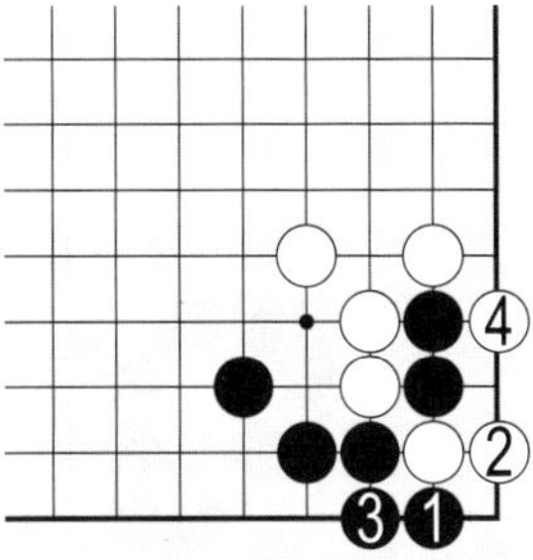

题 186　失败

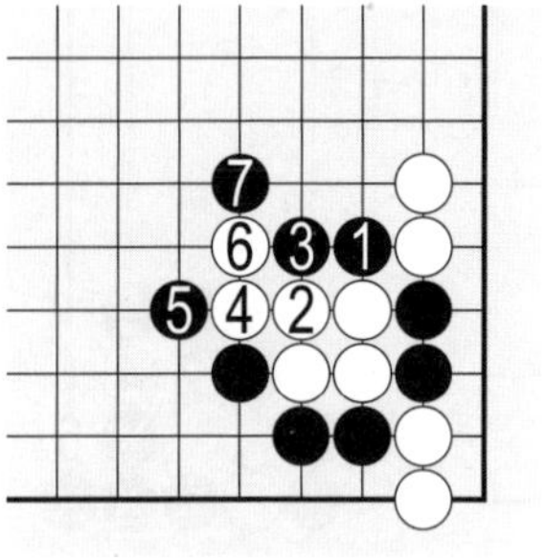

题 187　正解

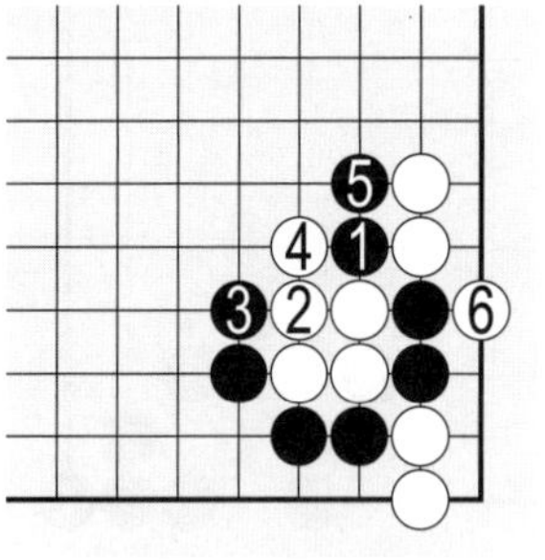

题 187　失败

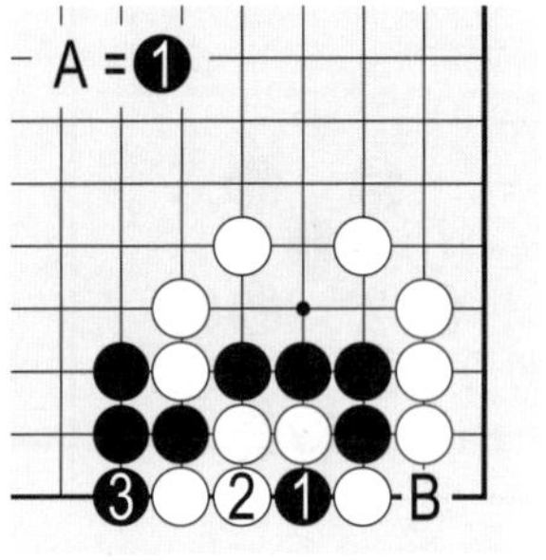

题 188　正解 A、B 见合

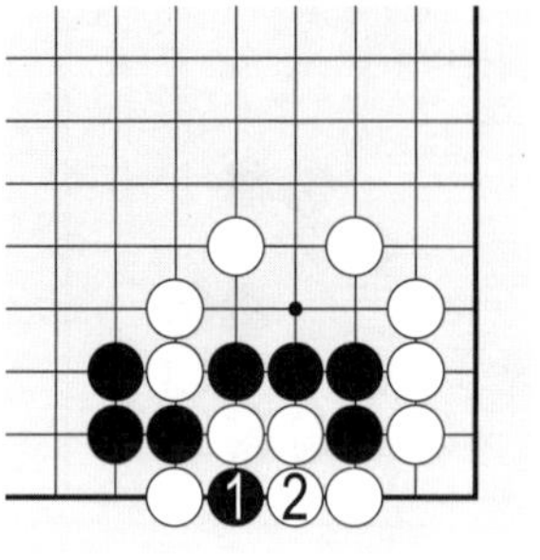

题 188　失败

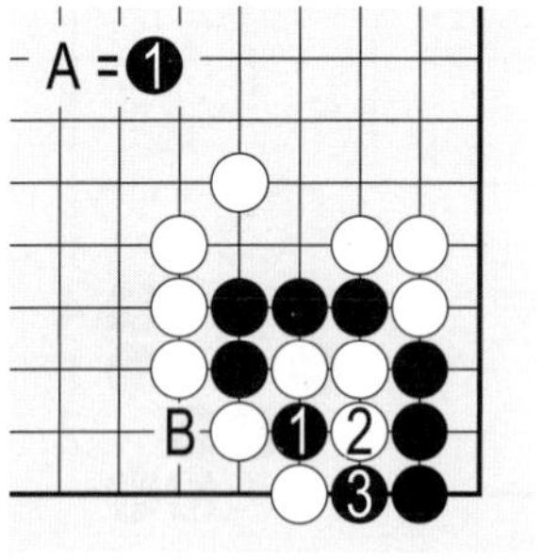

题 189　正解 A、B 见合

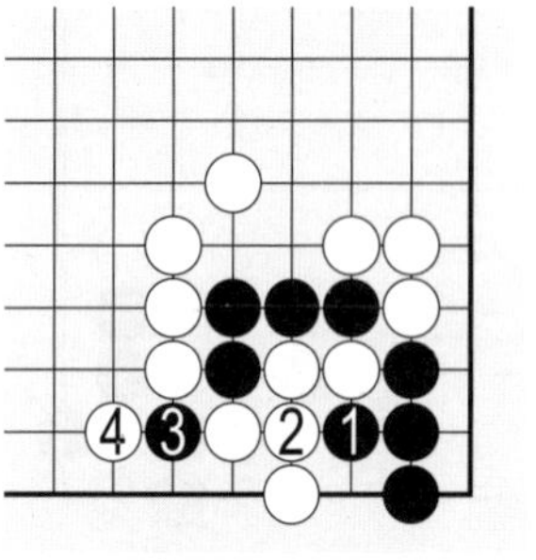

题 189　失败

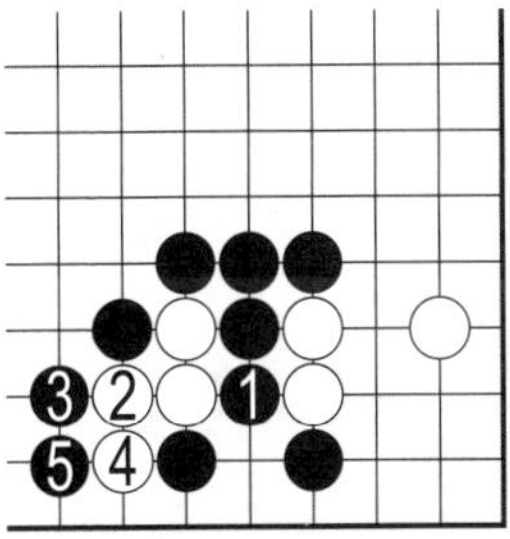

题 190　正解

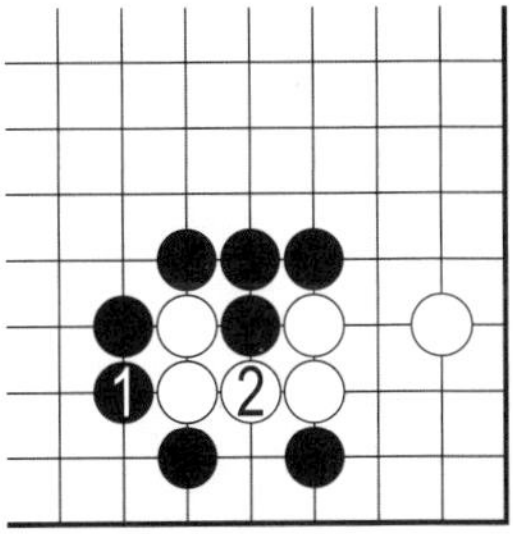

题 190　失败

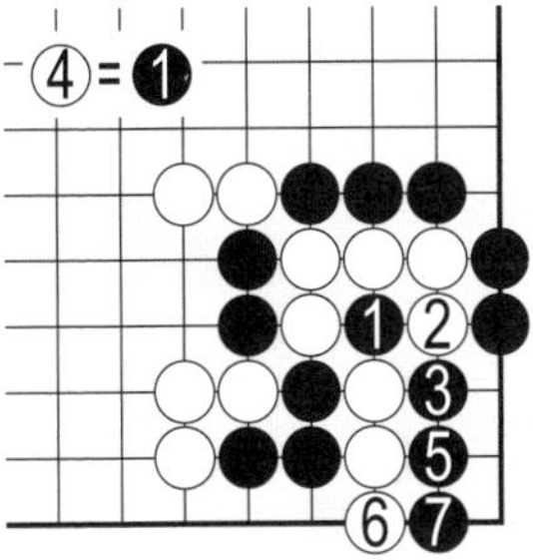

题 191　正解

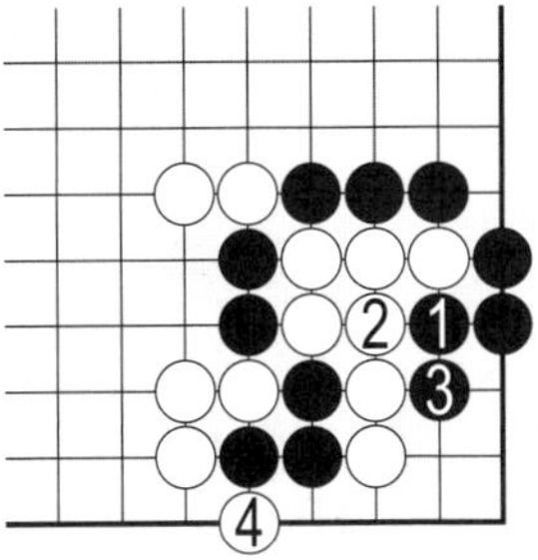

题 191　失败

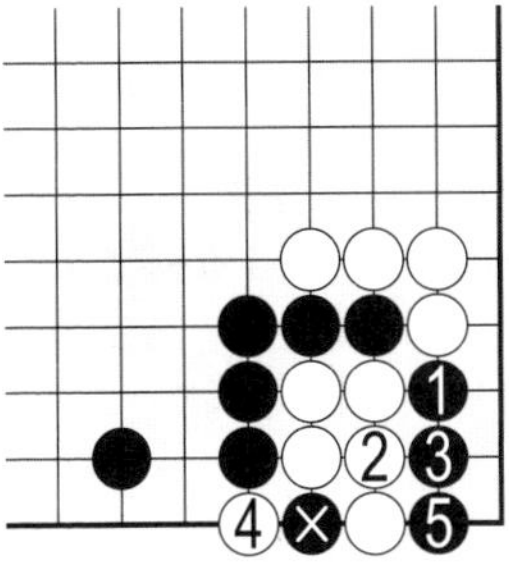

题 192　正解

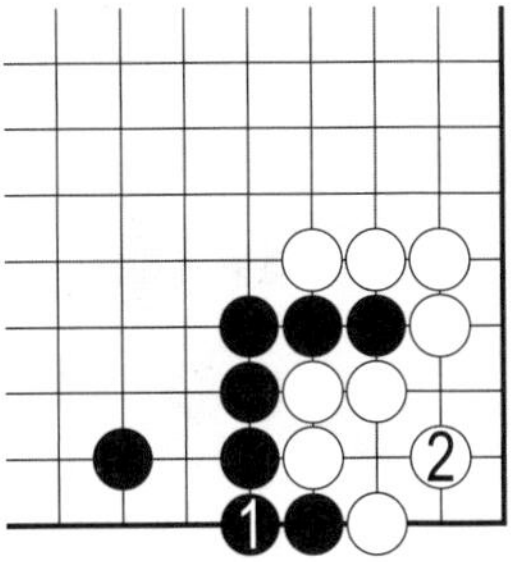

题 192　失败

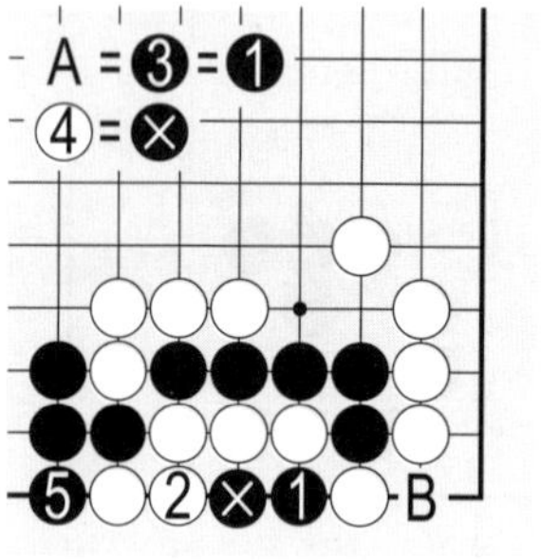

题 193　正解　A、B 见合

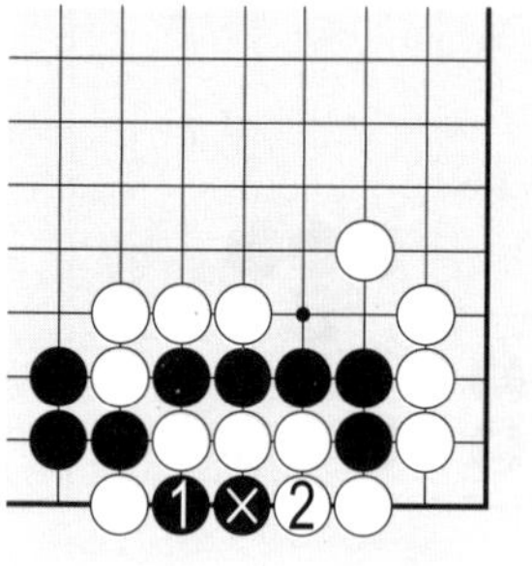

题 193　失败

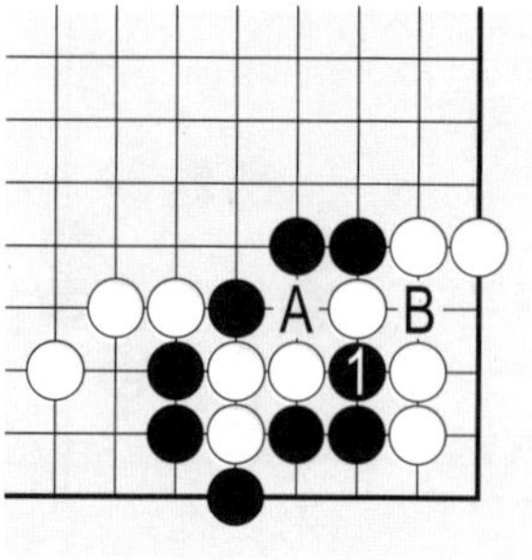

题 194　正解　A、B 见合

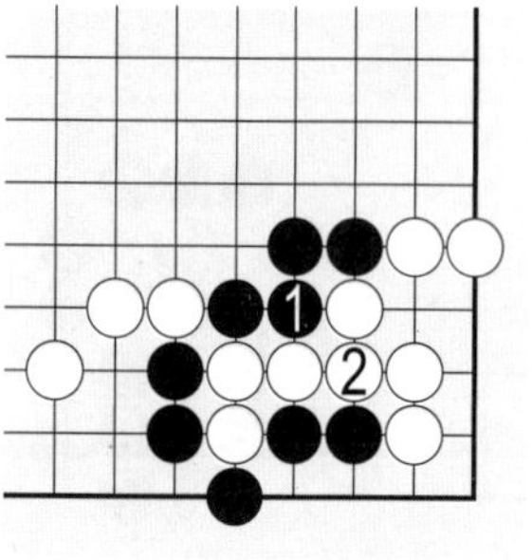

题 194　失败

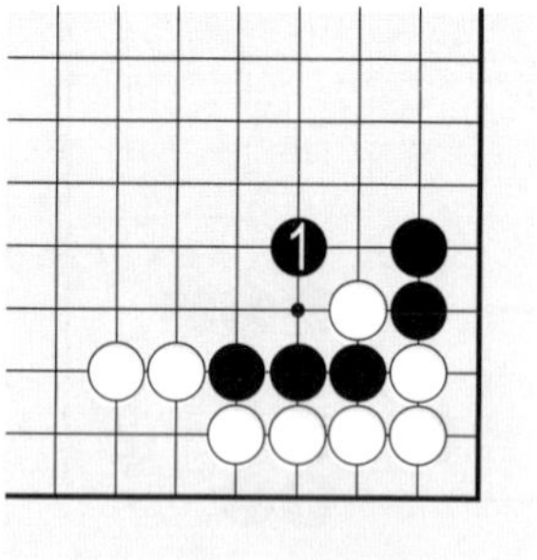

题 195　正解

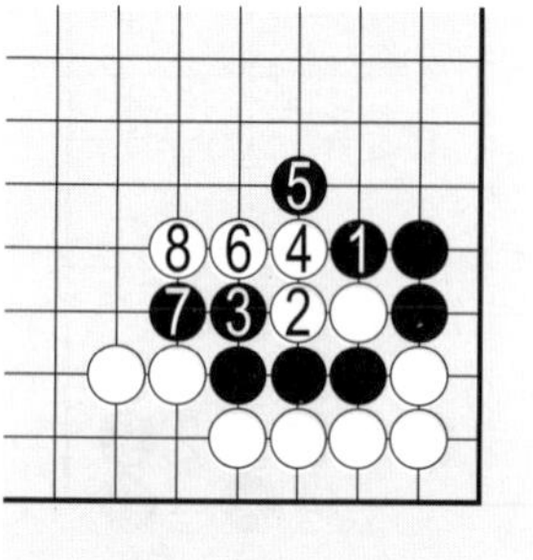

题 195　失败

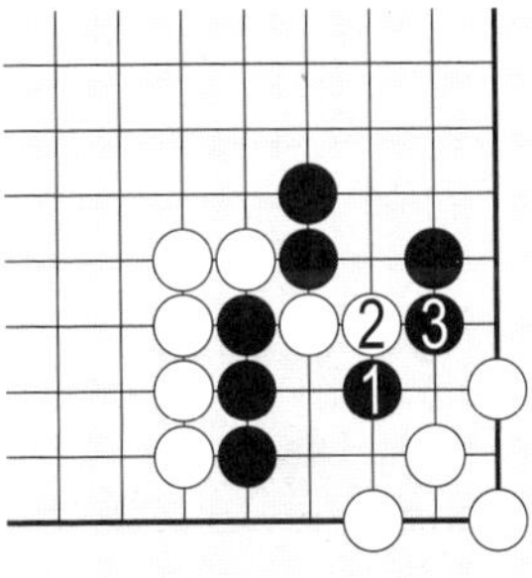

题 196　正解

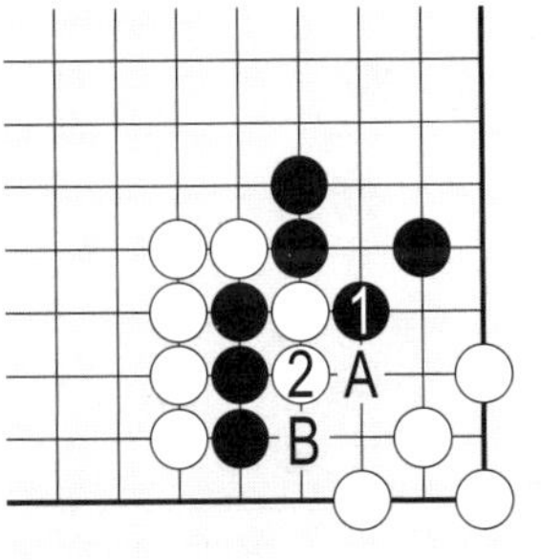

题 196　失败　A、B 见合

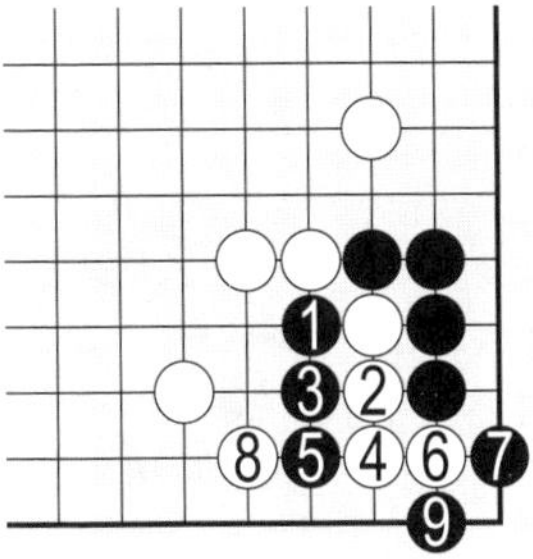

题 197　正解

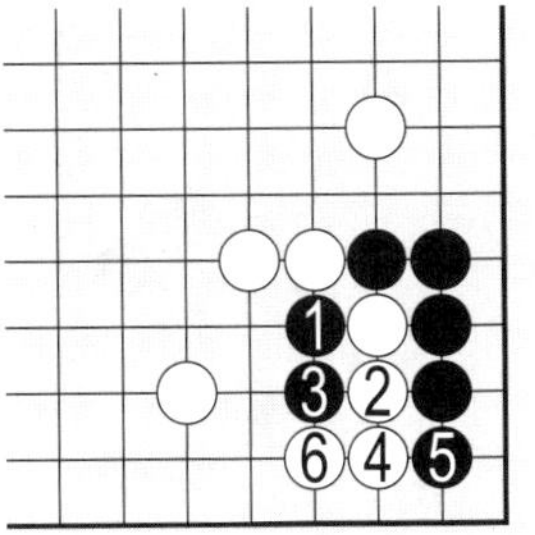

题 197　失败

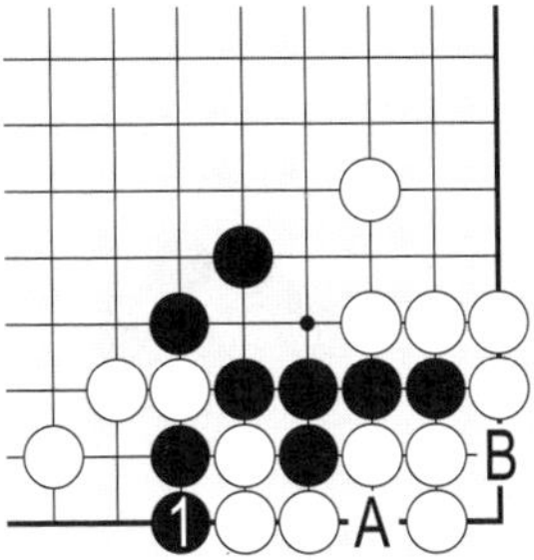

题 198　正解　A、B 见合

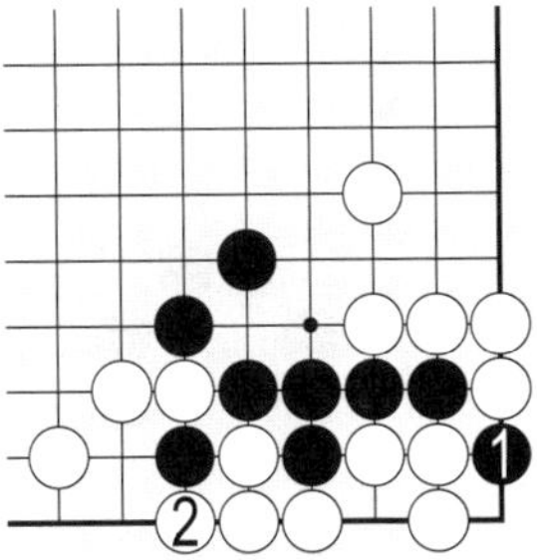

题 198　失败

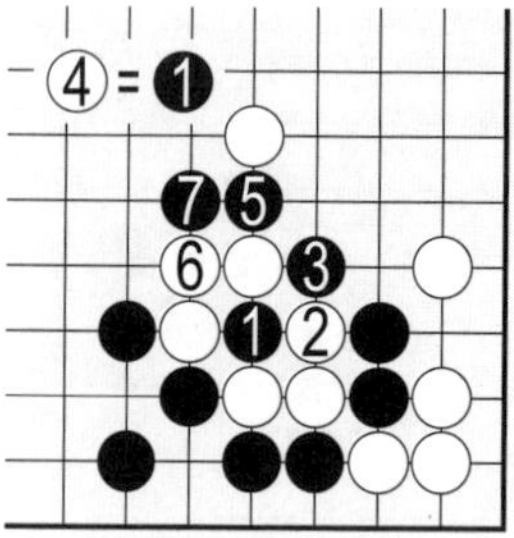

题 199　正解

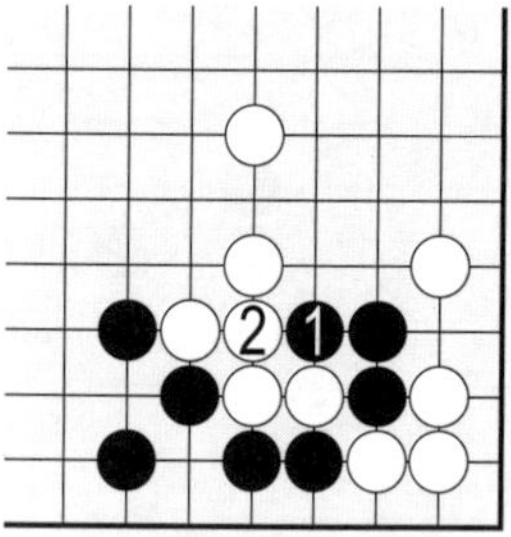

题 199　失败

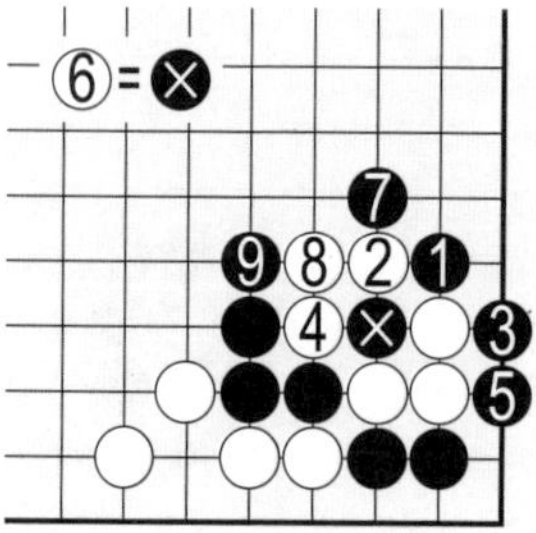

题 200　正解

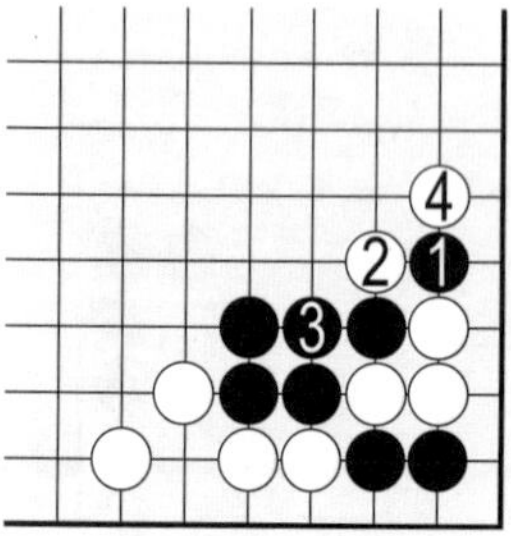

题 200　失败

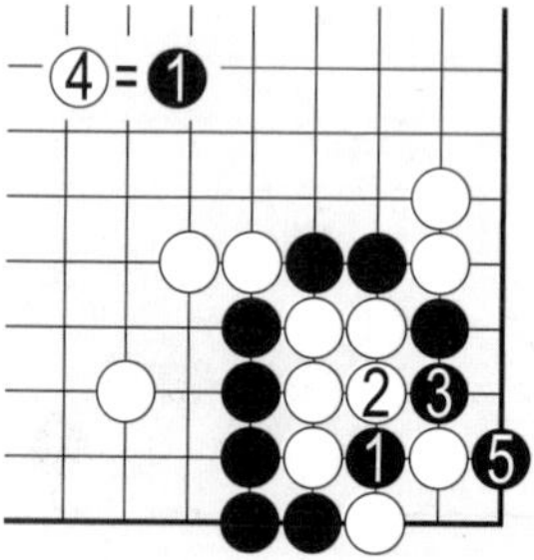

题 201　正解

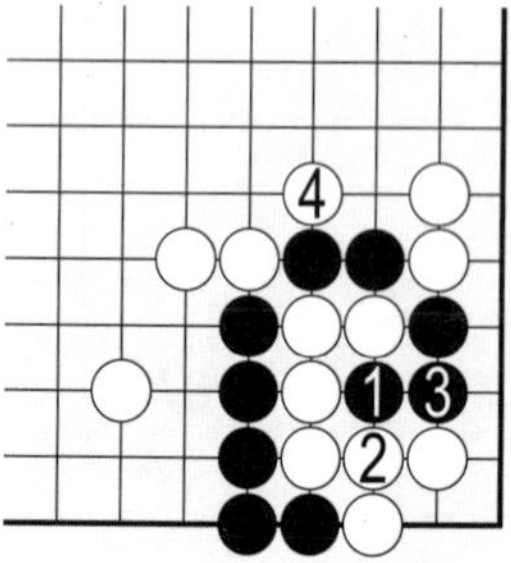

题 201　失败

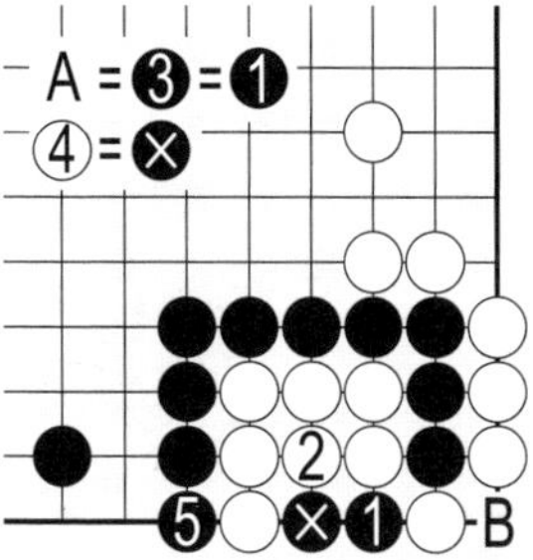

题 202　正解　A、B 见合

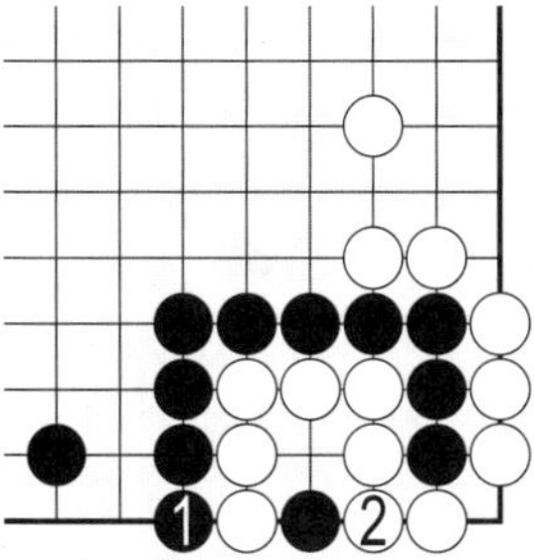

题 202　失败

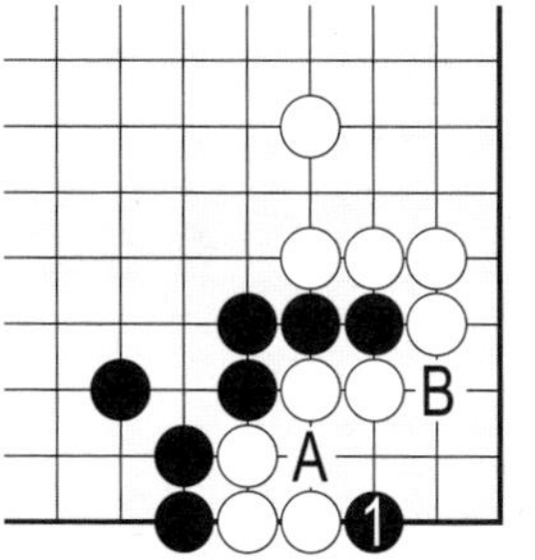

题 203　正解　A、B 见合

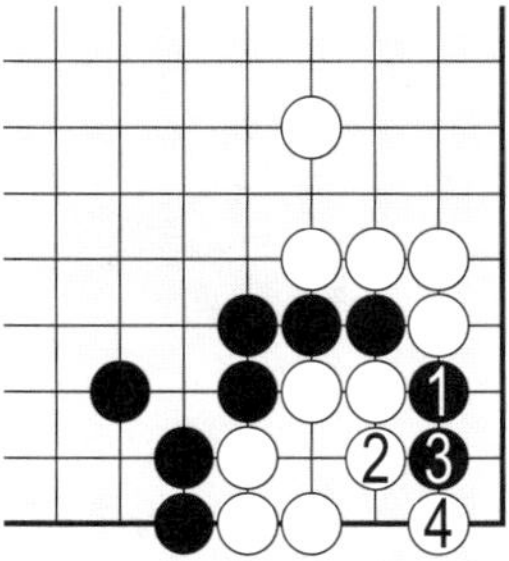

题 203　失败

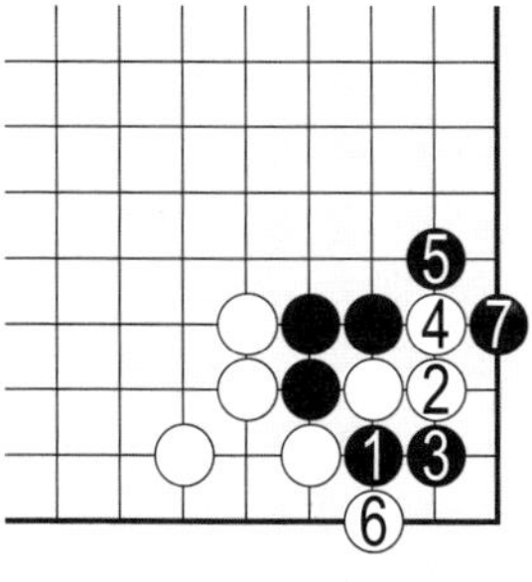

题 204　正解

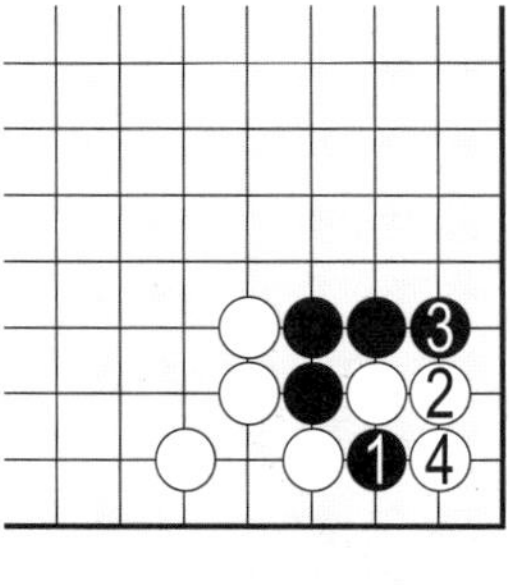

题 204　失败

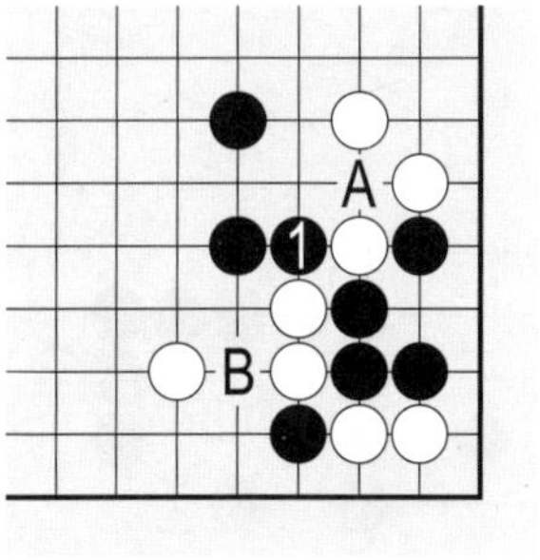

题 205　正解 A、B 见合

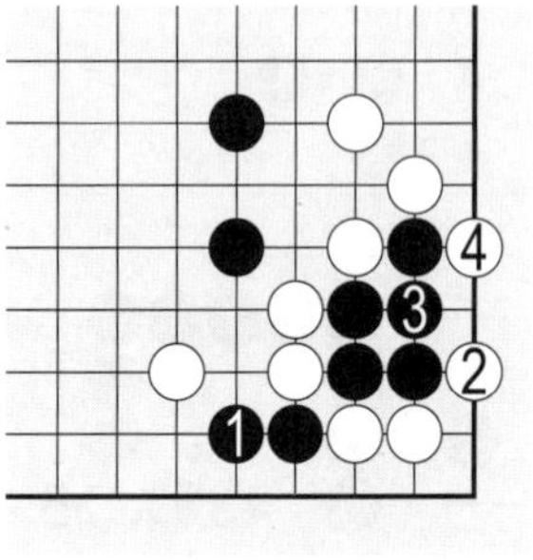

题 205　失败

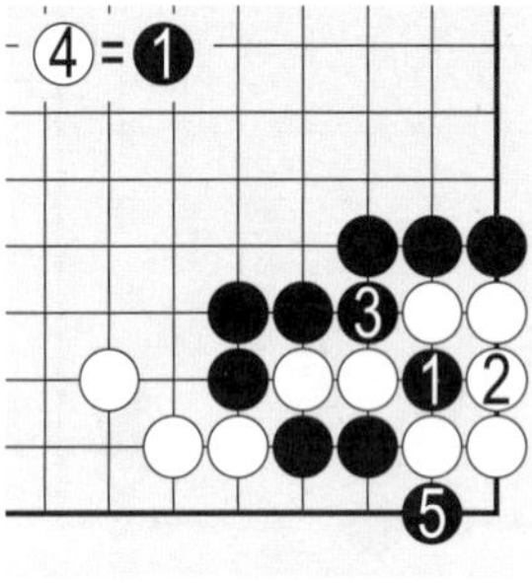

题 206　正解

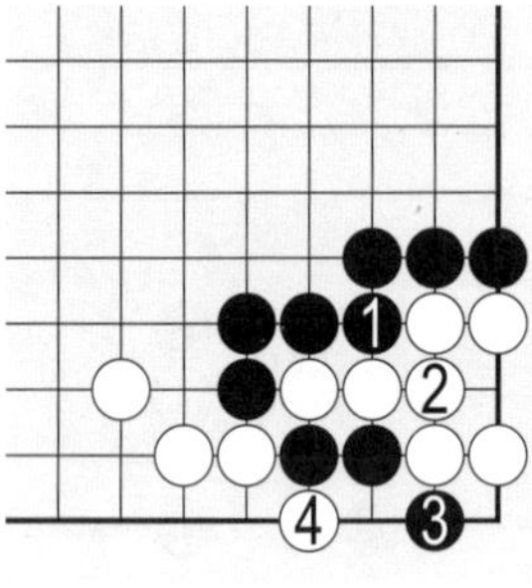

题 206　失败

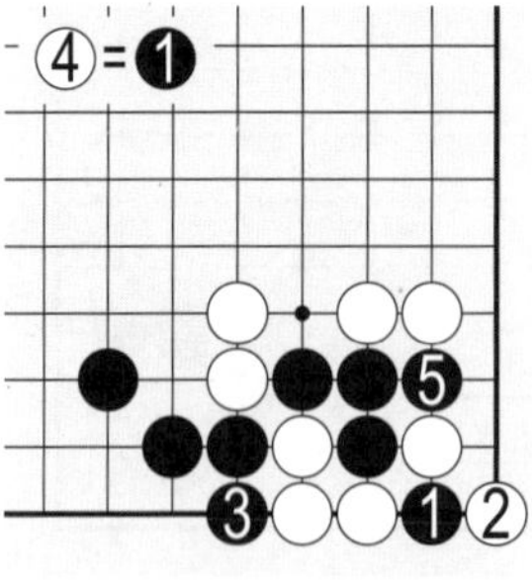

题 207　正解

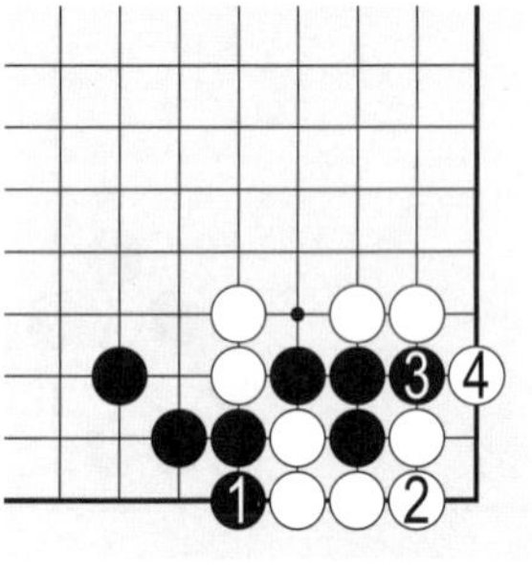

题 207　失败

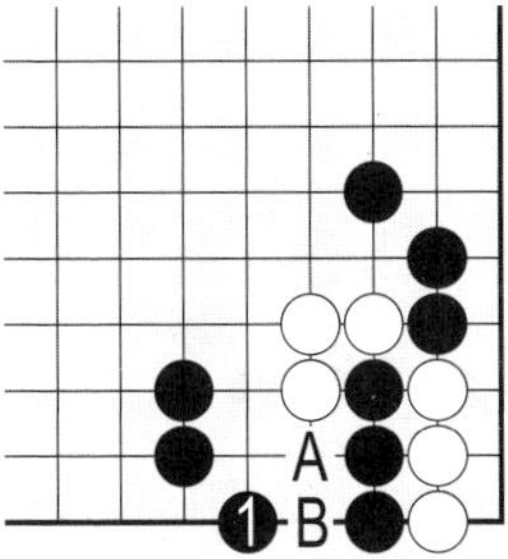

题 208　正解　A、B 见合

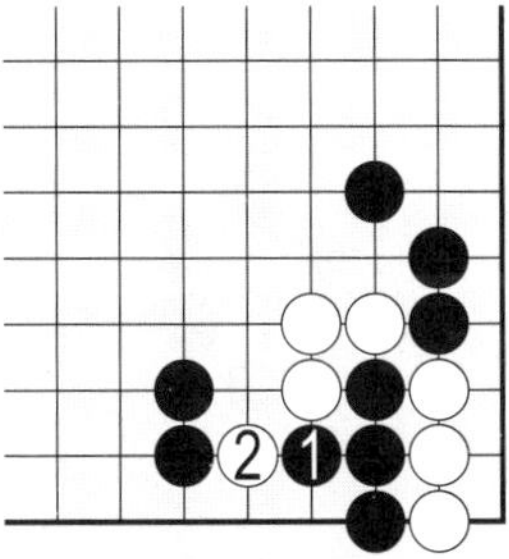

题 208　失败

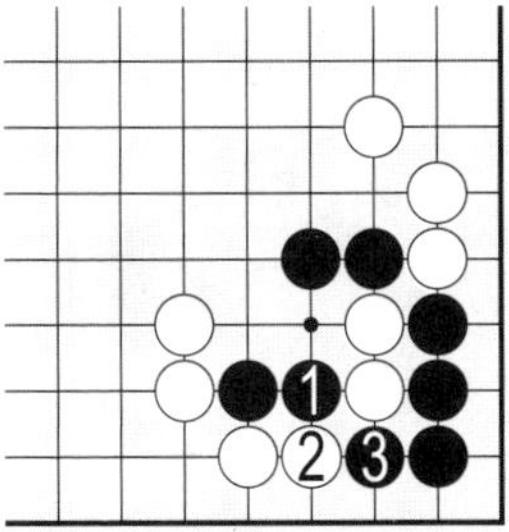

题 209　正解

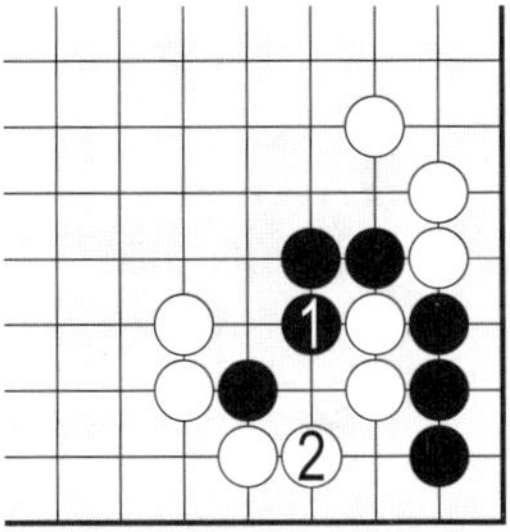

题 209　失败

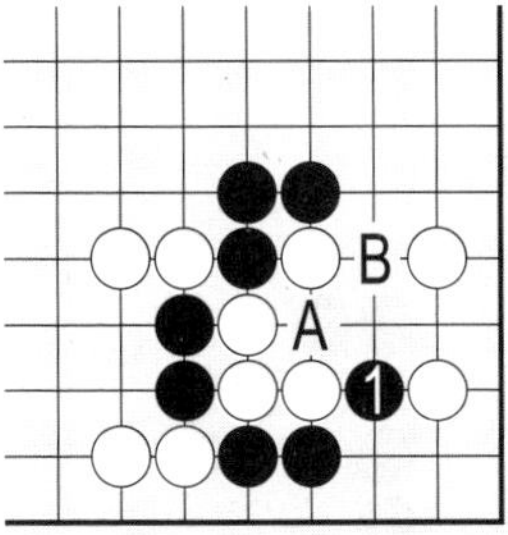

题 210　正解　A、B 见合

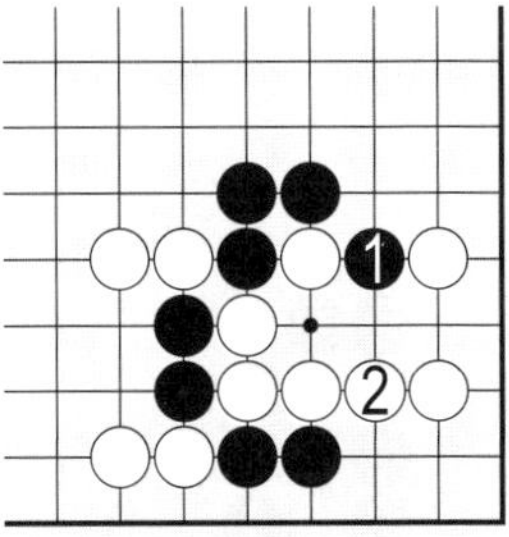

题 210　失败

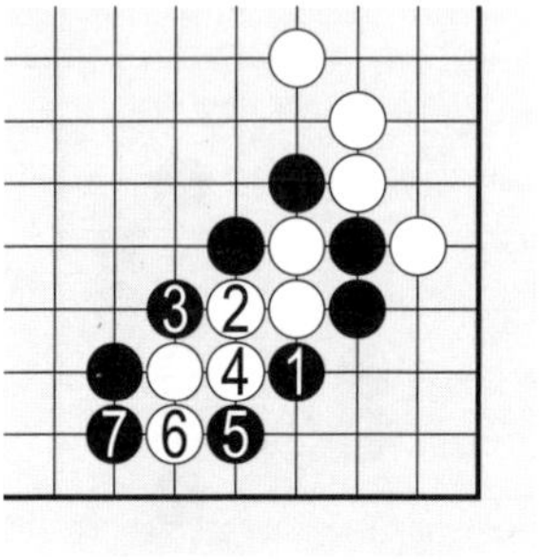

题 211　正解

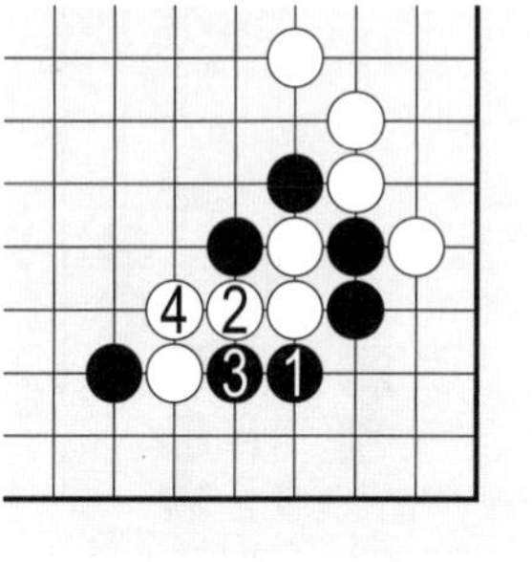

题 211　失败

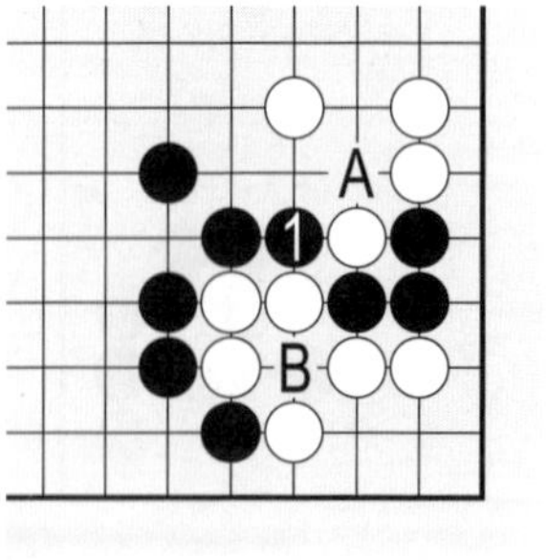

题 212　正解　A、B 见合

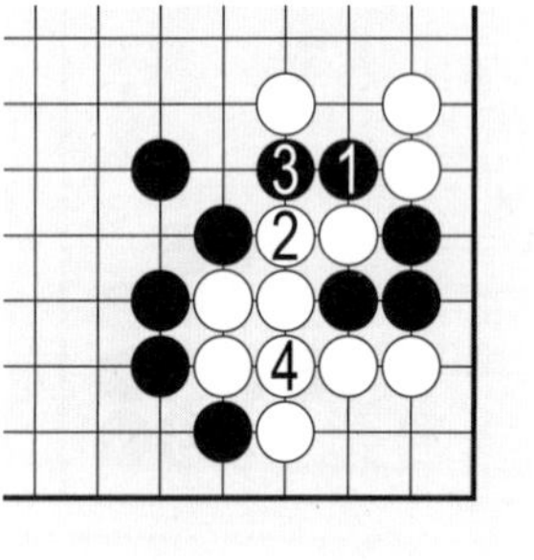

题 212　失败

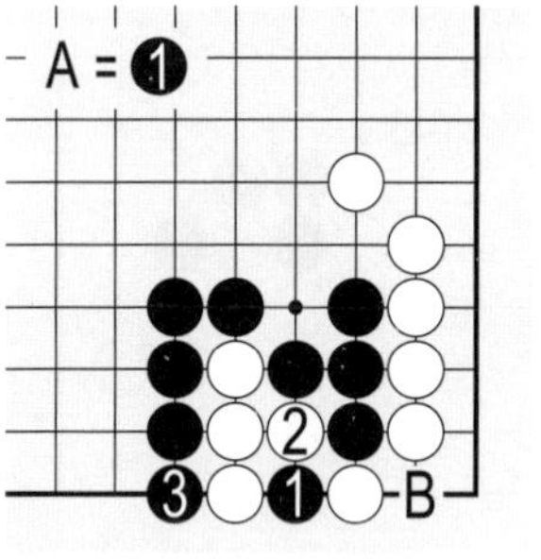

题 213　正解　A、B 见合

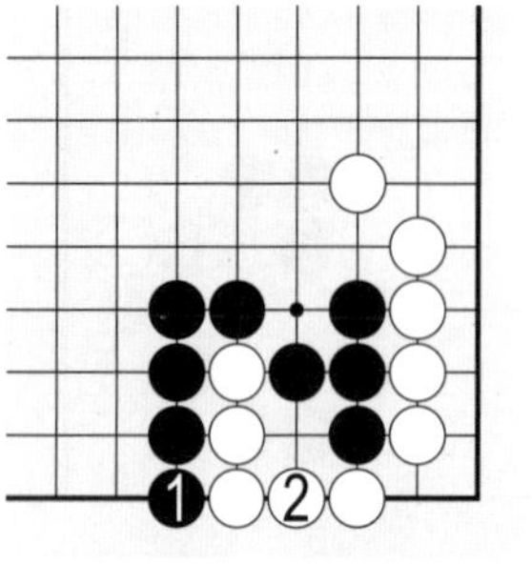

题 213　失败

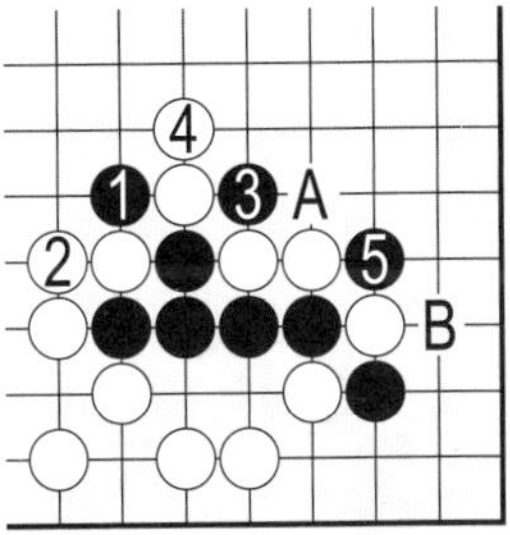

题 214　正解　A、B 见合

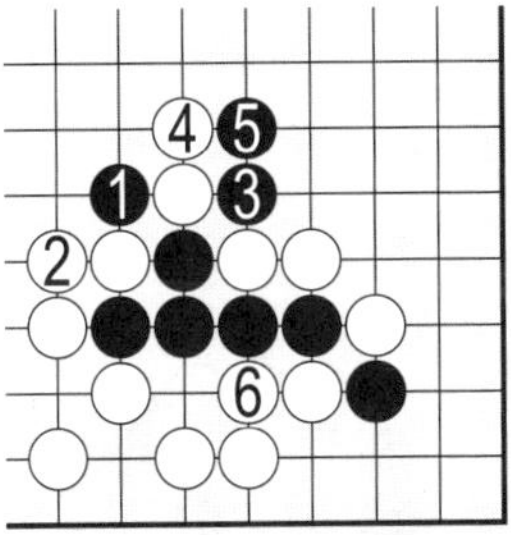

题 214　失败

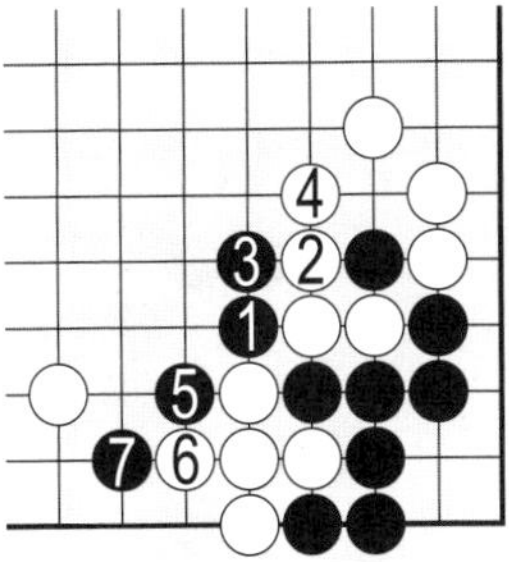

题 215　正解

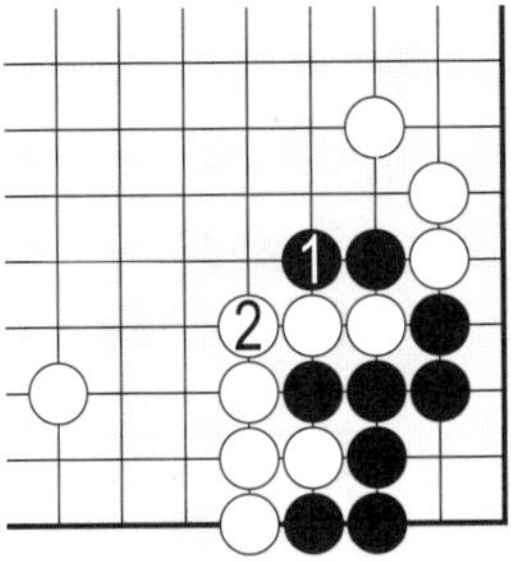

题 215　失败

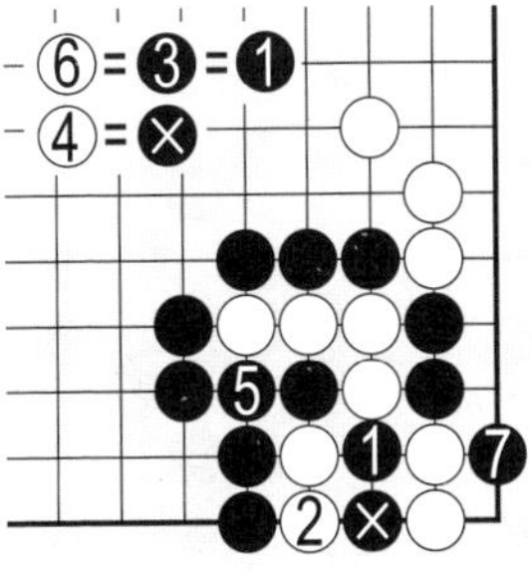

题 216　正解

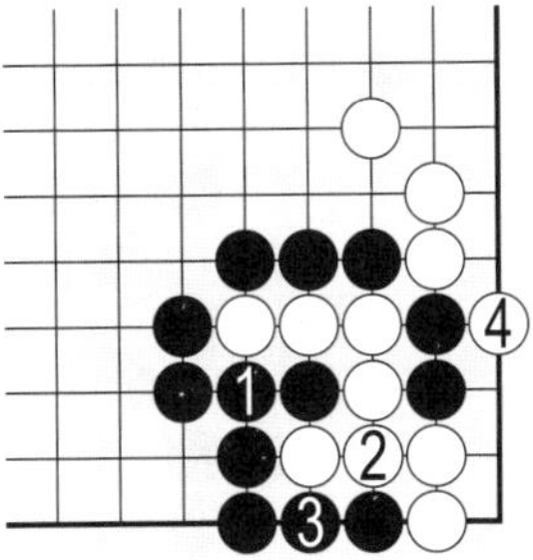

题 216　失败

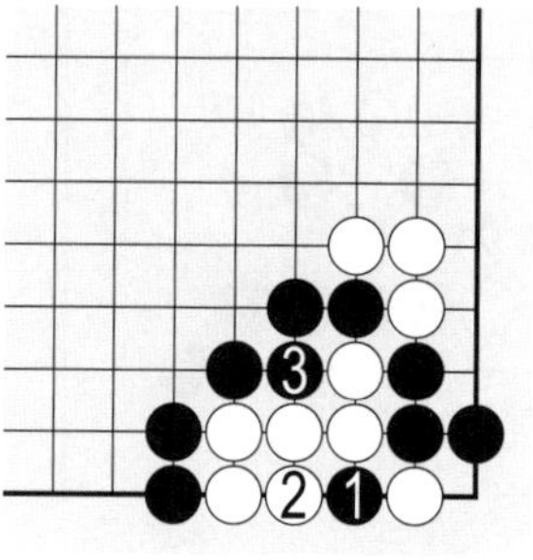

题 217　正解

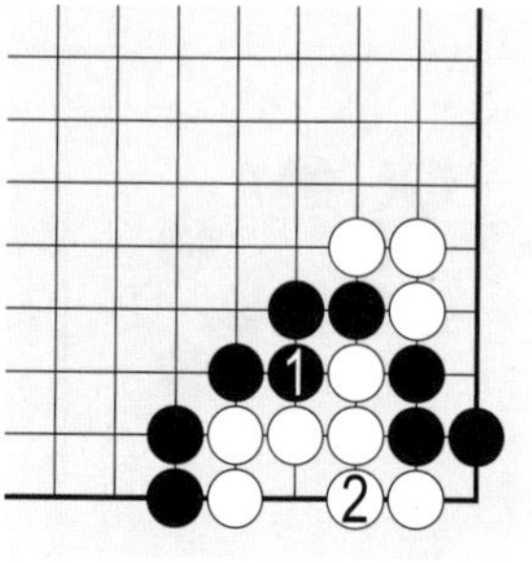

题 217　失败

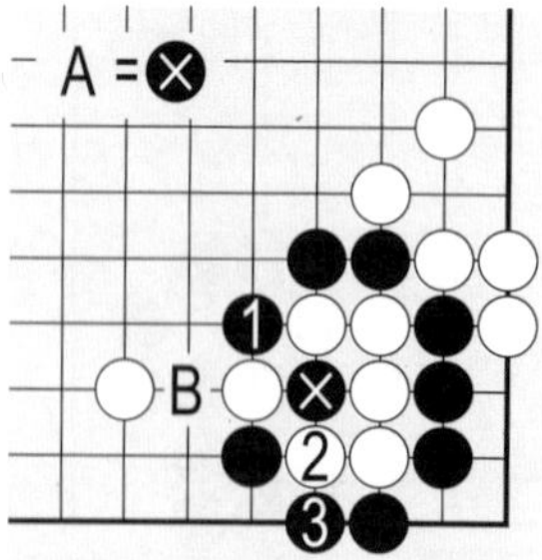

题 218　正解　A、B 见合

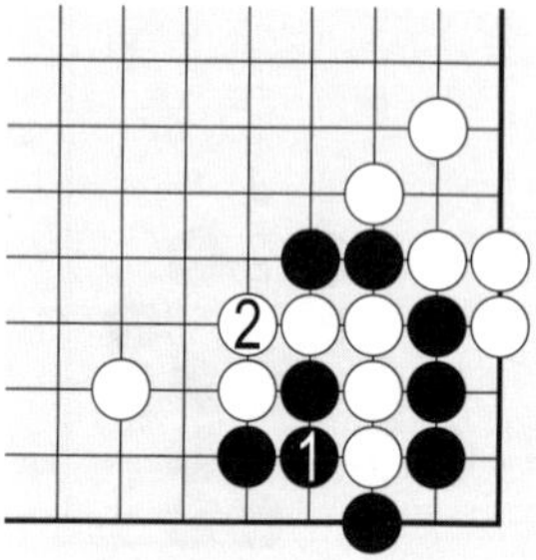

题 218　失败

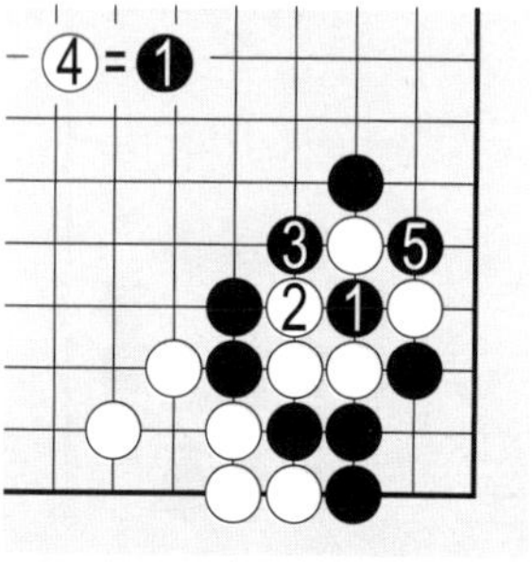

题 219　正解

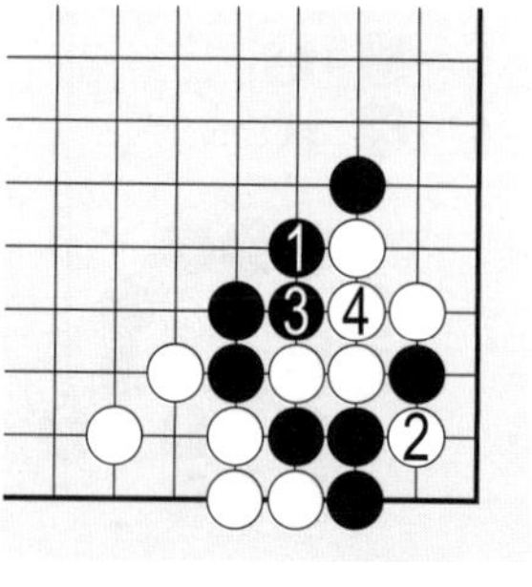

题 219　失败

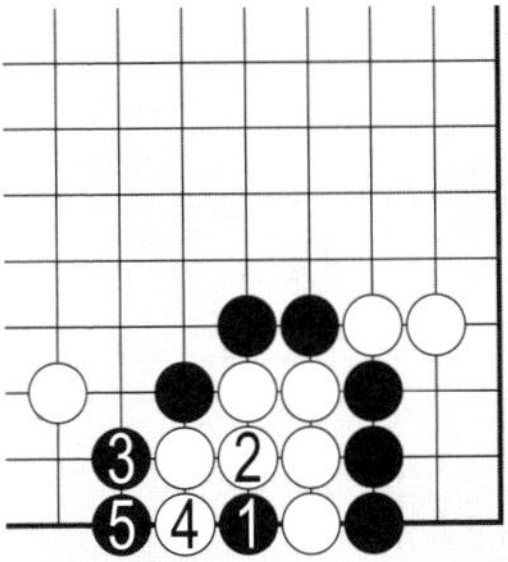

题 220　正解

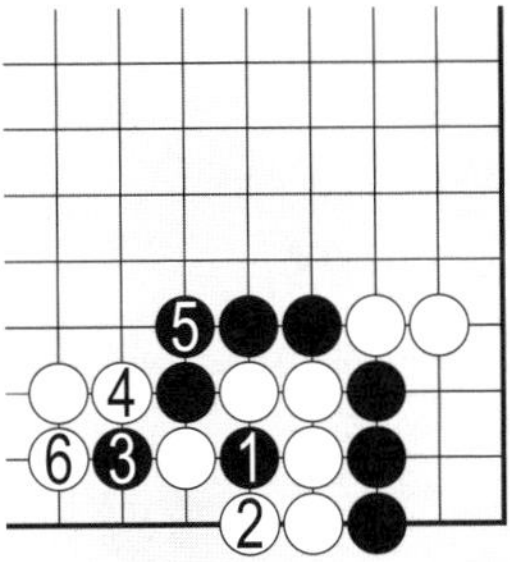

题 220　失败

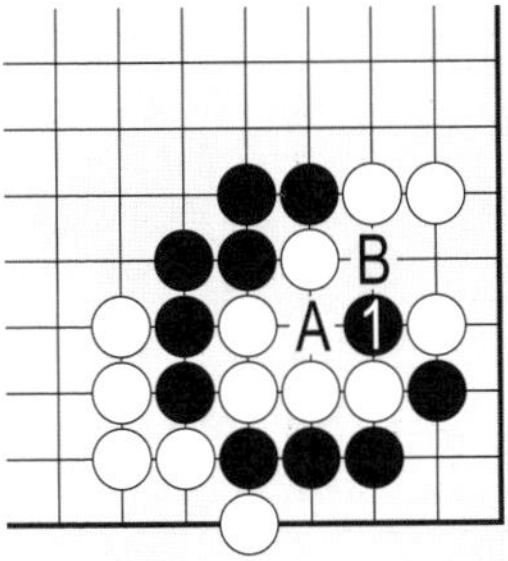

题 221　正解　A、B 见合

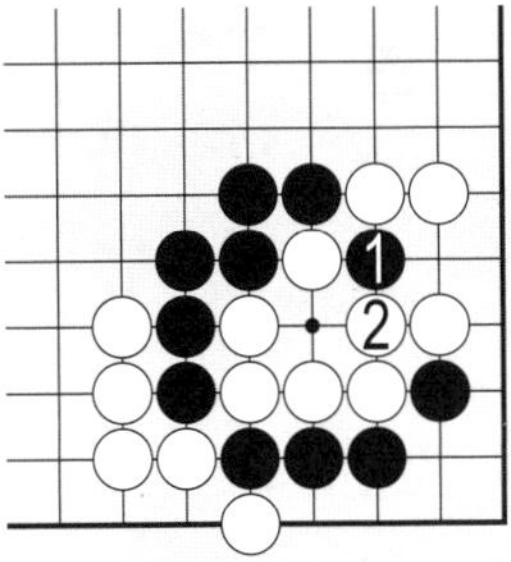

题 221　失败

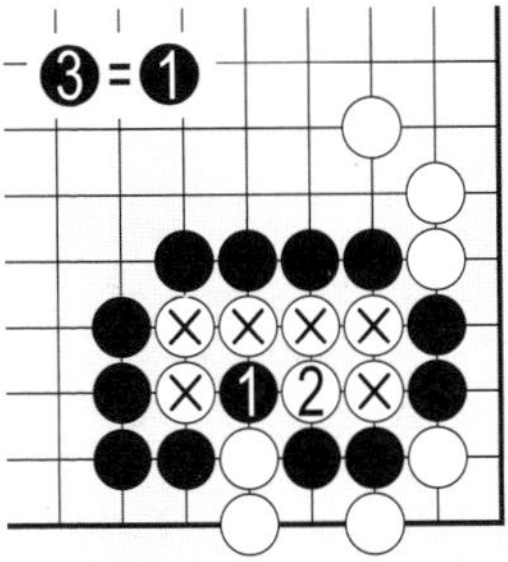

题 222　正解

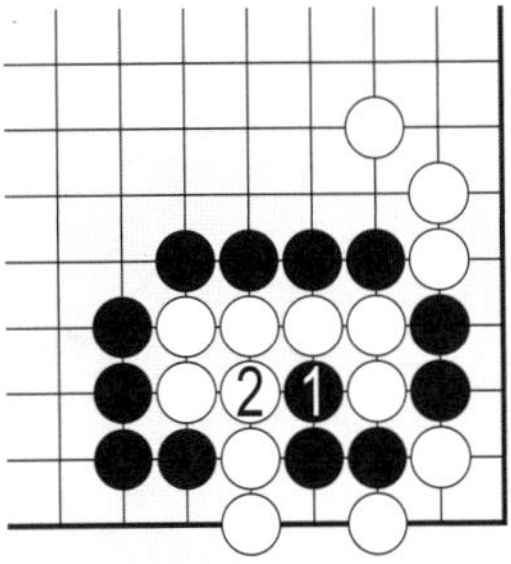

题 222　失败

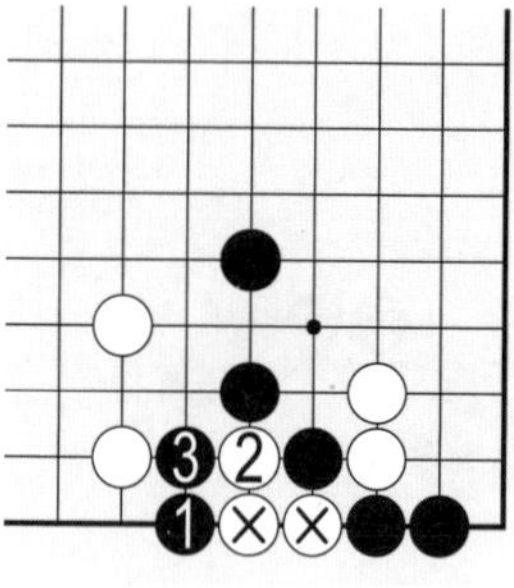

题 223　正解

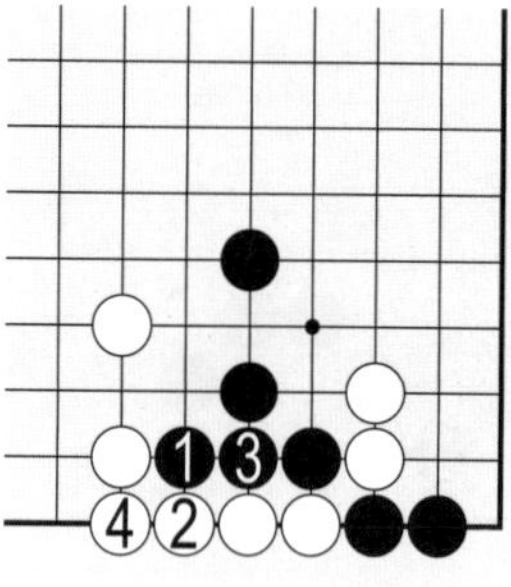

题 223　失败

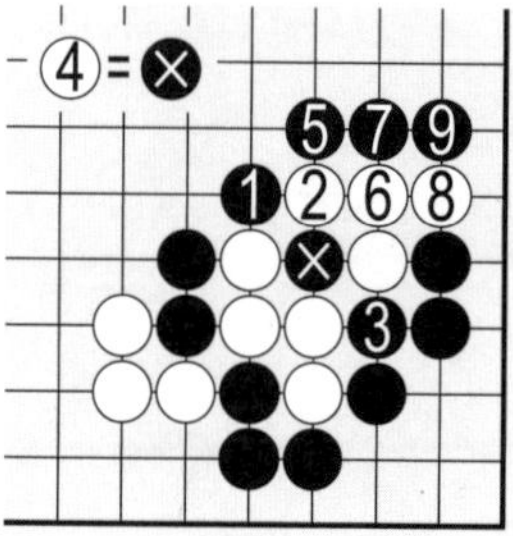

题 224　正解

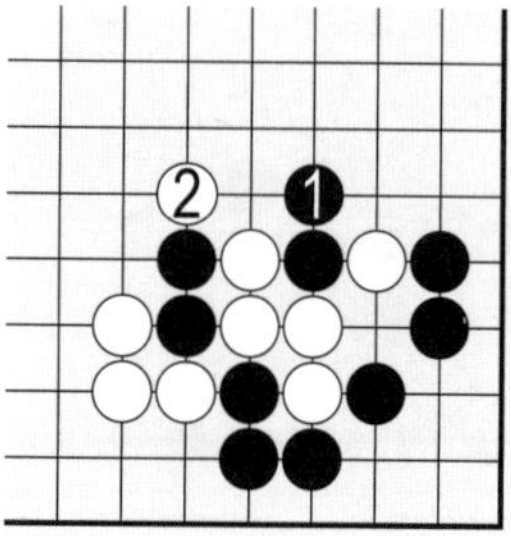

题 224　失败

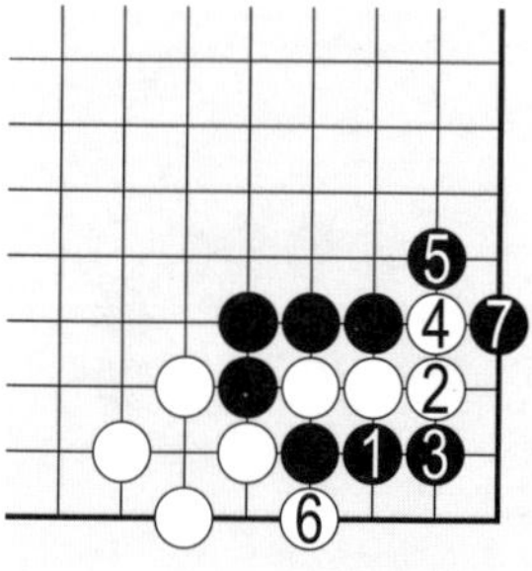

题 225　正解

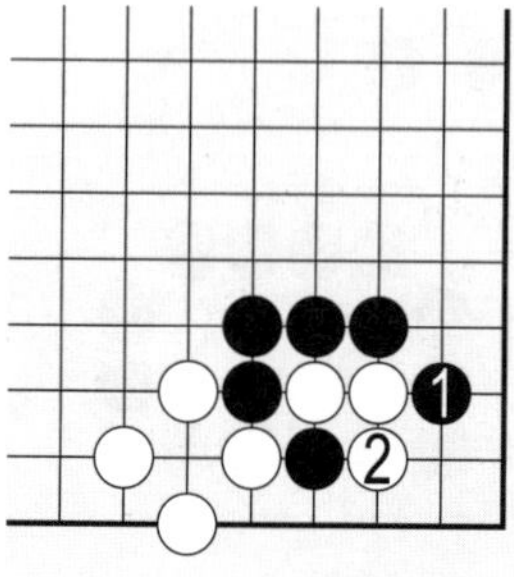

题 225　失败

10级～8级答案

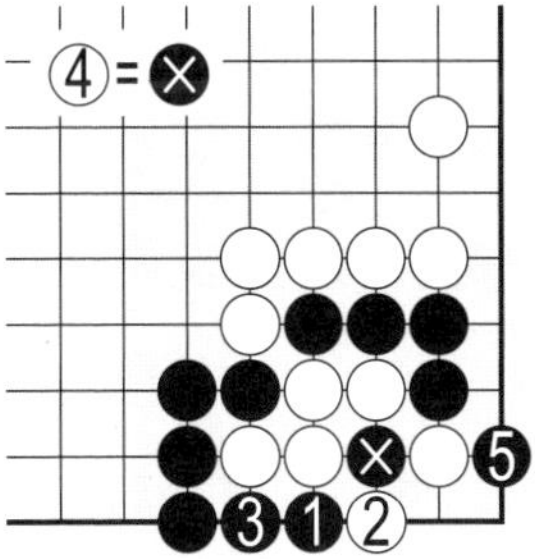

题 226　正解

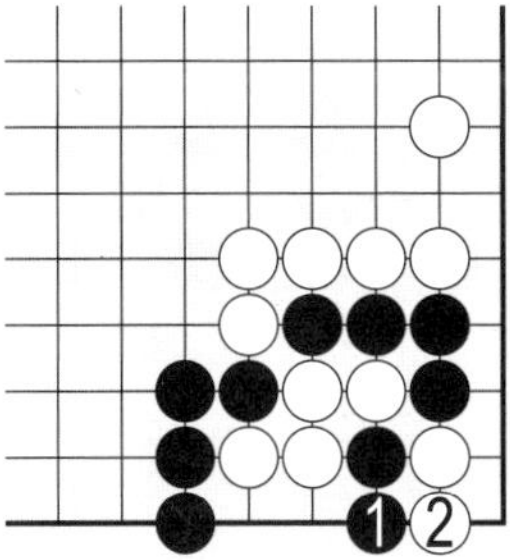

题 226　失败

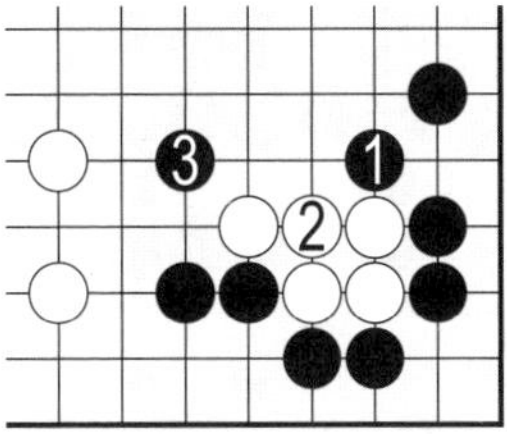

题 227　正解

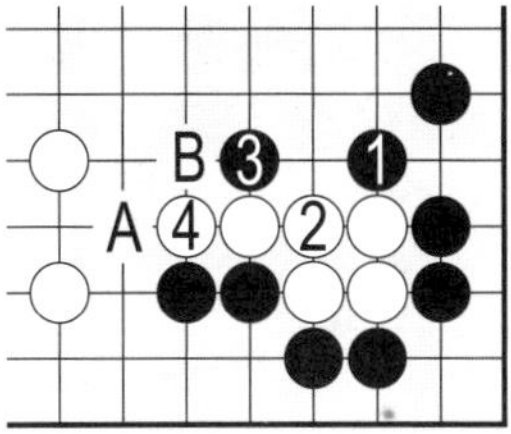

题 227　失败　A、B 见合

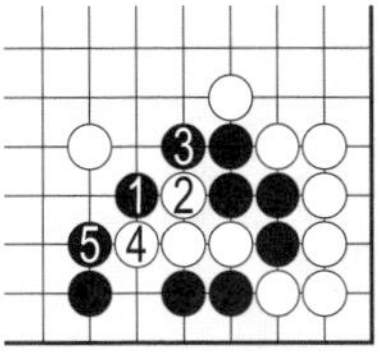

题 228　正解

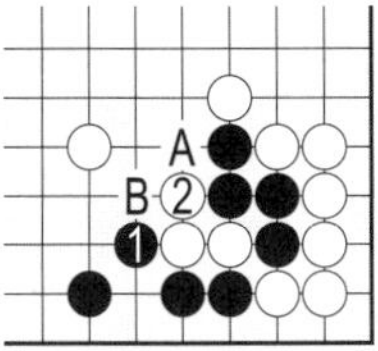

题 228　失败
A、B 见合

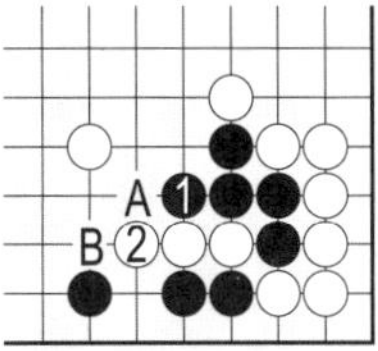

题 228　失败
A、B 见合

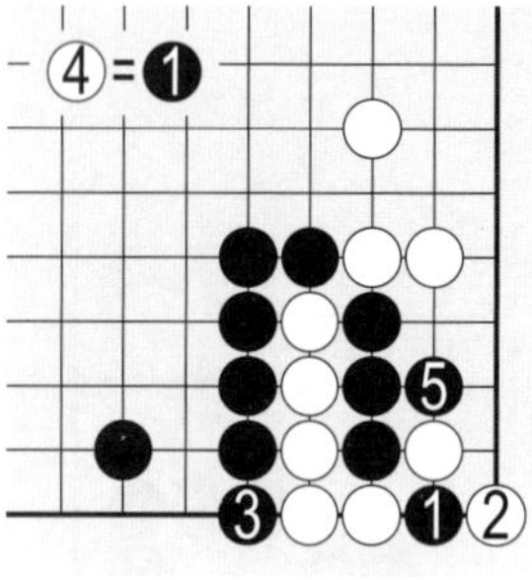

题 229　正解

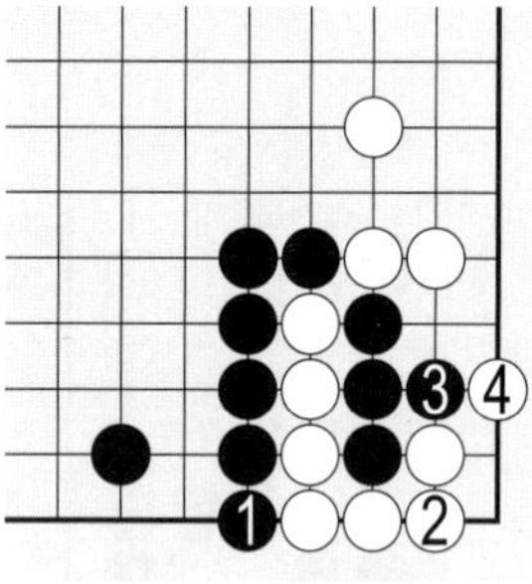

题 229　失败

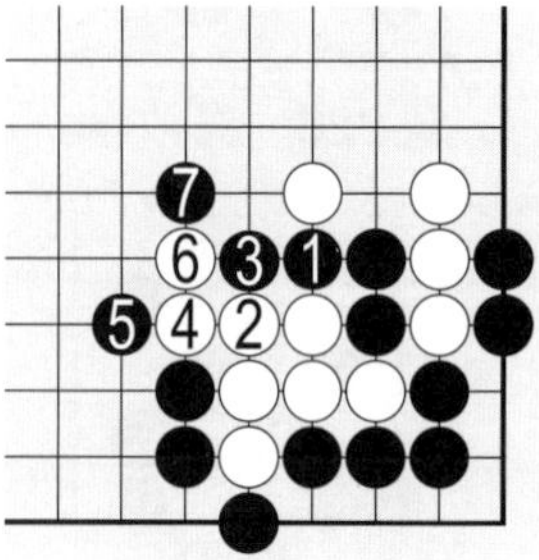

题 230　正解

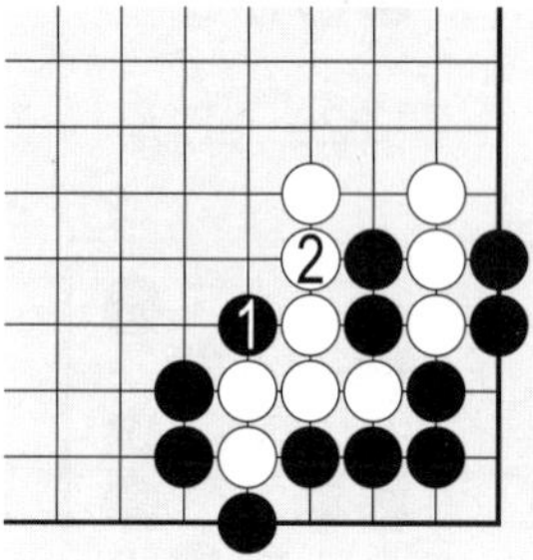

题 230　失败

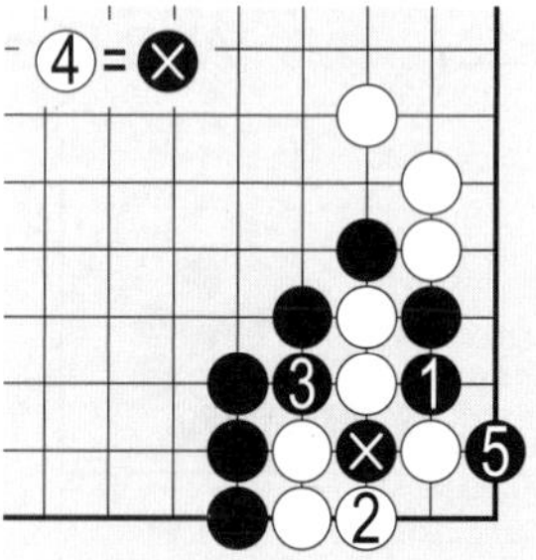

题 231　正解

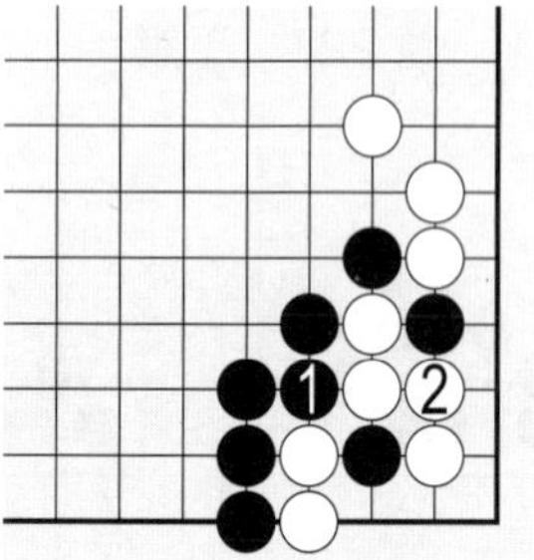

题 231　失败

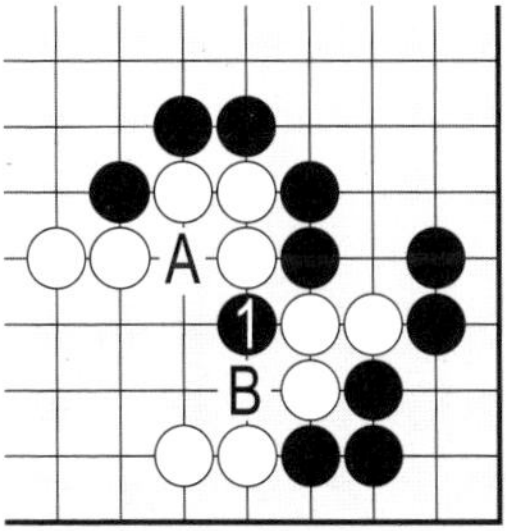

题 232　正解　A、B 见合

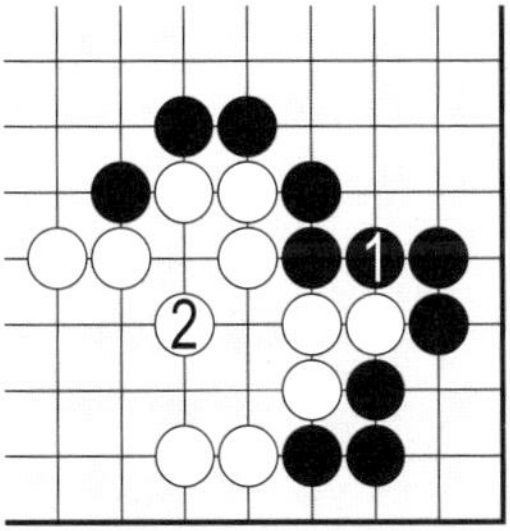

题 232　失败

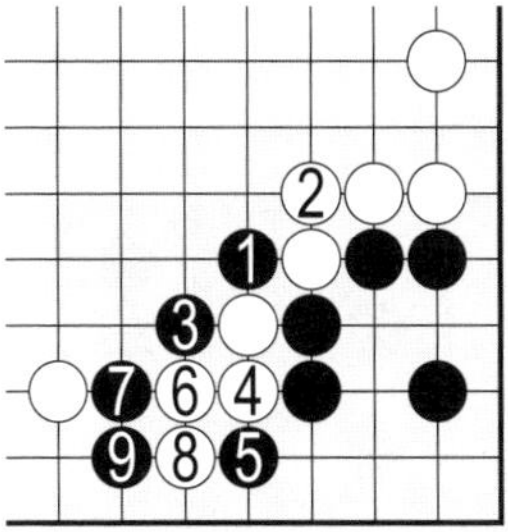

题 233　正解

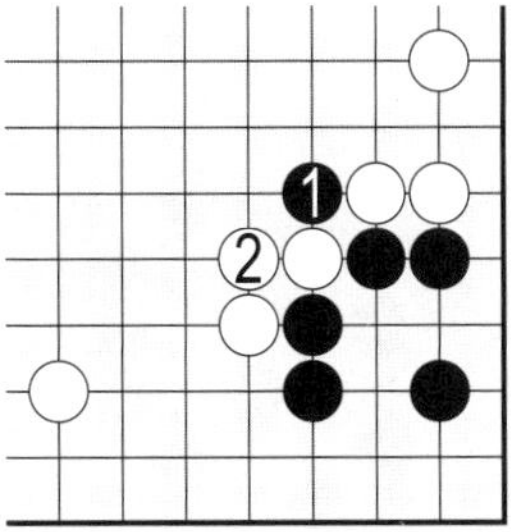

题 233　失败

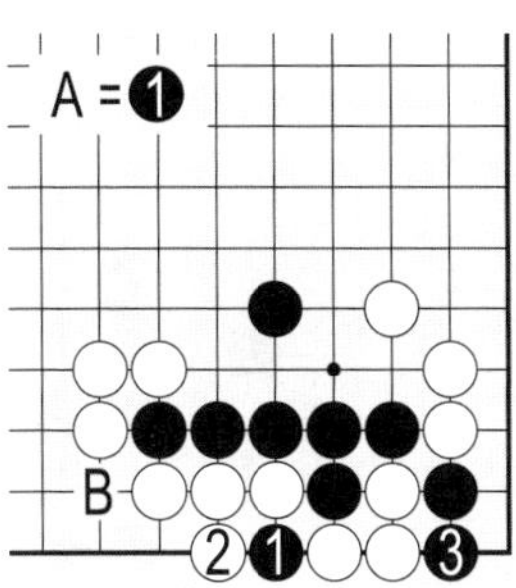

题 234　正解　A、B 见合

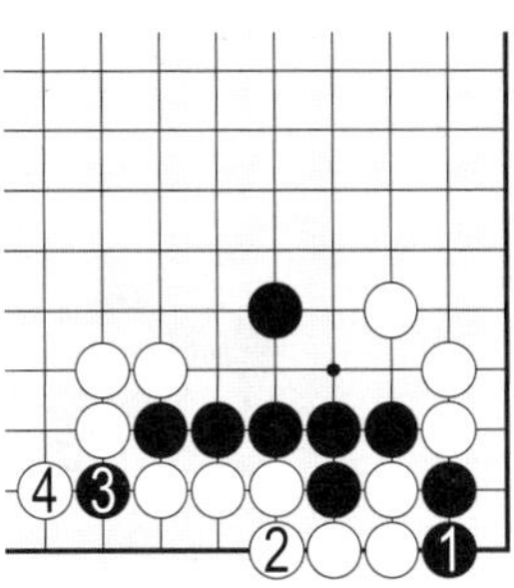

题 234　失败

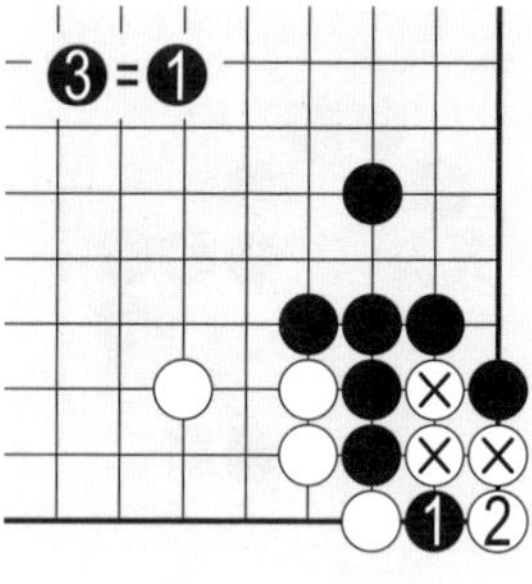

题 235 正解

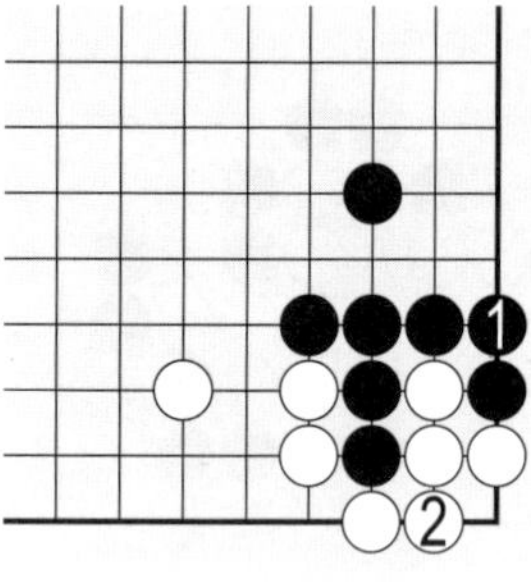

题 235 失败

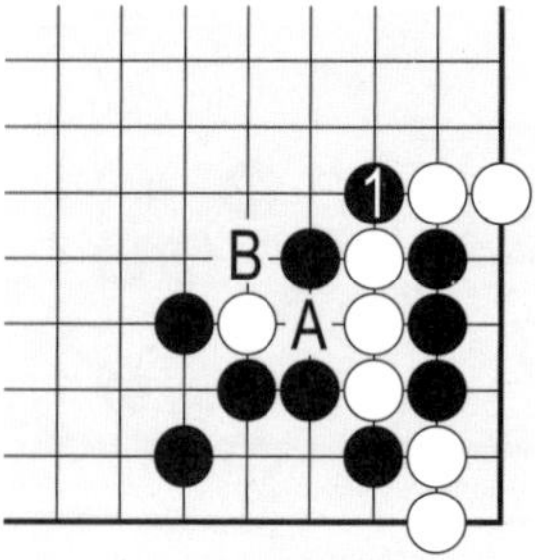

题 236 正解 A、B 见合

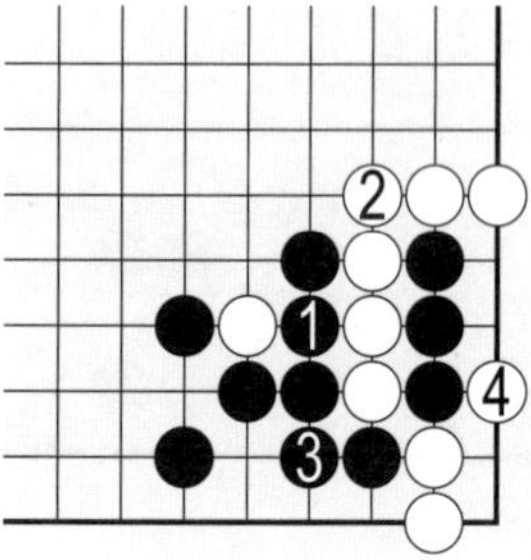

题 236 失败

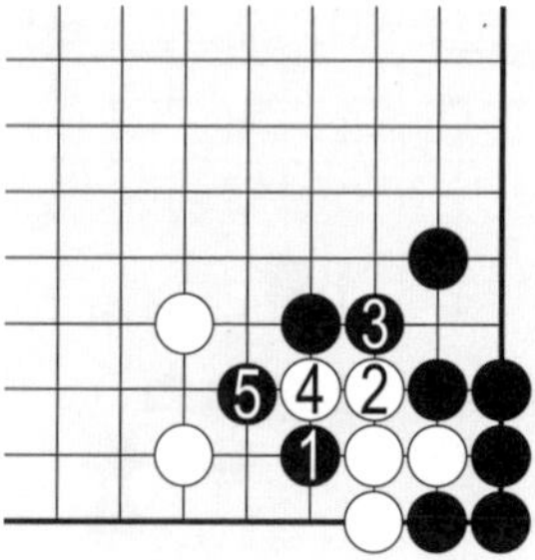

题 237 正解

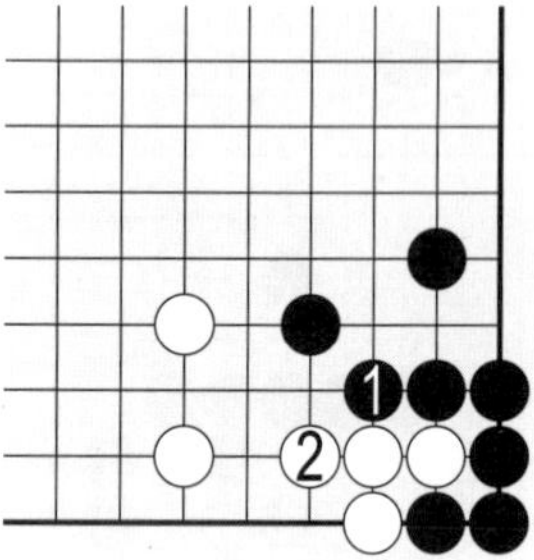

题 237 失败

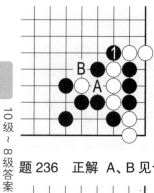

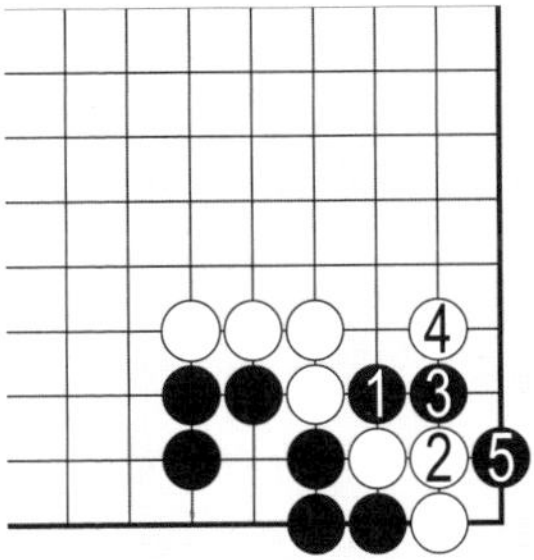

题 238　正解

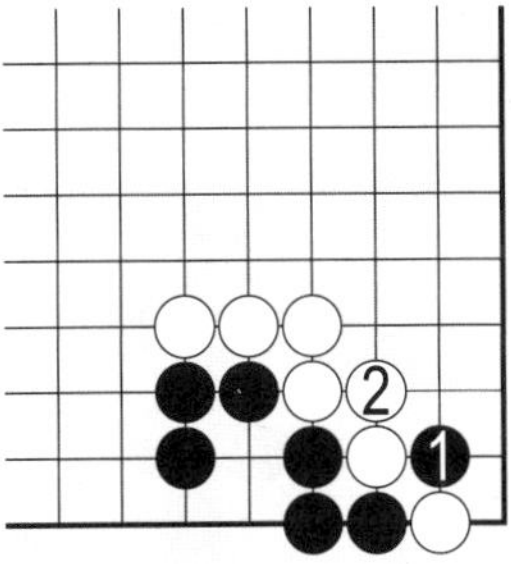

题 238　失败

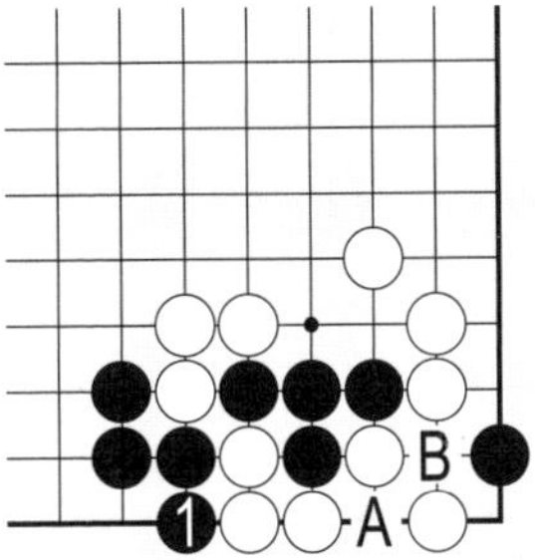

题 239　正解 A、B 见合

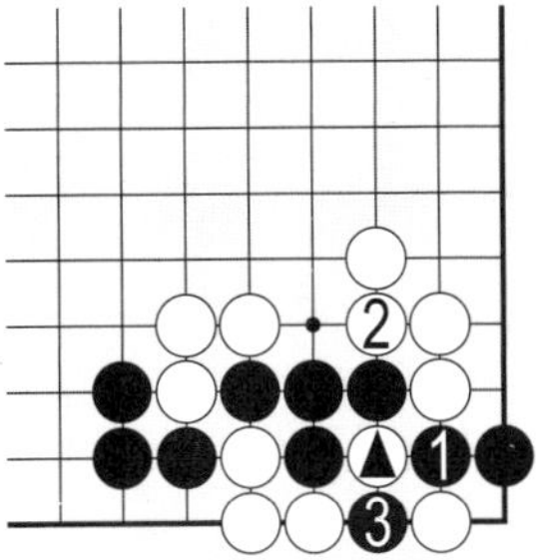

题 239　失败 打劫

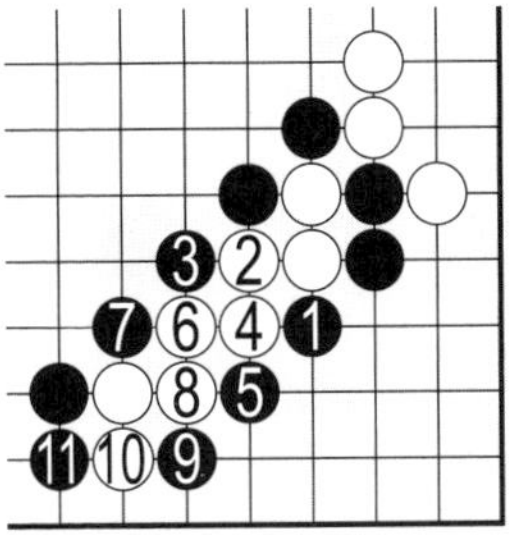

题 240　正解

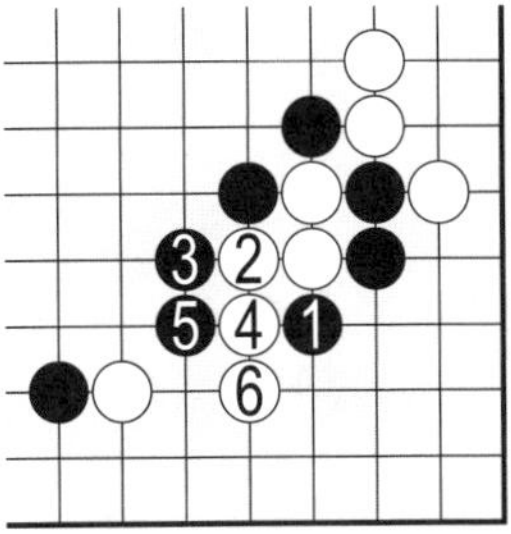

题 240　失败

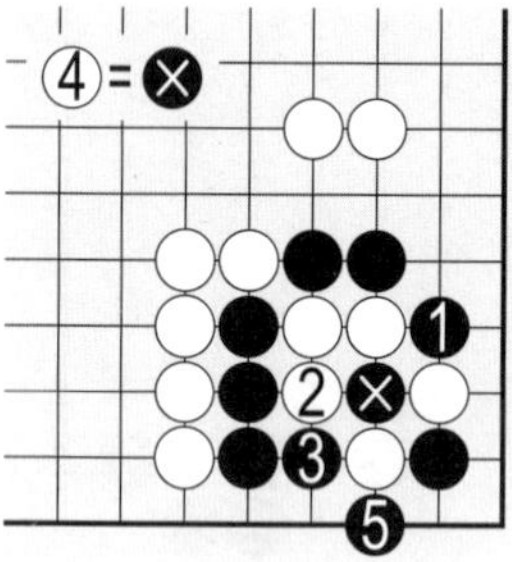

题 241　正解

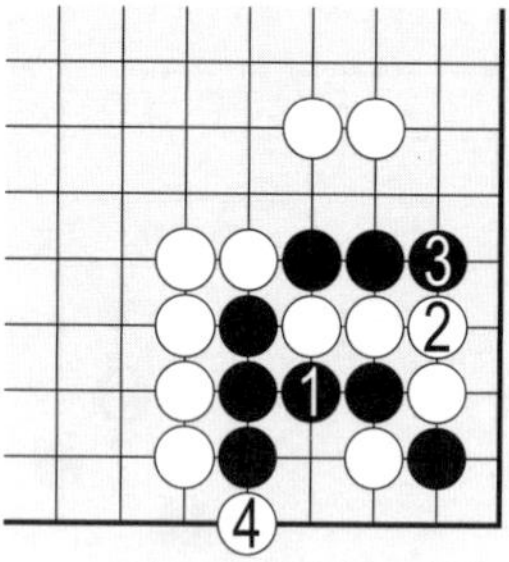

题 241　失败

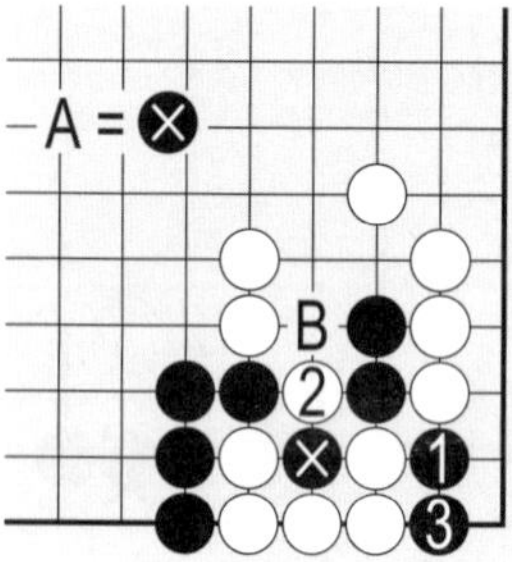

题 242　正解　A、B 见合

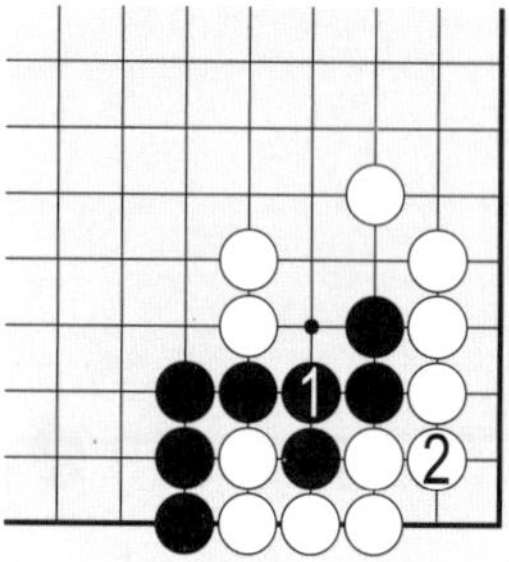

题 242　失败

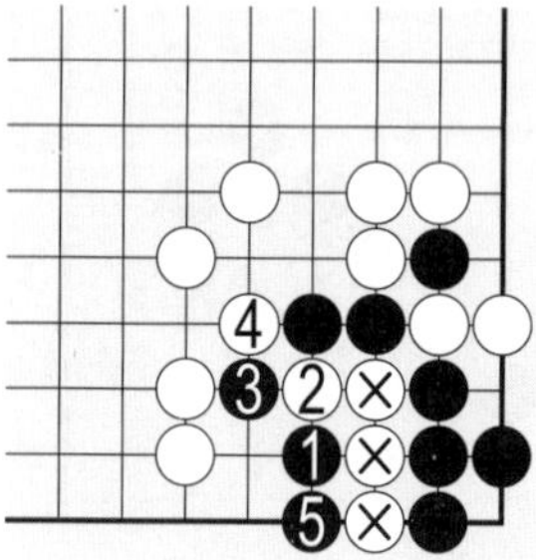

题 243　正解

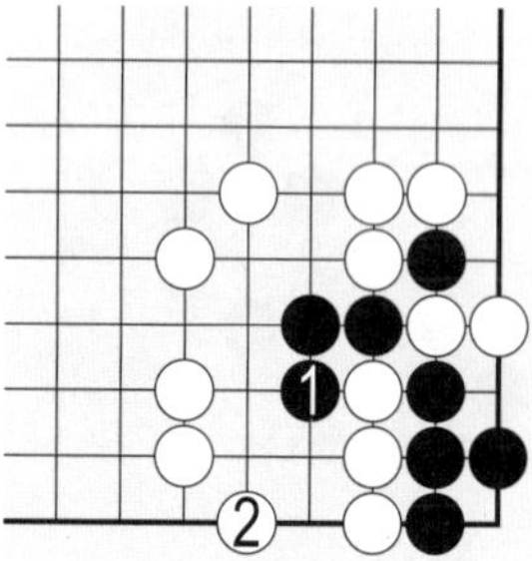

题 243　失败

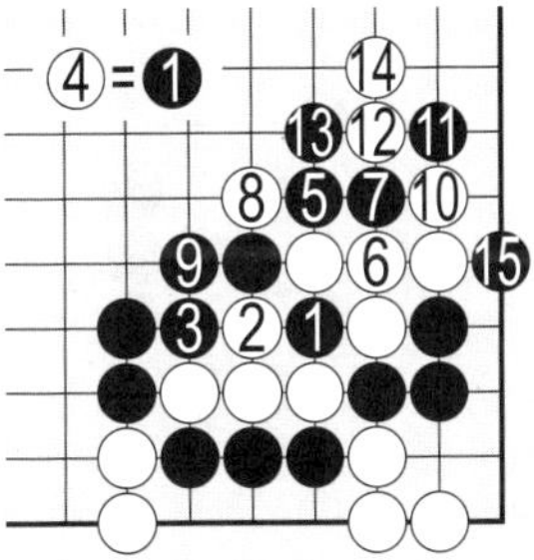

题 244　正解

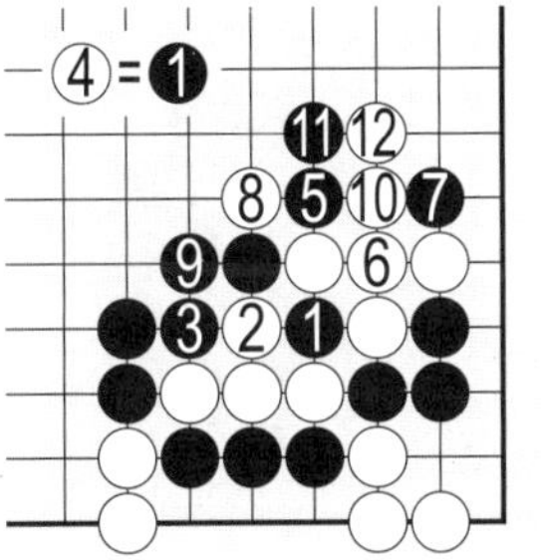

题 244　失败

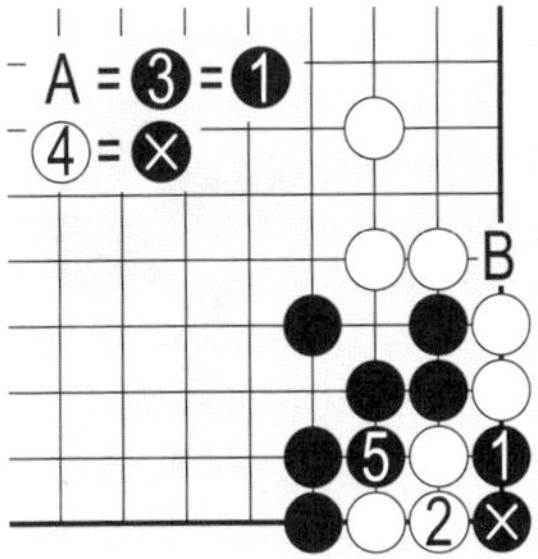

题 245　正解　A、B 见合

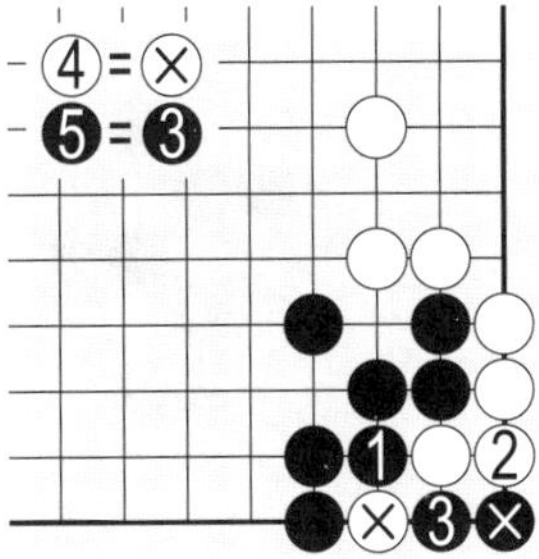

题 245　失败

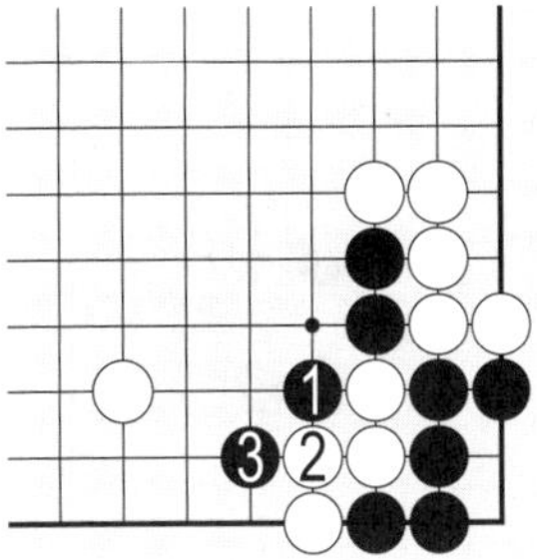

题 246　正解

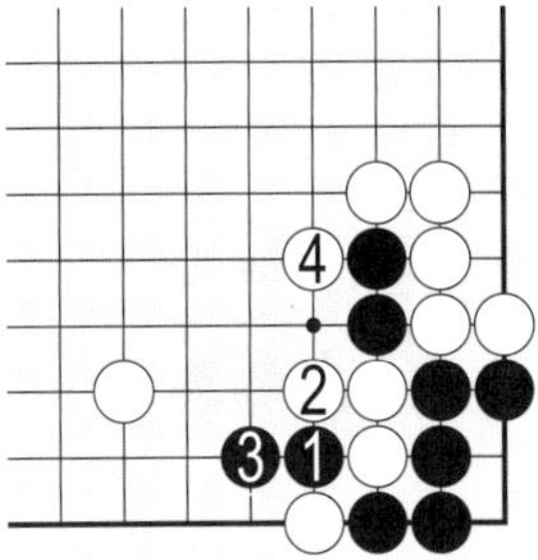

题 246　失败

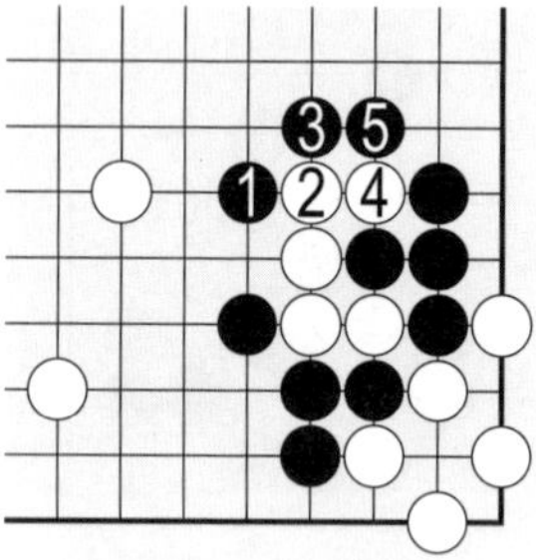

题 247　正解

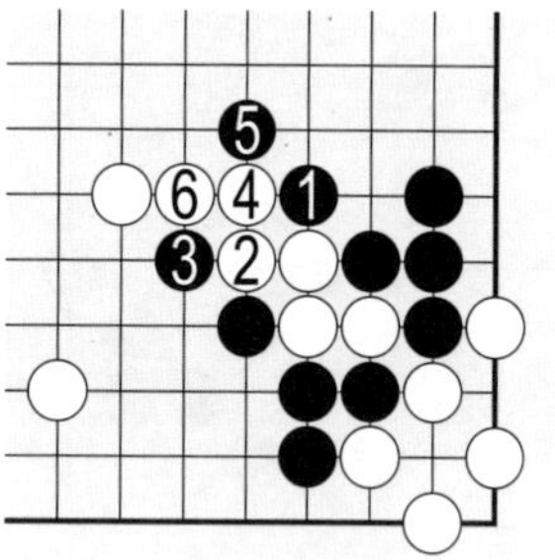

题 247　失败

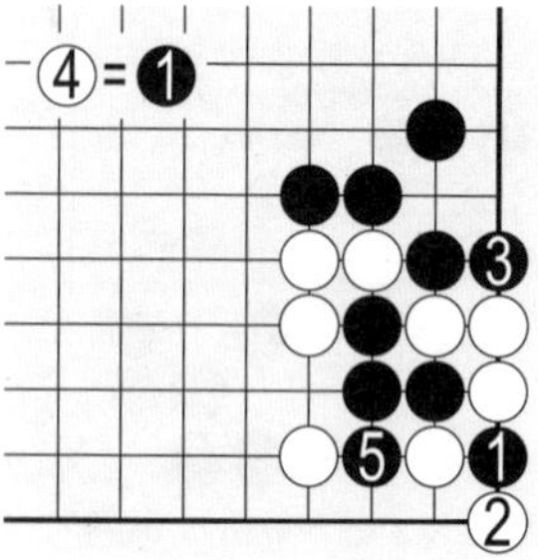

题 248　正解

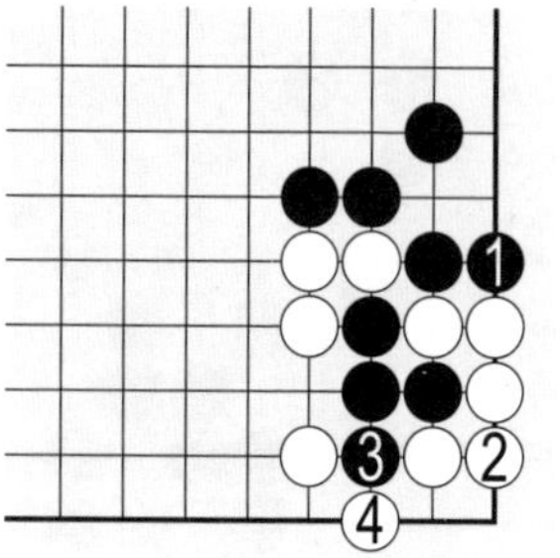

题 248　失败

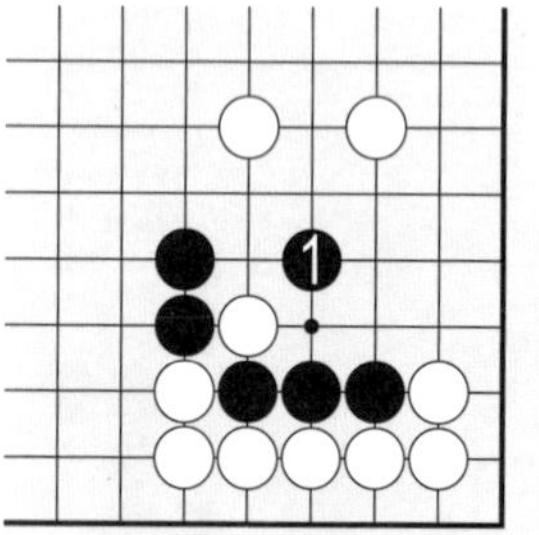

题 249　正解

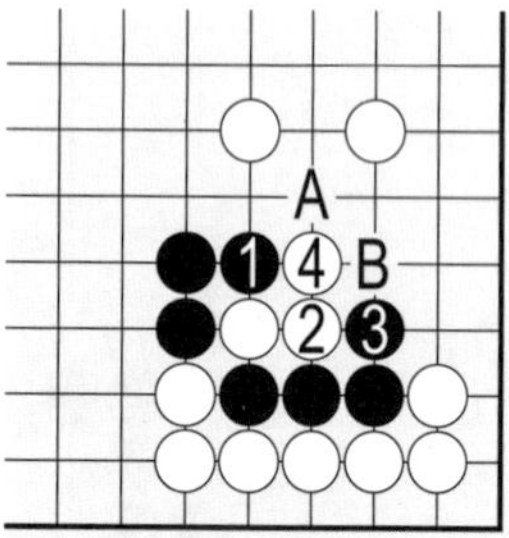

题 249　失败　A、B 见合

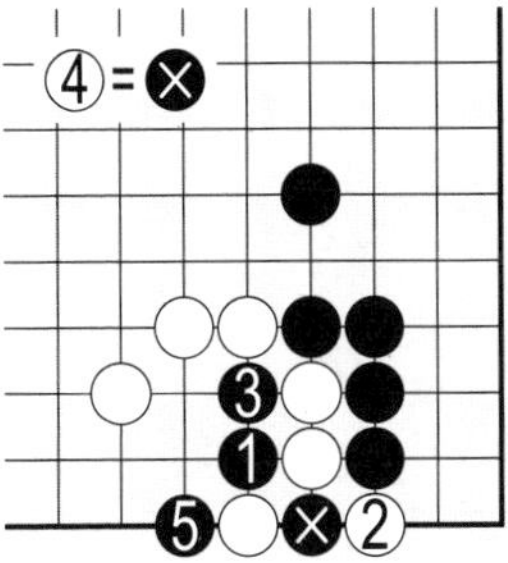

题 250　正解

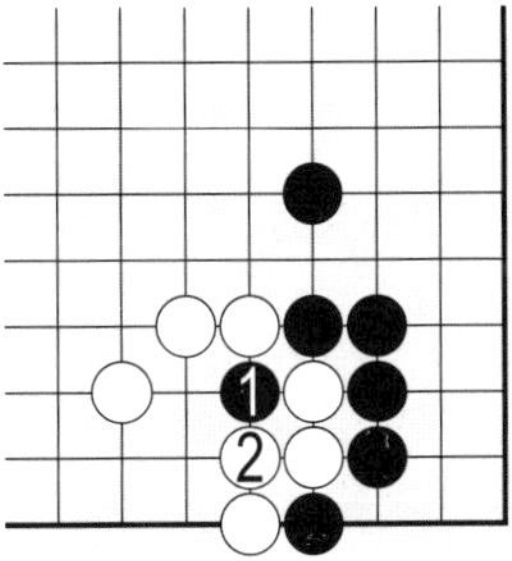

题 250　失败

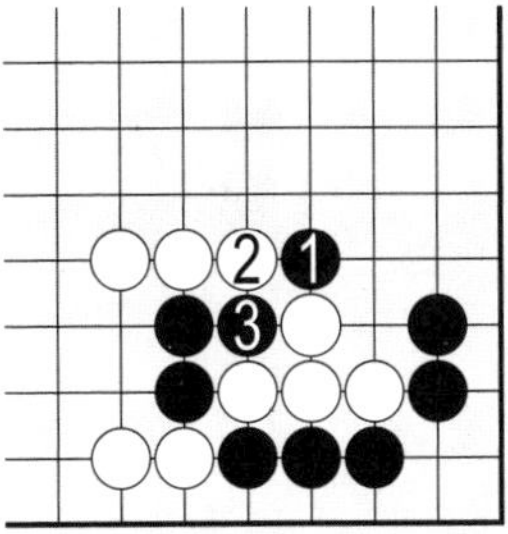

题 251　正解

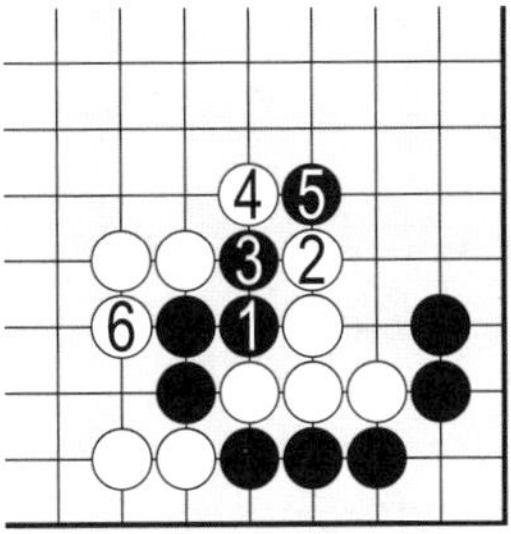

题 251　失败

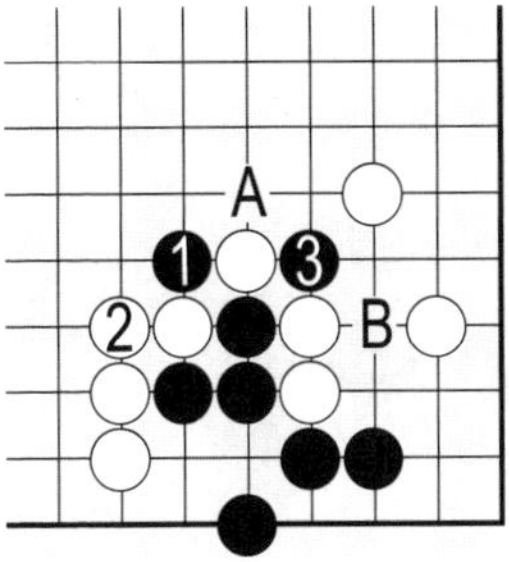

题 252　正解　A、B 见合

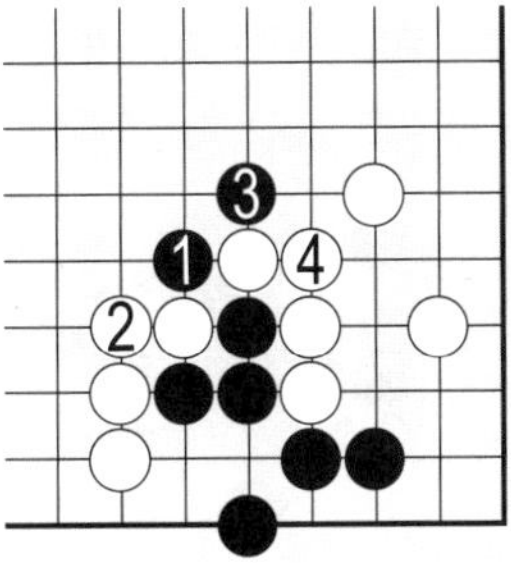

题 252　失败

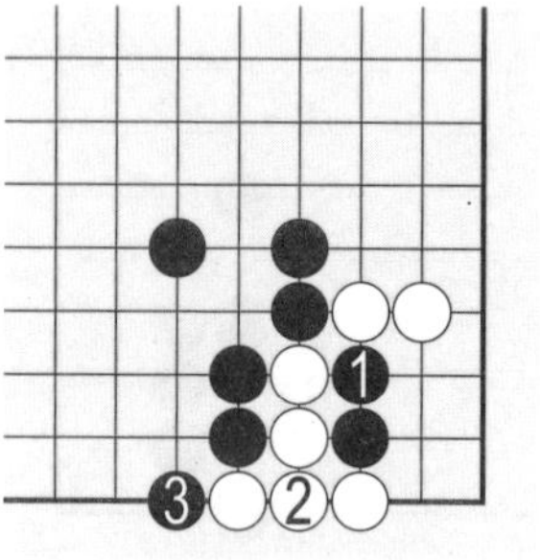

题 253　正解

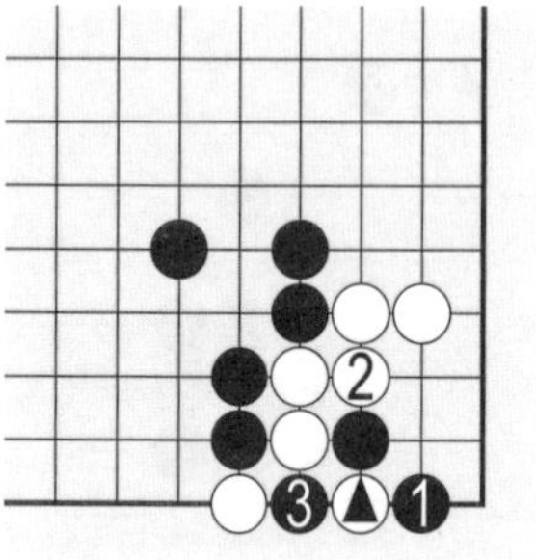

题 253　失败　打劫

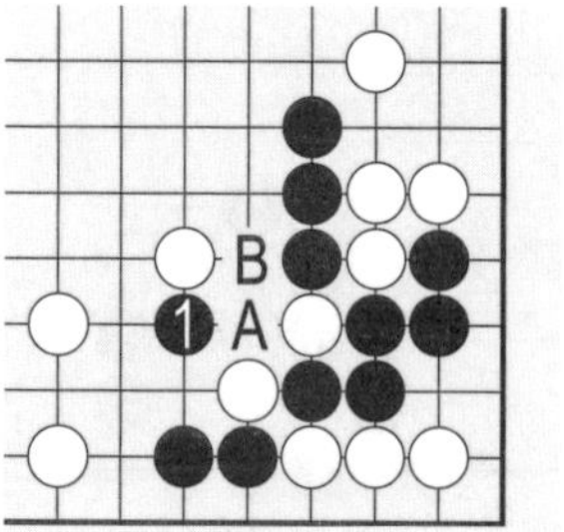

题 254　正解　A、B 见合

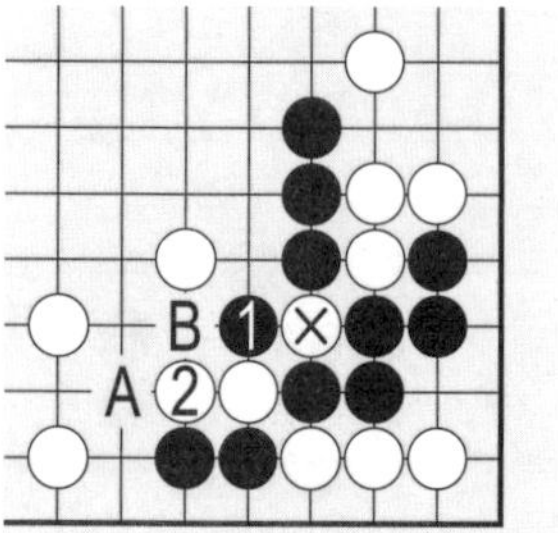

题 254　失败　A、B 见合

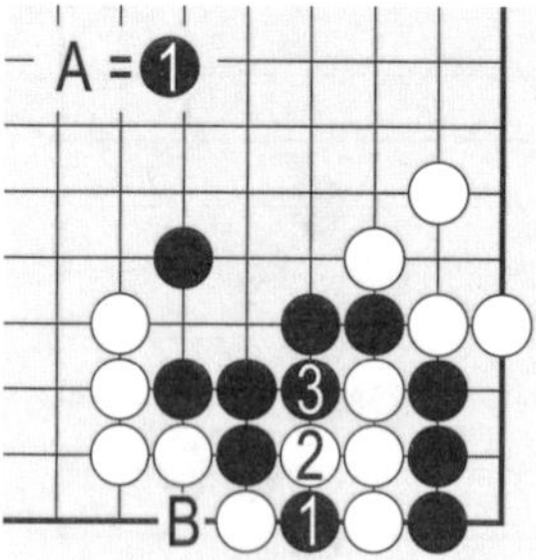

题 255　正解　A、B 见合

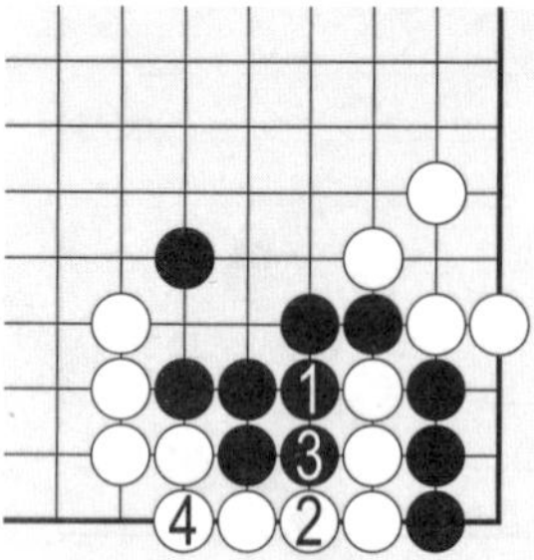

题 255　失败

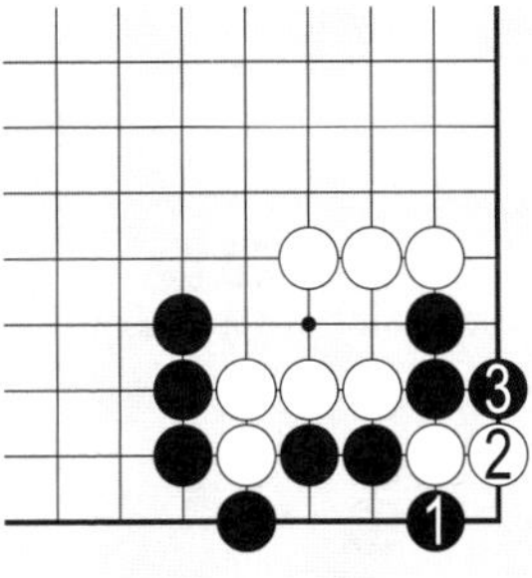

题 256　正解

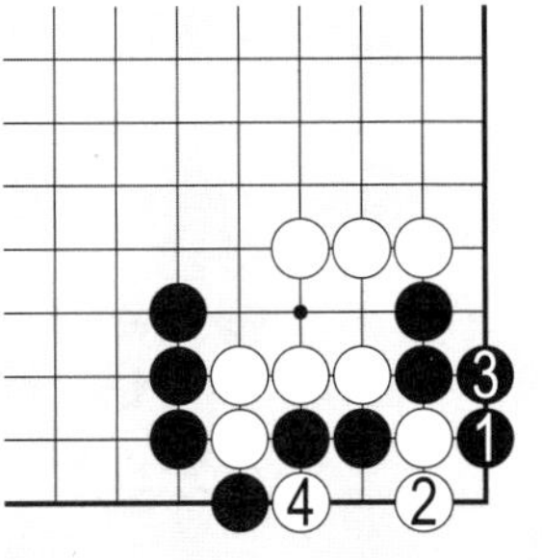

题 256　失败

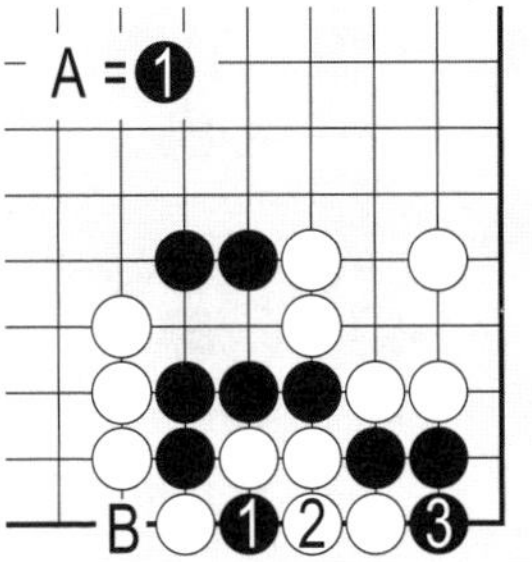

题 257　正解 A、B 见合

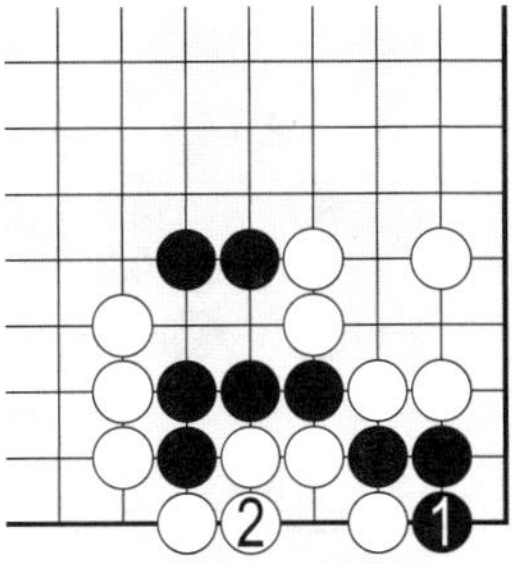

题 257　失败

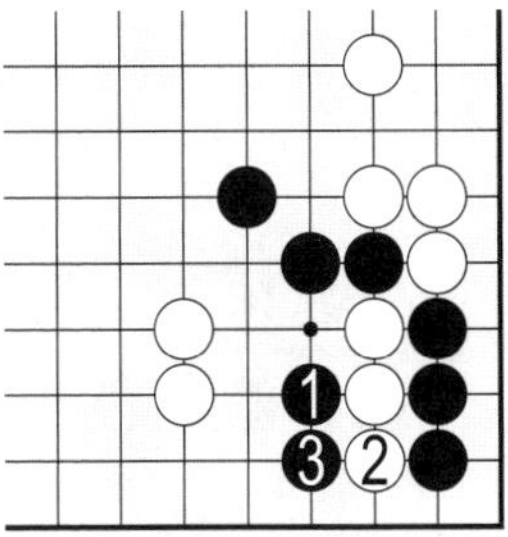

题 258　正解

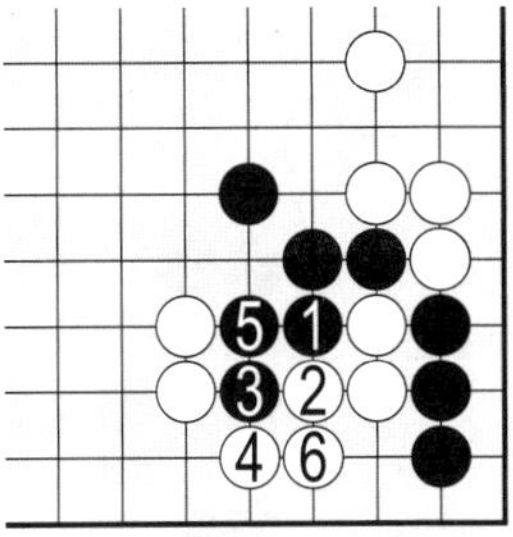

题 258　失败

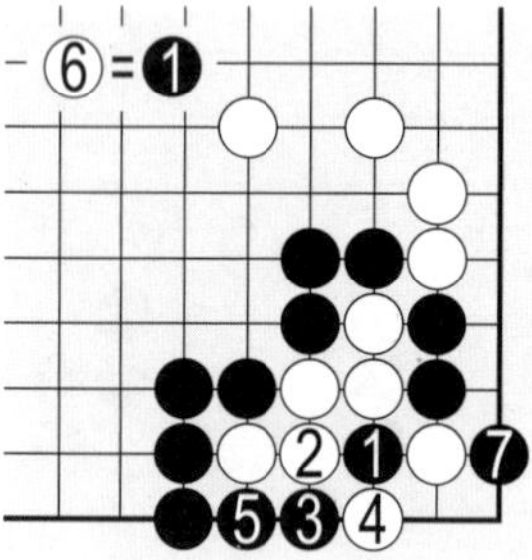

题 259　正解

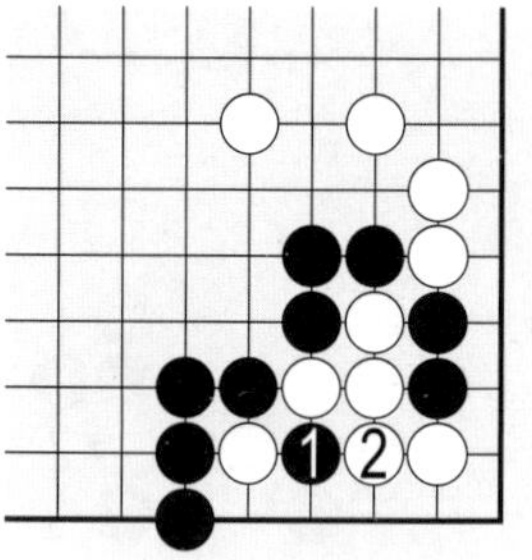

题 259　失败

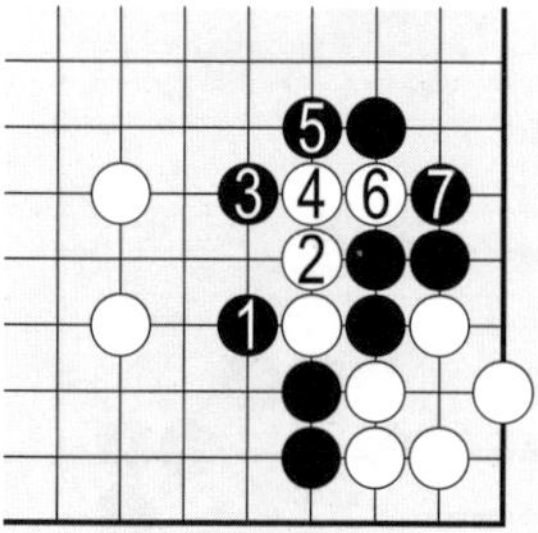

题 260　正解

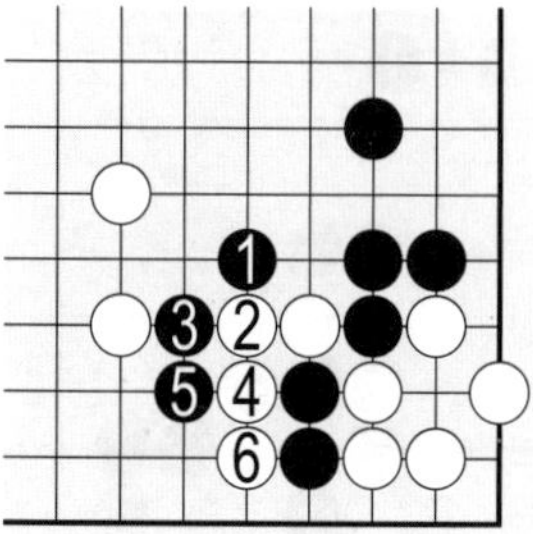

题 260　失败

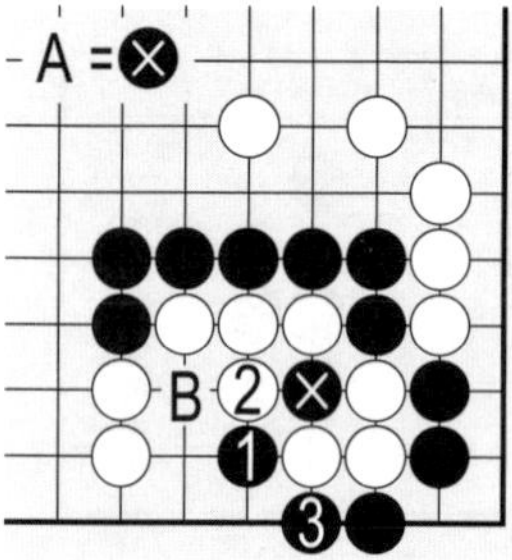

题 261　正解　A、B 见合

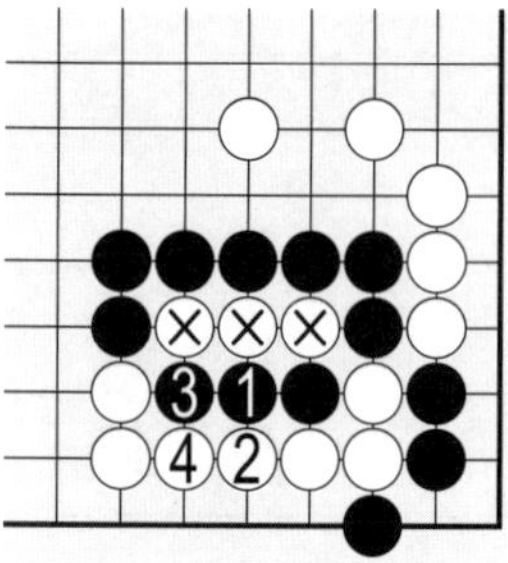

题 261　失败

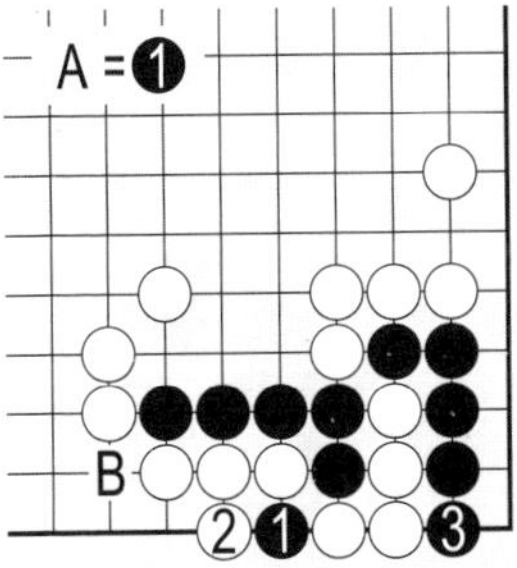

题 262　正解　A、B 见合

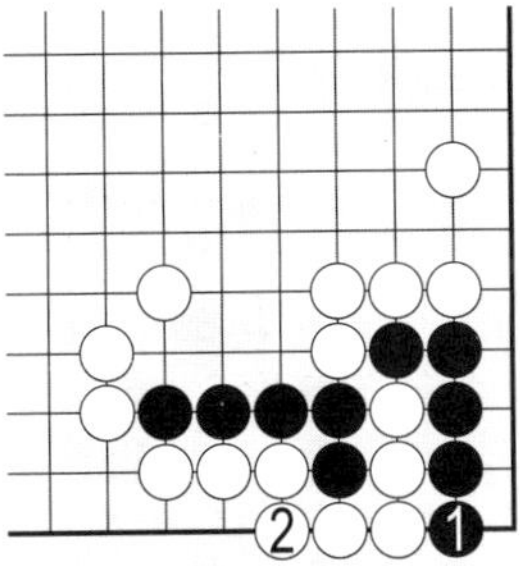

题 262　失败

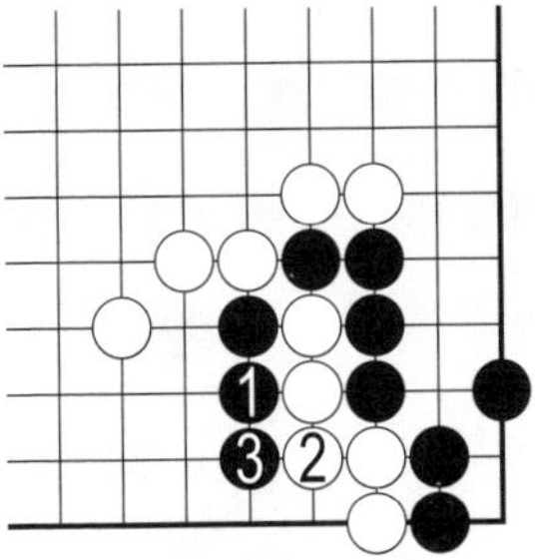

题 263　正解

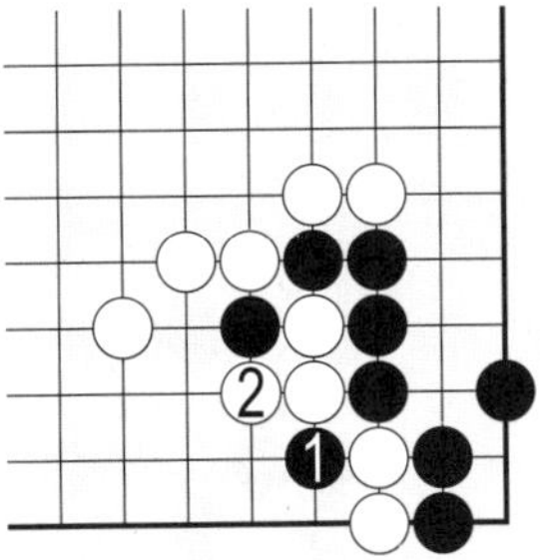

题 263　失败

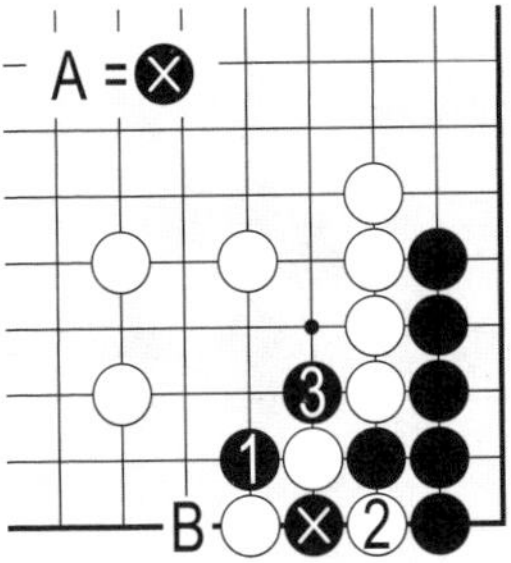

题 264　正解　A、B 见合

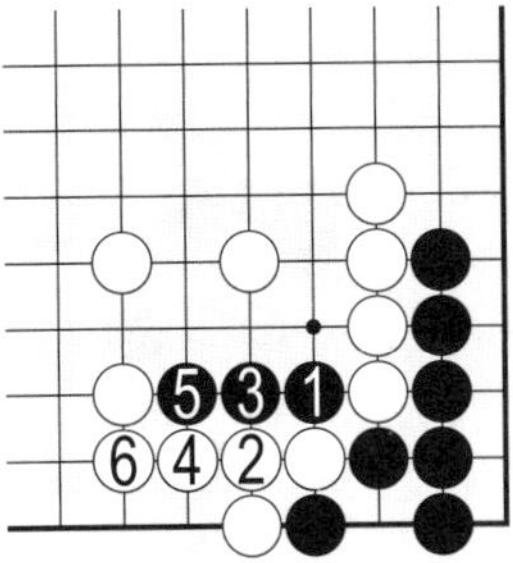

题 264　失败

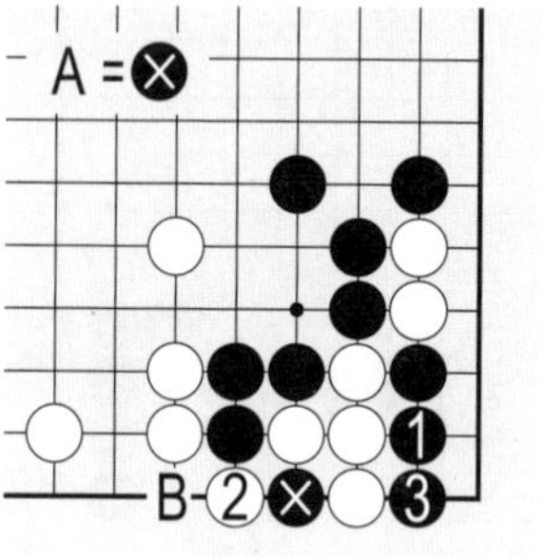

题 265　正解　A、B 见合

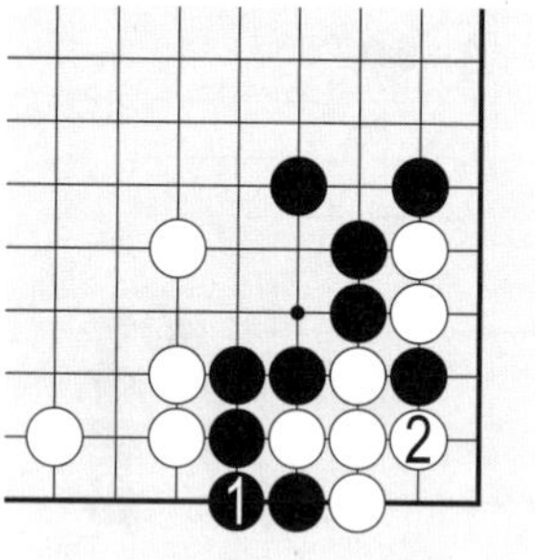

题 265　失败

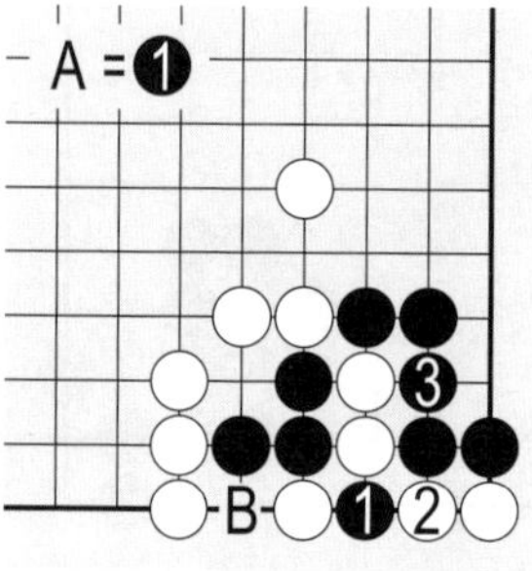

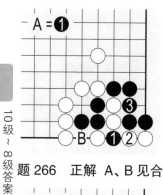

题 266　正解　A、B 见合

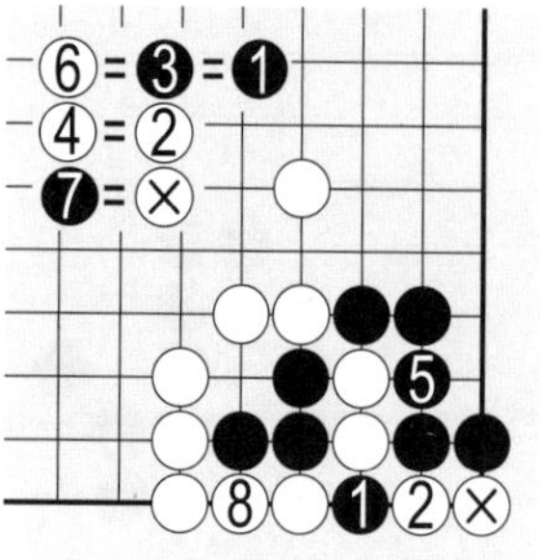

题 266　失败

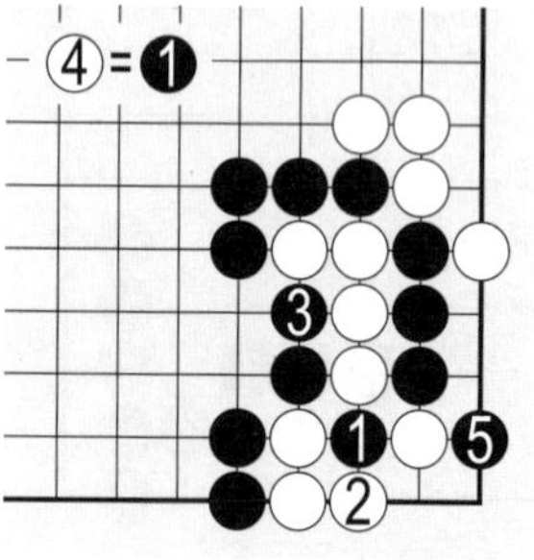

题 267　正解

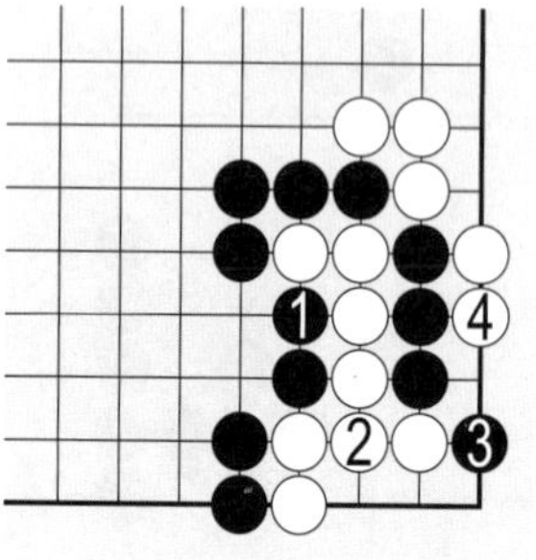

题 267　失败

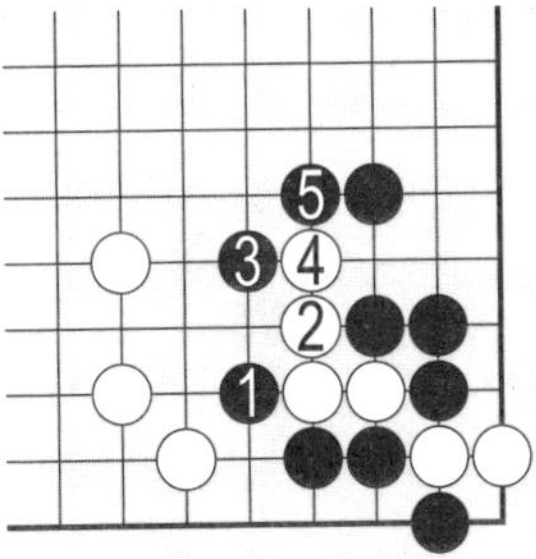

题 268 正解

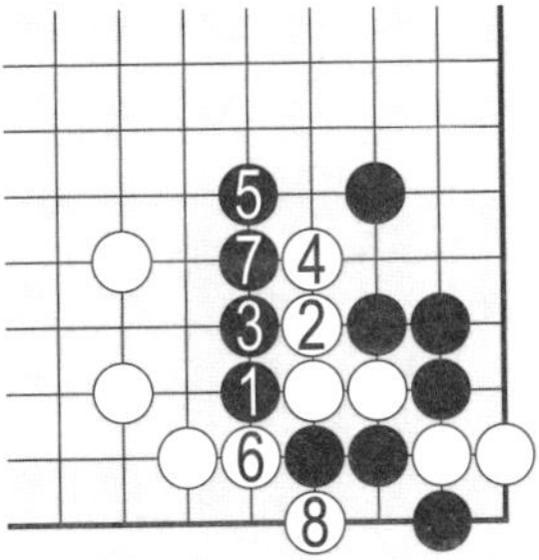

题 268 失败

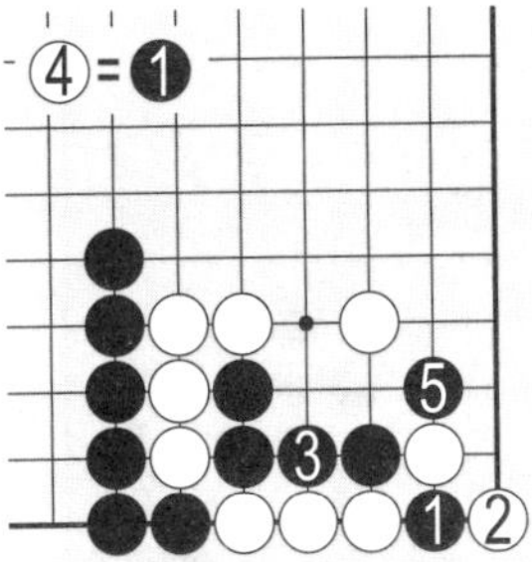

题 269 正解

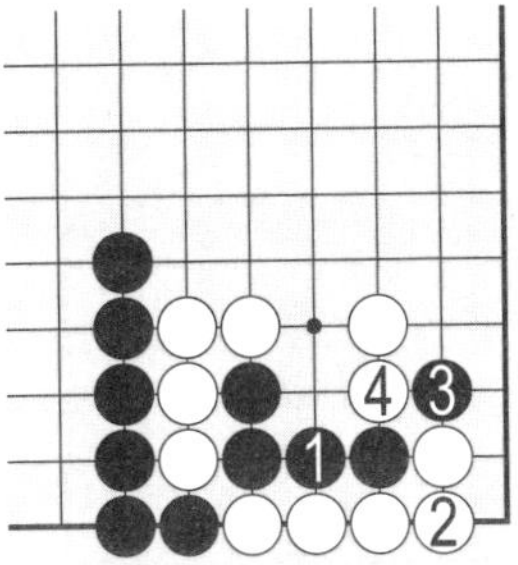

题 269 失败

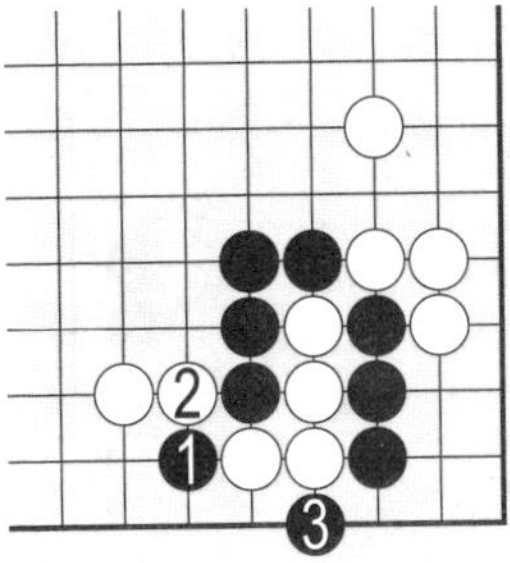

题 270 正解

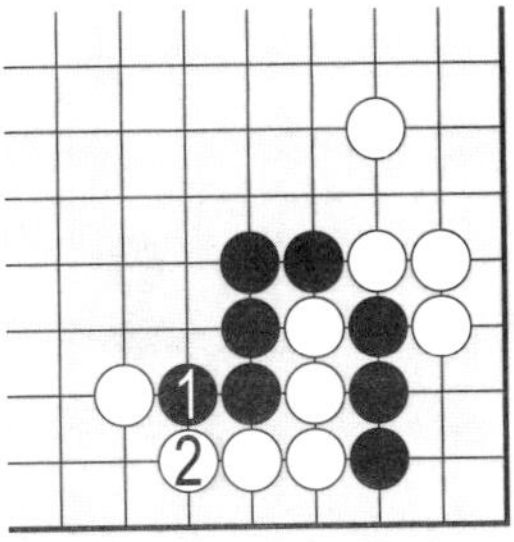

题 270 失败

7级～5级答案

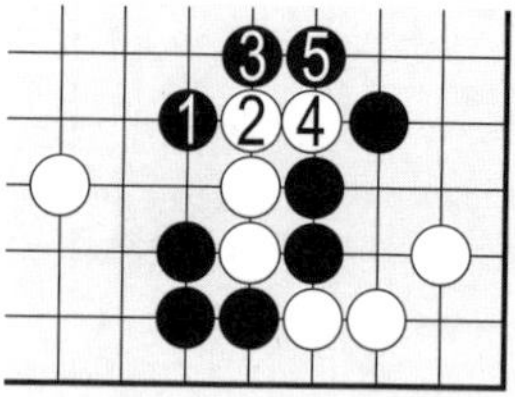

题 271　正解

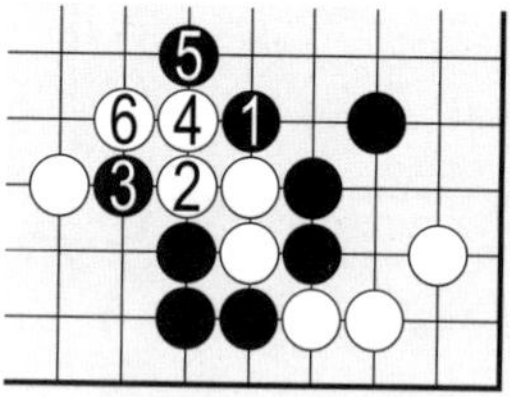

题 271　失败

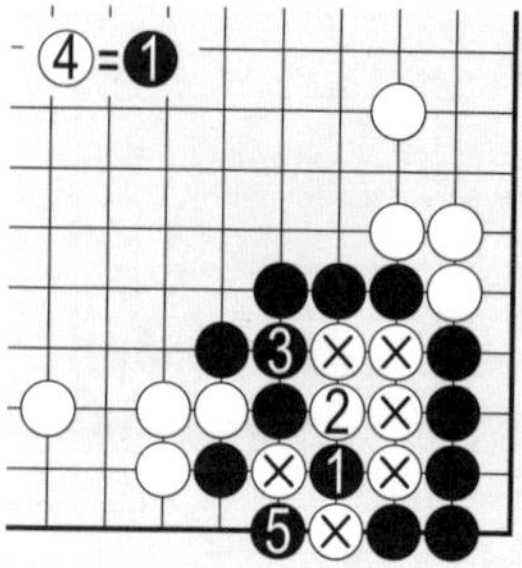

题 272　正解

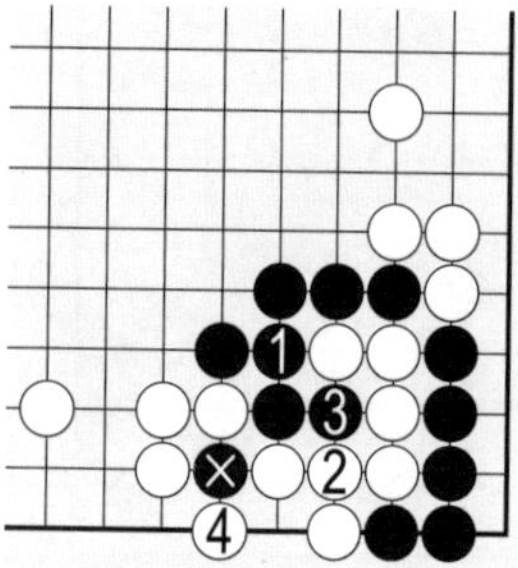

题 272　失败

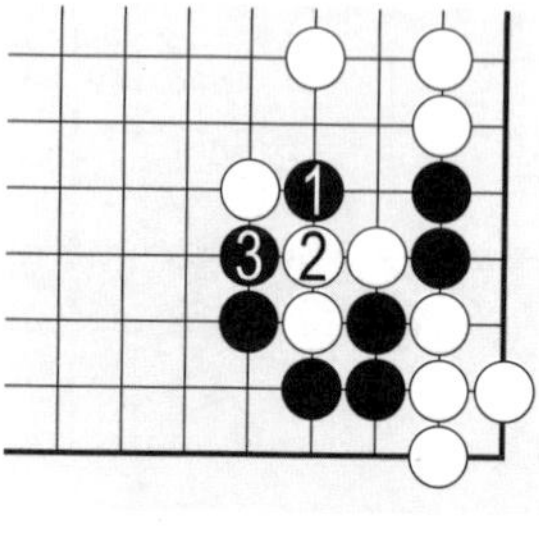

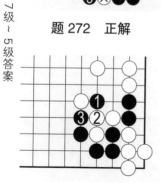

题 273　正解

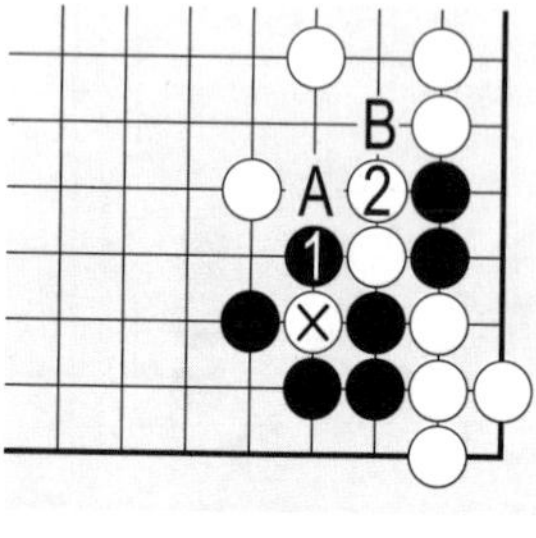

题 273　失败 A、B 见合

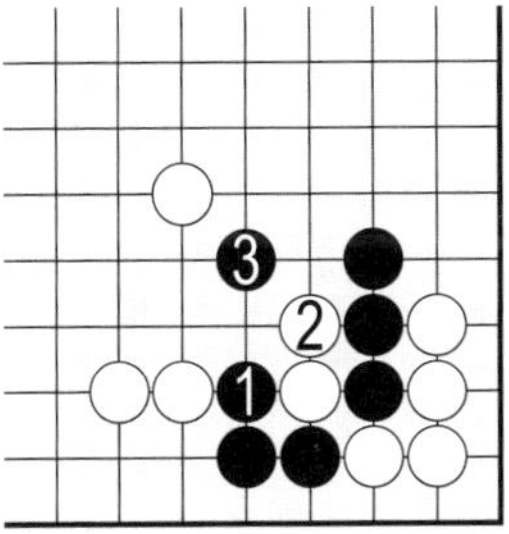

题 274　正解

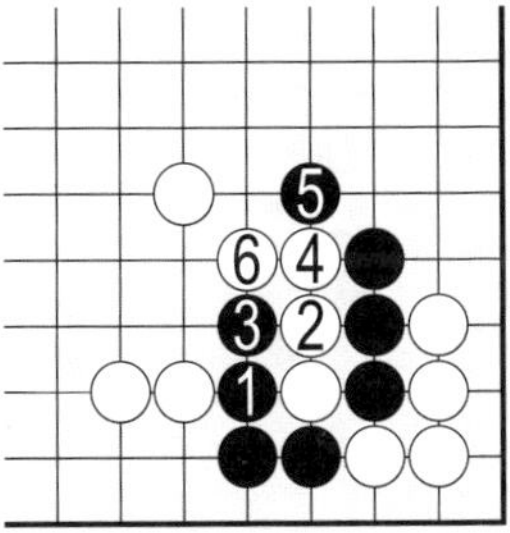

题 274　失败

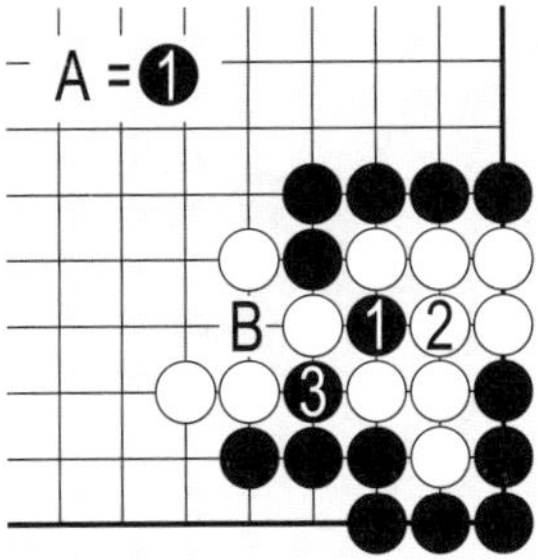

题 275　正解　A、B 见合

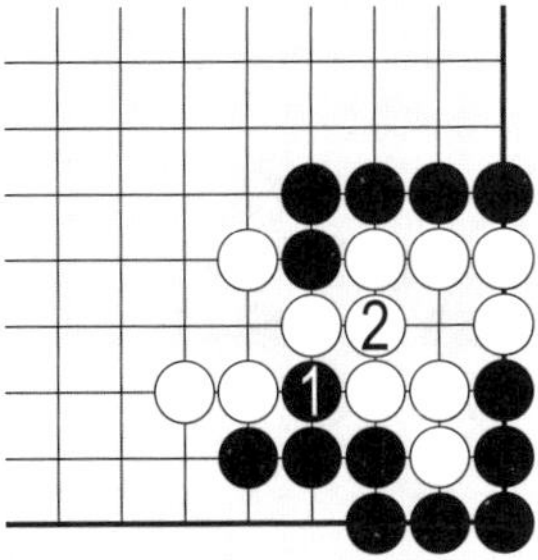

题 275　失败

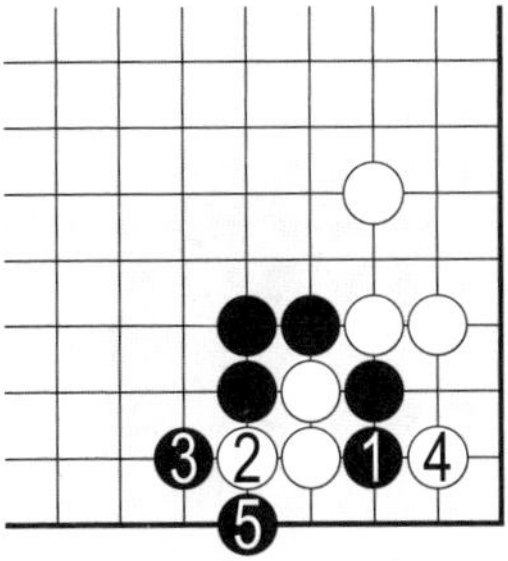

题 276　正解

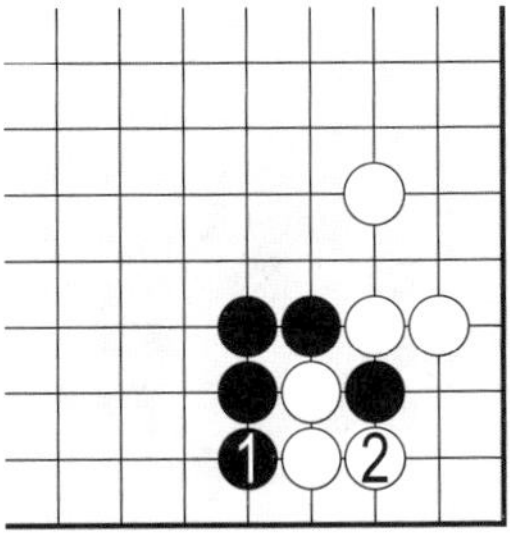

题 276　失败

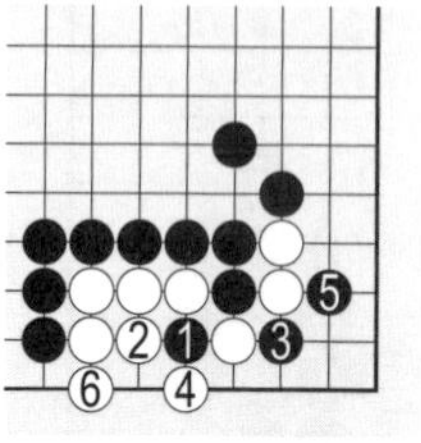

题 277　正解 1

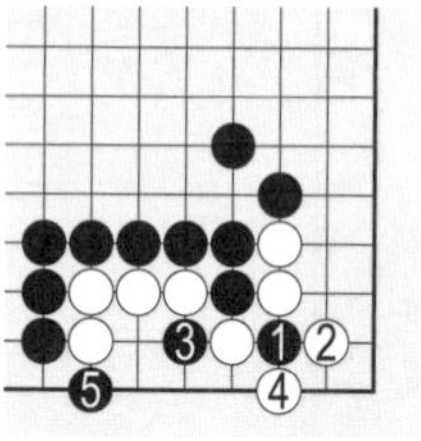

题 277　正解 2

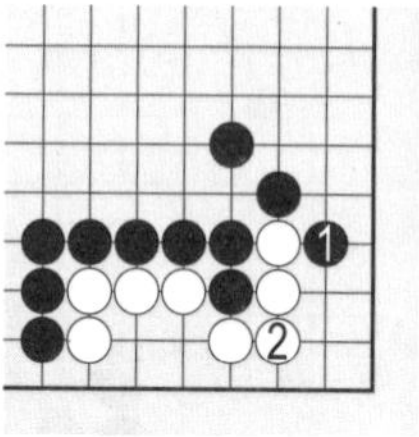

题 277　失败

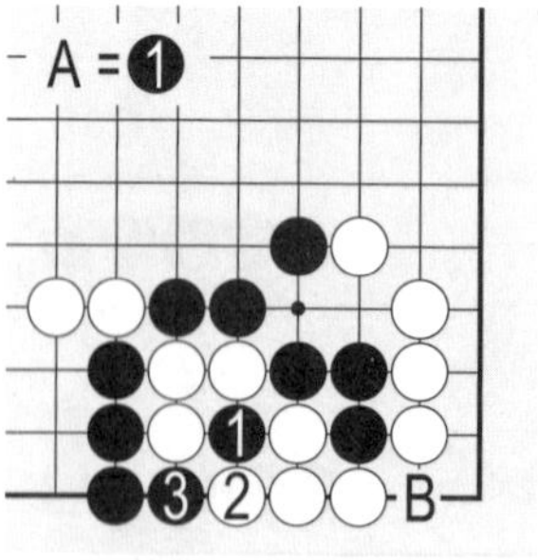

题 278　正解　A、B 见合

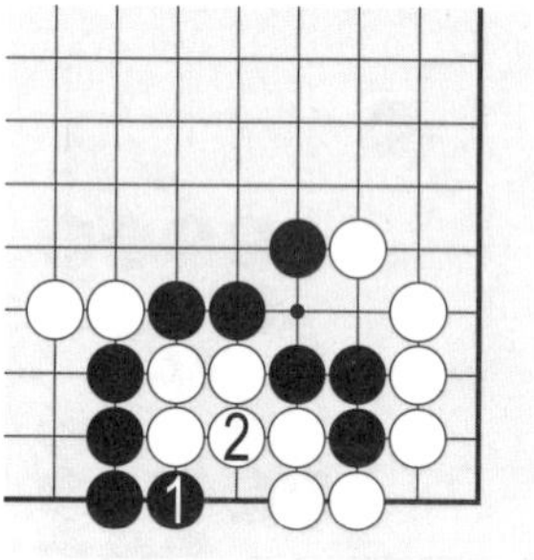

题 278　失败

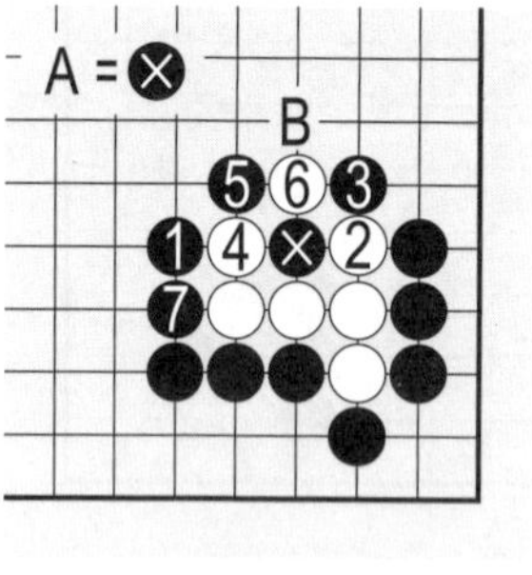

题 279　正解　A、B 见合

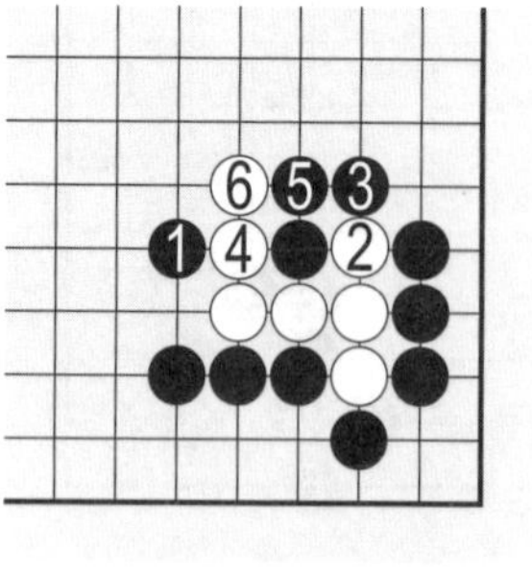

题 279　失败

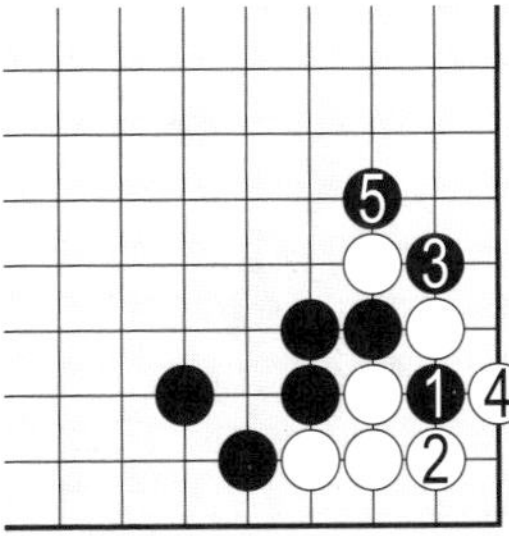

题 280　正解

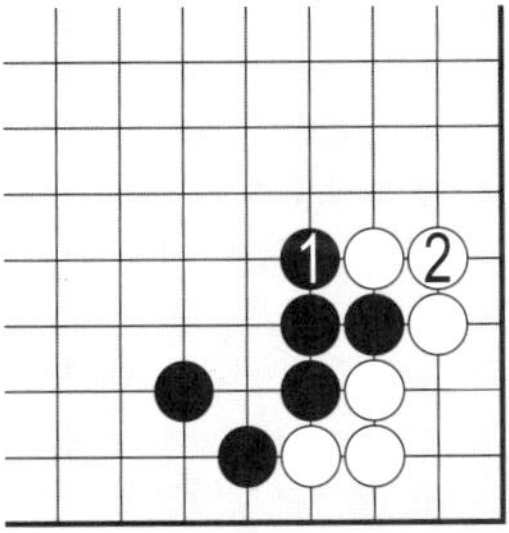

题 280　失败

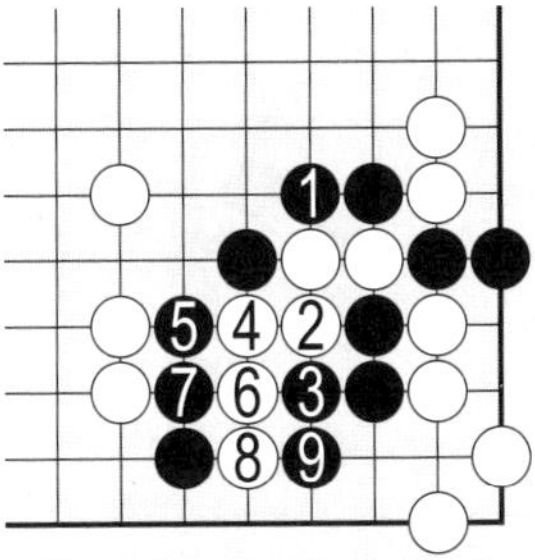

题 281　正解

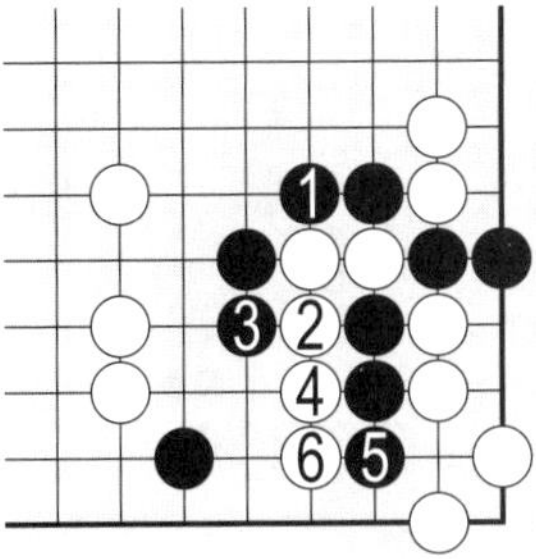

题 281　失败

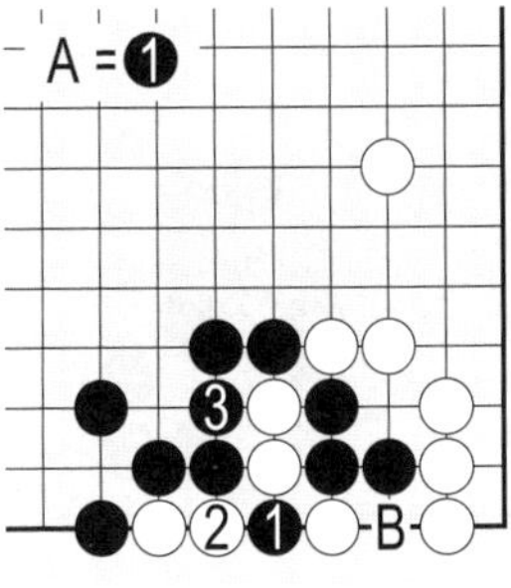

题 282　正解　A、B 见合

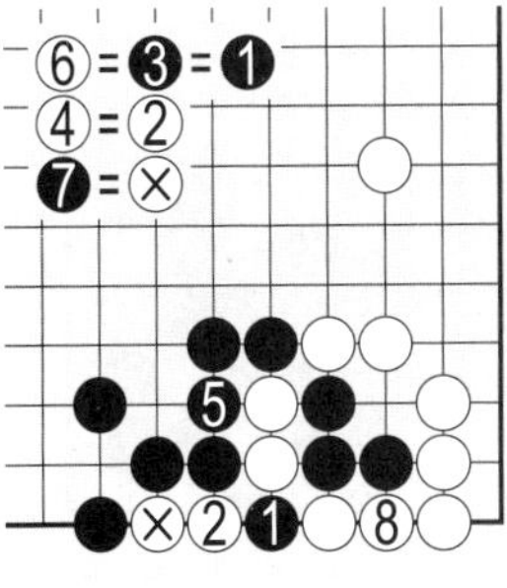

题 282　失败

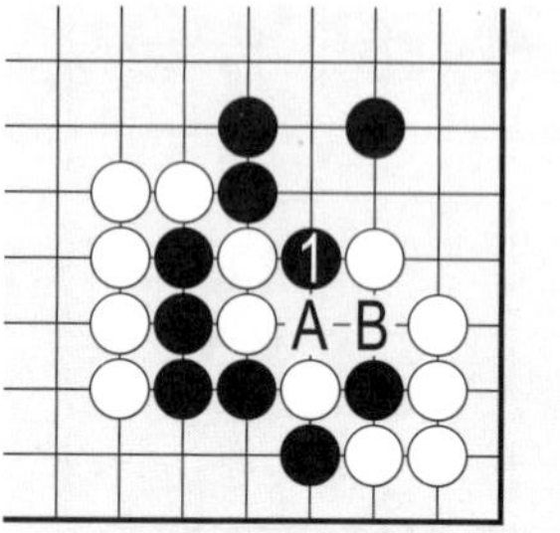

题 283　正解　A、B 见合

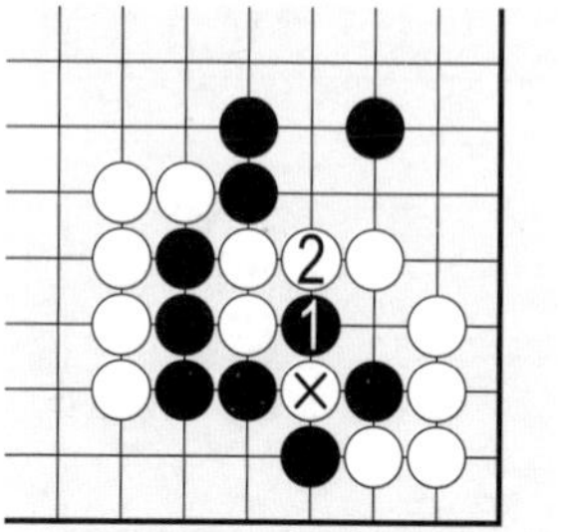

题 283　失败

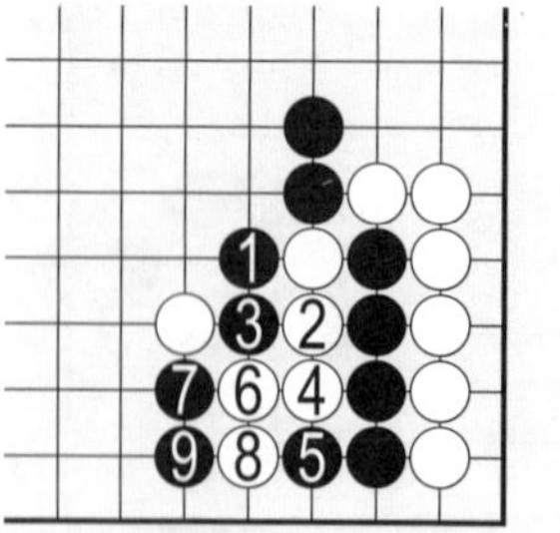

题 284　正解

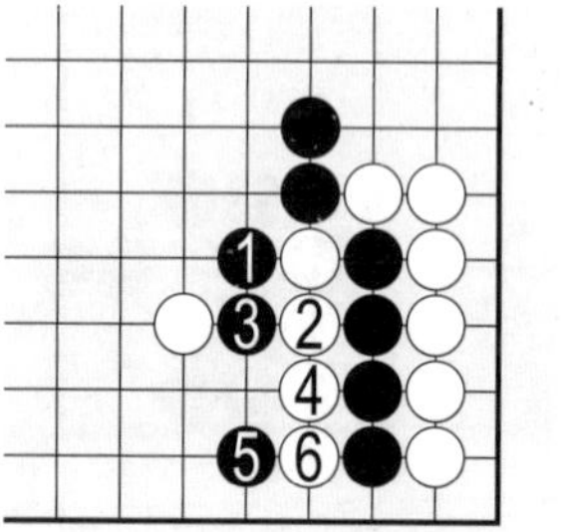

题 284　失败

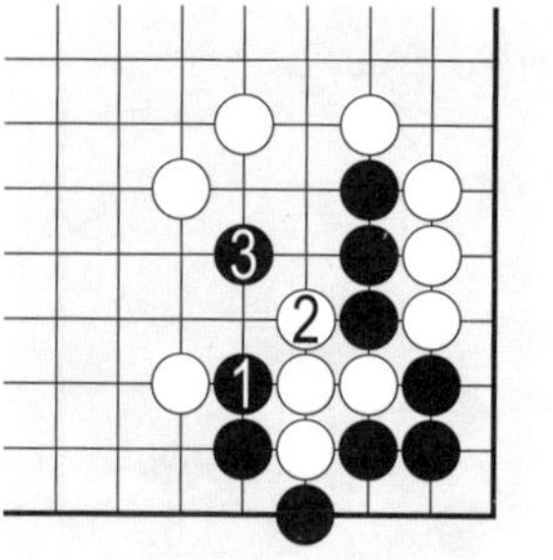

题 285　正解

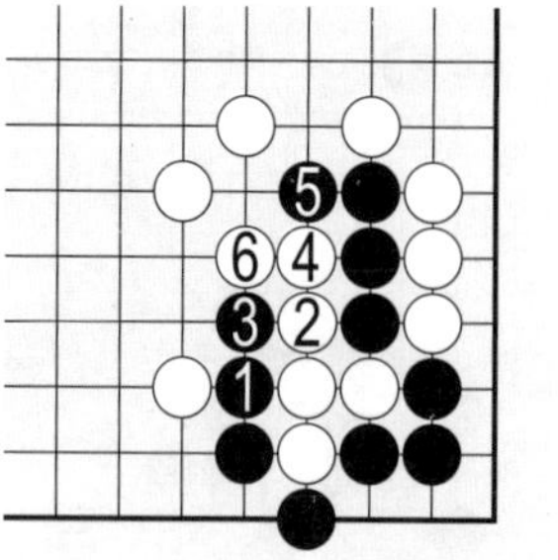

题 285　失败

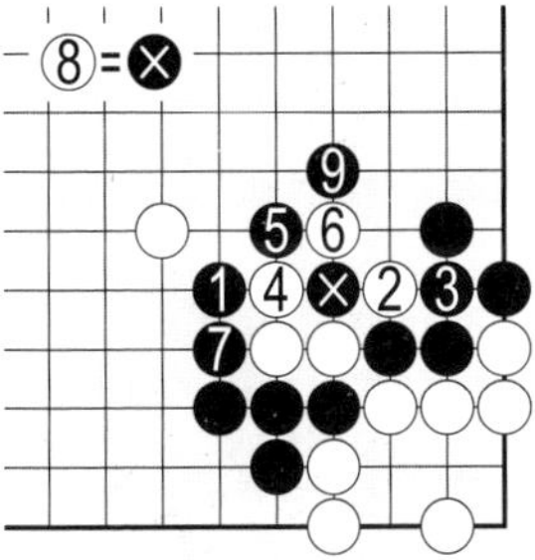

题 286　正解

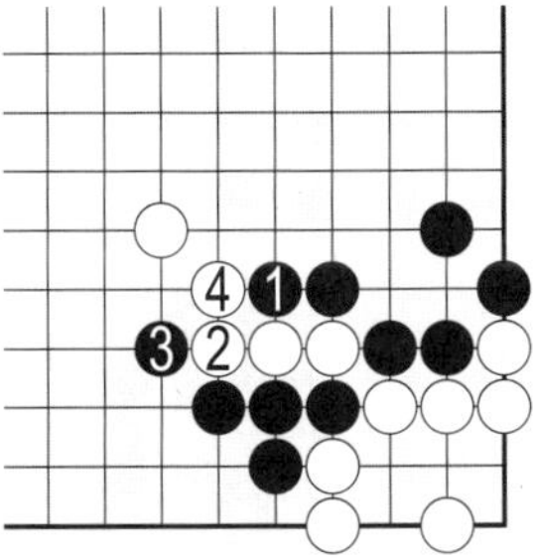

题 286　失败

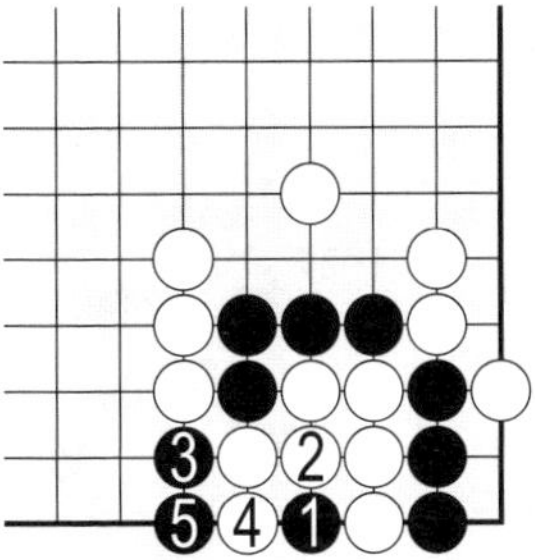

题 287　正解

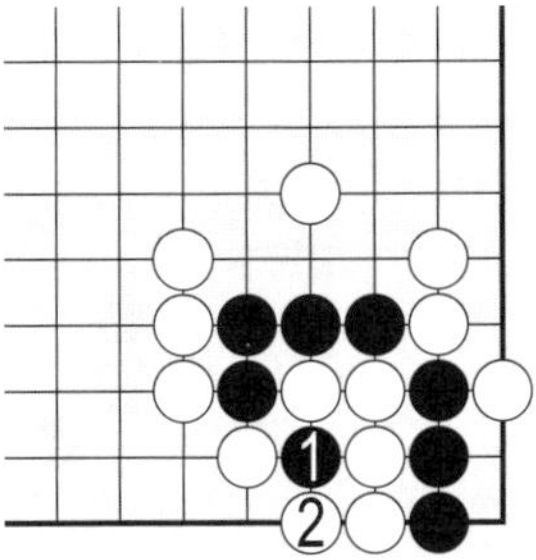

题 287　失败

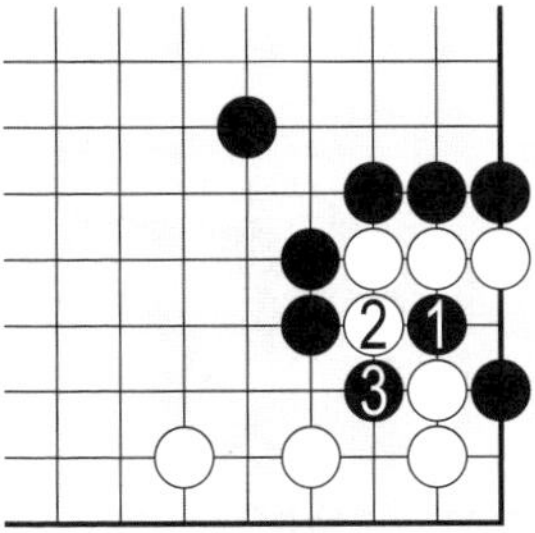

题 288　正解

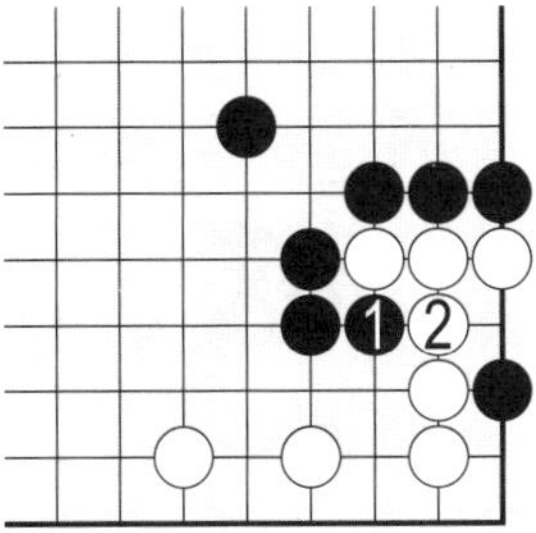

题 288　失败

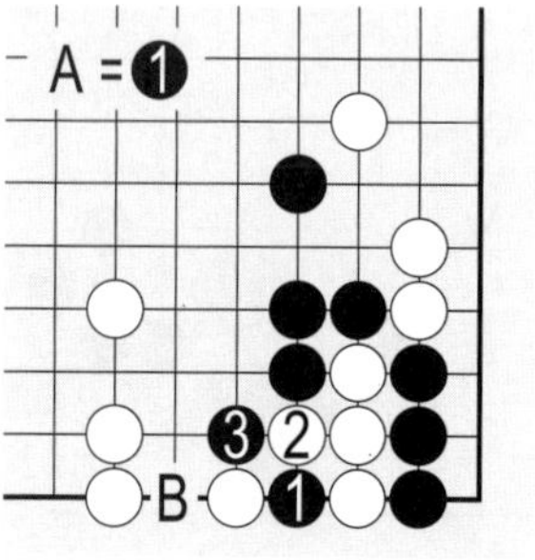

题 289　正解 A、B 见合

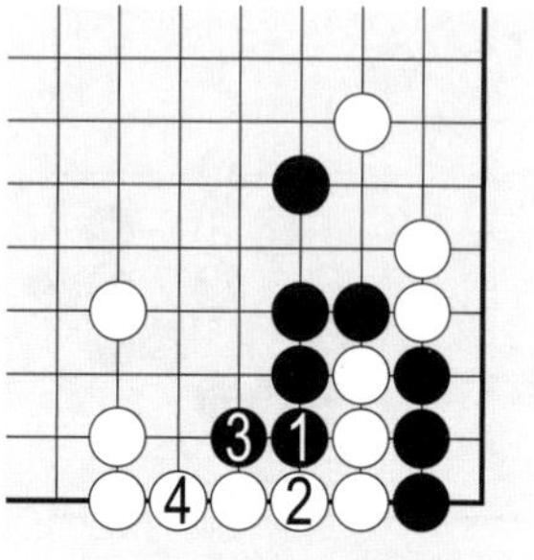

题 289　失败

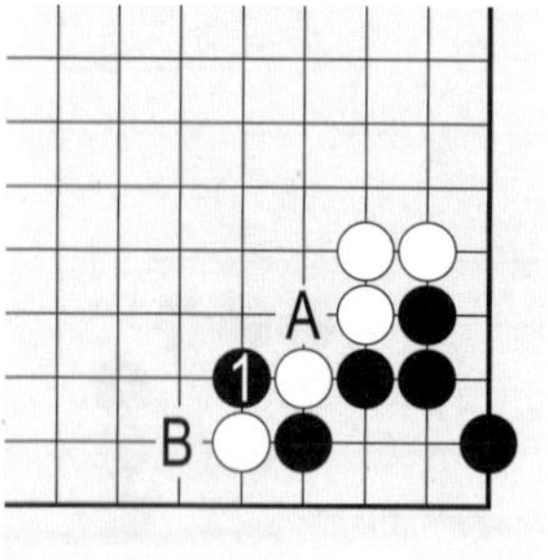

题 290　正解 A、B 见合

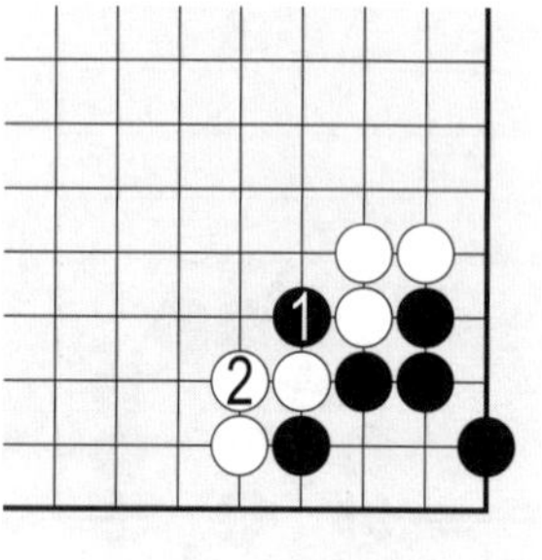

题 290　失败

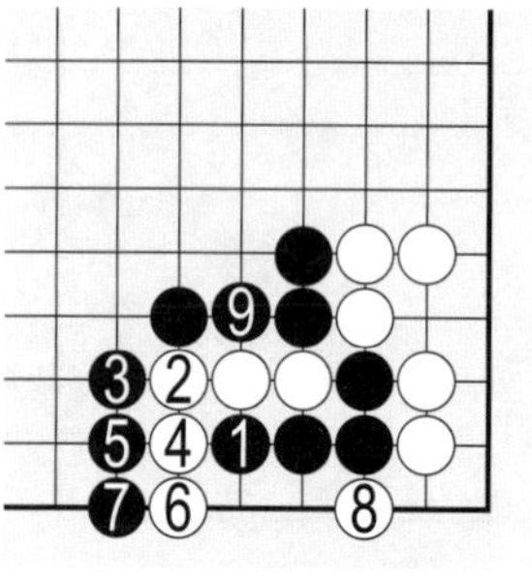

题 291　正解

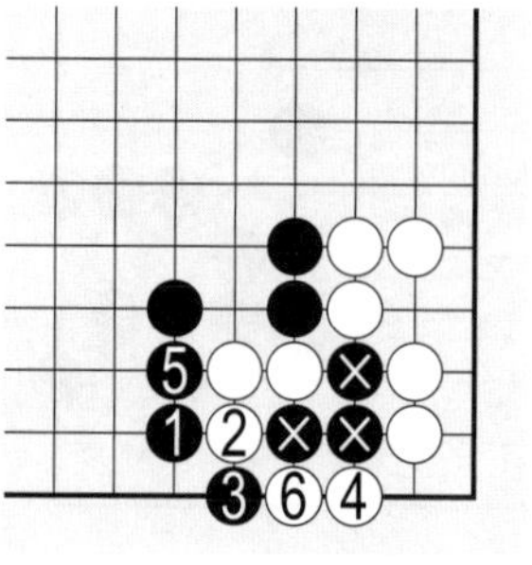

题 291　失败

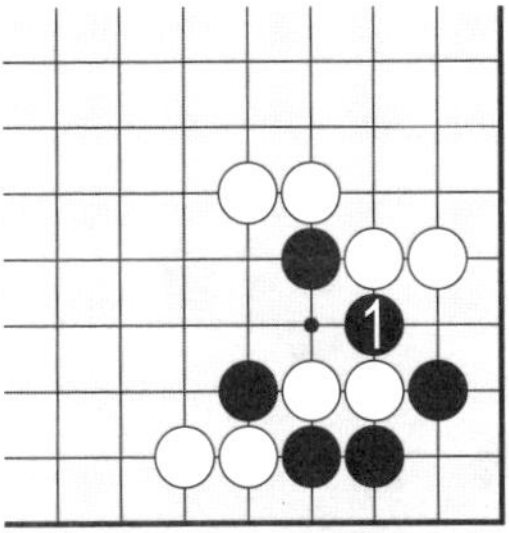

题 292　正解

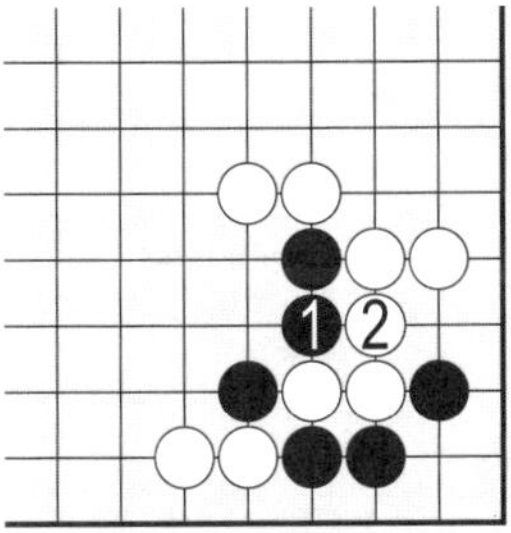

题 292　失败

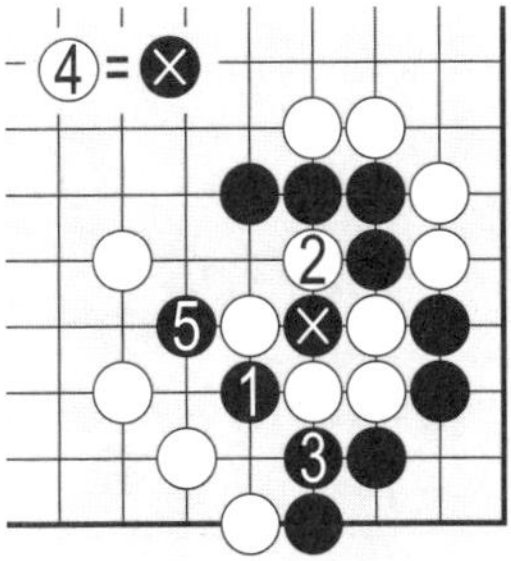

题 293　正解

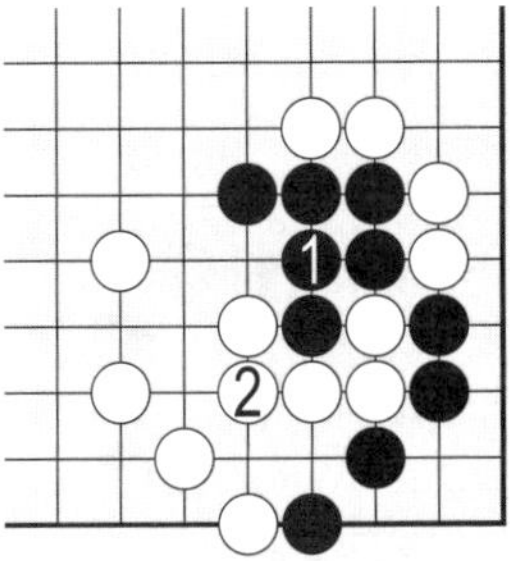

题 293　失败

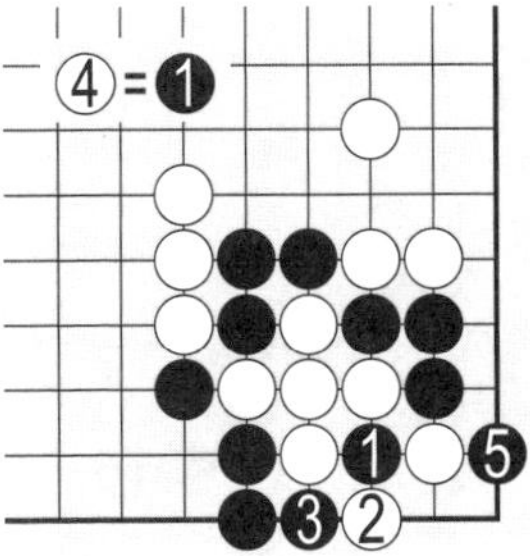

题 294　正解

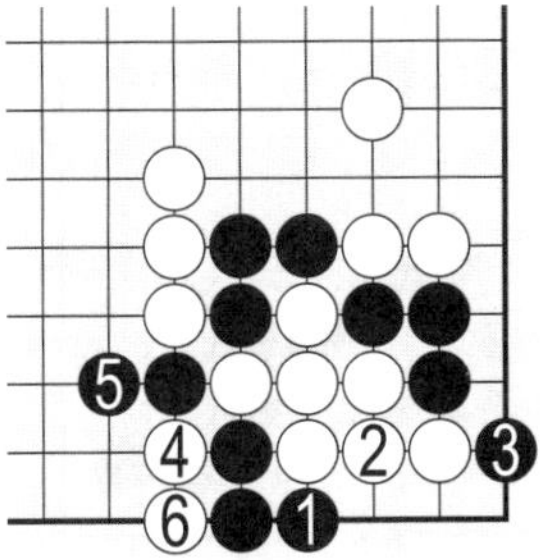

题 294　失败

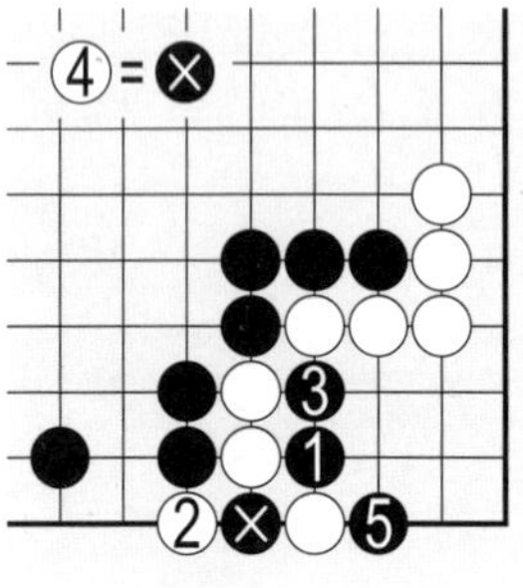

题 295　正解

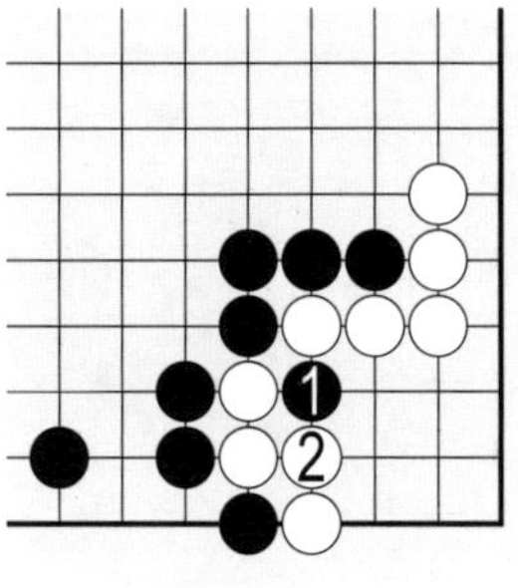

题 295　失败

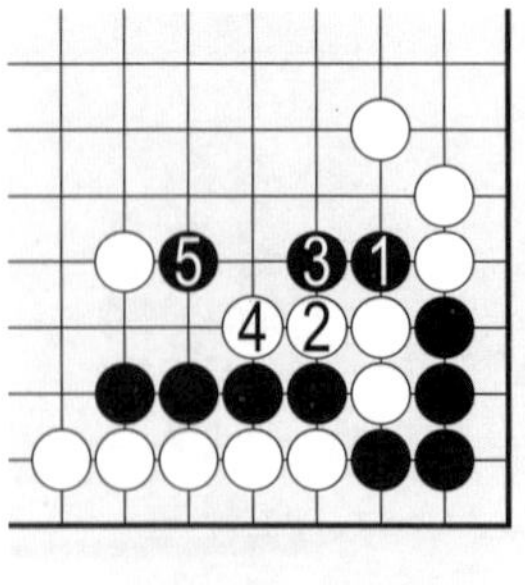

题 296　正解

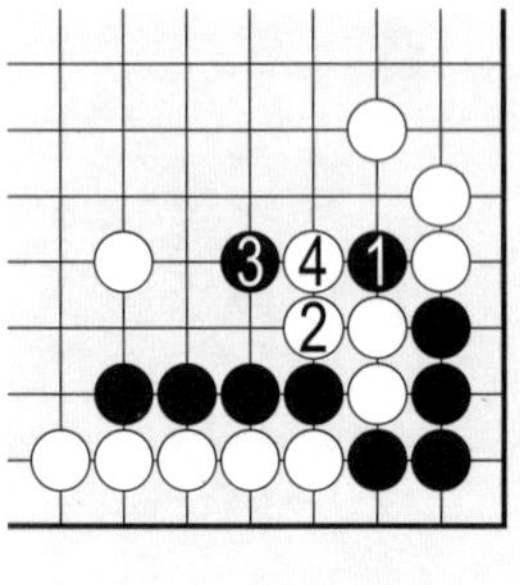

题 296　失败

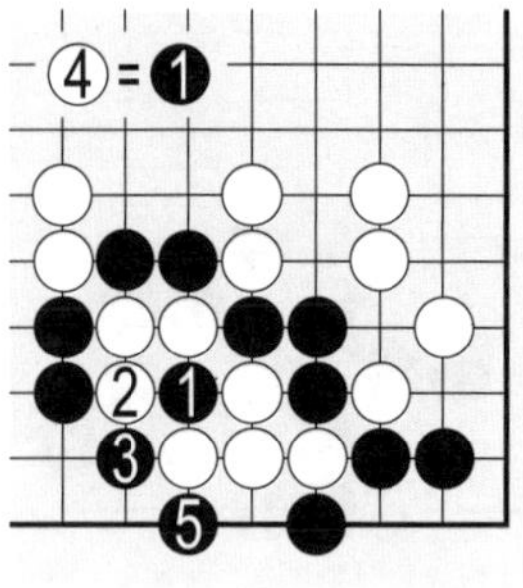

题 297　正解

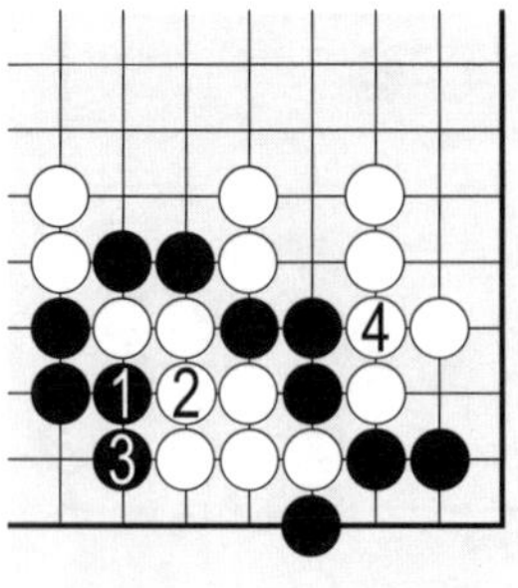

题 297　失败

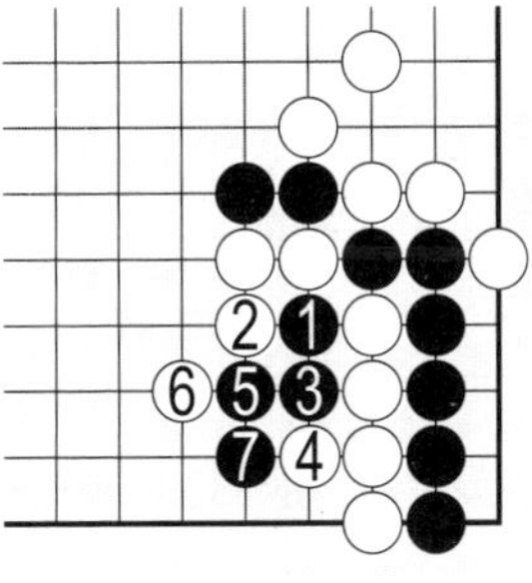

题 298　正解

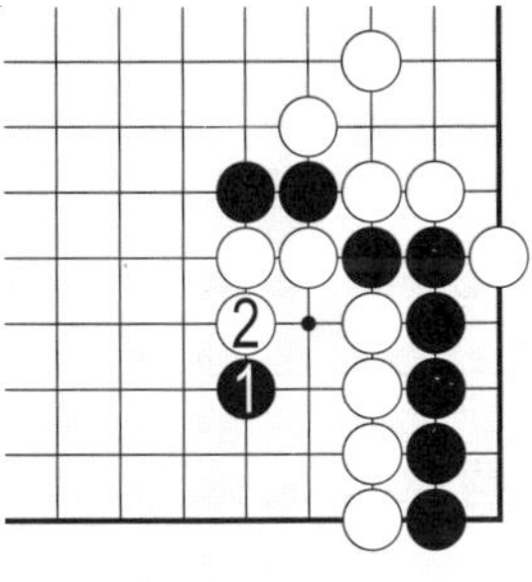

题 298　失败

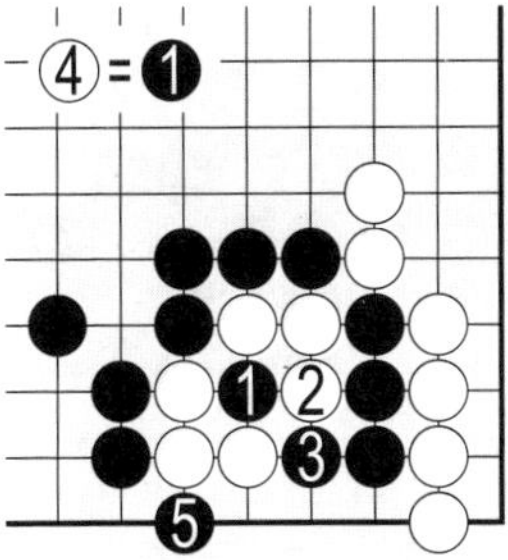

题 299　正解

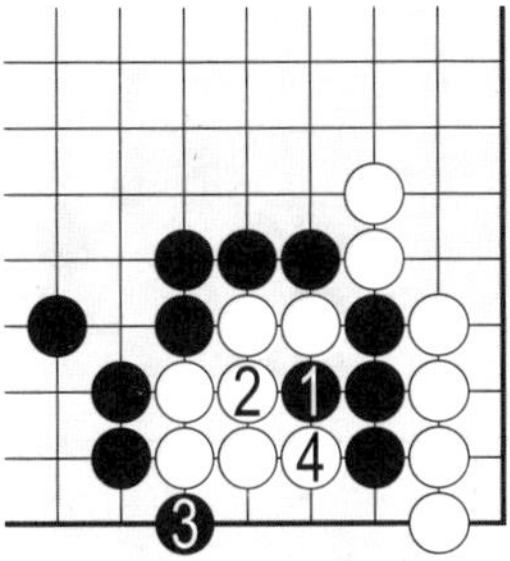

题 299　失败

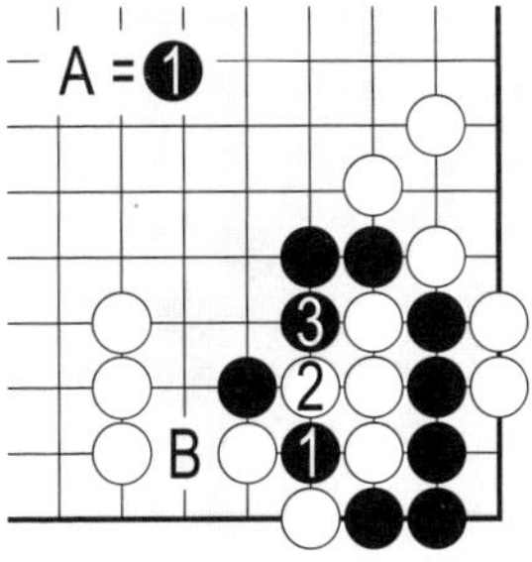

题 300　正解 A、B 见合

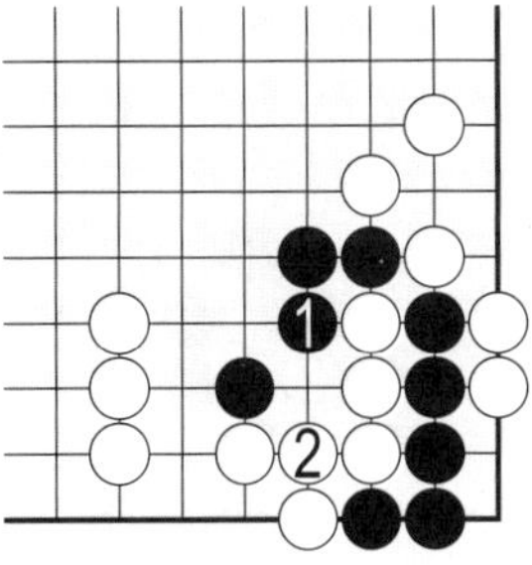

题 300　失败

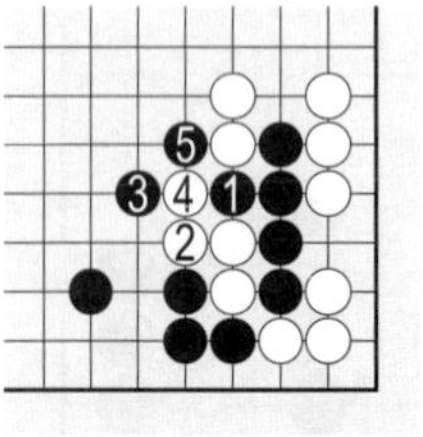

题 301　正解

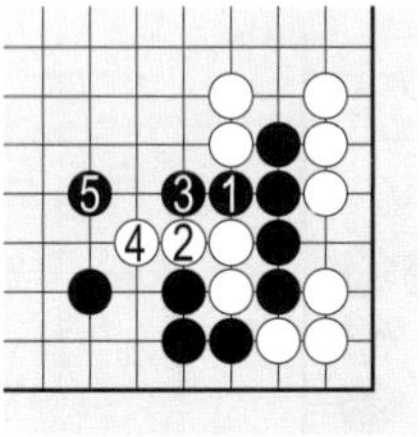

题 301　变化

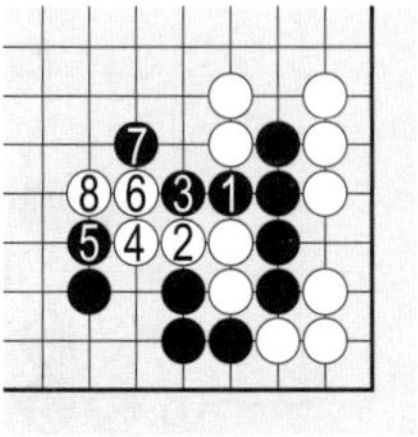

题 301　失败

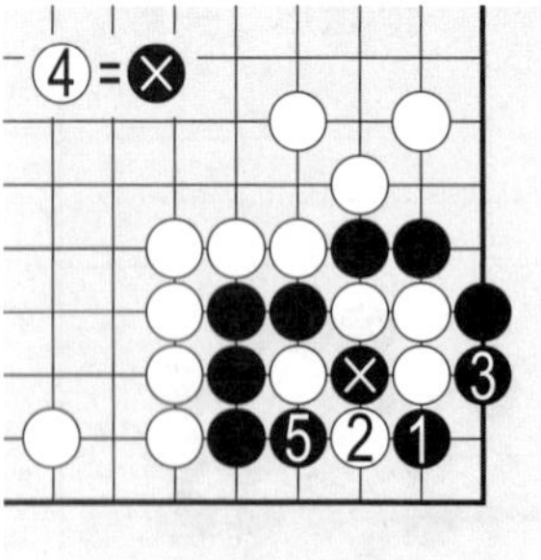

题 302　正解

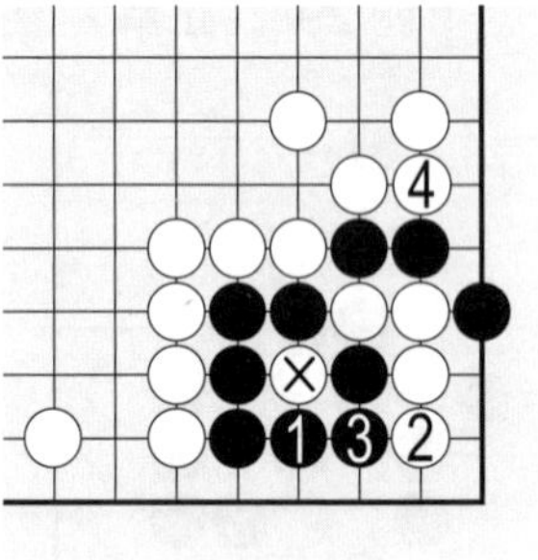

题 302　失败

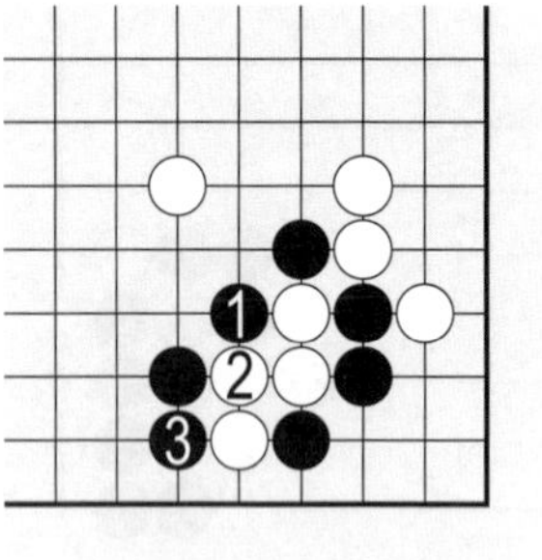

题 303　正解

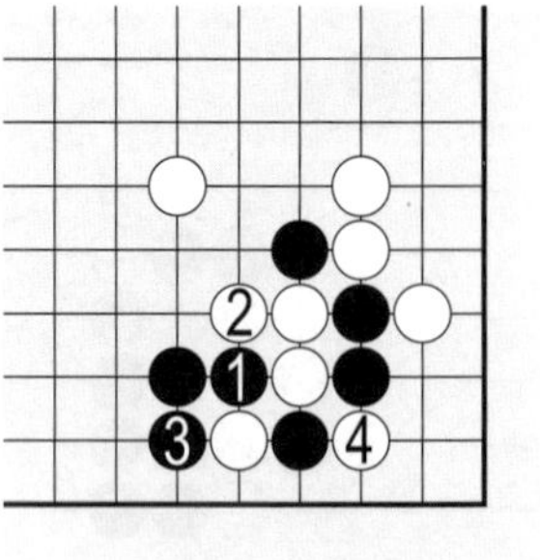

题 303　失败

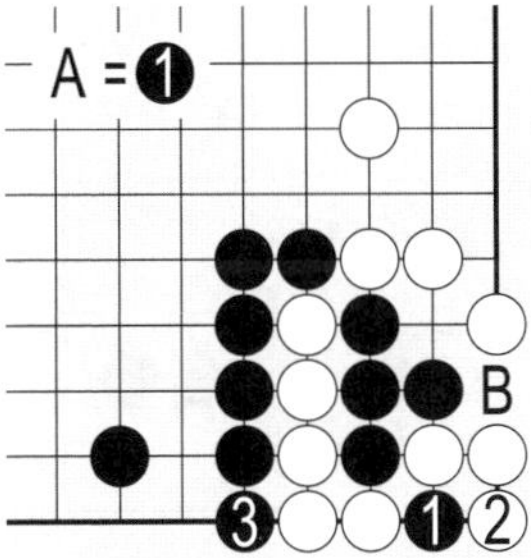

题 304　正解　A、B 见合

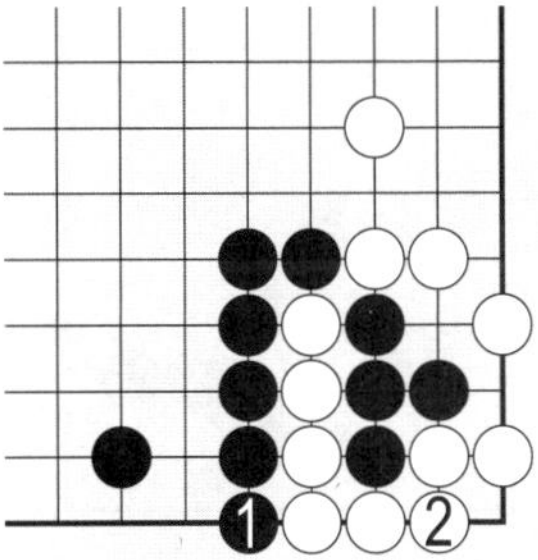

题 304　失败

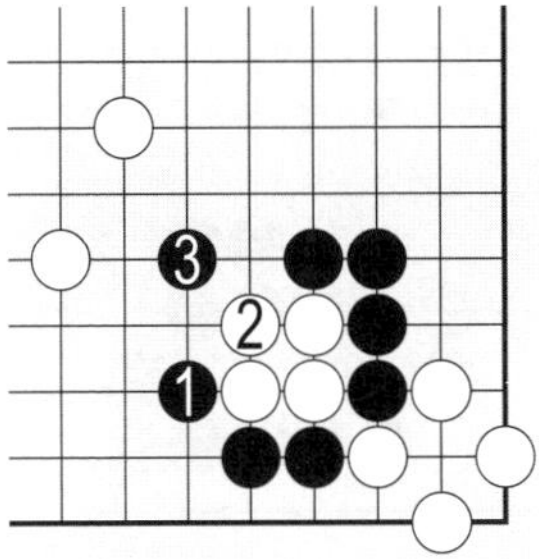

题 305　正解

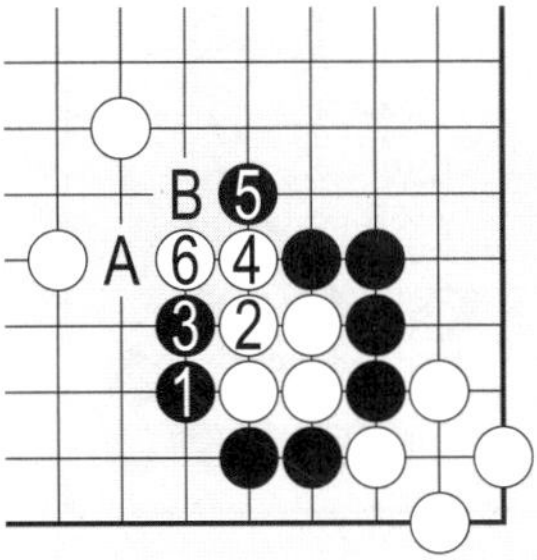

题 305　失败　A、B 见合

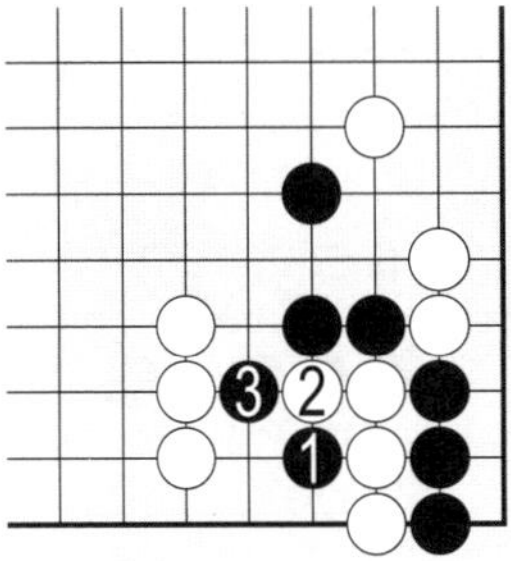

题 306　正解

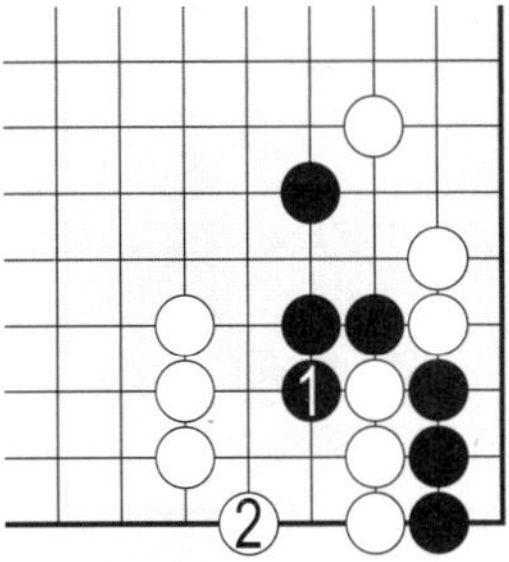

题 306　失败

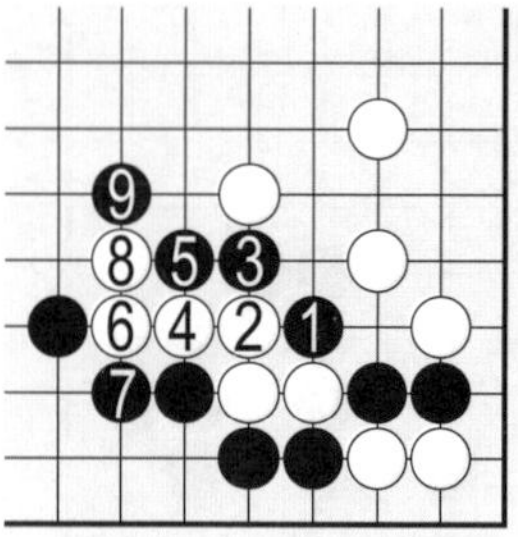

题 307　正解

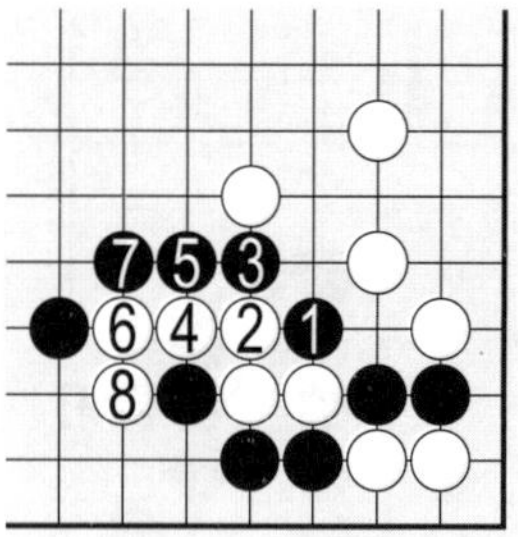

题 307　失败

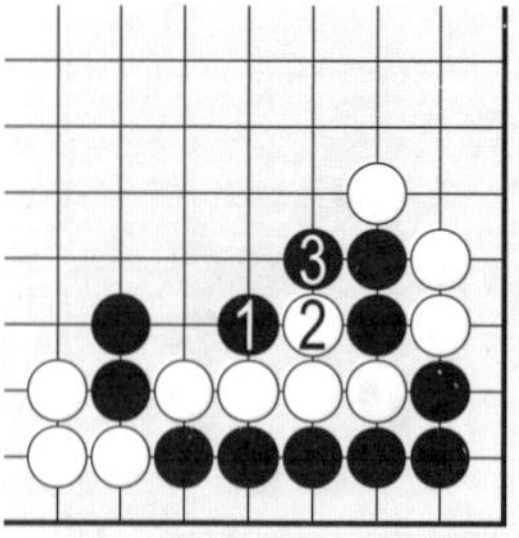

题 308　正解

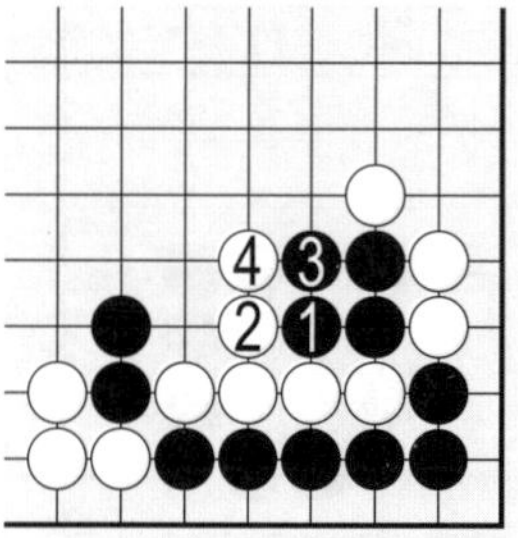

题 308　失败

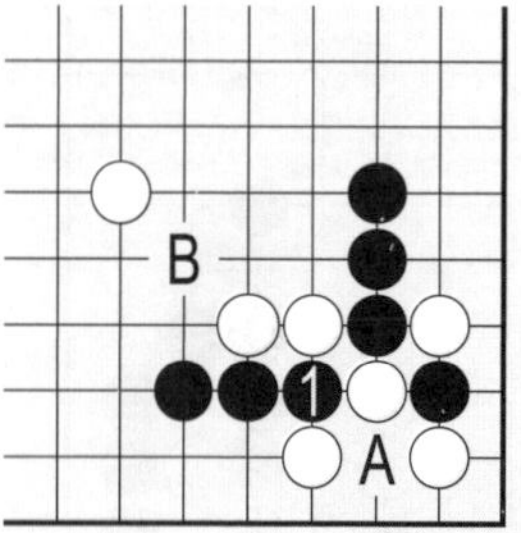

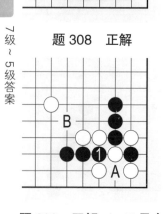

题 309　正解　A、B 见合

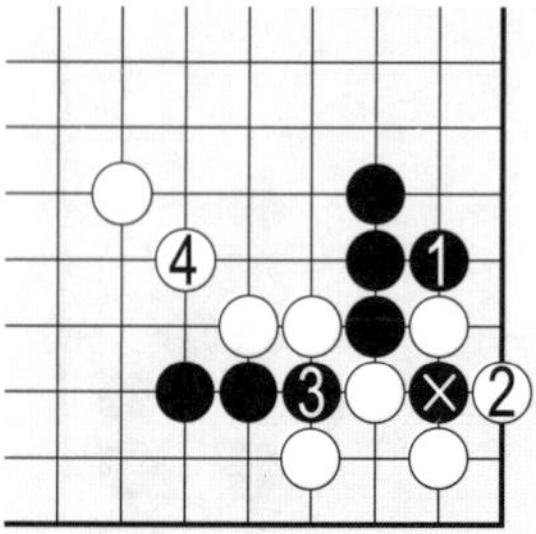

题 309　失败

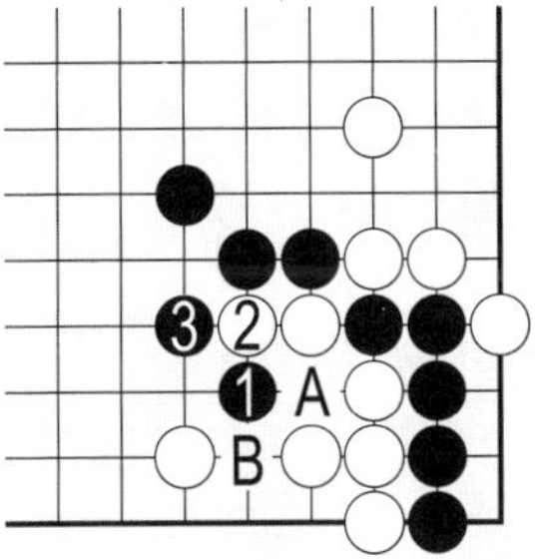

题 310　正解　A、B 见合

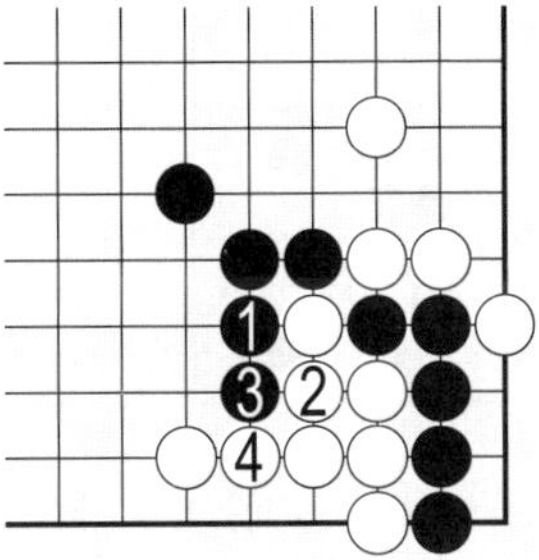

题 310　失败

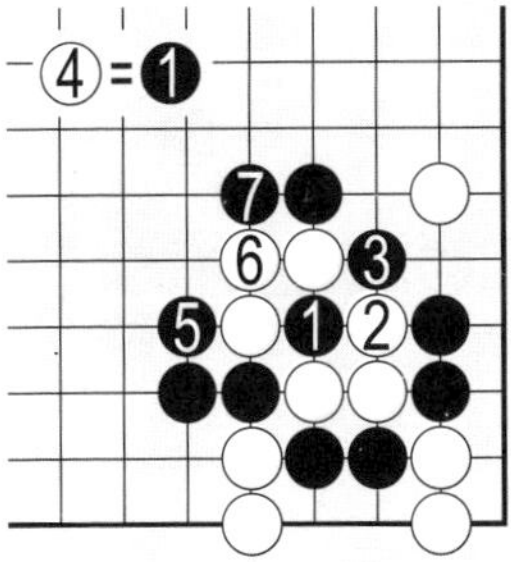

题 311　正解

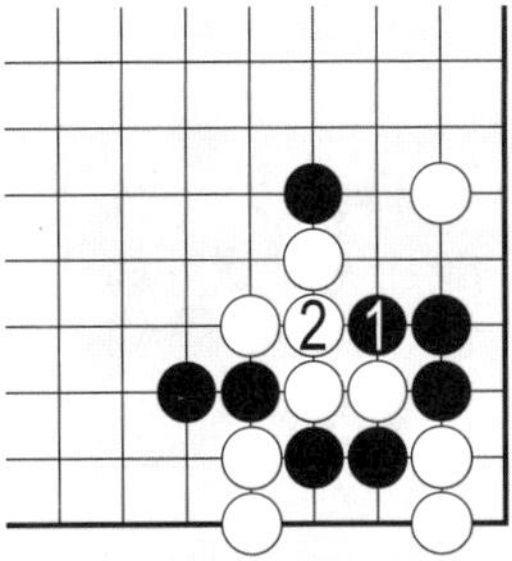

题 311　失败

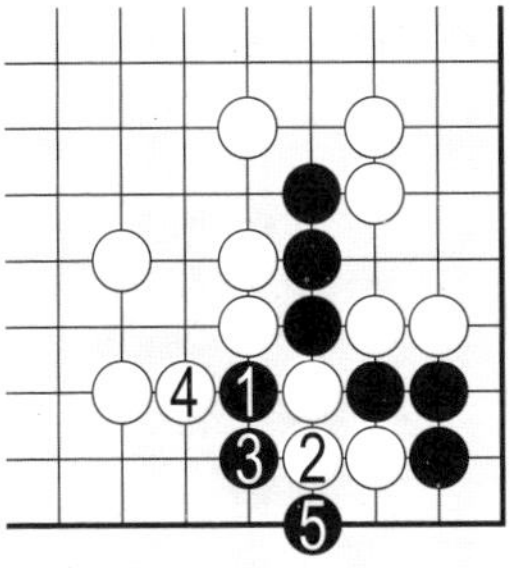

题 312　正解

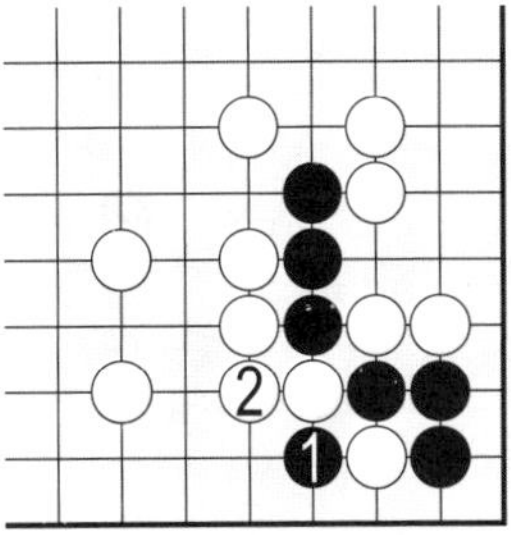

题 312　失败

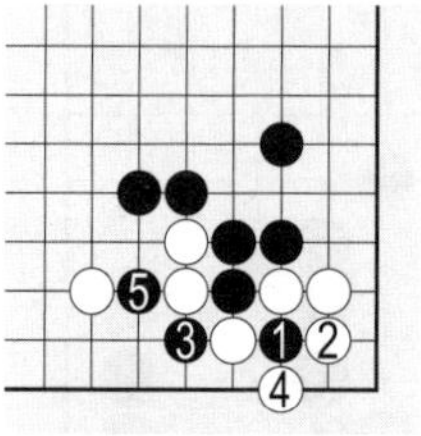

题 313　正解 1

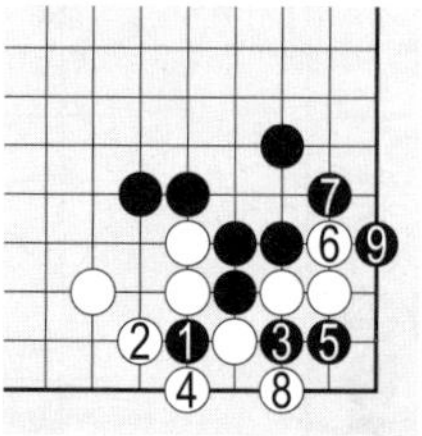

题 313　正解 2

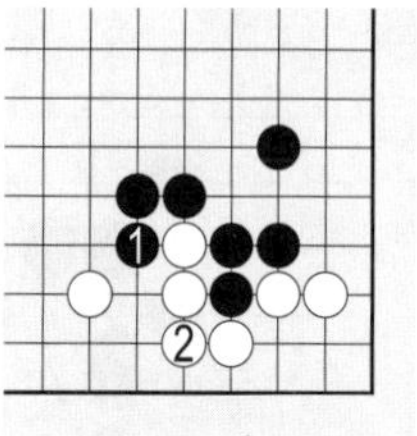

题 313　失败

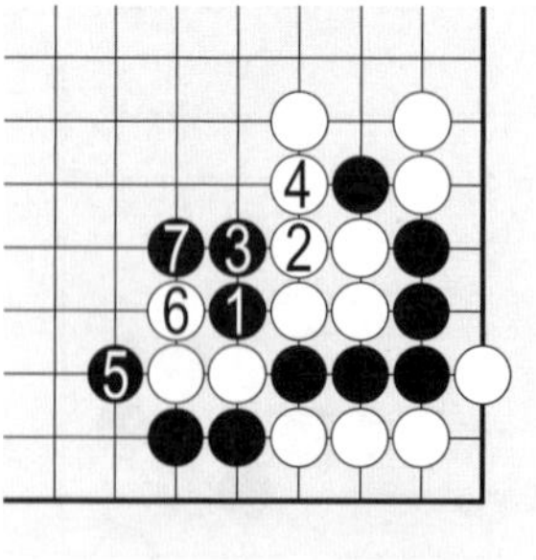

题 314　正解

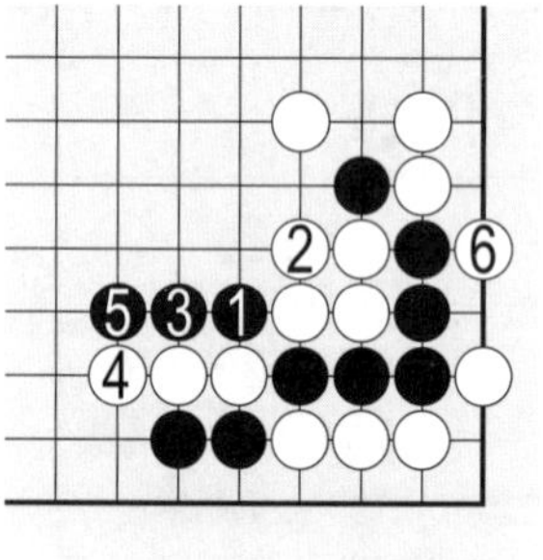

题 314　失败

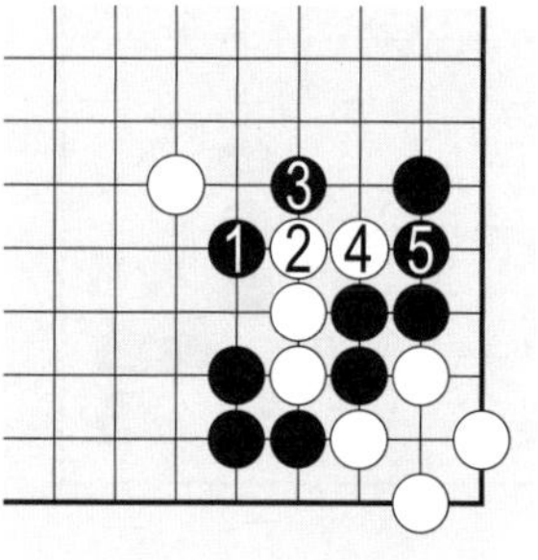

题 315　正解

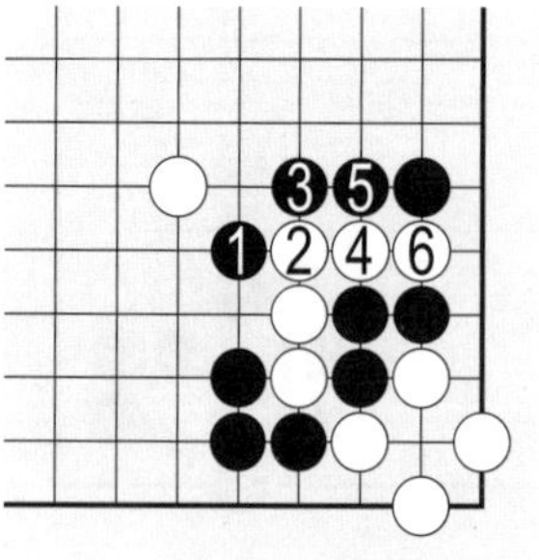

题 315　失败

4级～2级答案

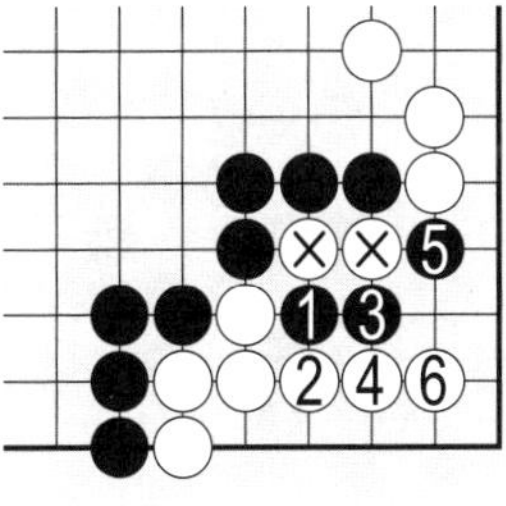

题 316　正解

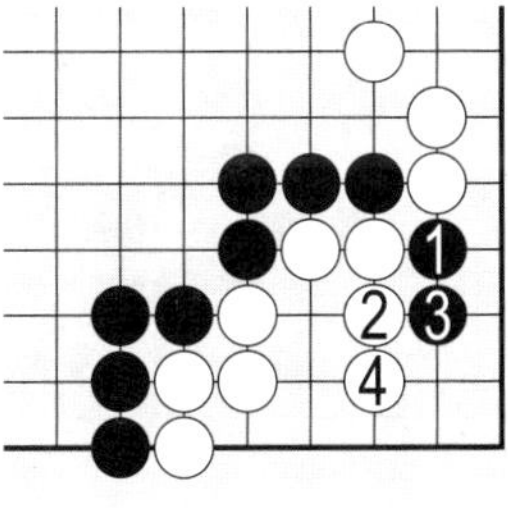

题 316　失败

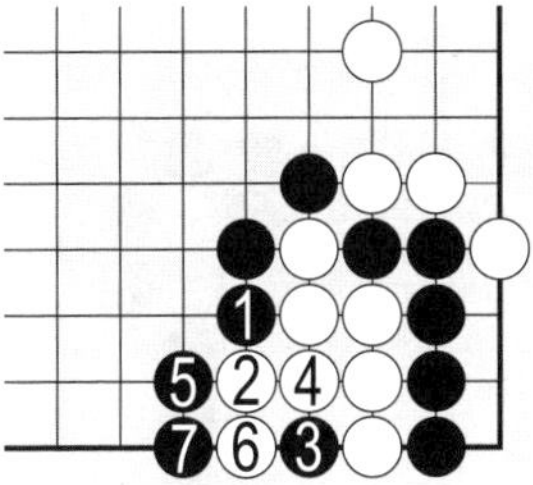

题 317　正解

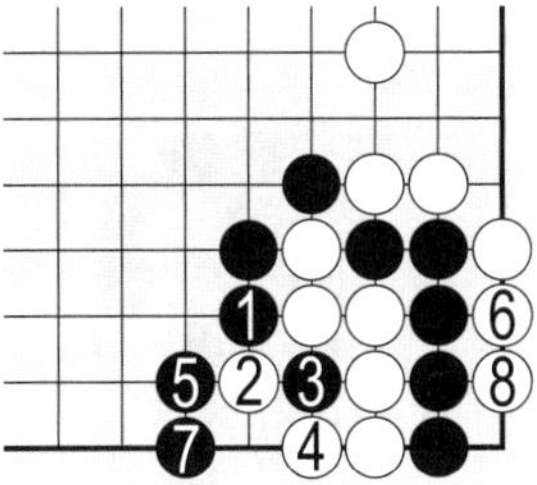

题 317　失败

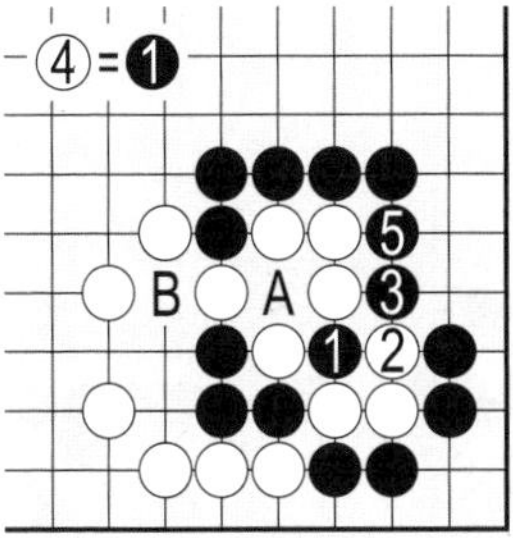

题 318　正解 A、B 见合

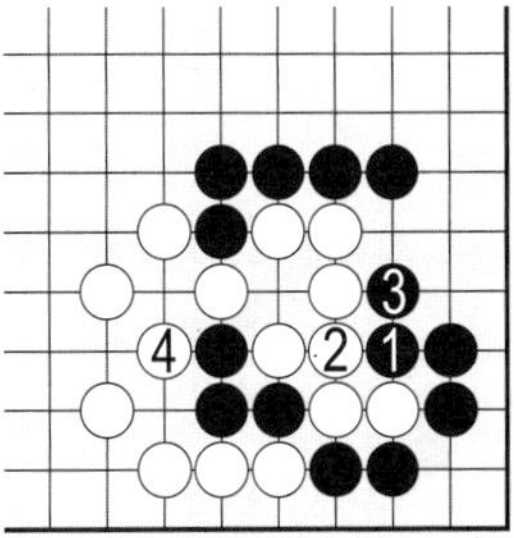

题 318　失败

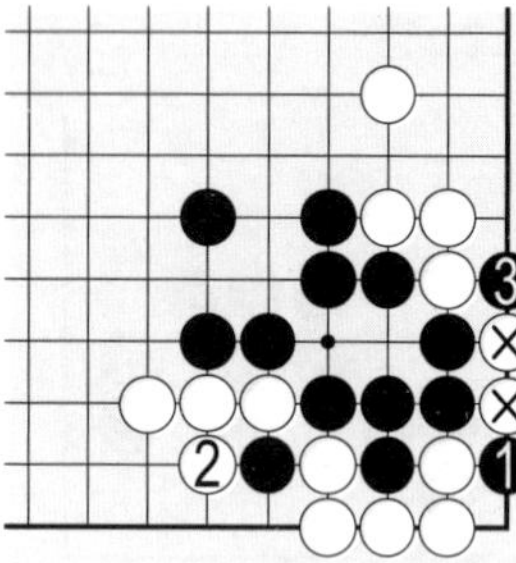

题 319　正解

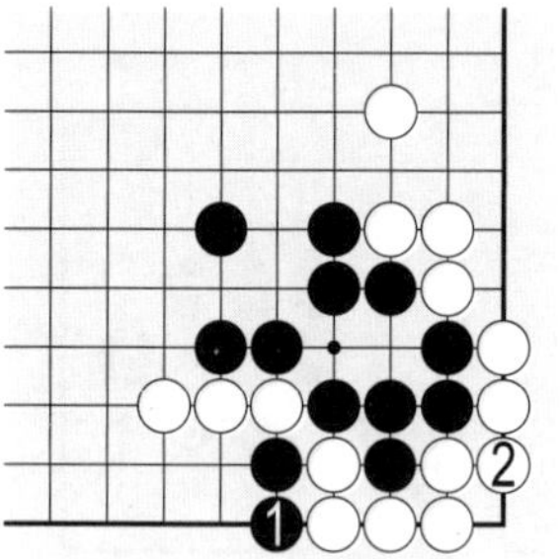

题 319　失败

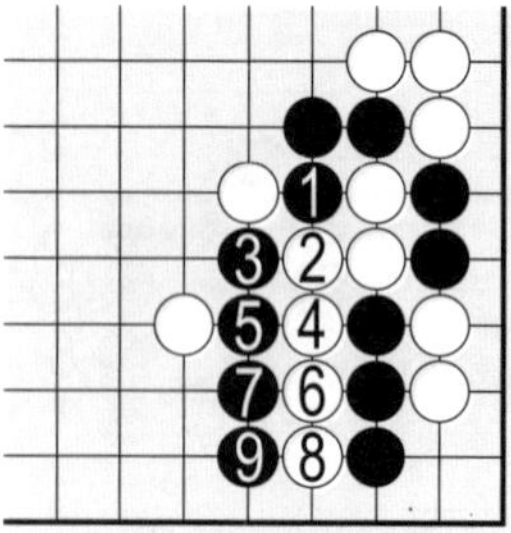

题 320　正解

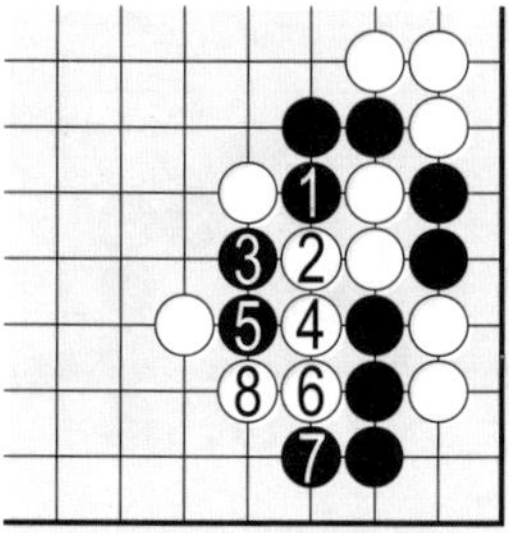

题 320　失败

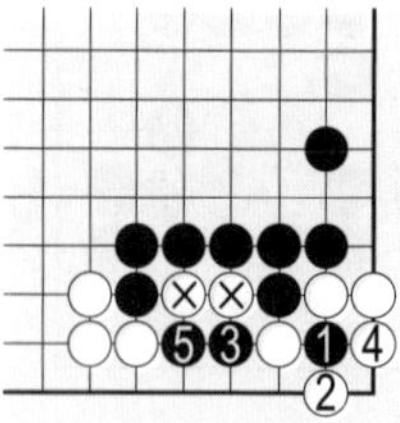

题 321　正解 1

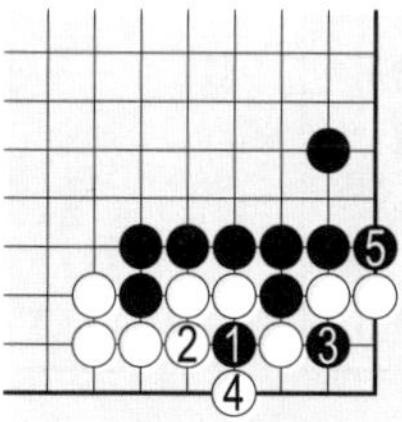

题 321　正解 2

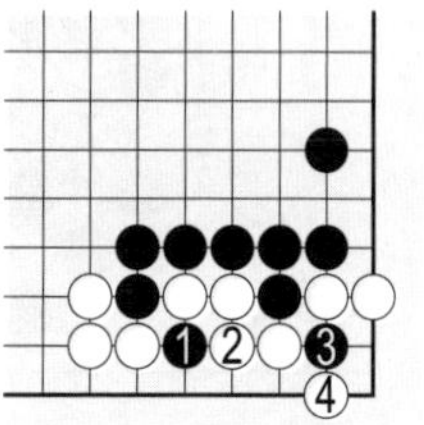

题 321　失败

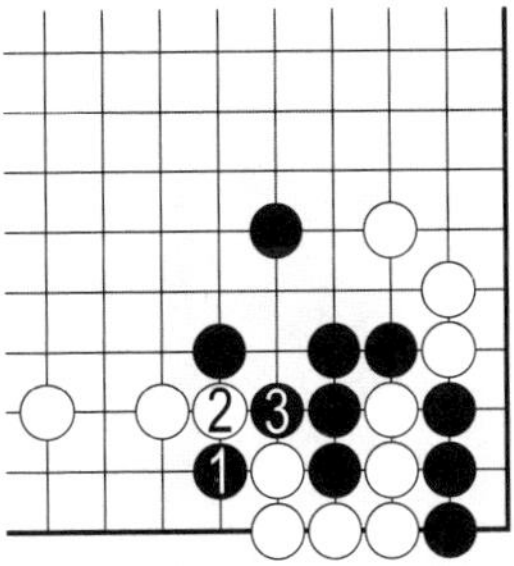

题 322　正解

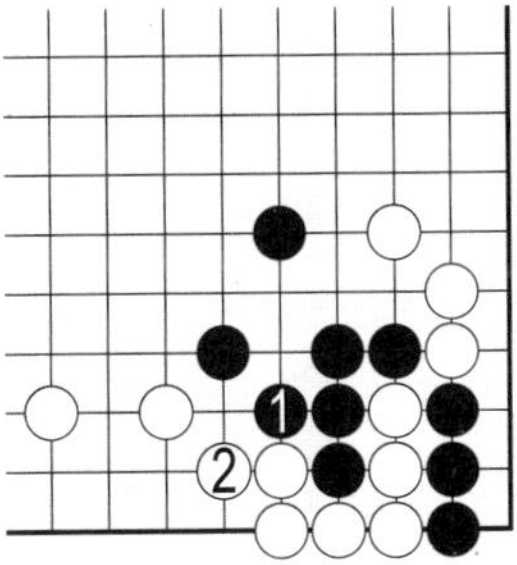

题 322　失败

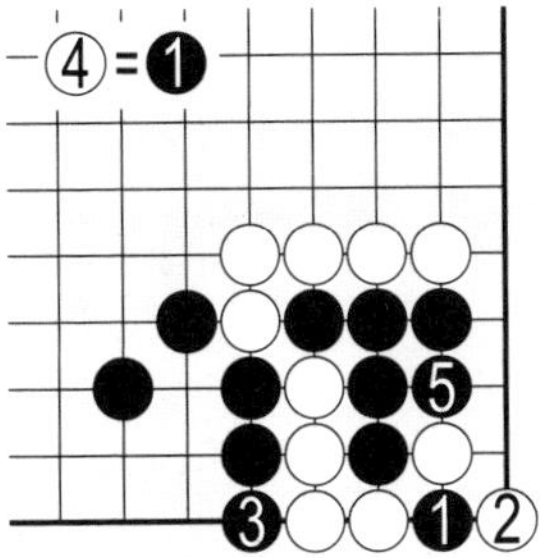

题 323　正解

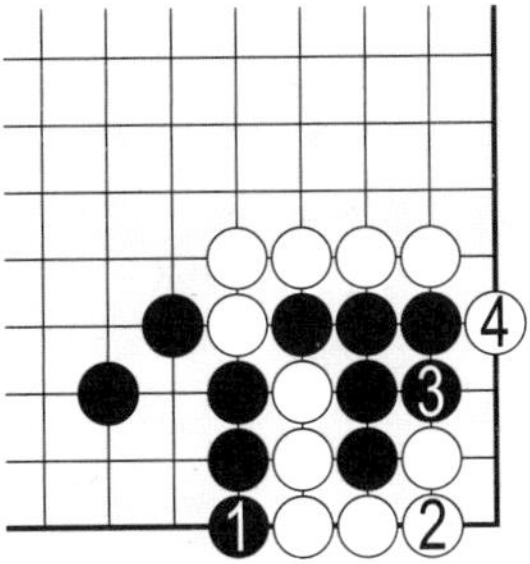

题 323　失败

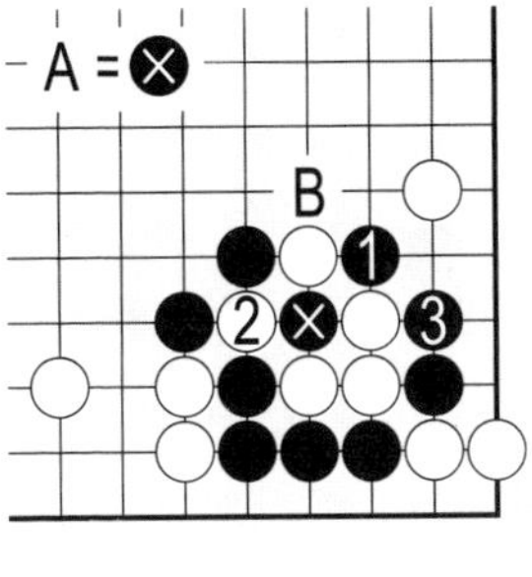

题 324　正解　A、B 见合

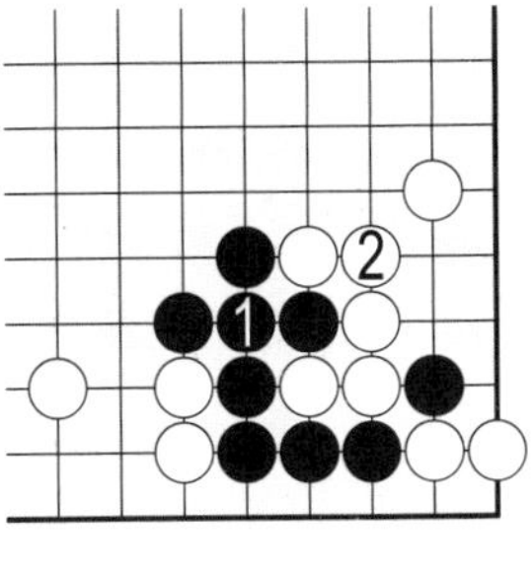

题 324　失败

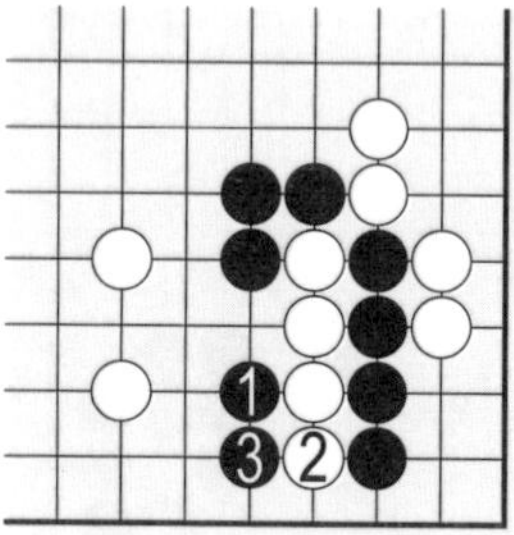

题 325　正解

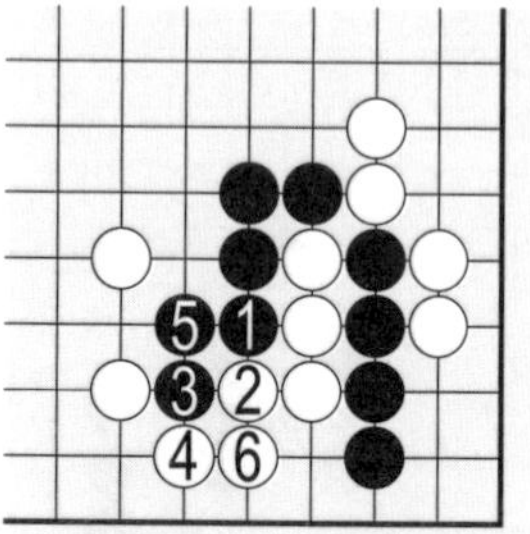

题 325　失败

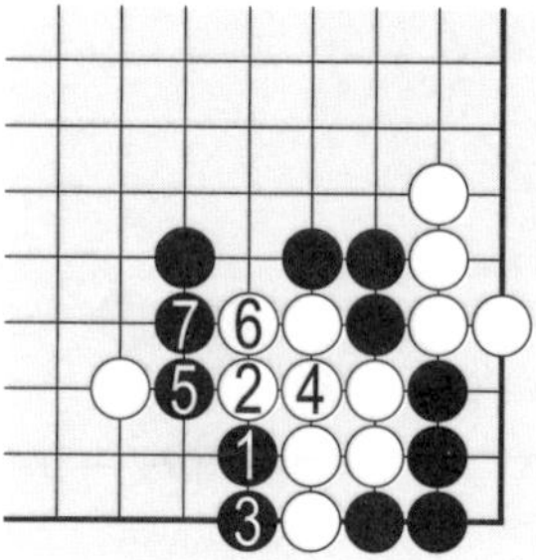

题 326　正解

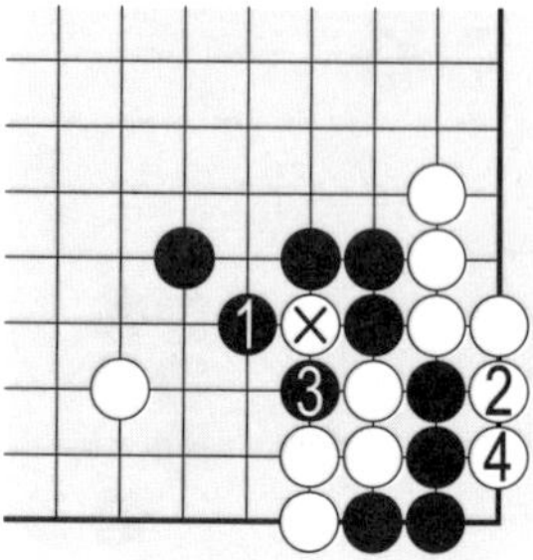

题 326　失败

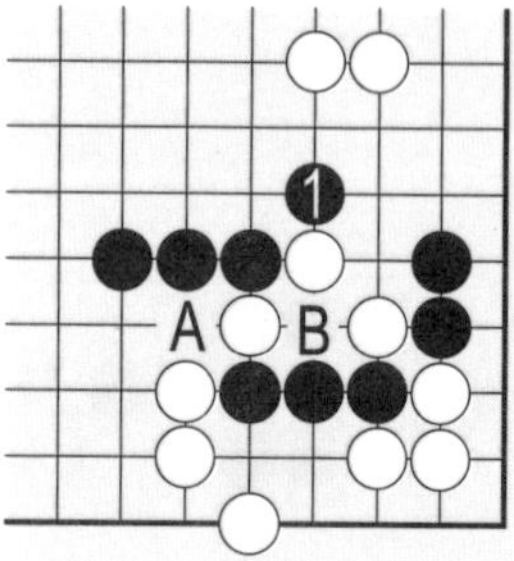

题 327　正解　A、B 见合

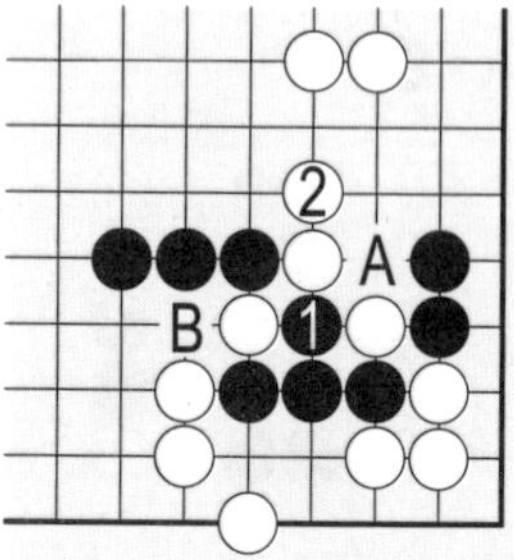

题 327　失败　A、B 见合

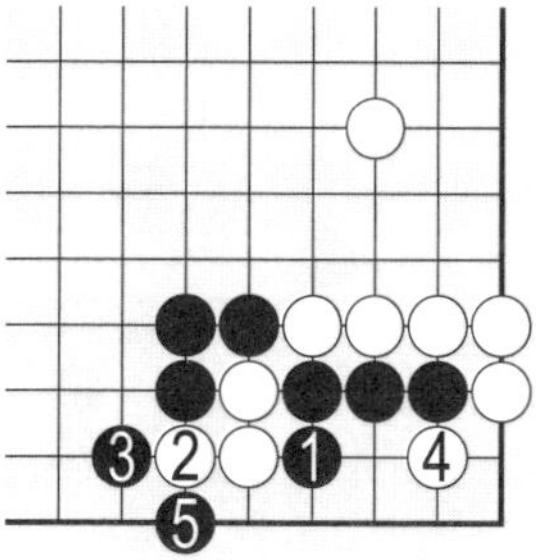

题 328　正解

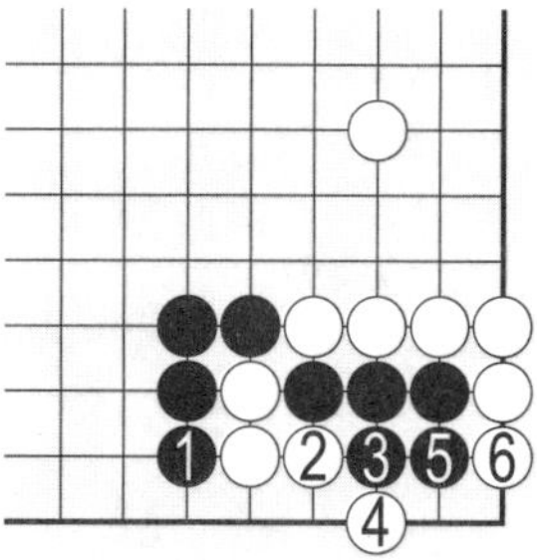

题 328　失败

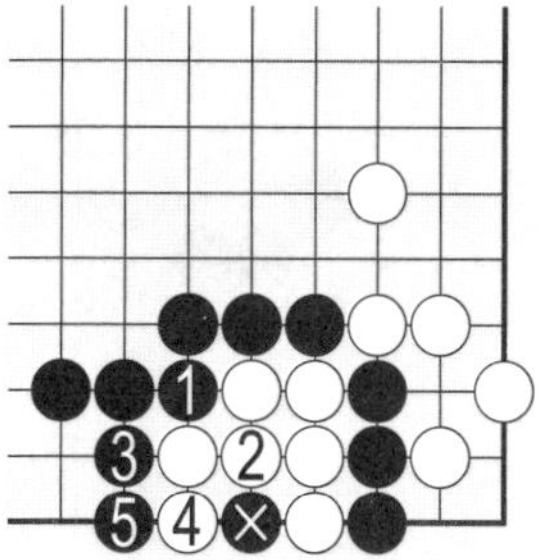

题 329　正解

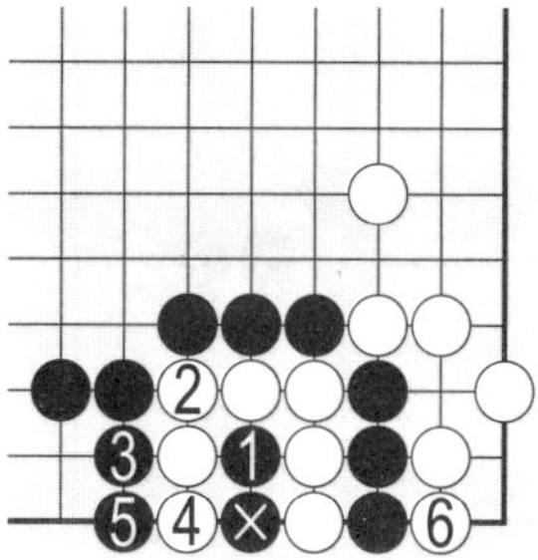

题 329　失败

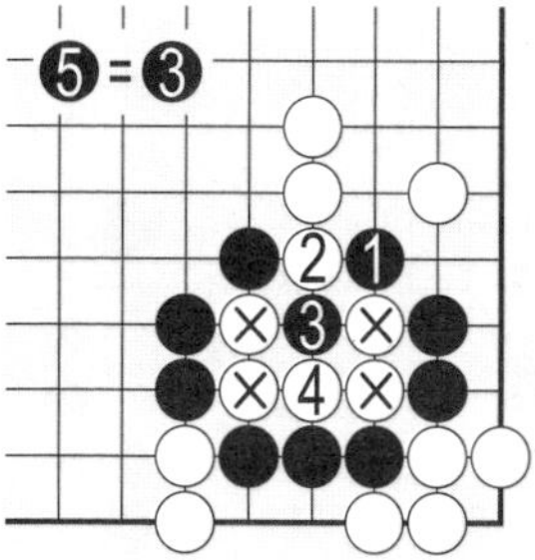

题 330　正解

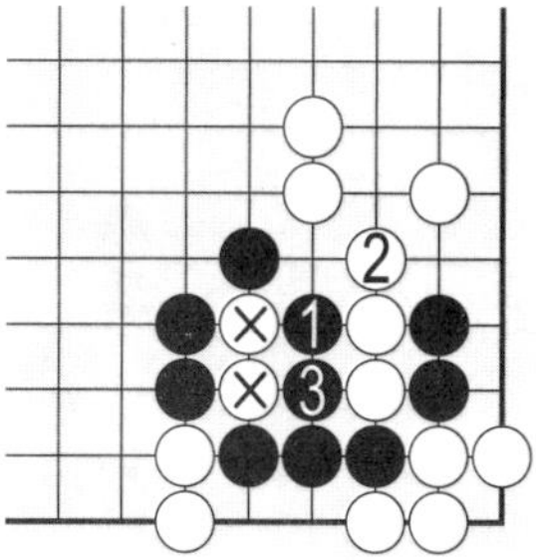

题 330　失败

4级～2级答案

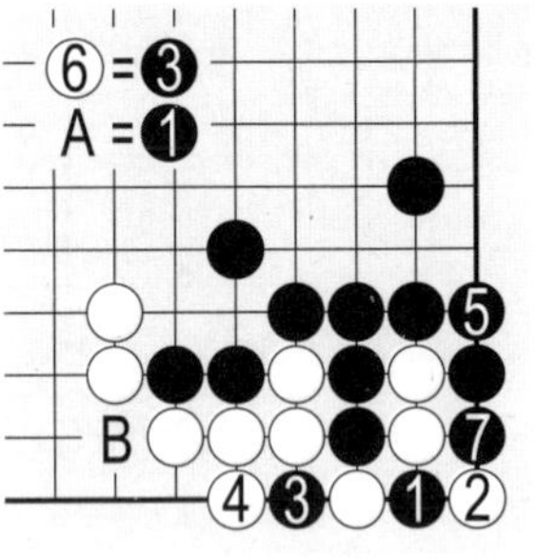

题 331　正解　A、B 见合

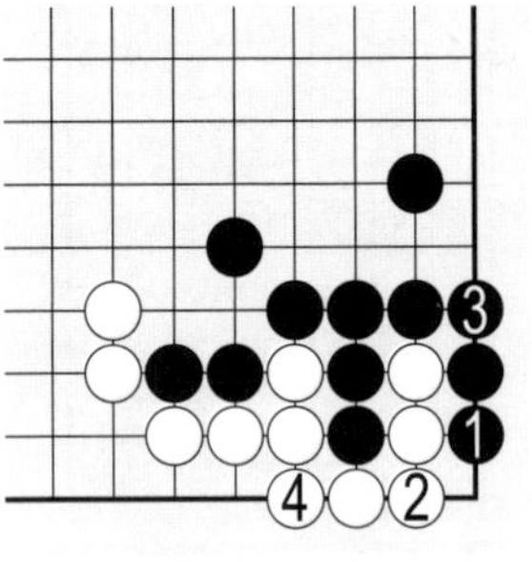

题 331　失败

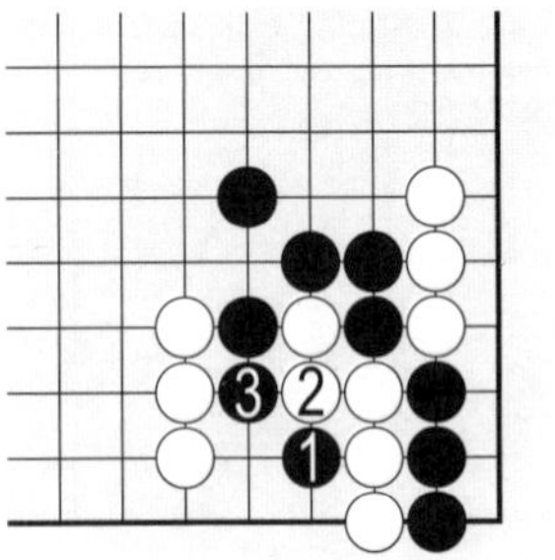

题 332　正解

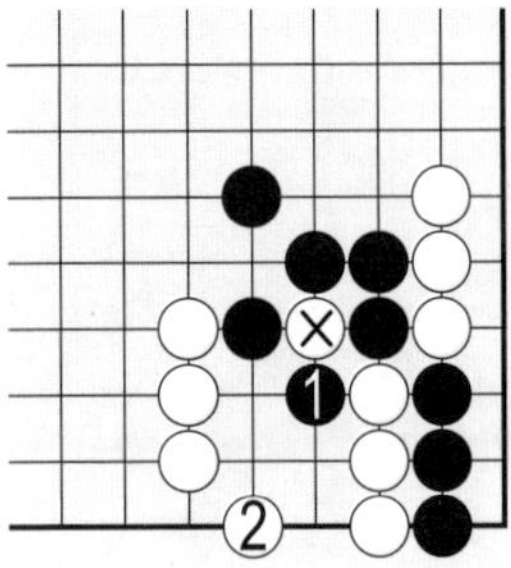

题 332　失败

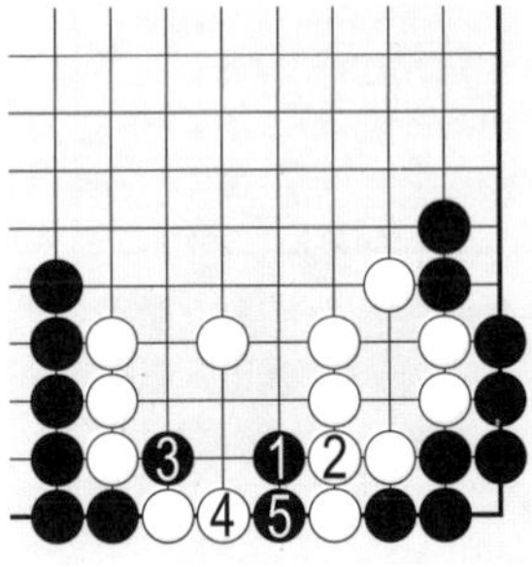

题 333　正解

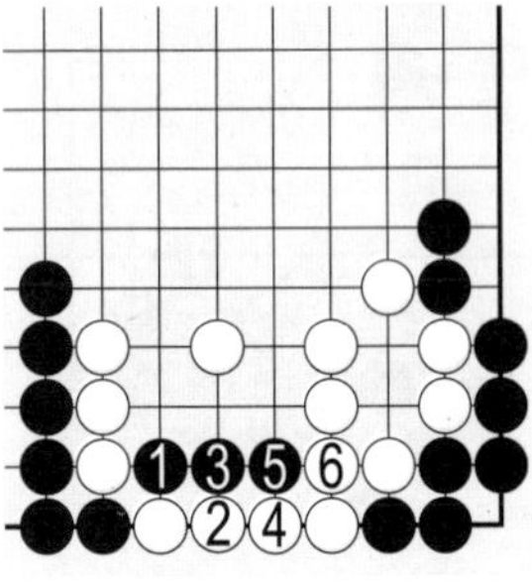

题 333　失败

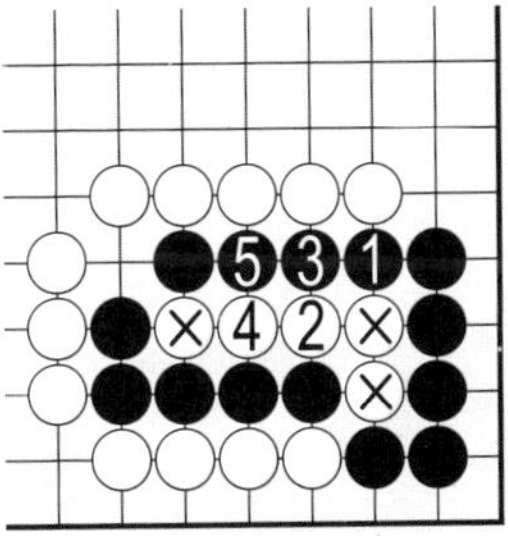

题 334　正解

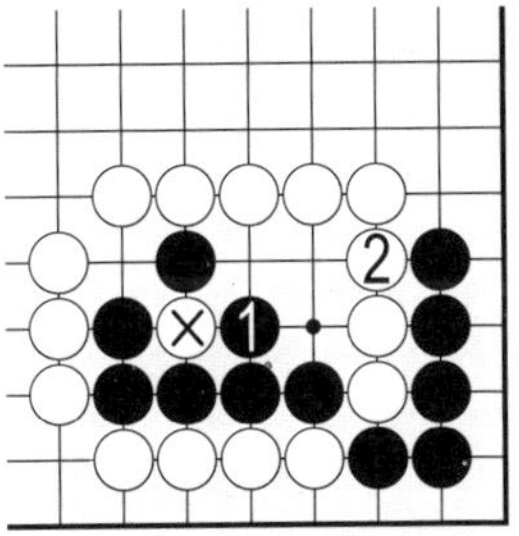

题 334　失败

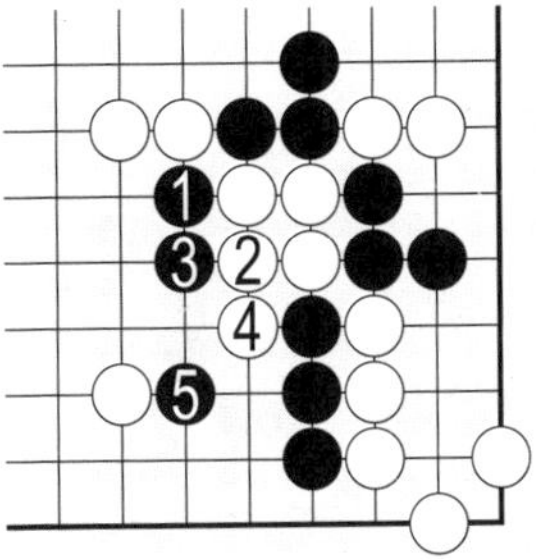

题 335　正解

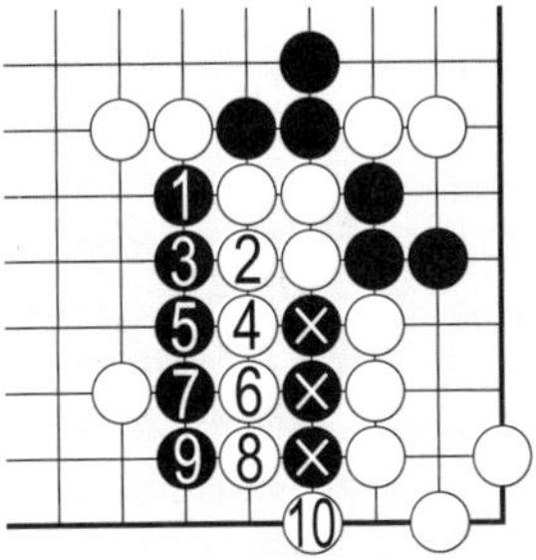

题 335　失败

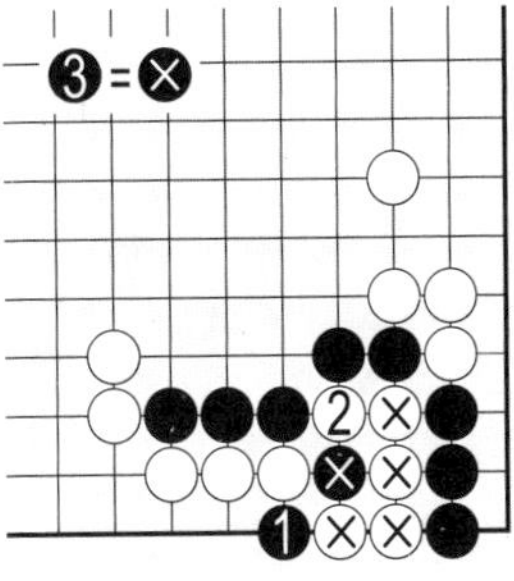

题 336　正解

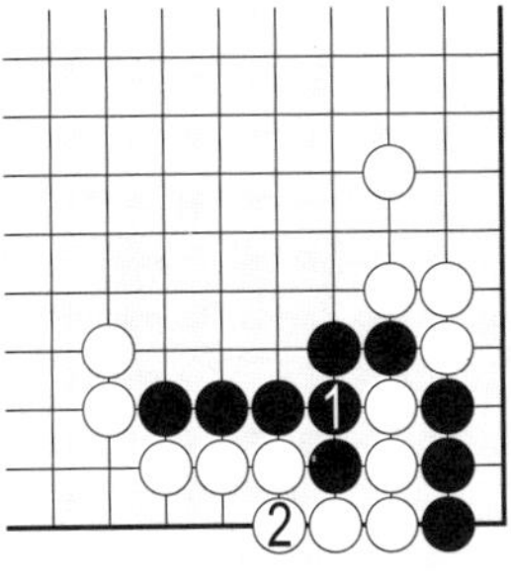

题 336　失败

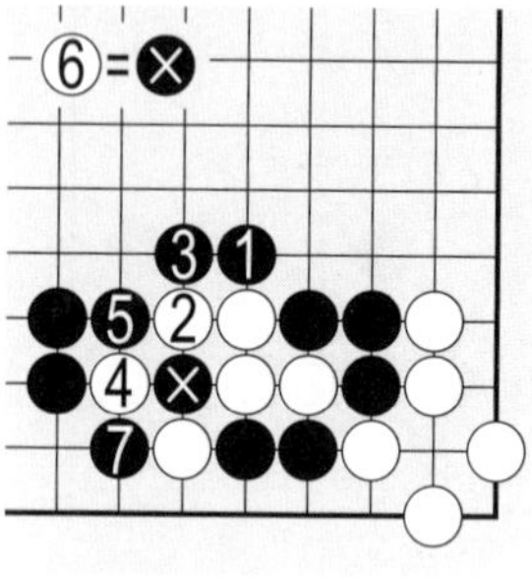

题 337　正解

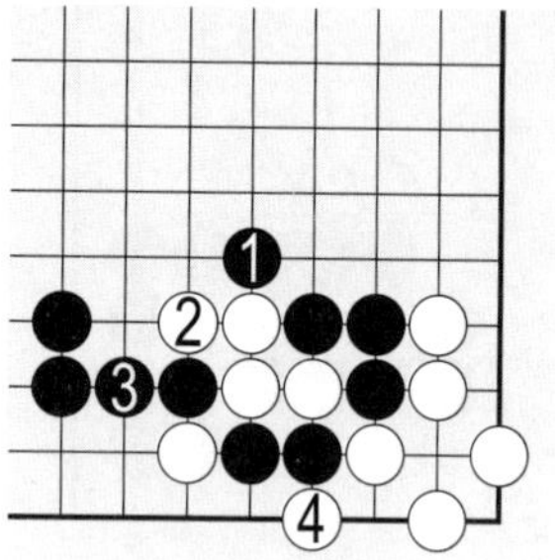

题 337　失败

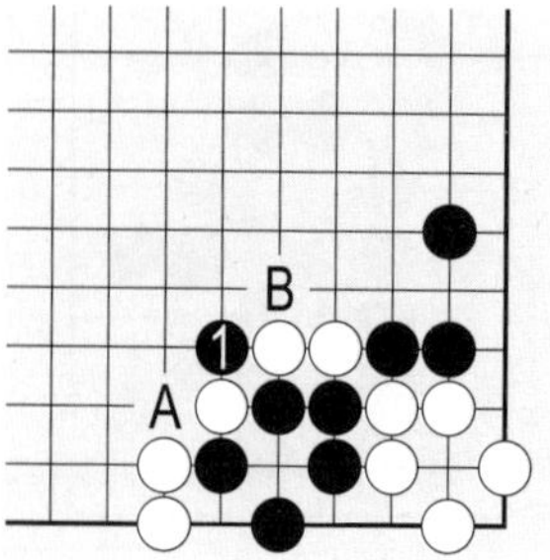

题 338　正解　A、B 见合

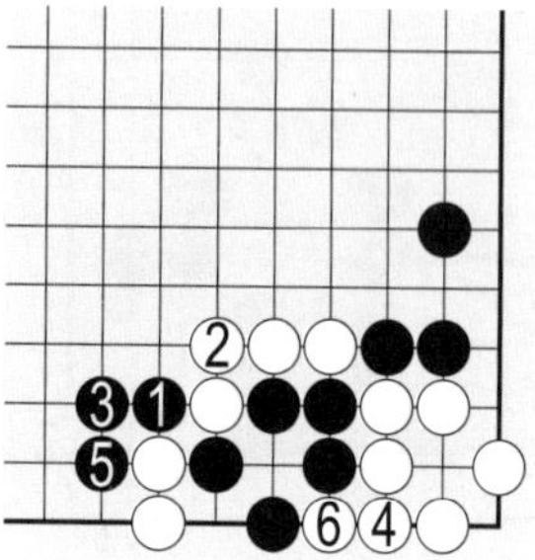

题 338　失败

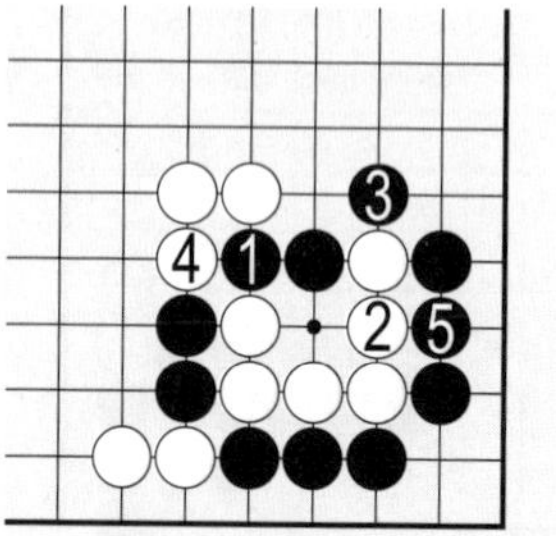

题 339　正解

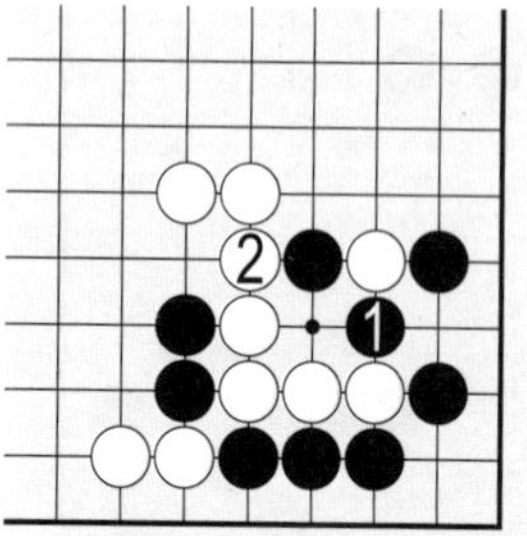

题 339　失败

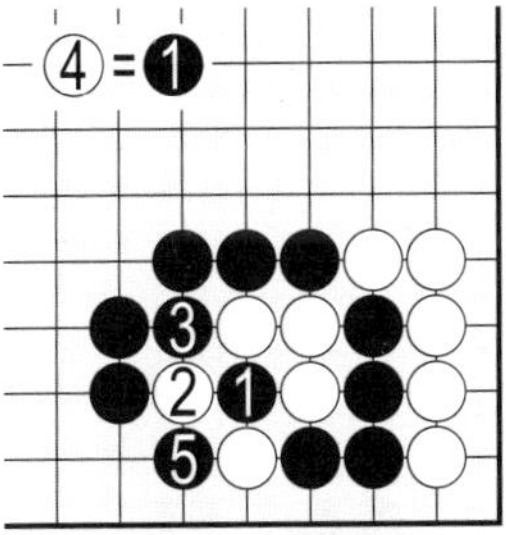

题 340　正解

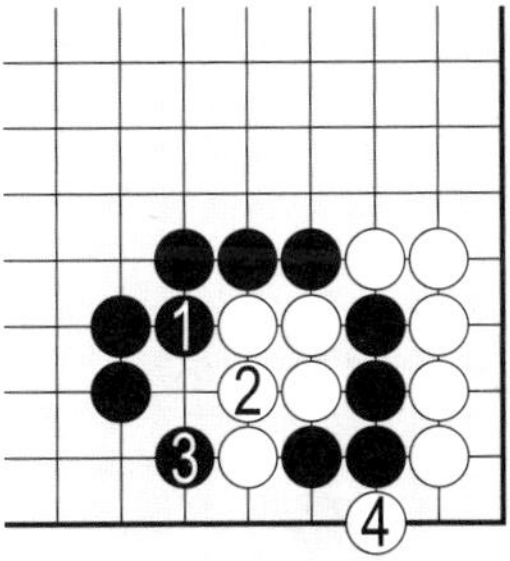

题 340　失败

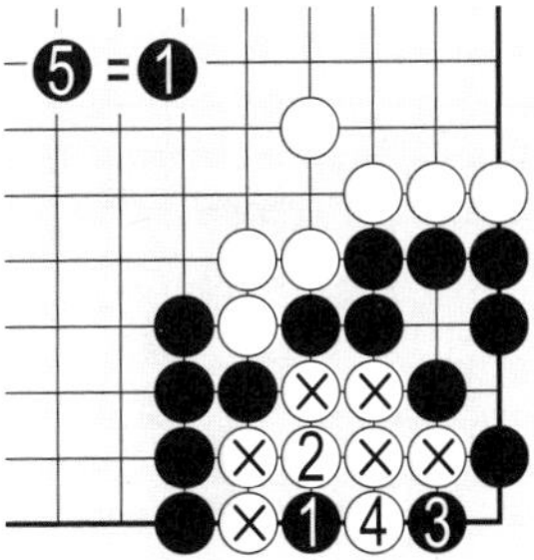

题 341　正解

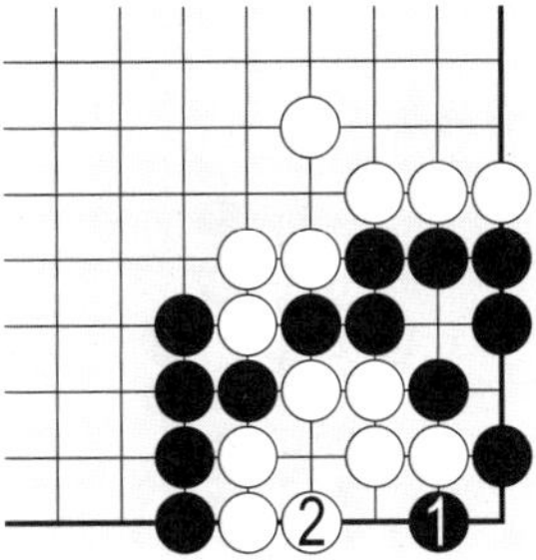

题 341　失败 双活

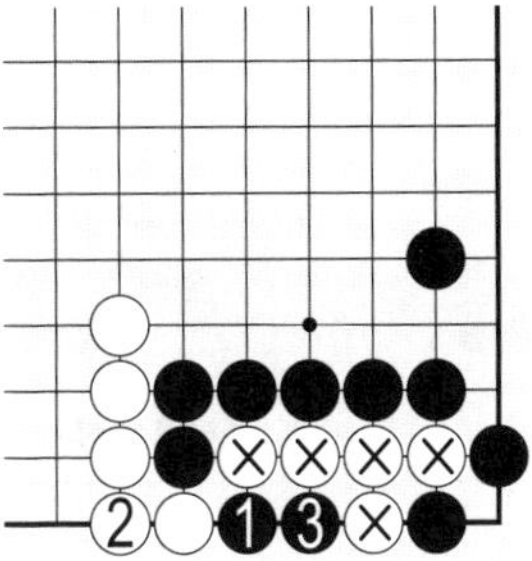

题 342　正解

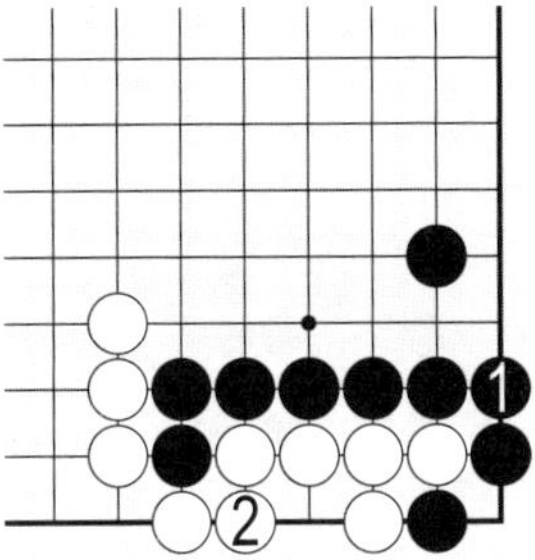

题 342　失败

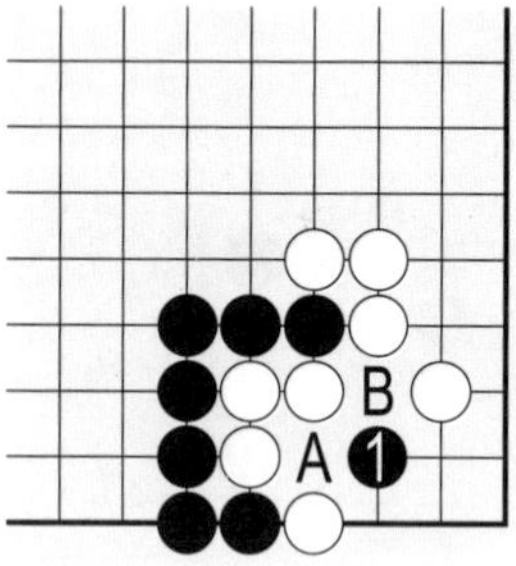

题 343　正解　A、B 见合

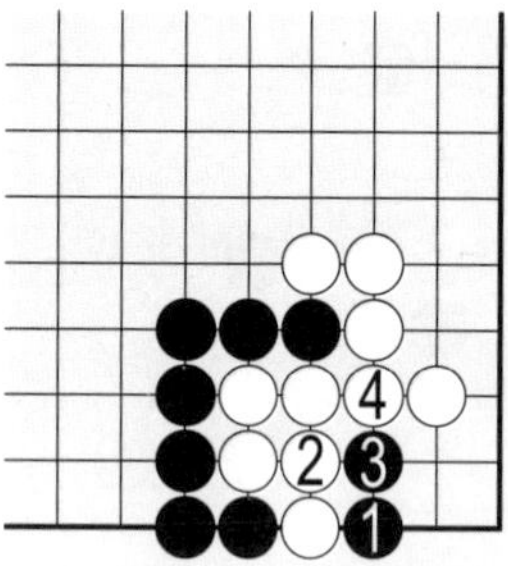

题 343　失败

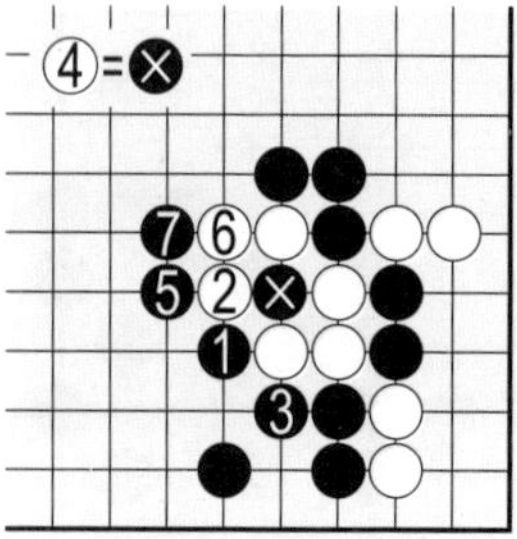

题 344　正解

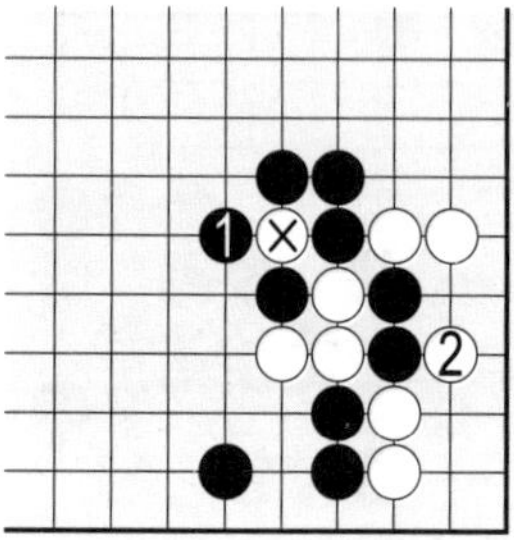

题 344　失败

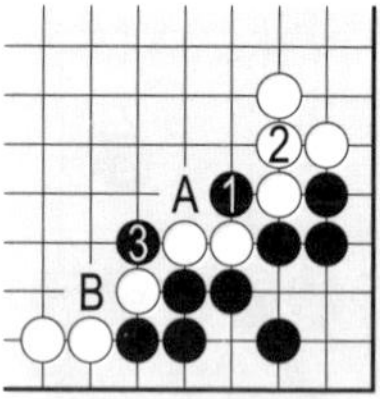

题 345　正解 1
A、B 见合

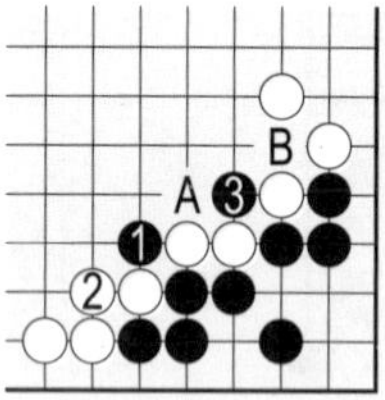

题 345　正解 2
A、B 见合

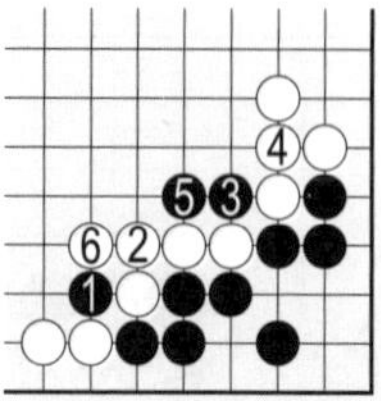

题 345　失败

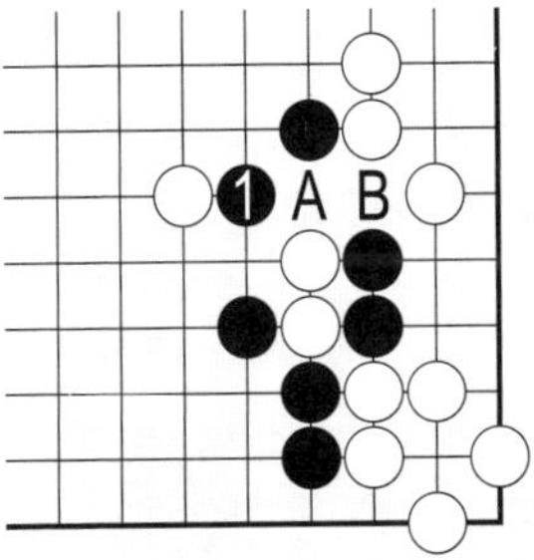

题 346　正解　A、B 见合

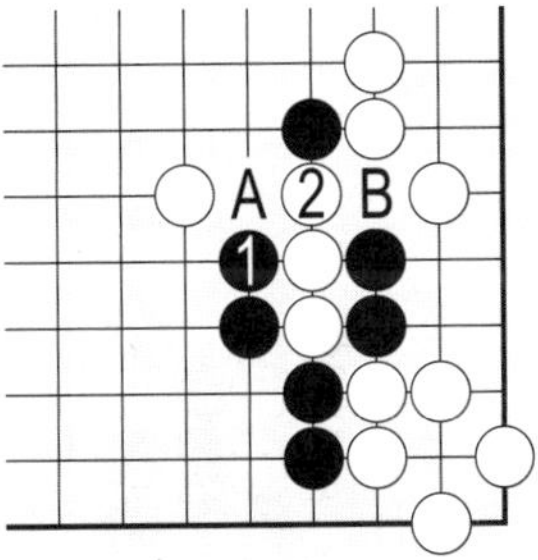

题 346　失败　A、B 见合

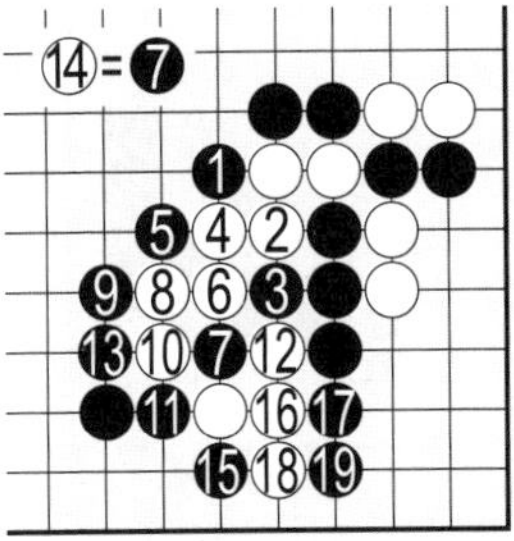

题 347　正解

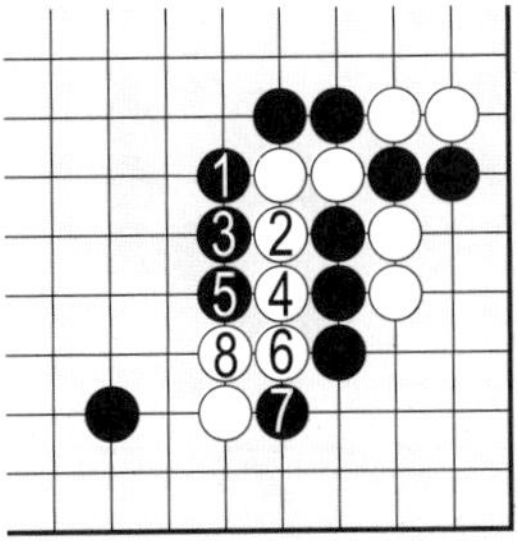

题 347　失败

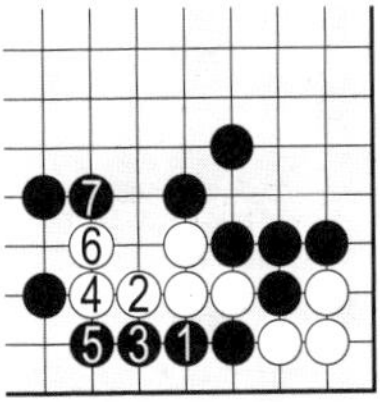

题 348　正解

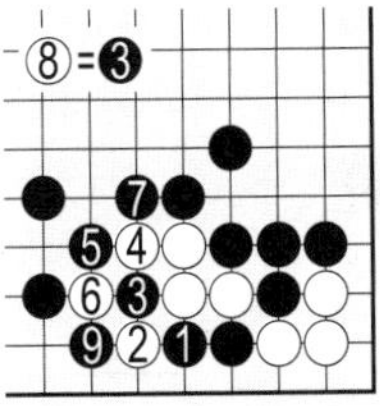

题 348　变化

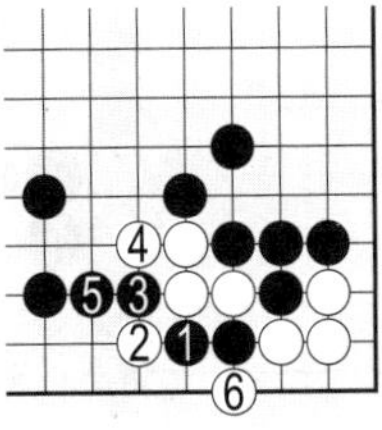

题 348　失败

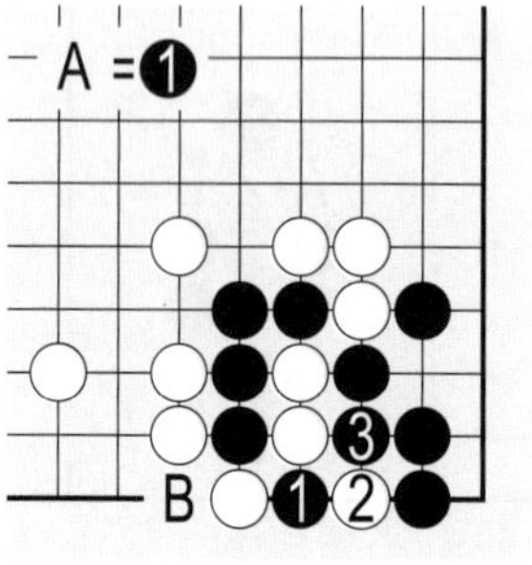

题 349　正解　A、B 见合

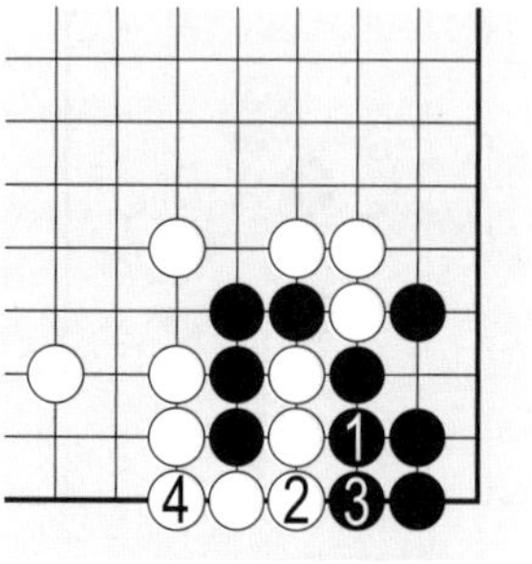

题 349　失败

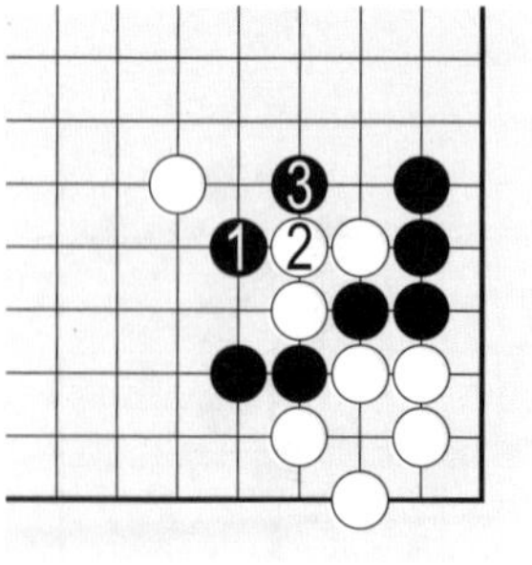

题 350　正解

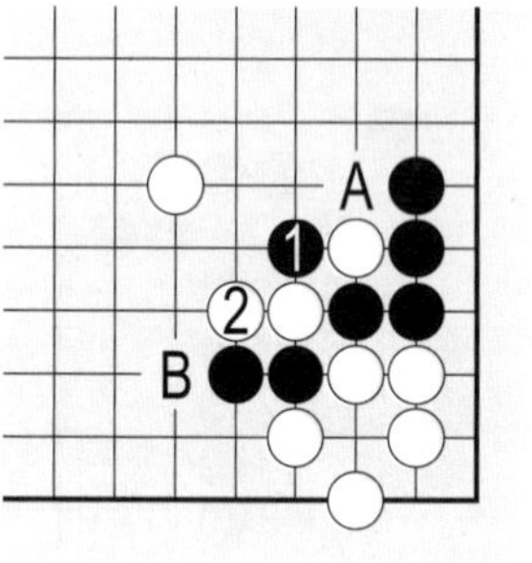

题 350　失败　A、B 见合

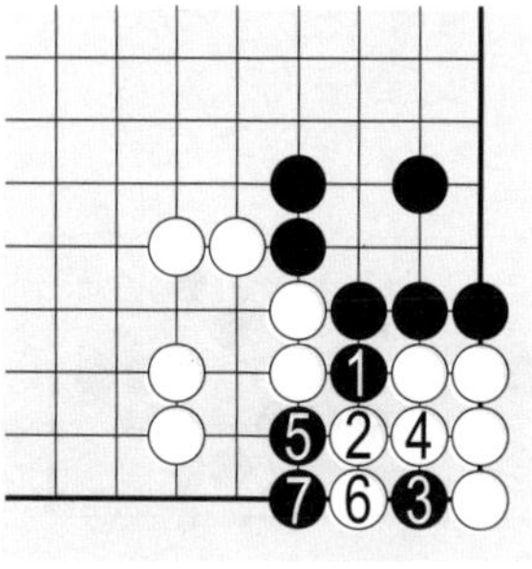

题 351　正解

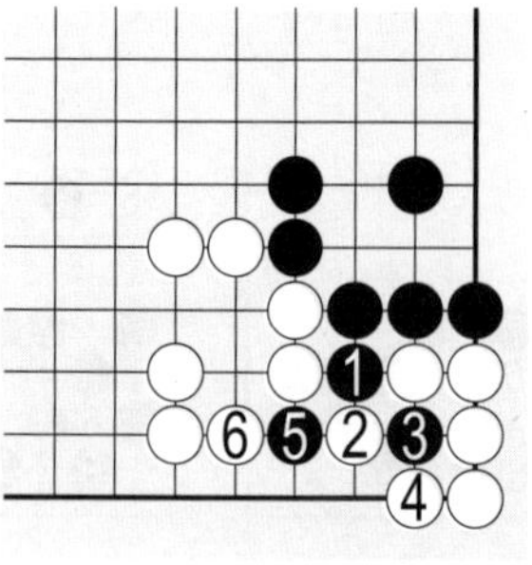

题 351　失败

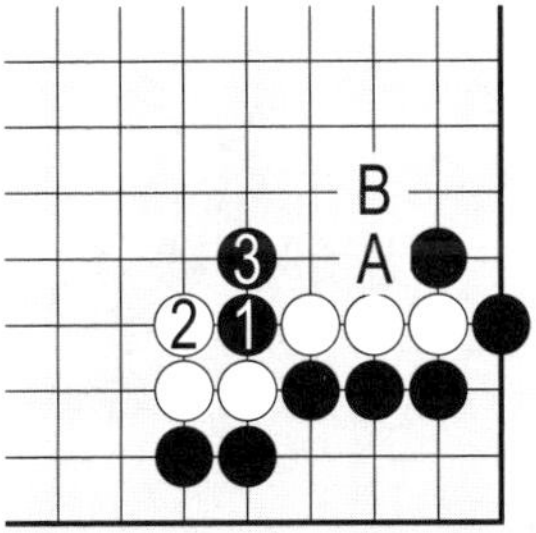

题 352　正解　A、B 见合

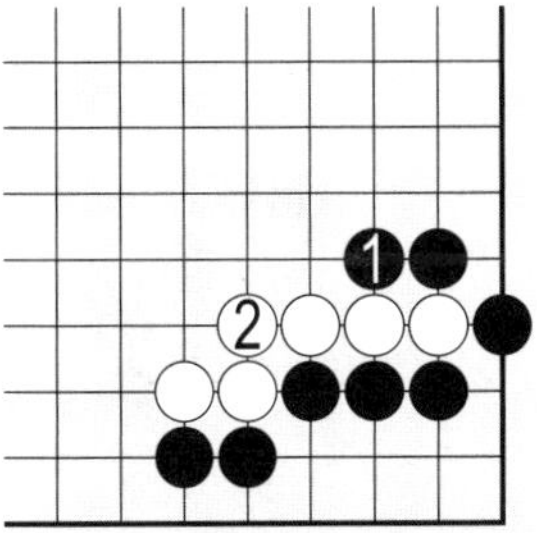

题 352　失败

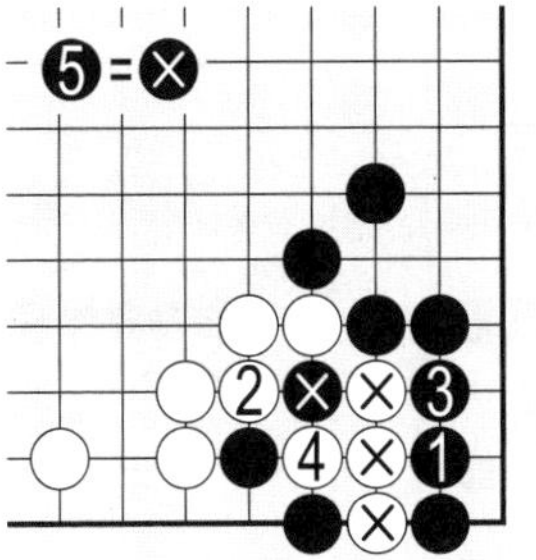

题 353　正解

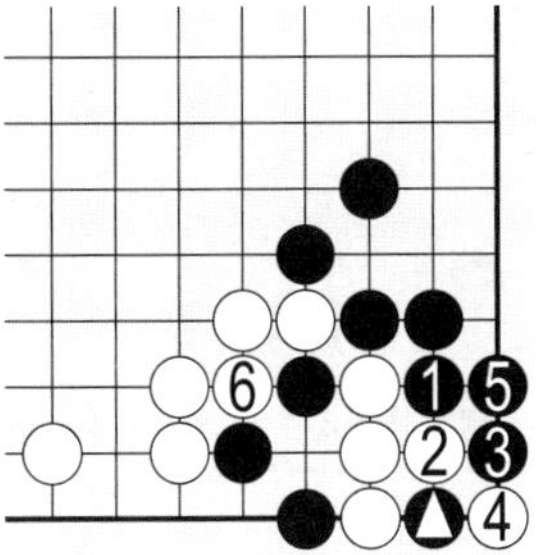

题 353　失败　打劫

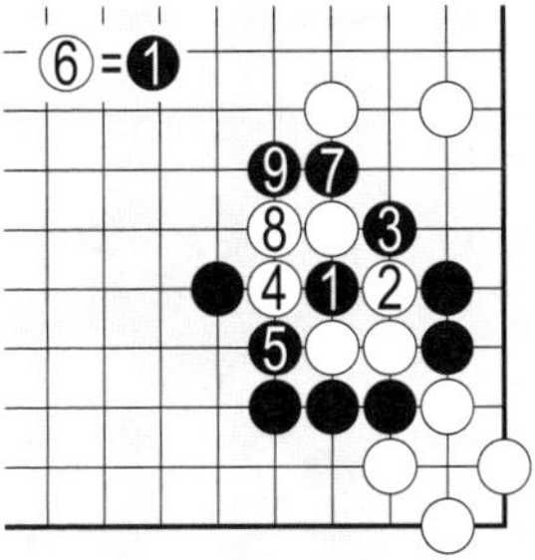

题 354　正解

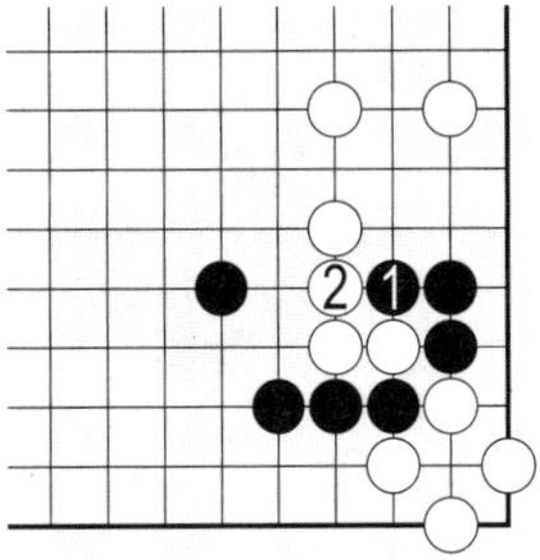

题 354　失败

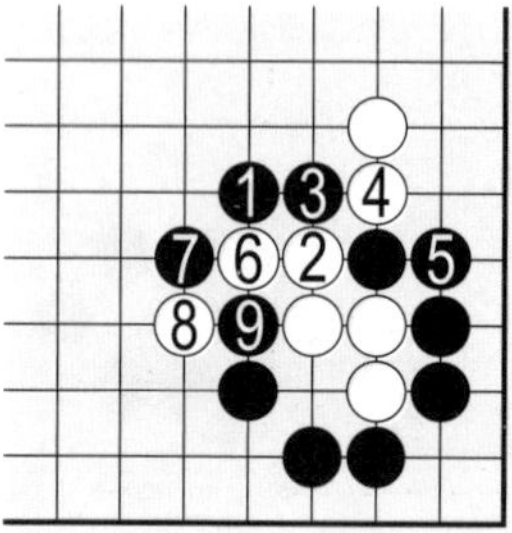

题 355　正解

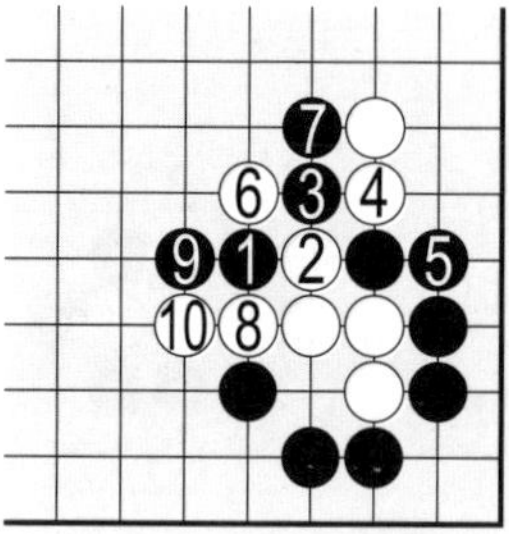

题 355　失败

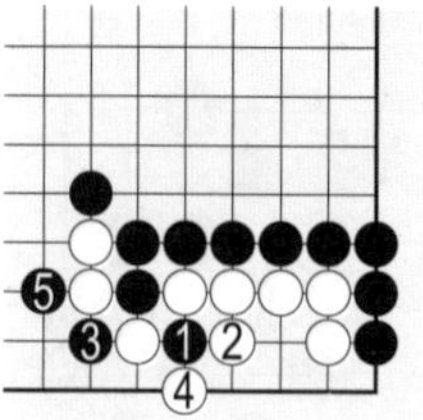

题 356　正解 1

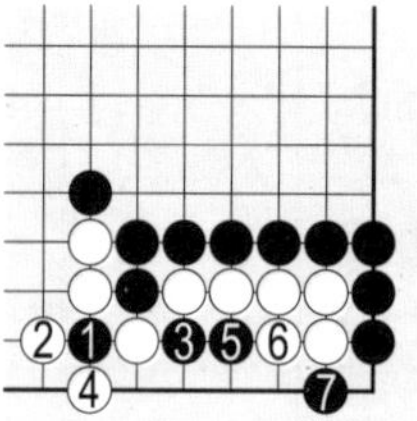

题 356　正解 2

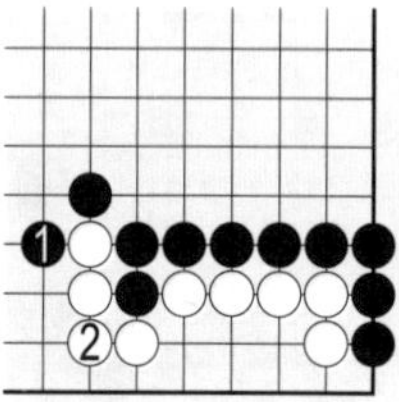

题 356　失败

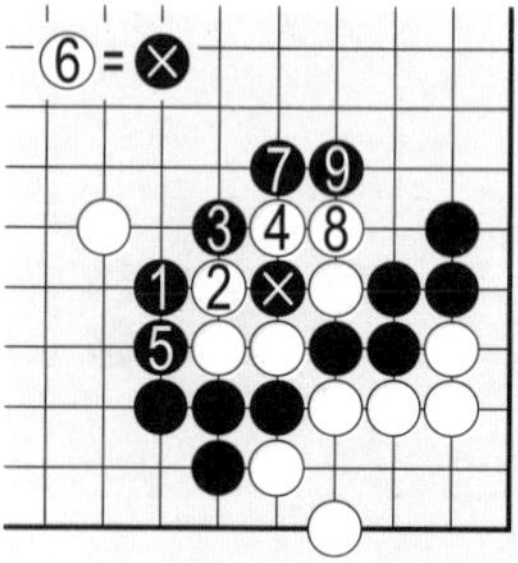

题 357　正解

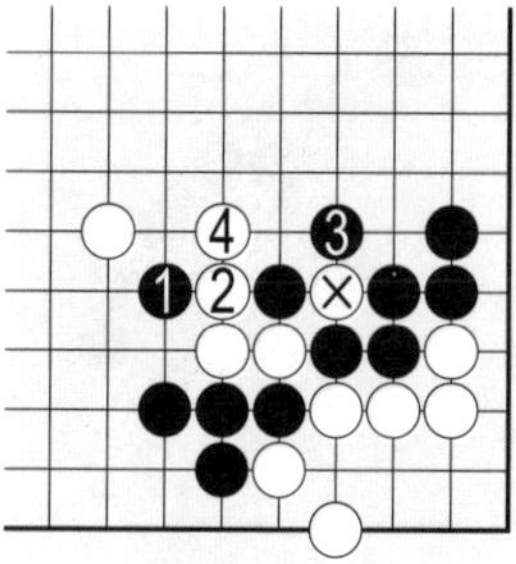

题 357　失败

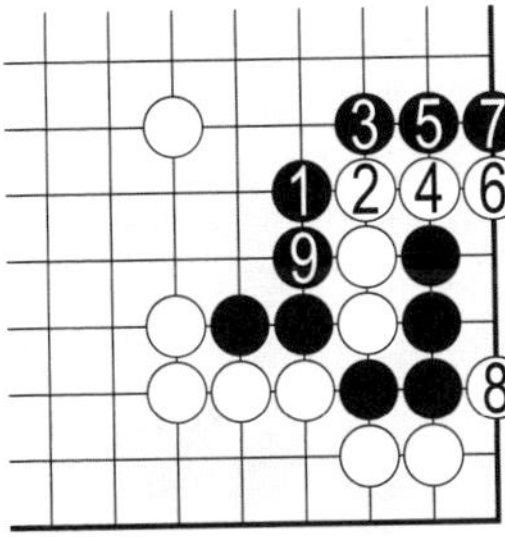

题 358　正解

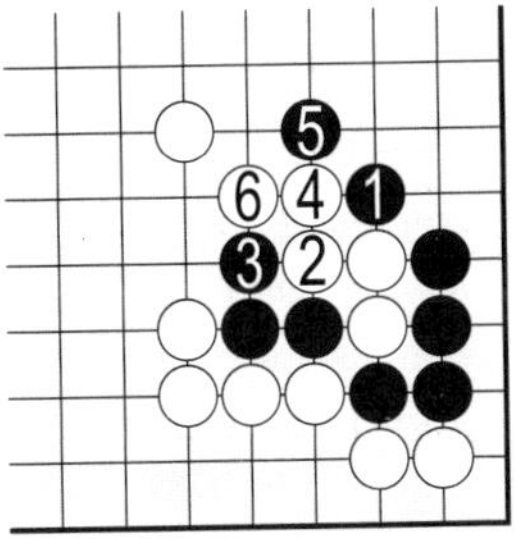

题 358　失败

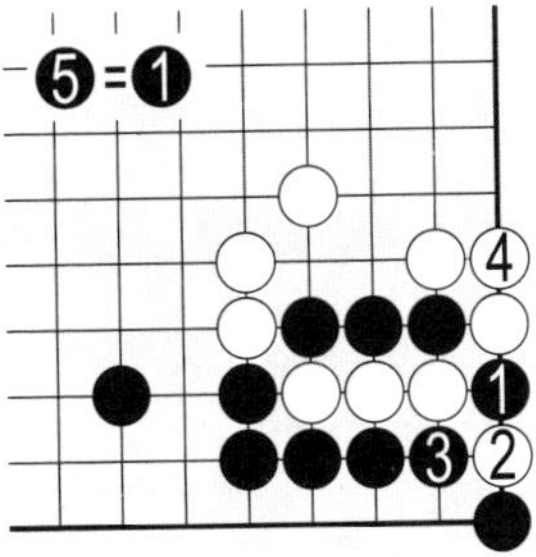

题 359　正解

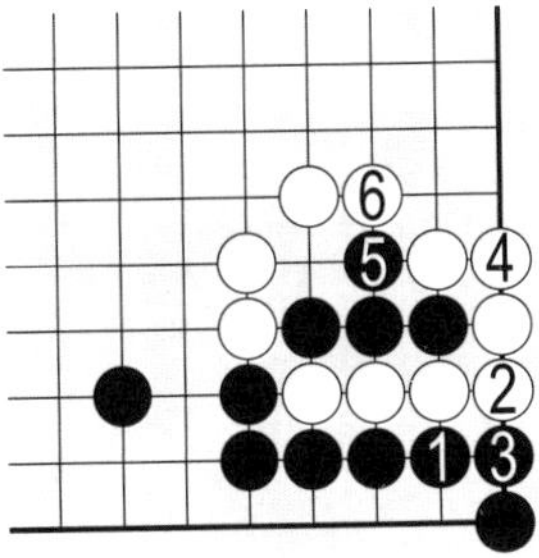

题 359　失败

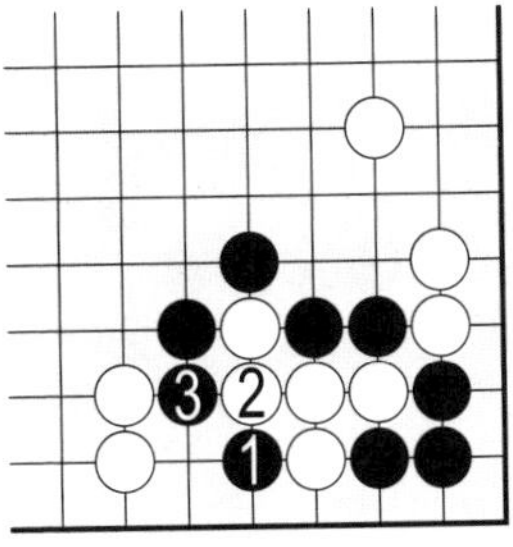

题 360　正解

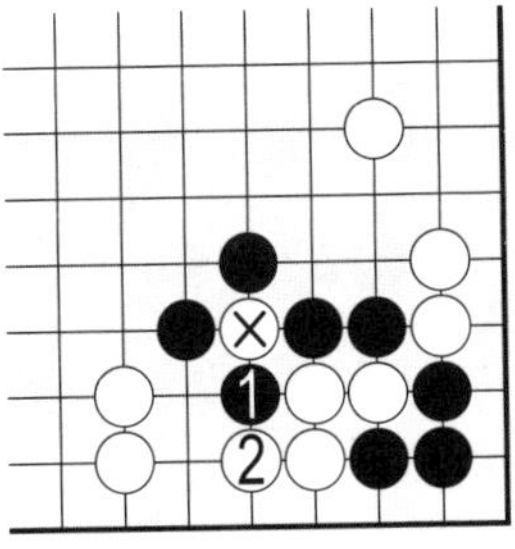

题 360　失败

1级～1段答案

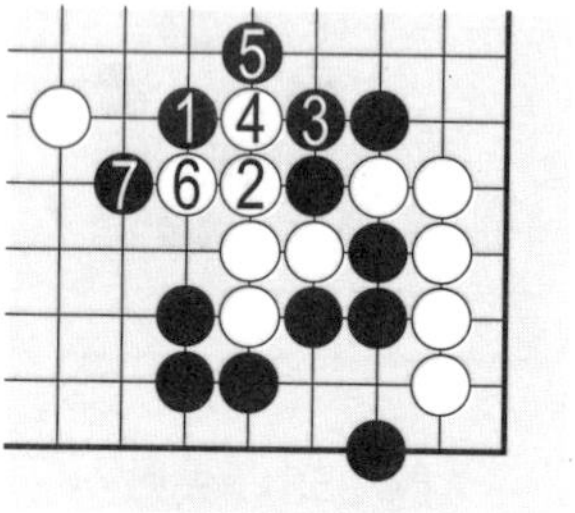

题 361　正解

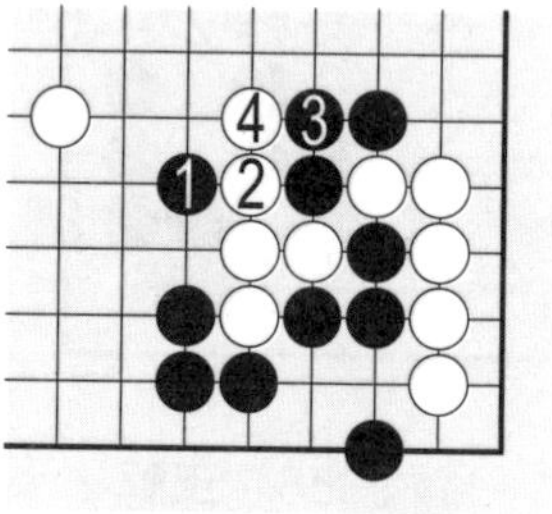

题 361　失败

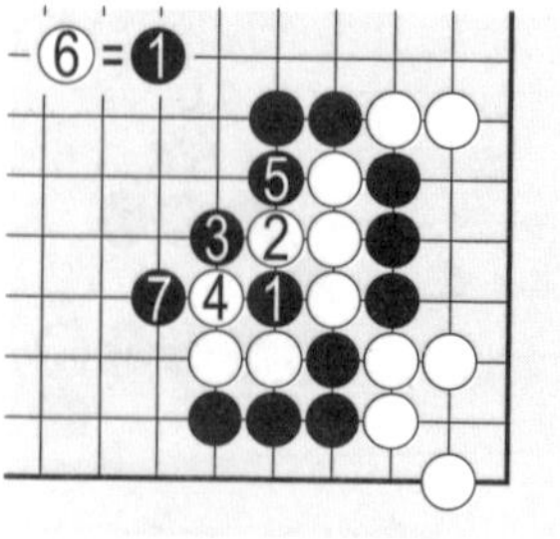

题 362　正解

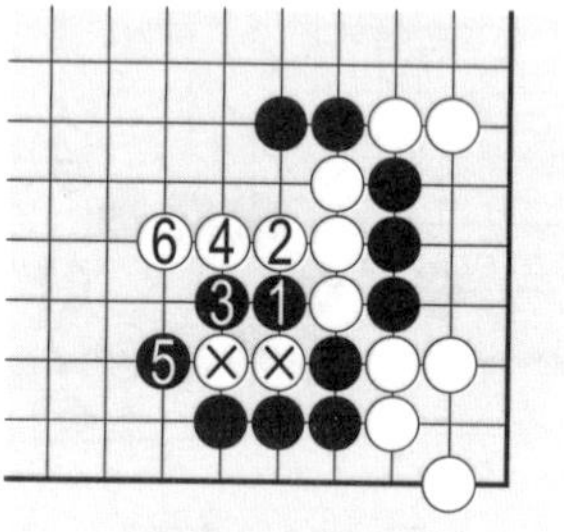

题 362　失败

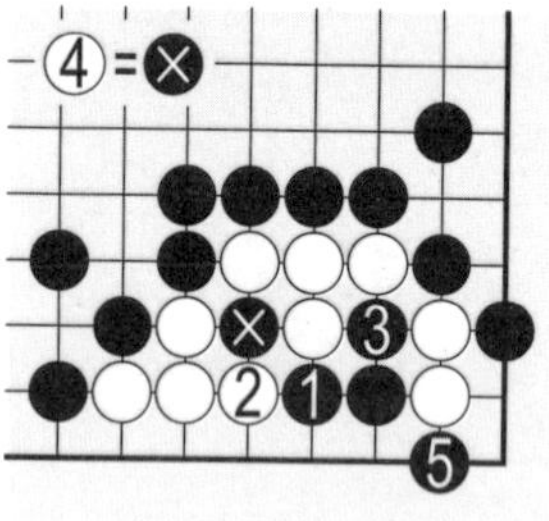

题 363　正解

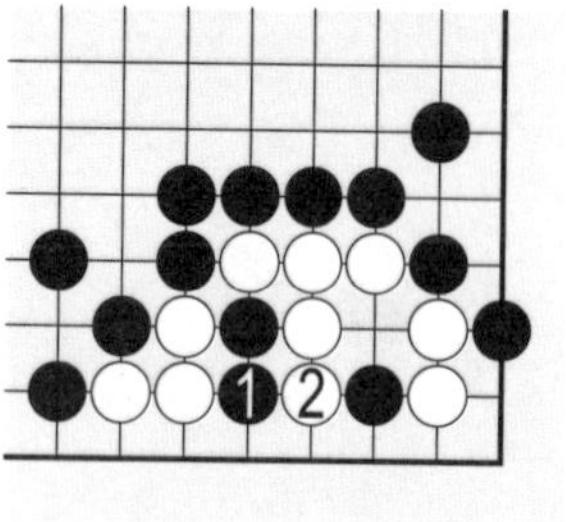

题 363　失败

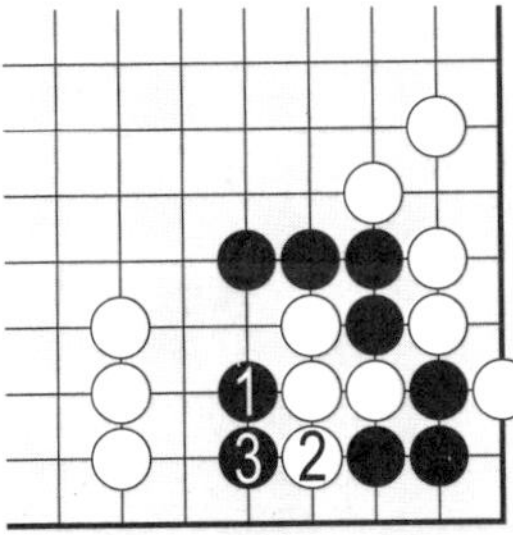

题 364　正解

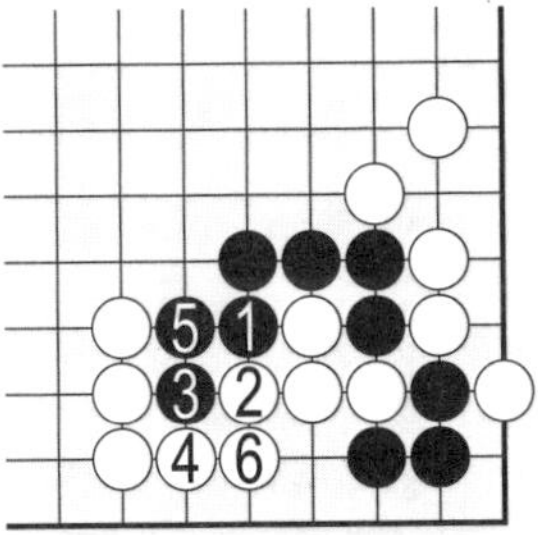

题 364　失败

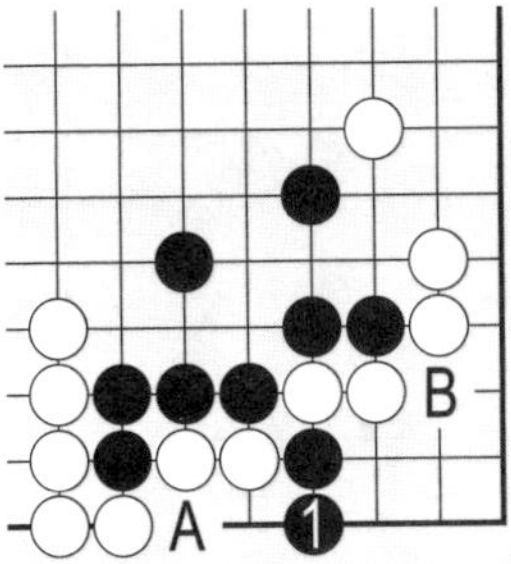

题 365　正解　A、B 见合

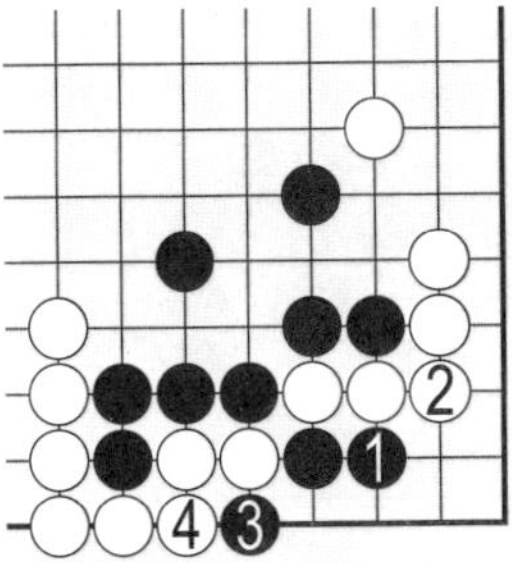

题 365　失败

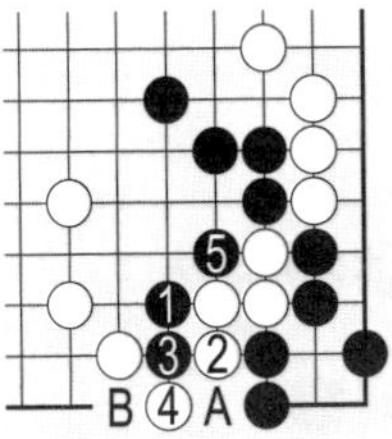

题 366　正解
A、B 见合

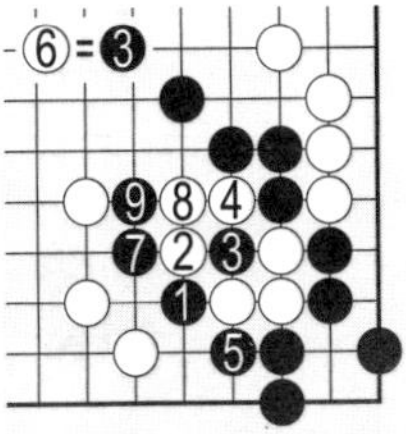

题 366　变化

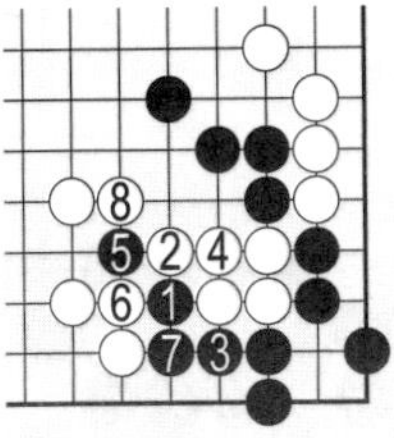

题 366　失败

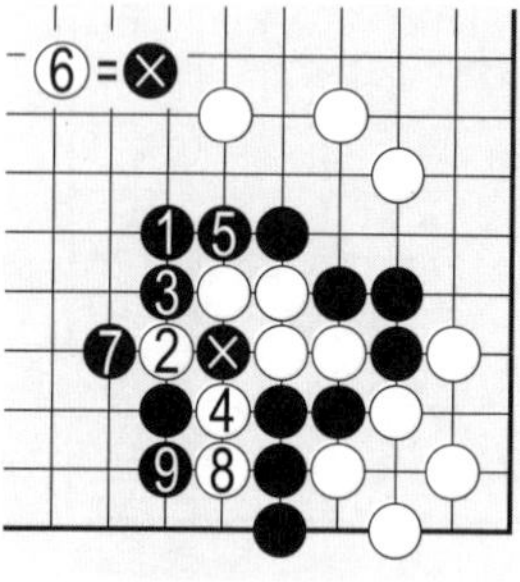

题 367　正解

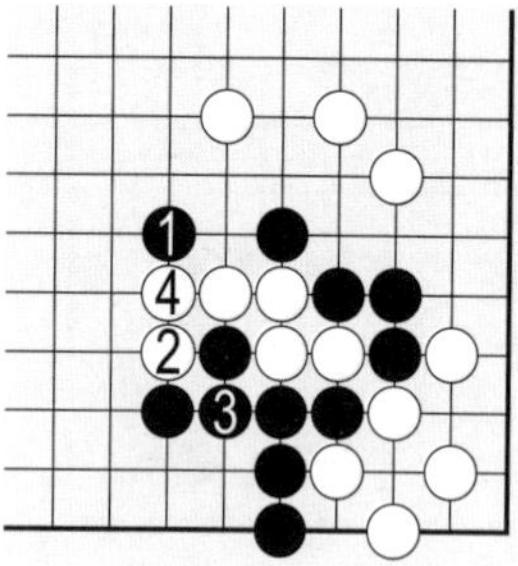

题 367　失败

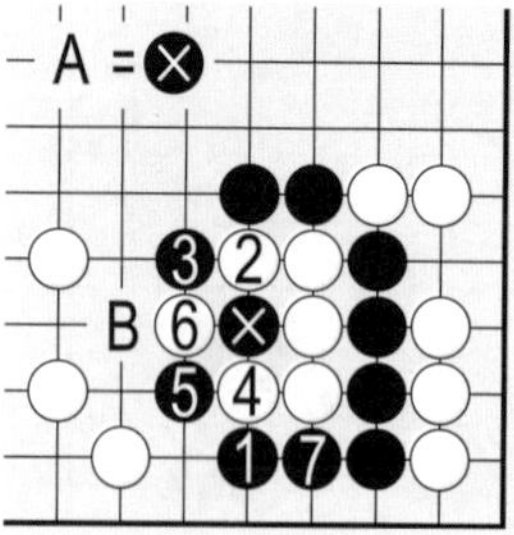

题 368　正解　A、B 见合

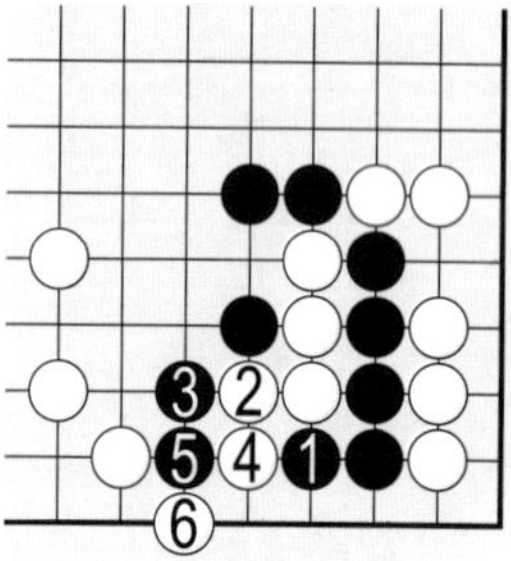

题 368　失败

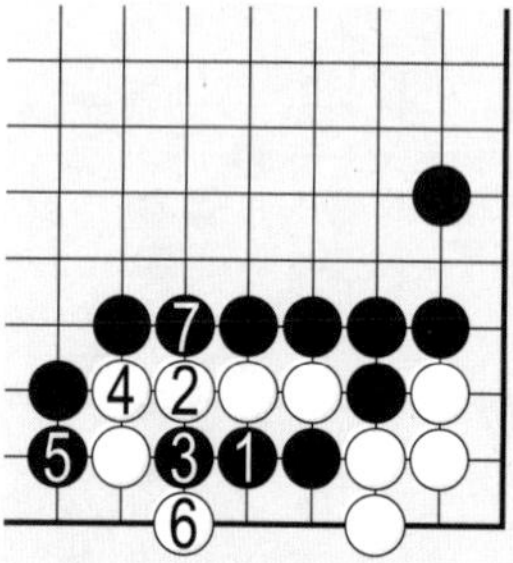

题 369　正解

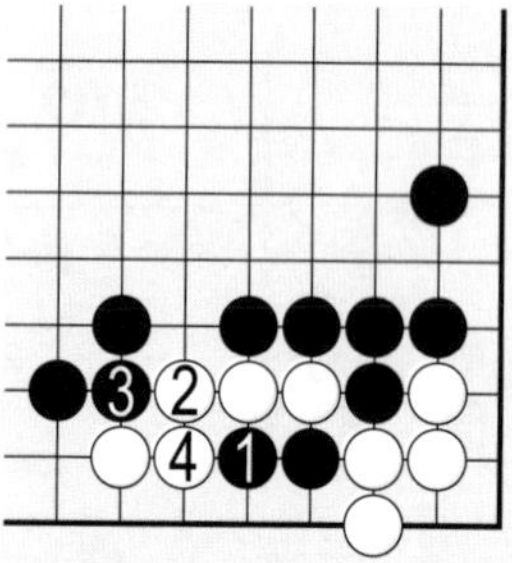

题 369　失败

1级～1段答案

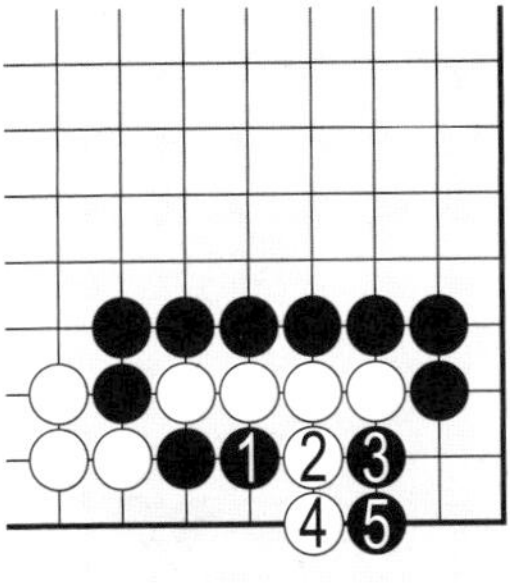

题 370　正解

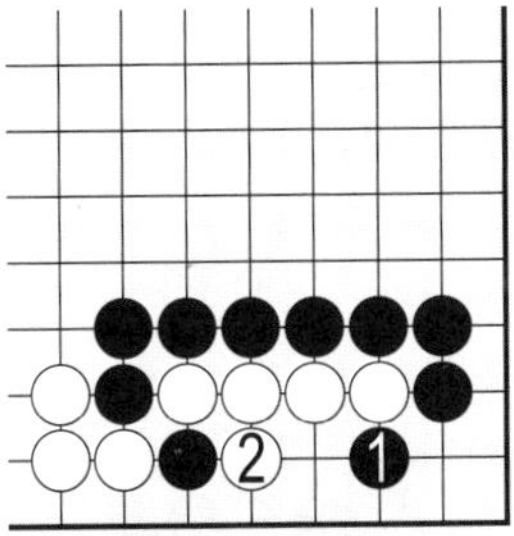

题 370　失败

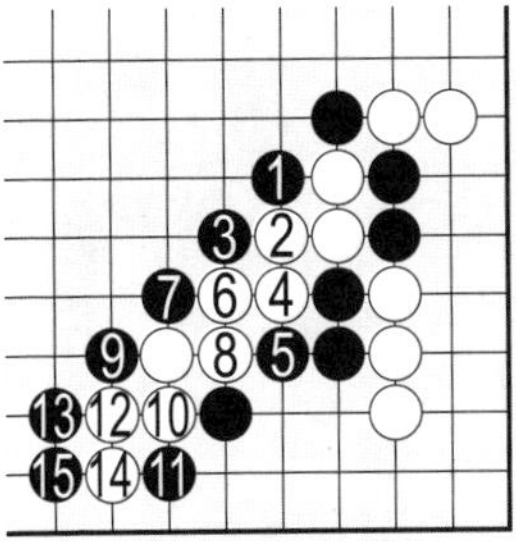

题 371　正解

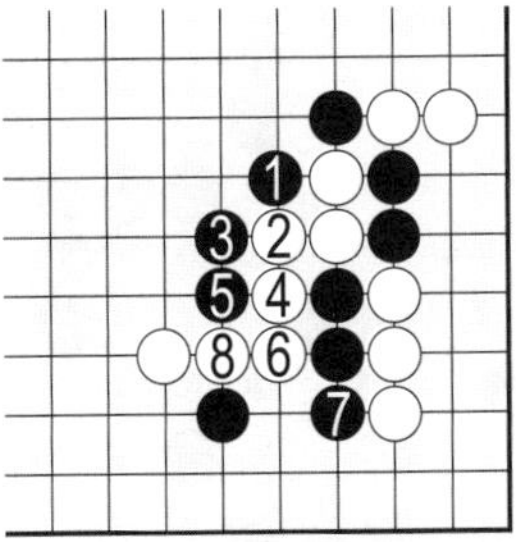

题 371　失败

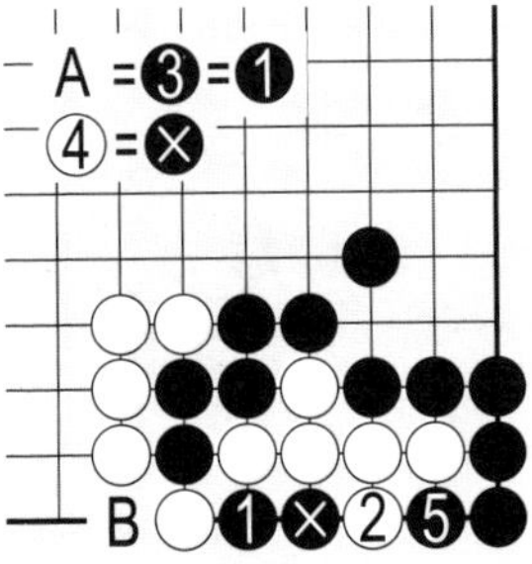

题 372　正解　A、B 见合

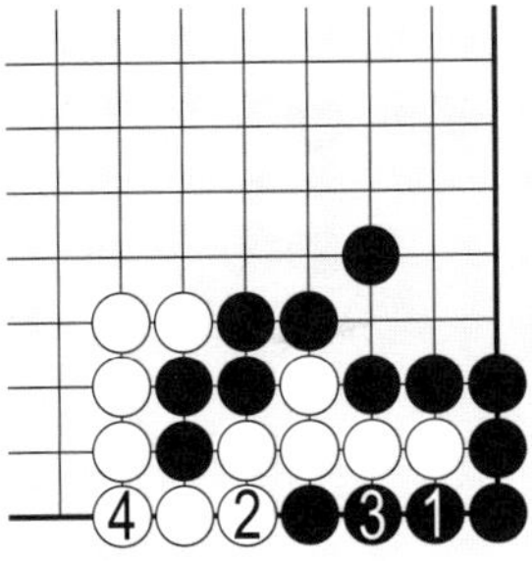

题 372　失败

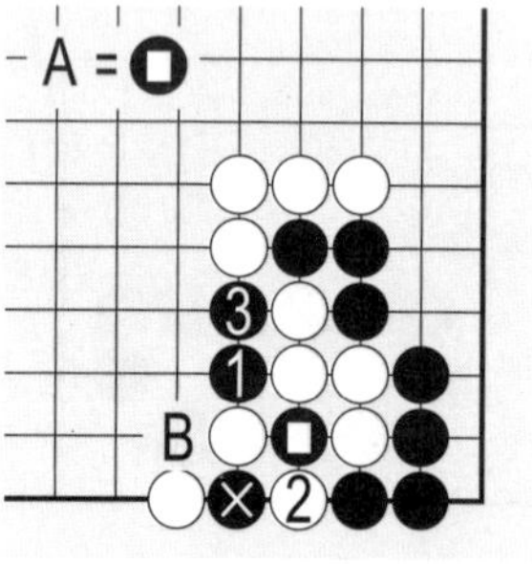

题 373　正解　A、B 见合

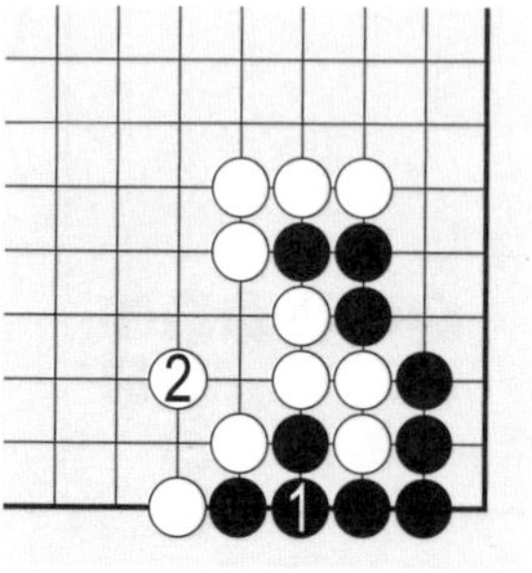

题 373　失败

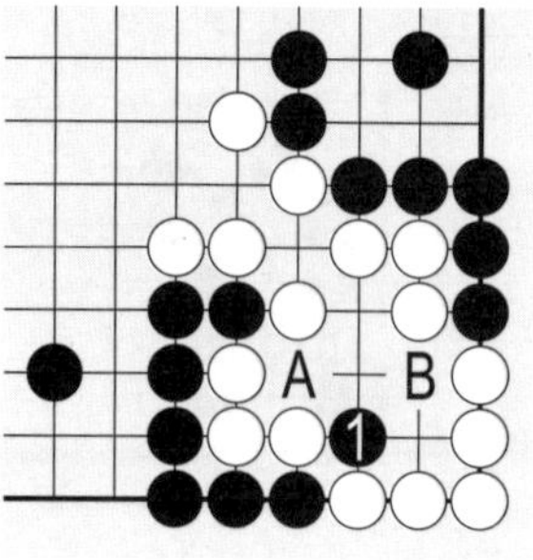

题 374　正解　A、B 见合

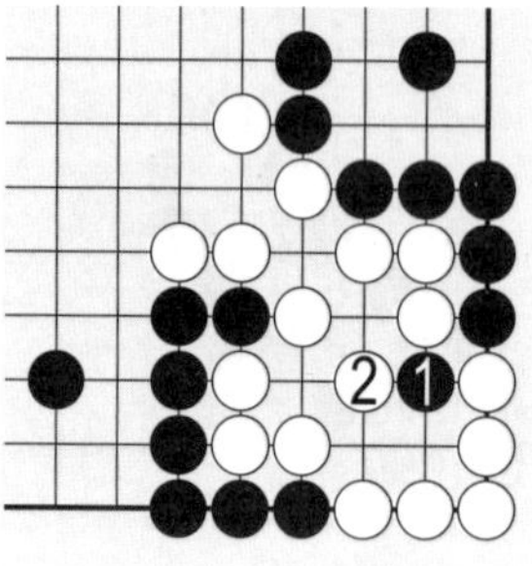

题 374　失败

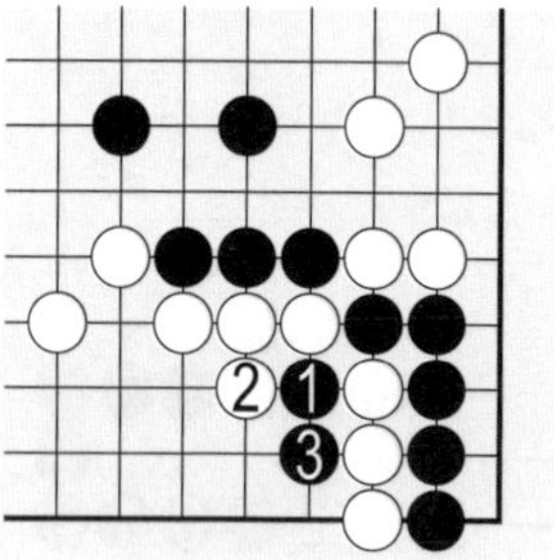

题 375　正解

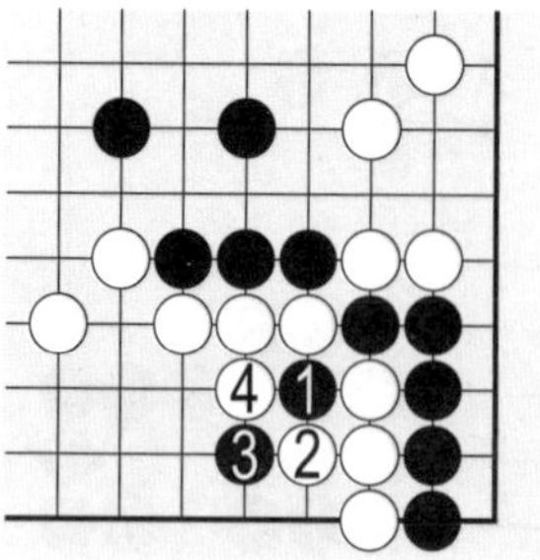

题 375　失败

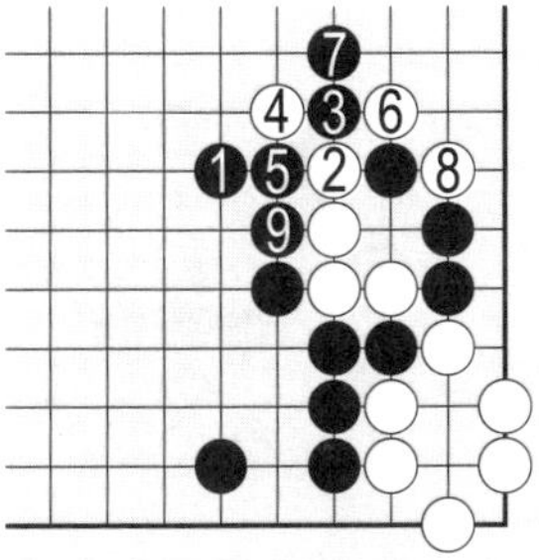

题 376　正解

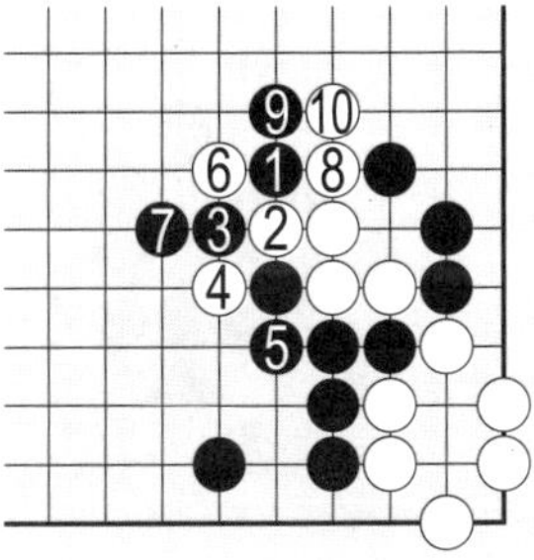

题 376　失败

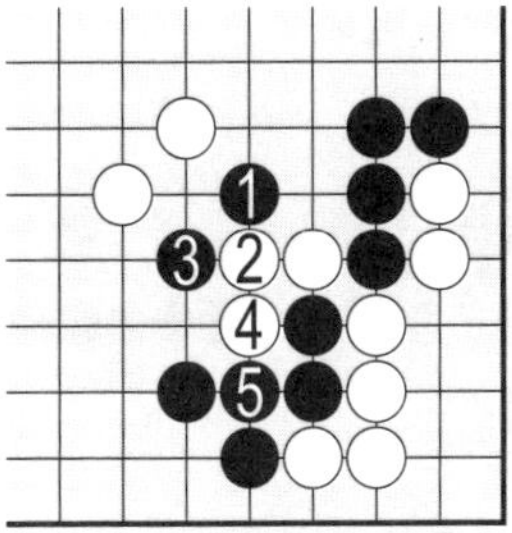

题 377　正解

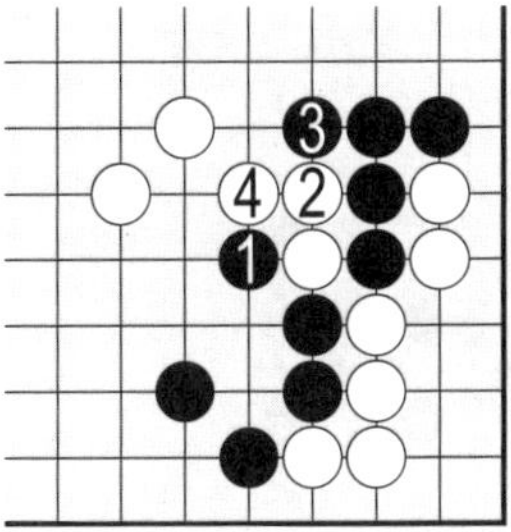

题 377　失败

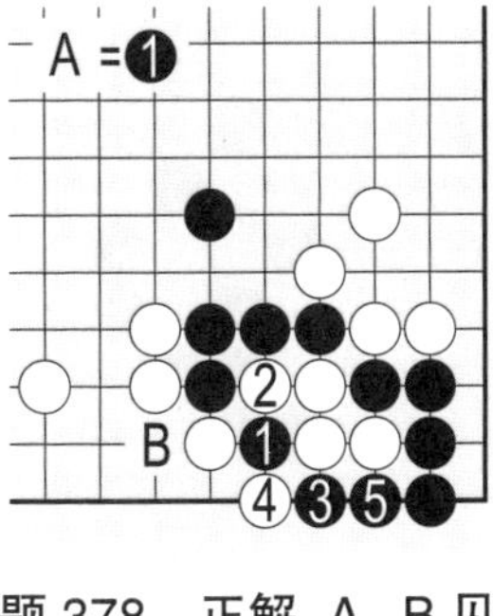

题 378　正解 A、B 见合

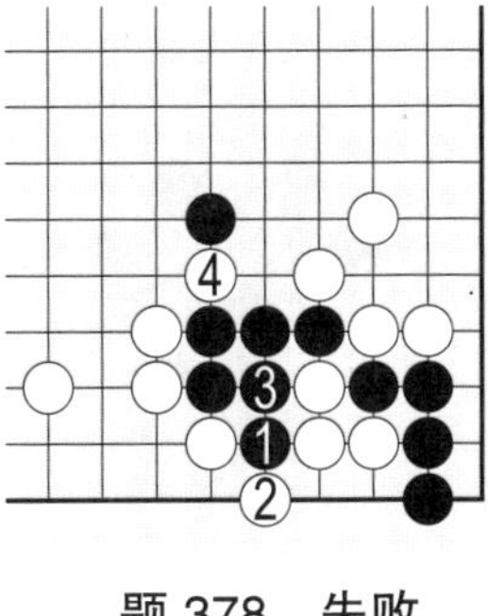

题 378　失败

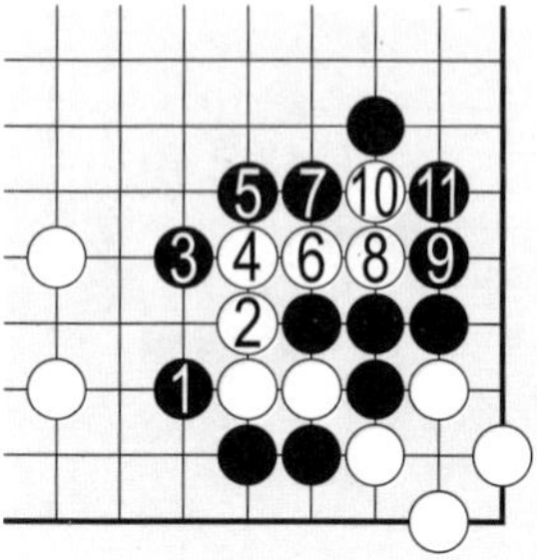

题 379　正解

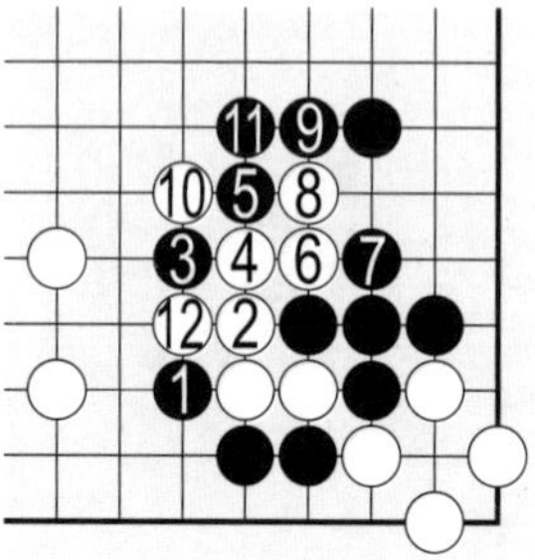

题 379　失败

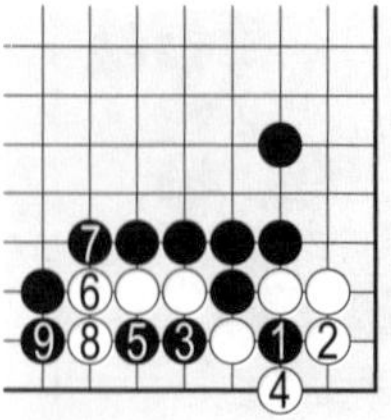

题 380　正解 1

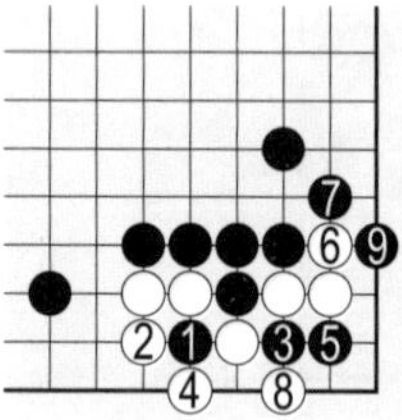

题 380　正解 2

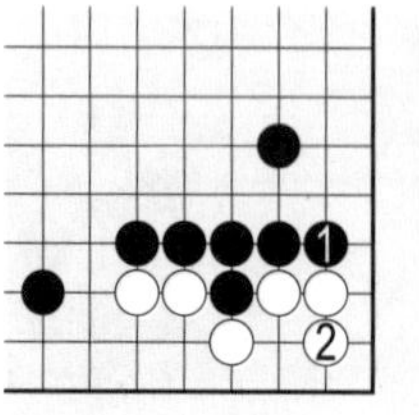

题 380　失败

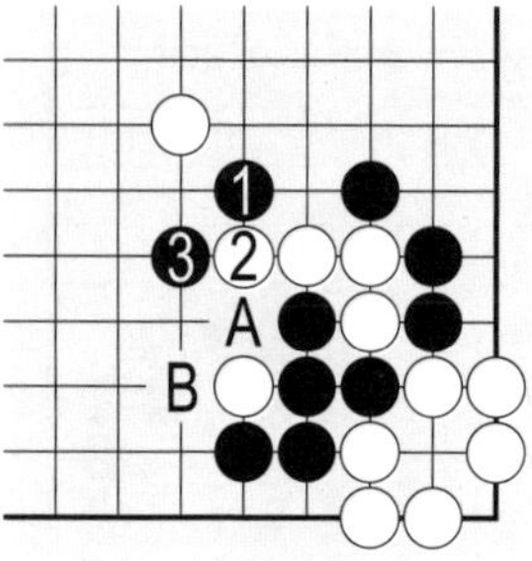

题 381　正解 A、B 见合

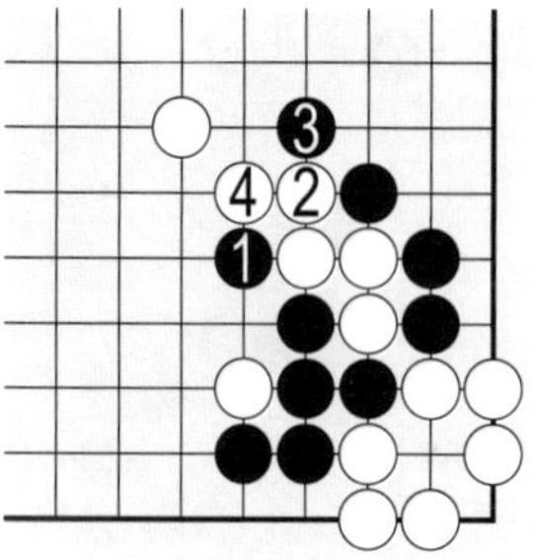

题 381　失败

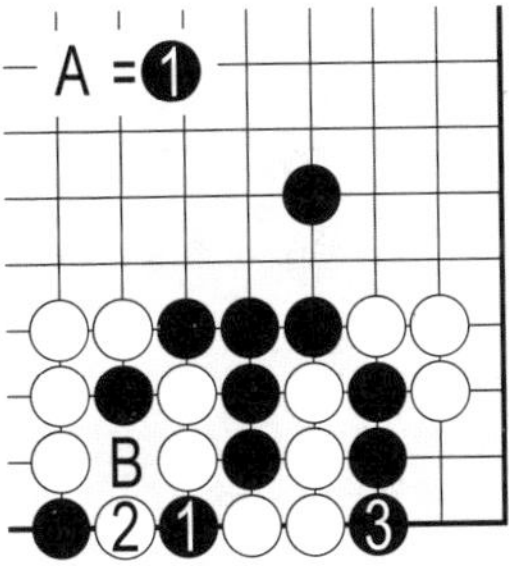

题 382　正解　A、B 见合

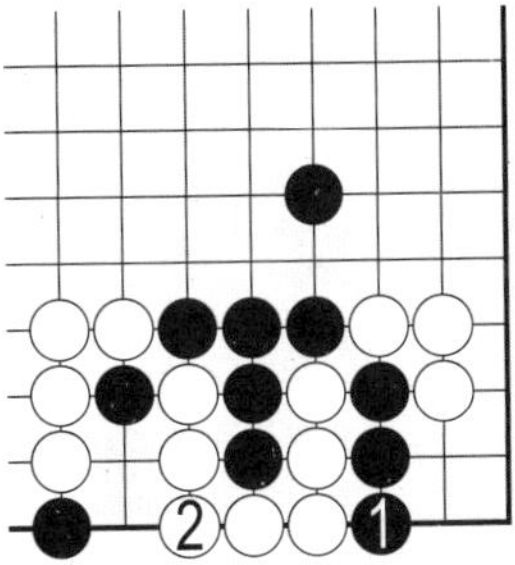

题 382　失败

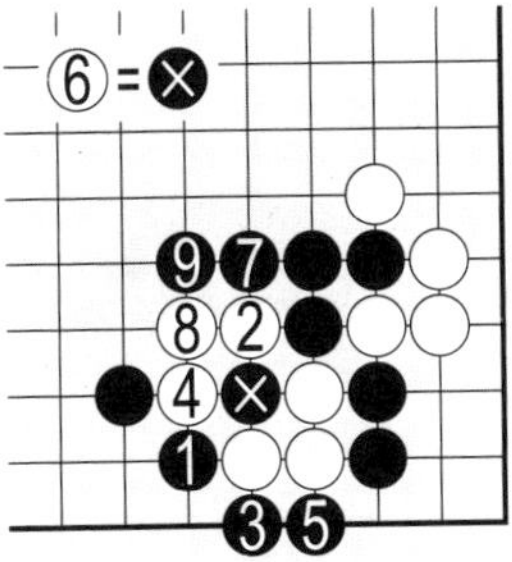

题 383　正解

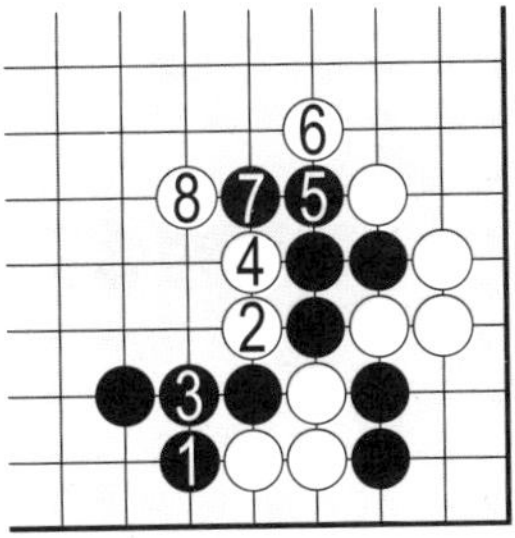

题 383　失败

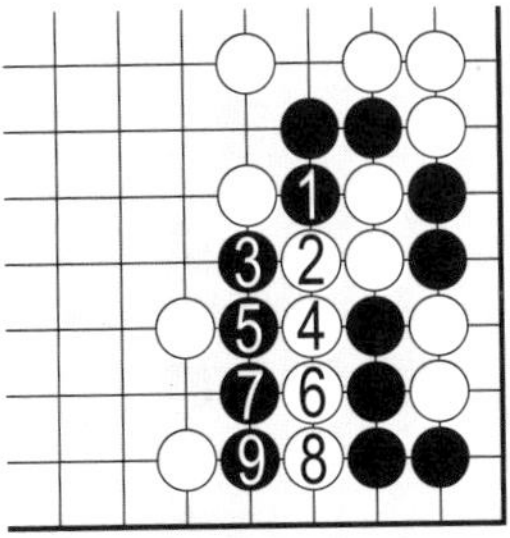

题 384　正解

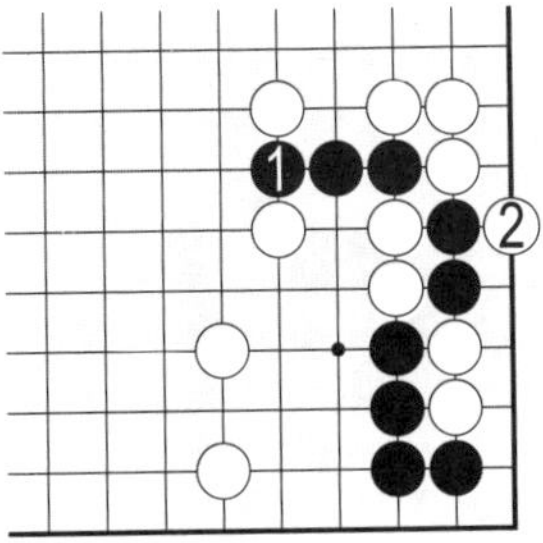

题 384　失败

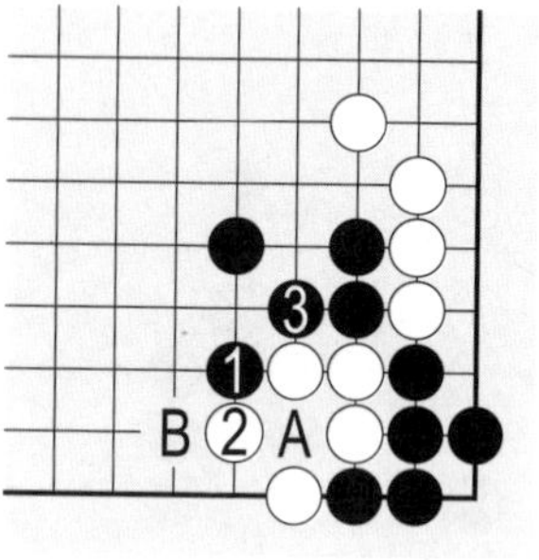

题 385　正解　A、B 见合

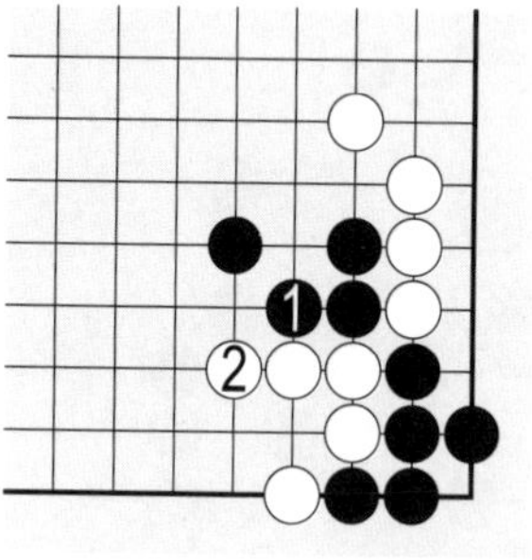

题 385　失败

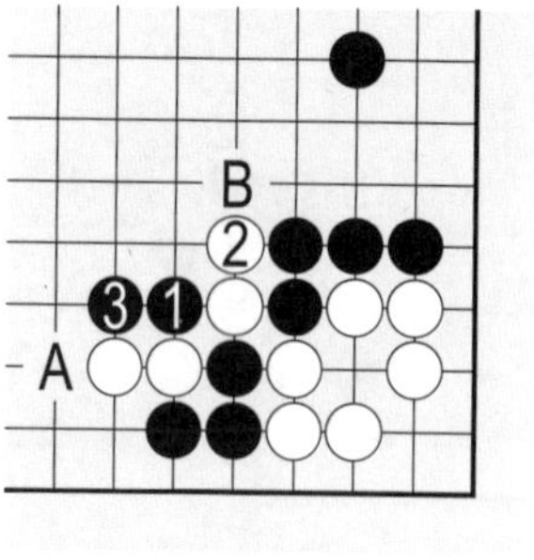

题 386　正解　A、B 见合

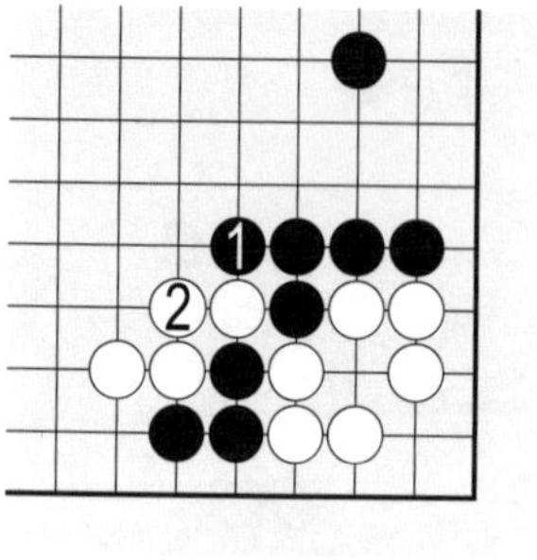

题 386　失败

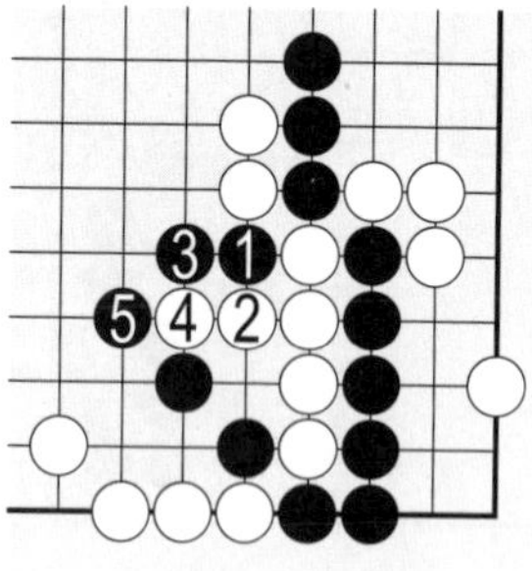

题 387　正解

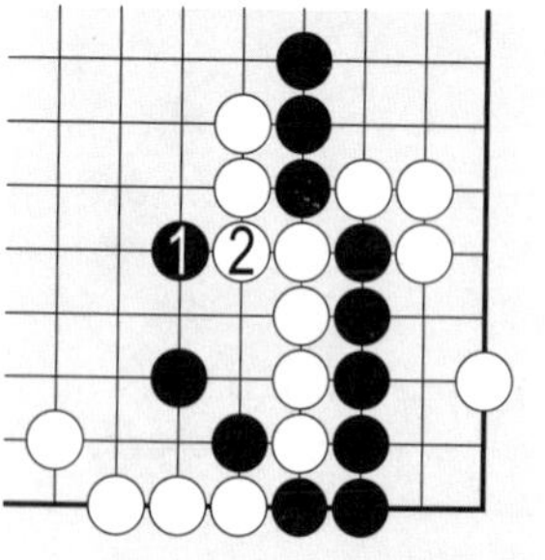

题 387　失败

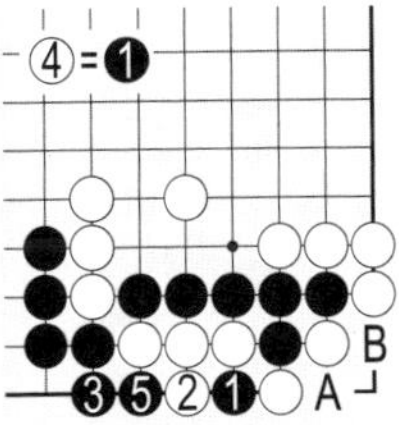

题 388　正解 1
A、B 见合

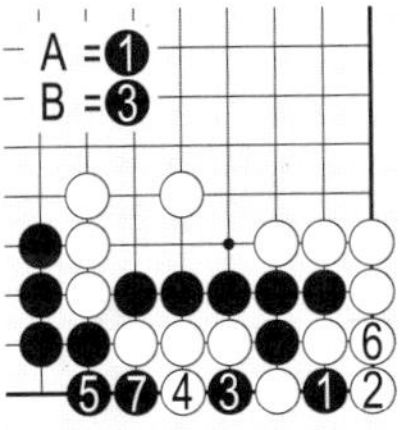

题 388　正解 2
A、B 见合

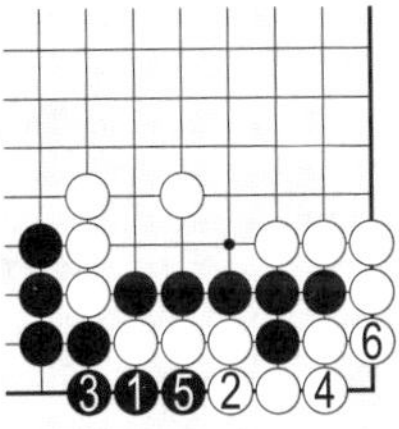

题 388　失败

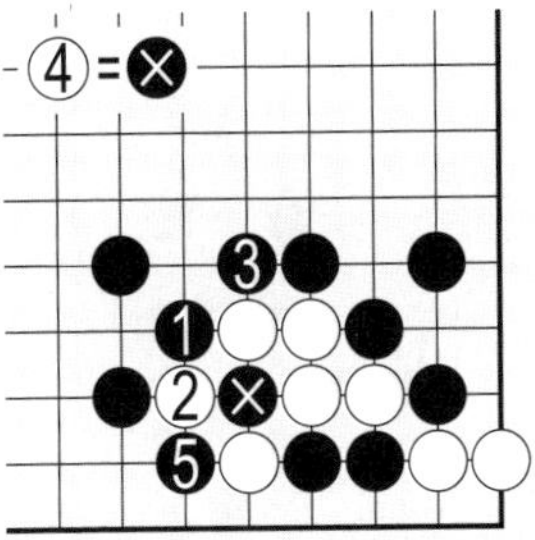

题 389　正解

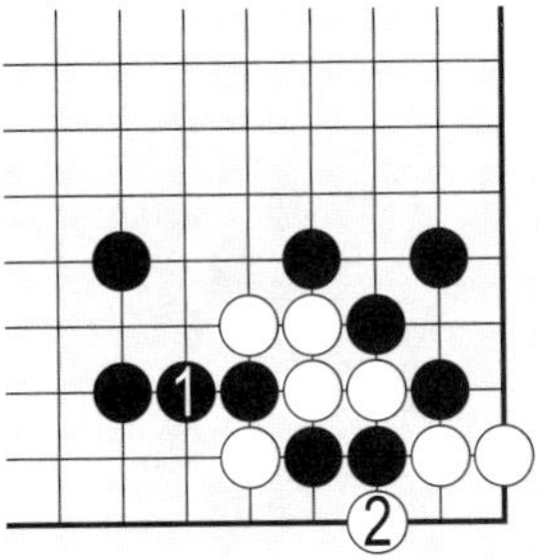

题 389　失败

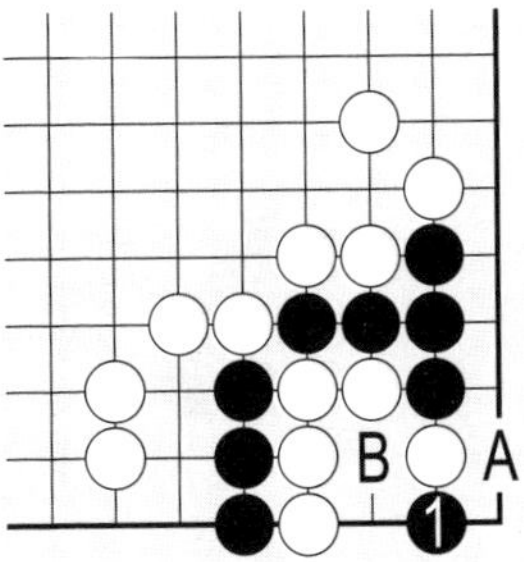

题 390　正解　A、B 见合

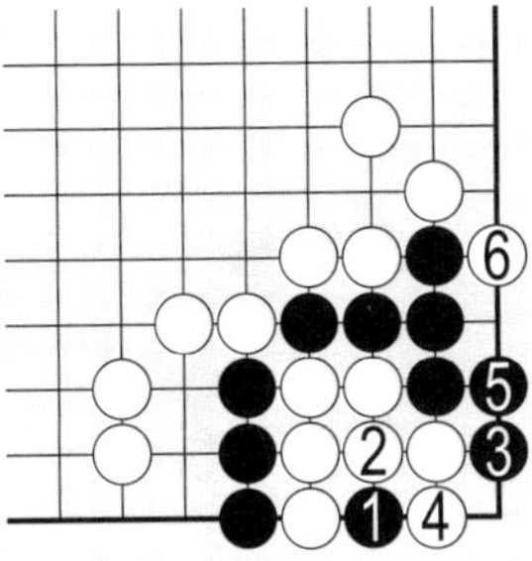

题 390　失败

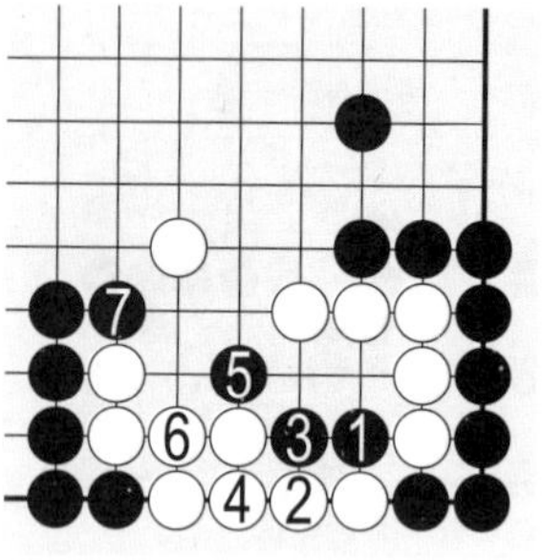

题 391　正解

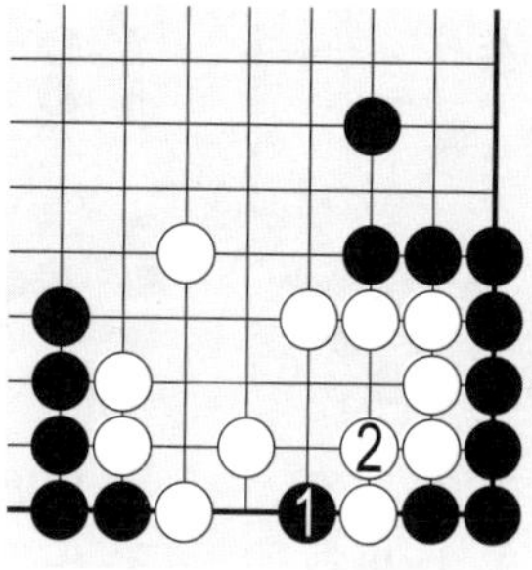

题 391　失败

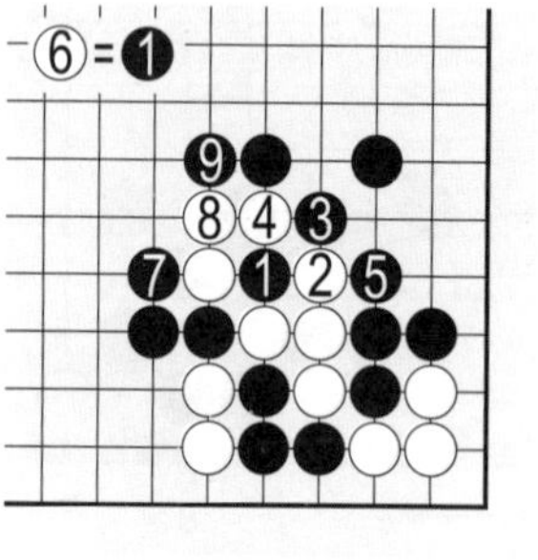

题 392　正解

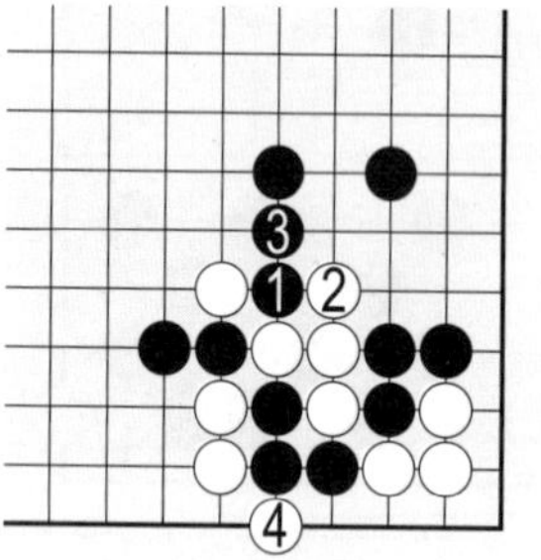

题 392　失败

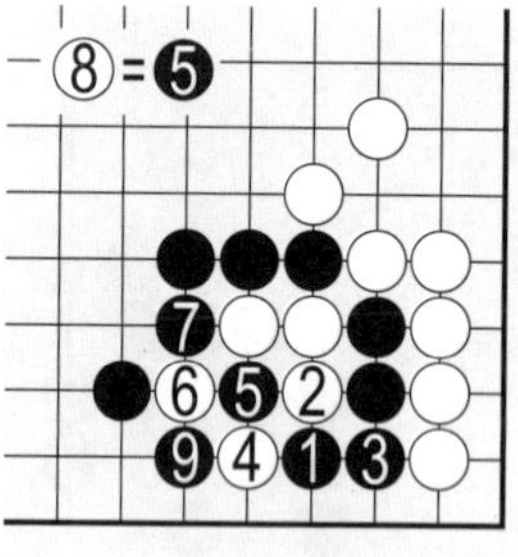

题 393　正解

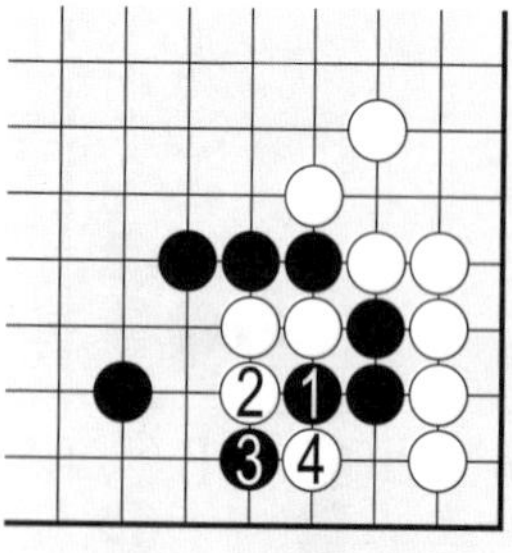

题 393　失败

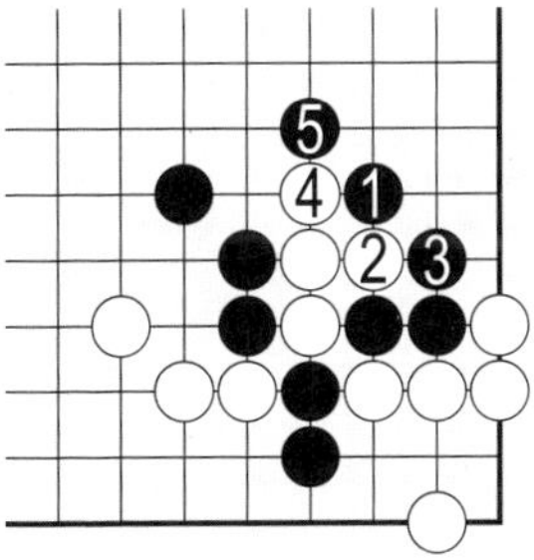

题 394　正解

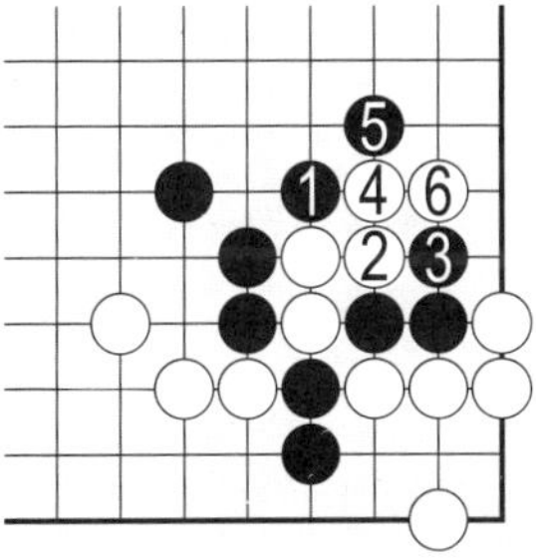

题 394　失败

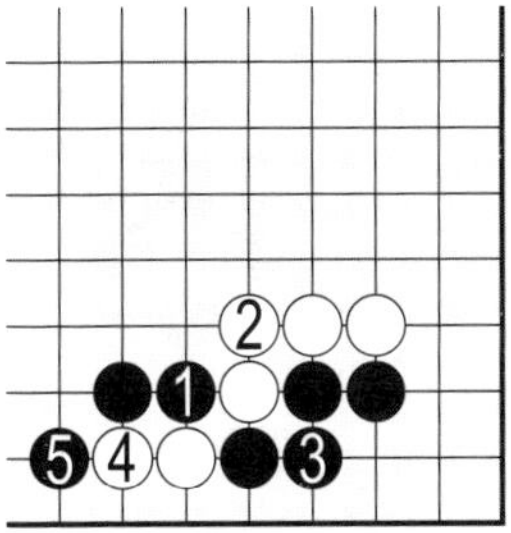

题 395　正解

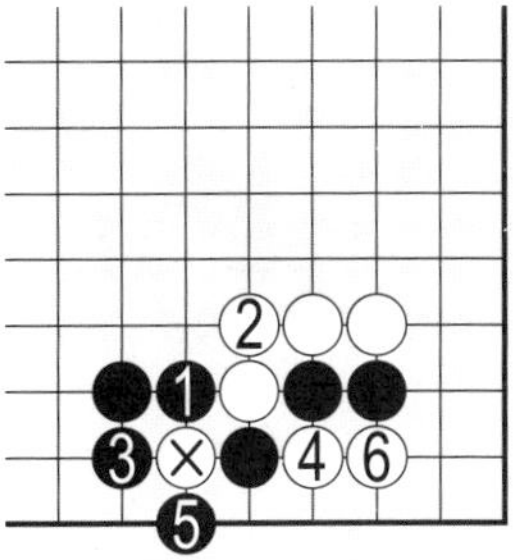

题 395　失败

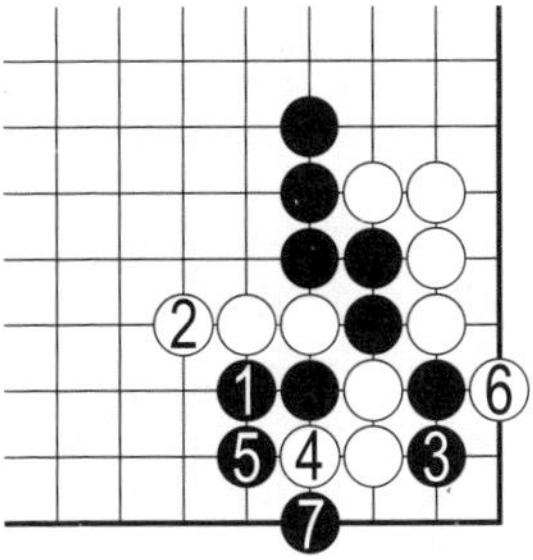

题 396　正解

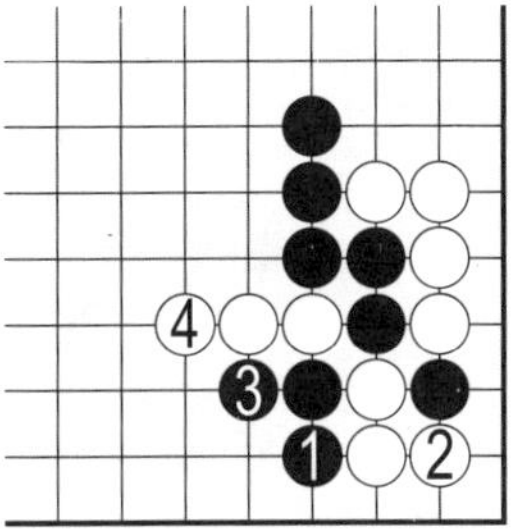

题 396　失败

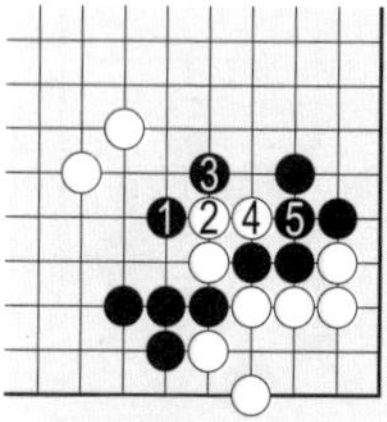

题 397　正解 1

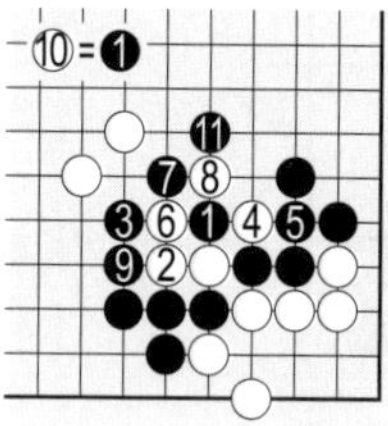

题 397　正解 2

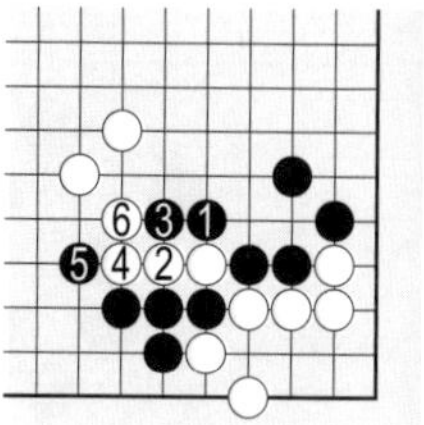

题 397　失败

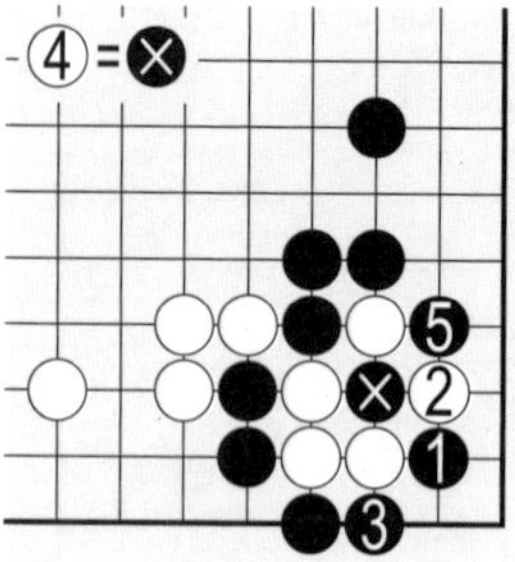

题 398　正解

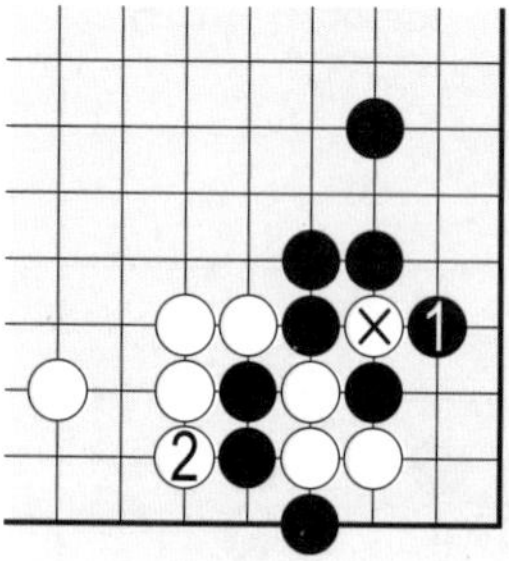

题 398　失败

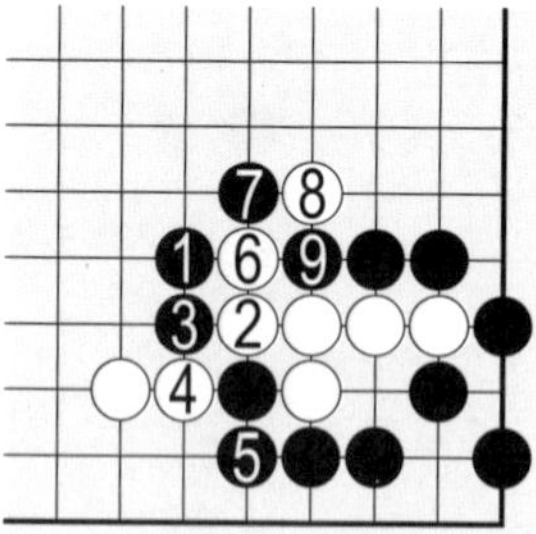

题 399　正解

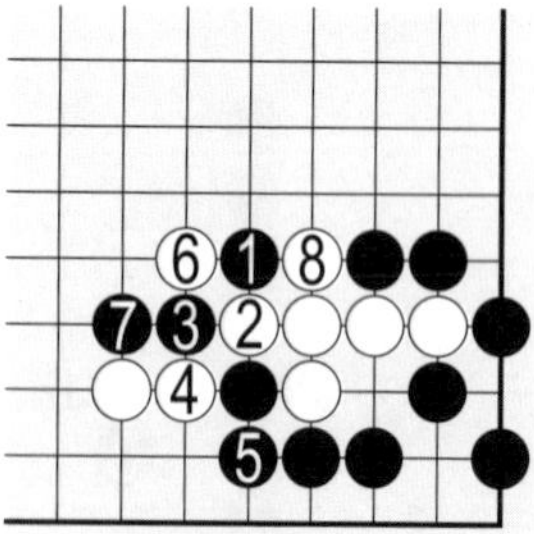

题 399　失败

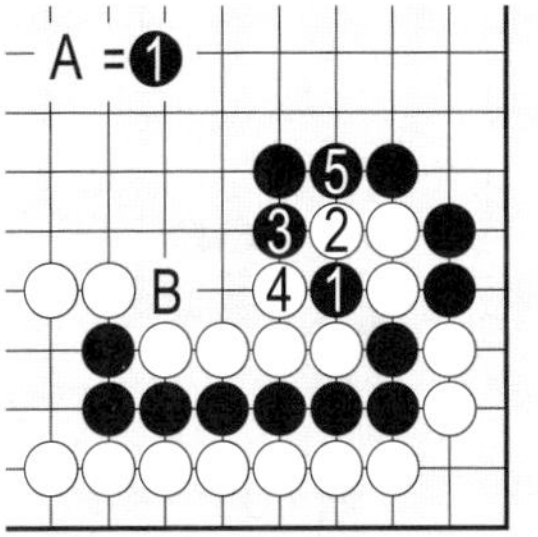

题 400　正解　A、B 见合

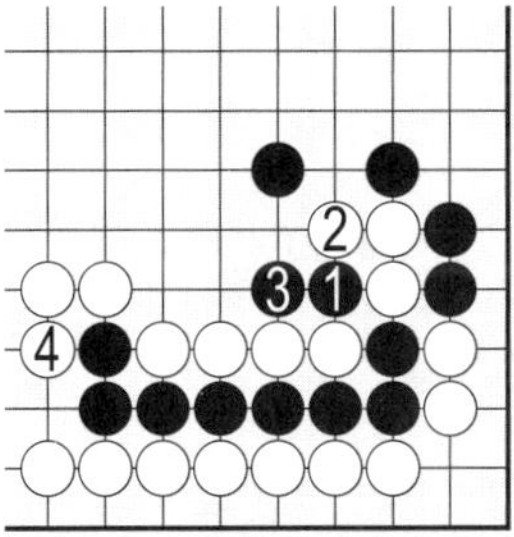

题 400　失败

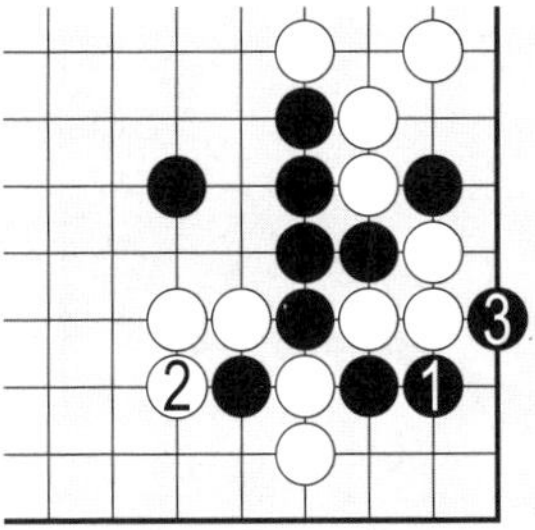

题 401　正解

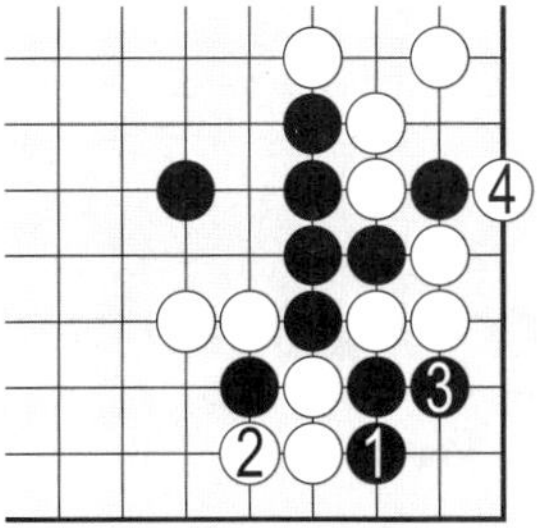

题 401　失败

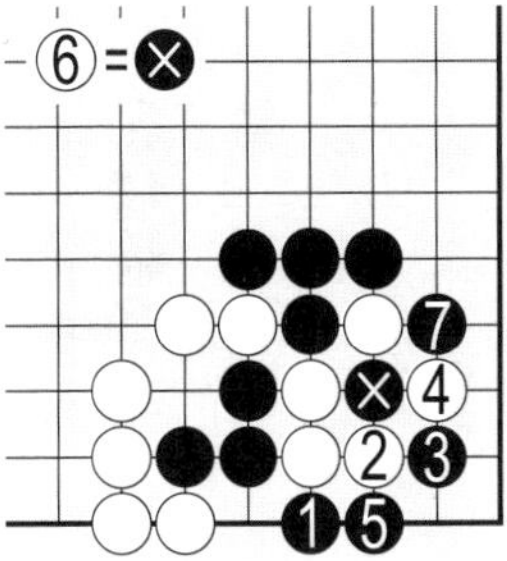

题 402　正解

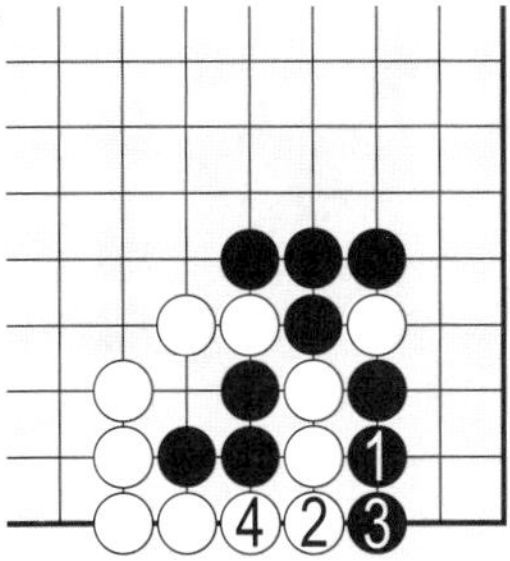

题 402　失败

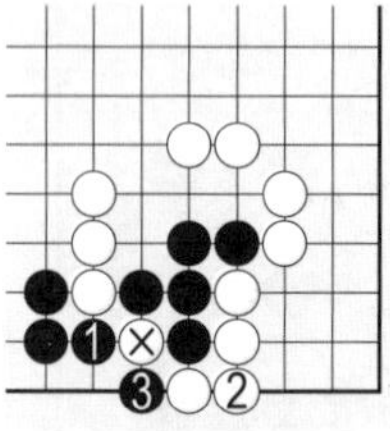

题 403　正解

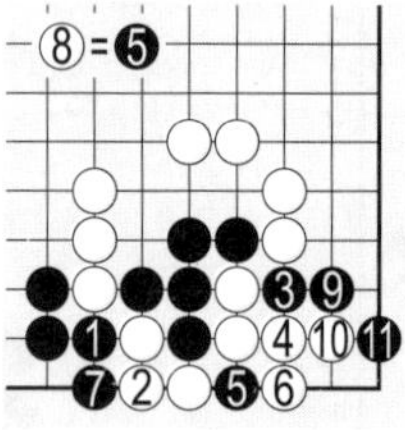

题 403　变化

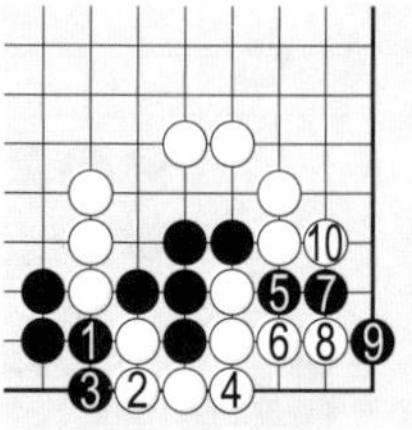

题 403　失败

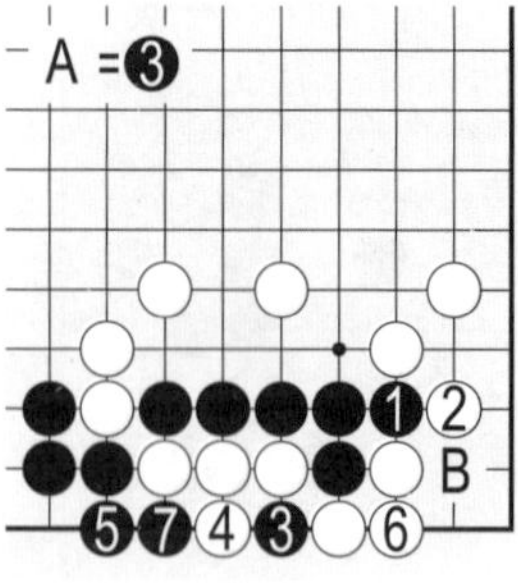

题 404　正解　A、B 见合

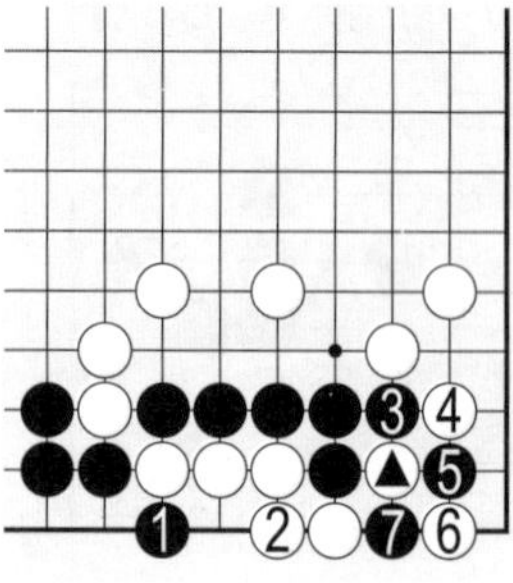

题 404　失败　打劫

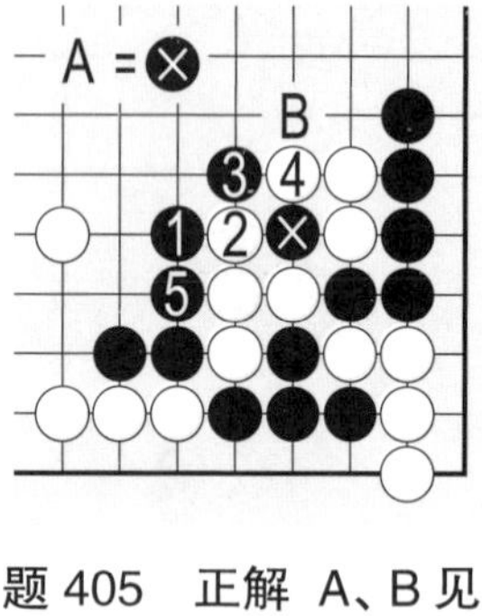

题 405　正解　A、B 见合

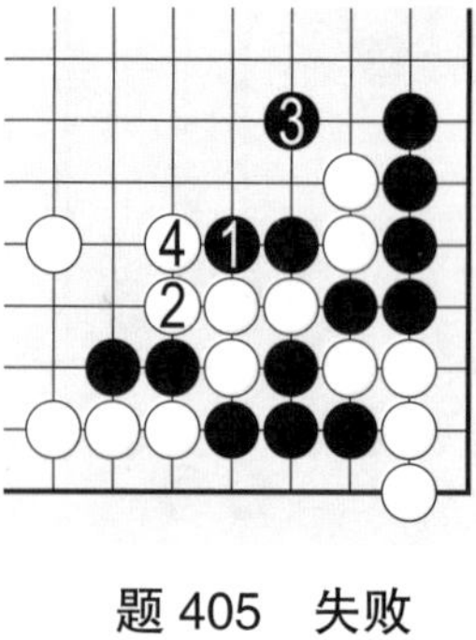

题 405　失败

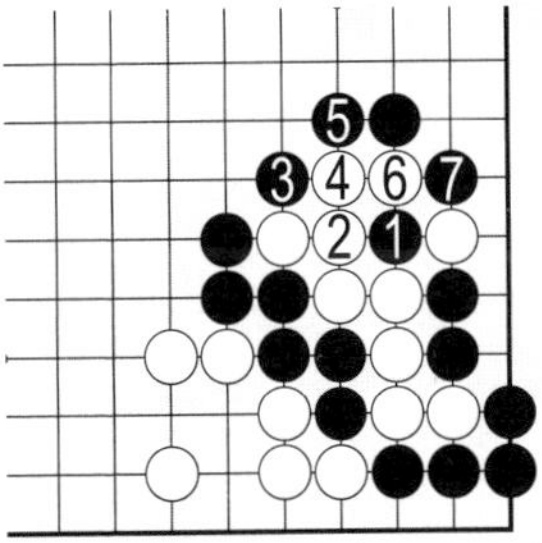

题 406　正解

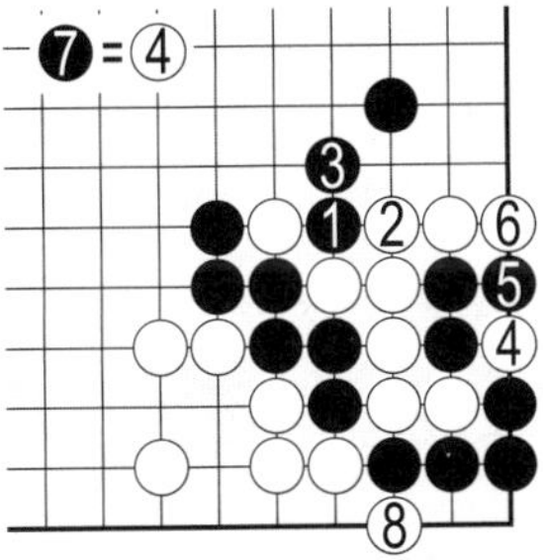

题 406　失败

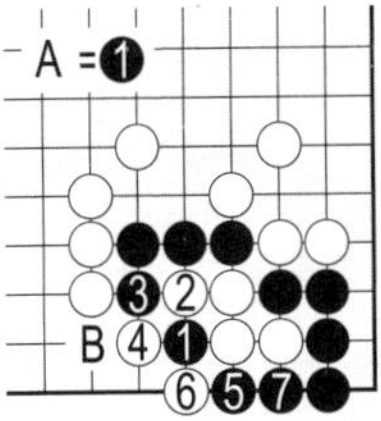

题 407　正解 1
A、B 见合

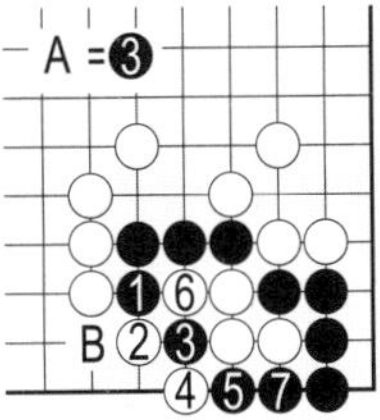

题 407　正解 2
A、B 见合

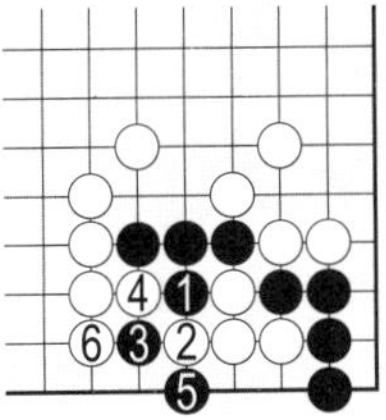

题 407　失败

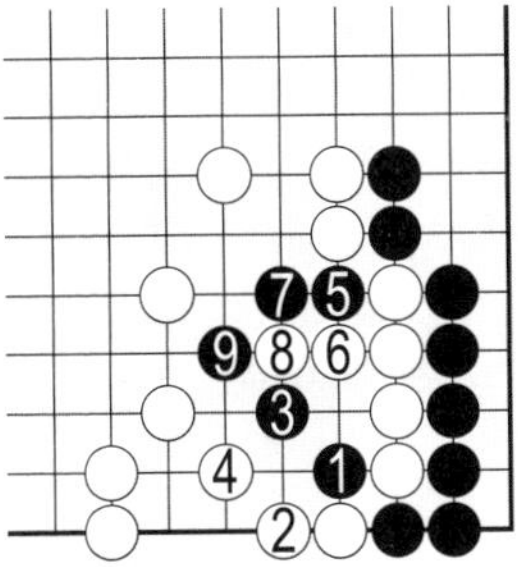

题 408　正解

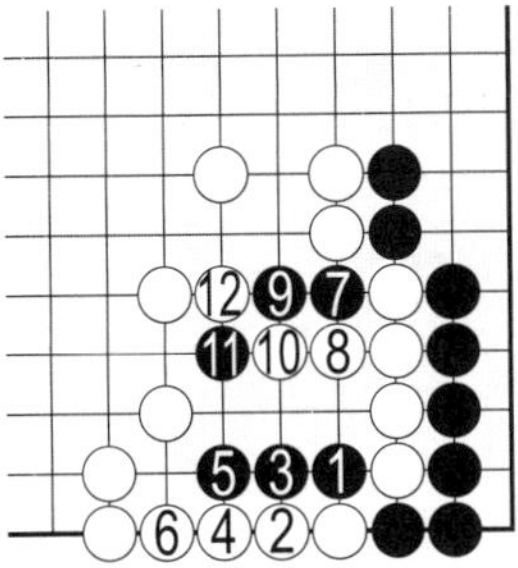

题 408　失败